글로벌 경쟁시대 적극행정 실현을 위한

행정부 법해석권의 재조명

글로벌 경쟁시대 적극행정 실현을 위한

행정부 법해석권의 재조명

이성엽 저

경인문화사

서 언

행정은 법을 집행함에 있어서 기계적으로 법령의 내용을 구체적 사건에 적용하는 것이 아니라, 사건에 법령이 적용될 수 있는지에 대한 법령해석을 할 수밖에 없다. 특히 오늘날에는 행정기능이 입법적, 사법적 기능까지 포괄하면서 법령해석권이 더욱 광범위하게 사용되고 있다. 즉, 법률의 위임에 따른 행정입법작용, 복잡하고 충돌하는 법령문제에 대한 행정해석 작용, 각종 준사법적 분쟁해결 절차 시 법령해석작용 등 준입법적, 준사법적 행정작용에서 광범위한 법령해석이 일어나고 있다. 그럼에도 불구하고 아직 한국에서는 법령해석권을 사법부의 전유물로 여기는 경향이 있고, 또한 행정부에게 법령해석권이 인정되는 경우에도 항상 사법부의 법해석에 의존하거나 구속되어야 한다는 인식이 지배적이다. 그러나 과연 이러한 입장이 현실적으로 규범적으로 타당한지 의문이다.

특히 한국의 경우 행정부의 법령해석권이 확립되지 않고 있는 문제점이 있는데, 이로 인하여 한국에서는 행정책임의 이전 및 회피를 위한 행정의 사법의존 경향과 행정부 법령해석권 행사에 대한 사법부의 경시현상이 나타나고 있다. 그러나 우선 원칙론에서 보면, 법령해석권이 사법부의 전유물이라거나 사법부만이 최종적인 법령해석권을 갖는다고 보는 것은 타당하지 않다. 법원의 사법심사의 대상이 되지 않는 상당수의 법률문제에 대해서는 행정부가 최종적인 법해석권을 행사한다. 또한 행정부의 법령해석권이 항상 사법부의 법해석에 구속되어야 하는 것도 아니다. 법원의 법률의견은 동일 사안이 아닌 한 법적 구속력을 가지지 않으며, 행정부는 동종 사건에 판례를 적용하는 것이 실질적 합리성이 있는지에 대한 심사를 할 수 있다.

결론적으로 現代 行政國家에서 行政의 公益達成 義務를 실현하기 위해서는 소극적·면책적 행정을 극복하고 적극행정을 실현하여야 하는데, 이를 위해서는 시급한 것이 행정부의 법령해석권 정립이라고 판단된다.

이러한 행정의 법령해석권의 정립을 위해서 우선 행정의 자율적·독자적 법해석권이 인정될 수 있는지, 인정되는 경우 그 한계는 어디까지인지에 대한 검토가 이루어져야 한다. 이는 결국 사법부와 행정부의 법해석의 關係에 관한 것이다. 양자 간의 관계는 행정부 법률해석에 대한 사법부의 입장과 사법부 의견에 대한 행정부의 입장으로 나누어질 수 있다. 전자의 경우에는 행정부 법률해석에 대해 법원이 존중할 것인지 아니면 독자적 판단을 할 것인지가 문제되고, 후자의 경우에는 행정부가 법원의 의견을 구속력 있는 것으로 받아들일 것인지가 문제가 된다.

다음 행정부의 자율적 법해석권이 인정되는 경우, 법해석권의 바람직한 역할 모델을 어떻게 가져갈 것이지가 중요하다. 법령해석은 기본적으로 법의 지배원칙에 따른 객관적·중립적 판단작용이라는 점에서 행정부의 법해석도 법원 유사 역할을 하여야 하는 것인지, 아니면 행정부의 정책수행과정에서 이루어지는 법령해석으로서 고객인 대통령과 행정부의 정책적 입장을 고려하는 변호사 유사 역할을 하여야 하는 것인지가 문제가 될 수 있다.

끝으로 행정부 법령해석은 공무원에 대하여 법적 내지 사실상 구속력을 가지고 있는 것으로 이해되는데, 법령해석의 정당성을 믿고 행위 한 공무원의 행위가 사후에 위법한 것으로 밝혀진 경우 해당 공무원에게 책임을 묻는 것이 가능한 지가 중요하다. 면책이 가능하다면 이는 자율적·적극적 법해석권의 위상을 제고할 수 있다.

이러한 배경 하에 이 책은 10여년간 공직자로서 경험과 비슷한 기간 로펌에서 공직을 바라보고 경험하면서 평소 가지고 있었던 행정부에 대한 문제의식과 행정부에 대한 애정 어린 충언을 담아낸 것이다.

오늘날 국가간 글로벌 경쟁시대에 행정의 중요성이 어느 때 보다 높아지고 있다. 이는 행정이 사회문제 해결에 있어서 전문성을 보유하고 있고 대통령이 국민에 대한 직접적 책임을 실현하는 정치적 책임성을 지닌다는 측면에서, 입법부, 사법부가 가지고 있지 아니한 특성을 가지고 있기 때문이다. 따라서 행정부는 행정권을 적극적·능동적으로 행사하여야 하며, 이를 위해 가장 중요한 수단 중 하나가 바로 행정부의 자율적·적극적 법해석권의 정립과 이의 강화라고 할 수 있다.

이 책은 여러 스승님들의 은혜로운 가르침 덕분에 나올 수 있었기에 이 지면을 빌어 감사의 말씀을 올린다. 우선 지도교수로서 행정법을 가르쳐 주신 이원우 교수님께 감사드린다. 또한 박사학위 논문심사위원장 및 위원으로서 논문의 목차, 구성, 내용을 바로잡아 주신 박정훈 교수님, 백윤기 교수님, 김종보 교수님, 최계영 교수님께 감사드린다. 그리고 논문작성과 심사 과정에서 따듯한 격려와 조언을 해주신 김연태 교수님, 이희정 교수님께도 특별히 감사드린다.

끝으로, 오랜 기간 내 옆에서 친구이자 후원자가 되어준 아내에게 감사한다. 젊은 시절에는 경제능력의 상당부분을 보충해주던 아내가 최근까지도 그러한 역할과 함께 부모로서 역할로 고생이 많았다. 그리고 아들 동재가 인품과 실력을 갖춘 인재로 성장하기를 간절히 기대한다.

제1장

서 론

제1절 문제의 제기

행정은 구체적인 조치를 통하여 공익을 형성적으로 실현하는 국가작용인데, 현대사회에서 행정은 이제 입법, 사법보다 우위에 있는 국가사회의 주도적인 권력으로서 국민들의 정치, 경제, 사회, 문화적 삶의 향유에 절대적인 영향을 미치고 있다. 현대사회에서 대중의 선호는 빠르게 변화하지만 이에 대한 의회의 적절한 입법적 대응은 실패하는 대신, 행정은 전문성이라는 장점을 가지고 대중의 요구에 부응하는 입법적·행정적 조치들을 제공한다.[1] 결국 현대사회가 가지는 구조적 특성, 현대사회 문제에 대한 행정수요의 증가 그리고 행정의 능력이 행정의 개념을 확대시키고 질적으로 변화시키고 있다.

종래 행정은 단순히 의회의 결정을 집행하는 것으로 이해되어 왔으나, 현대 행정문제가 가지는 다양성 및 기술성으로 인하여 입법은 보통 근본적인 결정 사항만을 담게 되며 구체적인 세부사항은 행정과정으로 위임하게 된다. 의회가 가지는 한계성이 드러남에 따라 행정과정이 보다 중요해지는 현상이 관찰된다.

사법과정과 관련해서도 사법은 본래 법원의 판결을 의미하는 것으로서, 구체적 사건에 법을 해석하고 적용하여 판단하는 기능은 사법부의 고유기능으로 이해되어 왔다. 그러나 행정행위도 하나의 법적판단으로서 법을 해석·적용하고 법적효과를 발생시킨다는 점에서 판결과 구조적 차이가 있는 것은 아니

---

[1] 이러한 현대사회에서 급변하는 외부환경에 대한 행정의 대응에 대해서는 Jeffrey E. Shuren, Modern Regulatory Administrative State: A Response to Changing Circumstances, 38 Harv. J. on Legis. 291 (2001), pp. 327-328 참조.

다.2) 또한 오늘날 행정부에서 활발하게 이루어지는 재결,3) 행정심판, 옴부즈
만 등의 심판작용은 사법작용으로서의 성격을 가진다는 점에서 행정에 의한
준사법 기능의 수행도 증가하고 있다.

　요컨대, 행정과정의 특성은 행정과정이 실제로는 집행적 기능 외에도 입법
적·사법적 기능을 광범위하게 수행한다는 것이다. 입법부가 법을 제정하고 행
정부가 법을 집행하며 사법부가 법을 해석·적용한다는 형식적인 접근방식은
더 이상 타당하지 않게 되었다.

　이러한 행정과정에서 법령에 대한 해석은 행정부가 입법을 단순히 집행하
는 경우에도 이루어질 뿐 아니라, 법원의 판결을 행정부가 집행하는 경우에도
필수적으로 이루어진다.4) 행정은 법을 집행함에 있어서 기계적으로 법령의
내용을 구체적 사건에 적용하는 것이 아니라, 사건에 법령이 적용될 수 있는
지 대한 법령해석을 할 수밖에 없다는 것이다. 법원의 판결의 경우에도 판결
이 행정부에 의해 기계적으로 집행되는 것이 아니라, 예컨대, 거부처분의 취
소판결과 같은 경우 판결의 취지에 따른 재처분 의무를 이행하기 위해서는 처
분의 근거가 되는 법률에 대한 해석이 필수적으로 이루어져야 한다는 것이다.

---

2) 行政과 司法이 법적용작용으로 본질적으로 동일하다는 내용의 법철학적 고찰에 대
해서는 박정훈, 『행정법의 체계와 방법론』, 박영사, 2007, 96-105면 참조. 이하 박
정훈, 행정법의 체계와 방법론으로 인용.

3) 미국 행정절차법(Administrative Procedural Act: APA)상 재결(adjudication)은 명령
(order)을 형성하는 절차이고 명령은 수익적이든 침익적이든 또한 명령적이든 선언
적이든 행정기관의 최종 처분의 일부 또는 전부 중 규정형성작용을 제외한 나머지
를 말한다. adjudication은 심판 또는 재결이라고 번역할 수 있으나 처분에 대한 불
복절차로서 의미보다는 준사법작용을 포함한 다양한 행정기관의 결정유형으로 보
는 것이 타당하다(William F. Funk, Sidney A. Shapiro and Russell L. Weaver,
Administrative Procedure and Practice, (St. Paul, Minnesota, US: West Group,
2006), pp. 194-250 참조).

4) Michael Stokes Paulsen, The Most Dangerous Branch: Executive Power to Say What
the Law Is, 83 Geo. L. J. 217 (1994), pp. 276-277. 이하 Michael Stokes Paulsen,
The Most Dangerous Branch로 인용.

오늘날에는 행정기능이 입법적, 사법적 기능까지 포괄하면서 법령해석권이 광범위하게 사용되고 있다. 구체적 처분에서 해당 법규에 대한 해석작용 외에도 법률의 위임에 따른 하위 규정의 제정작용, 복잡하고 충돌하는 법령문제에 대한 행정해석작용, 각종 준사법적 분쟁해결 절차 시 법령해석작용 등 준입법적, 준사법적 행정작용에서 광범위한 법령해석이 일어나고 있다.

그럼에도 불구하고 아직 한국에서는 행정의 자율적 법령해석권이 확립되지 않고 있으며 이로 인하여 몇 가지 문제점들이 발생하고 있다.

첫째, 최근 행정부가 법령해석권을 지나치게 신중하고 소극적으로 행사하면서 行政의 司法依存 現象이 증가하고 있다.

예컨대, 일선 구청은 각종 행정법규 상 영업정지처분을 할 수 있다는 재량 규정을 기속행위로 운용하여 제반 사정상 불합리한 측면이 있어도 영업정지 처분을 할 수밖에 없다는 입장을 취한다. 그러나 같은 사안에 대해 형사 제재가 규정되어 있어 검찰에 고발되어 있는 경우 검찰에서 무혐의 결정을 받아오면 영업정지를 하지 않겠다는 입장이 그 대표적인 예이다. 그 외에 재량 규정을 기속행위로 운용할 수밖에 없다고 하면서 불합리해도 영업정지는 불가피하니 억울하면 법원에 가서 다투도록 하는 경우도 같은 예이다. 이는 행정의 법해석에 의해서 국민에 대한 사전권리 구제가 가능함에도 불구하고, 사실상 모든 중요한 결정을 법원이 부담하도록 하는 형태로 가는 것이어서 국민의 피해와 사법부에 과중한 부담을 초래하고 있다. 이렇게 행정이 법해석권을 스스로 포기하는 것은 사후 감사책임을 의식한 것으로 볼 수 있으나, 행정국가 시대에 법률을 기계적으로 집행하는 것만으로 행정의 역할을 다할 수 있을지 의문이다.

둘째, 행정의 법령해석권 행사에 대한 사법부의 輕視現象이다. 이는 행정부가 전문성을 가지고 수행한 정책문제에 대한 판단을 사법부가 행정부의 전문적 판단에 대한 충분한 고려 없이 부인하는 것을 의미한다.

예컨대, 2011년 12월 7일 서울행정법원 행정5부는 KT 2G PCS[5] 가입자 900여명이 2G 서비스 폐지를 승인한 방송통신위원회의 결정에 대해 제기한

집행정지 신청을 받아들여 본안판결 선고 시까지 폐지승인 효력을 정지한다
고 결정했다. 재판부는 방통위 승인으로 2G 가입자 15만 9천여 명에게 회복
하기 어려운 손해가 발생할 우려가 있어 이를 예방하기 위해 처분의 효력을
정지할 긴급한 필요가 있다며, 집행이 정지된다고 해서 공공복리에 중대한 영
향을 미칠 우려가 있다고 보기 어렵다고 밝혔다.[6]

그러나 서울고법 행정7부는 2012년 12월 26일 항고심에서 1심 결정과 달
리 집행정지신청을 기각했다. 재판부는 회복하기 어려운 손해가 있는지 대해
서는, 첫째, 2G 서비스를 계속 제공받지 못해 생기는 손해는 손해배상청구권
행사로 보상받을 수 있고, 둘째, 기존 휴대전화 번호를 계속 유지할 수 없어
생기는 손해는 010 번호통합 정책에 따른 것으로 2G 사업폐지 승인으로 발생
하는 직접적 불이익이라 볼 수 없기 때문에, 본건에서 회복하기 어려운 손해
는 없다고 밝혔다. 아울러 갑작스런 서비스 폐지로 긴급전화를 사용할 수 없
어 일부 이용자에게 회복하기 어려운 손해가 발생할 수 있다고 인정했으나,
2G망 폐지에 따른 공공복리가 더 중요하다고 판단했다.[7]

약 20일 사이에 일어난 두 건의 법원 결정은 행정부의 법해석·적용에 대한
사법권 행사의 한계를 명확히 보여준 것이라고 할 수 있다. 제1심 법원은 독
립규제위원회로서 전기통신사업법 소관 행정기관인 방송통신위원회가 2011
년 4월부터 11월까지 3차례의 본 위원회를 거쳐 신중하게 결정한 기간통신사
업 휴·폐지 조항에 대한 법령해석과 구체적 사건에의 적용을 전면적으로 부
인한 것이다.[8]

과연 사법부가 전문규제기관이 통신시장에서 이용자 보호와 통신산업의 진

---

[5] 제2세대(The 2nd Generation) 이동전화는 800MHz주파수대역을 사용하는 셀룰러
이동전화, 1.8GHz를 사용하는 PCS(Personal Communication System) 이동전화를 의
미한다.
[6] 서울행정법원 제5부 2011.12.7. 선고 2011아3795 집행정지 결정.
[7] 서울고등법원 2012.12.26. 선고 2011루349 결정.
[8] 방송통신위원회 보도자료, 방통위, (주) KT의 PCS 사업(2G 서비스)폐지 조건부 승
인, 2011.11.23.

홍 등 여러 정책적 이슈에 대한 검토를 거쳐 내린 법령해석을 전문적 정책판
단에 대한 진지한 검토 없이 즉각적으로 부정하는 것이 권력분립의 원칙상 적
절한 것인지 의문이 든다. 즉, 행정부 법해석에 대한 사법부 법해석의 한계는
어디까지인지, 行政府와 司法府와의 法解釋權의 關係를 어떻게 가져가야 할
지에 대한 의문이 든다.

　이러한 사례에서 보는 바와 같이 행정부의 법령해석이 사법부의 법령해석
못지않게 광범위하게 이루어지고 있음은 물론, 향후에도 행정기능의 확대에
따라 계속 증가할 가능성이 높다는 점에서 행정부의 법령해석권의 위상을 올
바르게 정립하는 것이 무엇보다 중요하다고 할 수 있다. 위 사례에서 제시된
바와 같이 행정의 적극적이고 자율적인 법령해석권을 정립하기 위해서는 먼
저 행정의 사법의존 현상과 행정의 법령해석권 행사에 대한 사법부의 輕視現
象이 극복되어야 한다. 양자는 결국 사법부의 법해석으로부터 행정부 법해석
의 자율성·독자성이 확보되어야 한다는 것이다.

　결론적으로 행정부가 헌법상 권력분립의 원칙에 따라 집행권자로서 권한을
보유하고 있고 현실적으로도 법령해석권을 행사함에도 불구하고 법령해석권
을 사법부의 전유물로 여기는 것이 타당한 것인지, 또한 행정부에게 법령해석
권이 인정되는 경우에도 법해석에서 있어서 항상 사법부의 법해석에 의존하
거나 구속되어야 하는 것인지 의문이다.

제2절 연구의 목표 및 범위

행정의 법령해석권의 정립을 위해서 우선 행정의 자율적·독자적[9] 법해석권이 인정될 수 있는지, 인정되는 경우 그 한계는 어디까지인지에 대한 검토가 이루어져야 한다. 이는 행정부의 자율적 법해석권의 인정 여부 및 인정 시 그 범위에 관한 문제로 결국 사법부와 행정부의 법해석의 關係에 관한 것이다. 양자 간의 관계는 행정부 법률해석에 대한 사법부의 입장과 사법부 의견에 대한 행정부의 입장으로 나누어질 수 있다. 전자의 경우에는 행정부 법률해석에 대해 법원이 존중할 것인지 아니면 독자적 판단을 할 것인지가 문제되고, 후자의 경우에는 행정부가 법원의 의견을 구속력 있는 것으로 받아들일 것인지가 문제가 된다.

다음 행정부의 자율적 법해석권이 인정되는 경우, 법해석권의 바람직한 역할 모델을 어떻게 가져갈 것인지가 중요하다. 법령해석은 기본적으로 법의 지배원칙에 따른 객관적·중립적 판단작용이라는 점에서 행정부의 법해석도 법원 유사 역할을 하여야 하는 것인지, 아니면 행정부의 정책수행과정에서 이루어지는 법령해석으로서 고객인 대통령과 행정부의 정책적 입장을 고려하는 변호사 유사 역할을 하여야 하는 것인지가 문제가 될 수 있다.

---

[9] "독자적"이란 "독립적"(independent)이란 용어와 유사한 의미로 다른 기관에 의해 지배나 구속을 당하거나 다른 기관의 권위나 능력에 의존하는 것이 아니라는 의미로 사용한다. 행정부의 법해석에서 독자성은 행정부가 모든 부분에서 항상 사법부가 침범할 수 없는 법해석영역을 가진다거나 사법해석의 수용을 거부할 수 있다는 의미는 아니다. 법해석이 사법부의 전유물이 아니며, 행정부도 법해석권을 행사하는 이상 행정부의 법해석의 권위, 영역이 인정되어야 한다는 의미이다. 어떤 논거로 어느 범위까지 독자성이 인정될 수 있을지가 본 연구의 과제이다.

끝으로 행정부 법령해석은 공무원에 대하여 법적 내지 사실상 구속력을 가지고 있는 것으로 이해되는데, 법령해석의 정당성을 믿고 행위 한 공무원의 행위가 사후에 위법한 것으로 밝혀진 경우 해당 공무원에게 책임을 묻는 것이 가능한 지가 중요하다. 면책이 가능하다면 이는 자율적·적극적 법해석권의 위상을 제고할 수 있다.

결론적으로 본 연구는 기본적으로 1) 행정부 특히 법령해석기관의 법해석권의 바람직한 역할, 2) 행정부와 사법부의 법해석의 바람직한 관계, 3) 행정부 법령해석에 따라 행위 한 공무원의 면책문제에 관한 3가지 쟁점에 대한 문제의식을 중심으로 각각의 쟁점에 대해 어떠한 입장이 존재하며 어떤 입장이 이론적·현실적으로 타당한 것인지에 대해 검토하고자 한다.

이러한 문제의식을 염두에 두고 각 이슈를 검토해 나가되, 본 연구의 궁극적 목적은 現代 行政國家에서 行政의 公益達成 義務를 실현하기 위해서는 소극적·면책적 행정을 극복하고 적극행정을 실현하여야 하는데, 이를 위해 필요한 행정부의 법령해석권 정립의 바람직한 방향은 무엇인지를 모색해보는 것이다. 여기에서 적극행정이란 감사원의 「적극행정 면책제도 운영규정」 제2조 제1호에 의하면, "공무원 등이 국가 또는 공공의 이익을 증진하기 위해 성실하고 능동적으로 업무를 처리하는 행위"를 의미한다. "이러한 定義에서 알 수 있듯이, 적극행정은 일차적으로 공무원 개인의 업무처리에 초점이 맞추어져 있다. 국가 또는 공공의 이익 증진과 성실성은 국가공무원법상 공무원의 성실의무에 비추어 특별한 내용이 아니라고 한다면, 적극행정의 핵심적 징표는 '능동성'에서 발견된다. 구체적으로 말하자면, 공무원이 상명하복관계에 의거하여 상관의 업무분장에 따른 통상 업무를 수행하여야 하지만, 이에 그치지 않고 자신이 맡고 있는 업무의 문제점을 발견하여 이를 개선하고자 노력할 뿐만 아니라, 그 밖에도 자신의 직위에서 국가 또는 공공의 이익 증진을 위하여 어떠한 새로운 업무와 수단들이 있는지를 찾아 이를 행하는 것이 바로 '적극행정'이라는 의미이다."10)

구체적인 하위목표는 첫째, 현대 행정국가에서 입법권, 사법권에 대비되는 행정의 입법, 사법 기능의 包括性 내지 입법, 사법의 종속적 지위가 아닌 行政의 독자성이라는 의미에서 行政의 自律性 이념에 근거하여 행정부에 자율적 법령해석권을 인정하여야 한다는 점이다. 여기에서 행정의 자율성 개념은 본 논문을 관통하는 핵심적 이념이기 때문에, 이의 근원에 대해 자세히 살펴보고자 한다. 自律性의 국어학적 의미는 1. 자기 스스로의 원칙에 따라 어떤 일을 하거나 자기 스스로 자신을 통제하여 절제하는 성질이나 특성, 2. 생물체의 조직이나 기관이 중추 신경과 연락이 끊어져도 독립하여 활동할 수 있는 성질을 말하고, 이에 반대개념으로서 他律性은 자신의 의지와 관계없이 정하여진 원칙이나 규율에 따라 움직이는 성질을 말한다. 결국 자율성은 타인의 지시나 통제가 아닌 자기 스스로의 결정에 따라 임무를 수행하고 그 성과에 대해 스스로 책임을 진다는 의미로 볼 수 있다. 이러한 자율성의 이념적, 헌법적 기초는 헌법 제10조 人間의 尊嚴과 價値 조항이라고 할 수 있는데, 동 조항은 인간의 존엄과 가치를 기본권의 핵심적 내용으로 하고 국가에게 이를 보장할 의무를 부과함으로써, 기본권 보장의 원칙적인 가치지표가 인간의 존엄성이라는 것을 명백히 밝히고 있다. 여기서 인간이란 공동체의 일원으로서 자각을 가진 自己決定의 자유에 의하여 공동체의 질서결정에 참여하는 人格主義的, 自主的 人間象을 의미하며 존엄과 가치의 의미는 인간은 이성을 통해 스스로 옳고 그름을 판단할 수 있고 그 의지를 통해 주체적으로 행위를 결정하는 존재이기 때문에, 인격주체성을 가지면 이것이 바로 인간의 존엄과 가치의 근거가 된다고 할 것이다.11)

인간의 존엄과 가치는 공동체의 질서유지를 불가피하게 법적 규율을 하는 경우에도 이는 최소한에 그쳐야 하며 인간의 도덕적 자율성을 제고하는 방향의 법적 규율이 필요하다는 의미라고 할 것이다. 이러한 자율성의 개념이 정

---

10) 박정훈, "적극행정 실현의 법적 과제", 『공법연구』 제38집 제1호 제1권, 한국공법학회, 2009, 332-333면.
11) 권영설, 인간의 존엄과 가치-유전공학과 관련하여-, 고시계사, 『고시계』 제31권 제12호 (통권 제358호) 1986.11, 32-34면.

치학, 행정학 등에서 정치에 대한 행정의 자율성, 국가의 지배계급에 대한 상
대적 자율성이라는 개념으로 논의되어왔다. 行政의 政治에 대한 自律性이란
행정학이 하나의 학문이 성립하던 시기 즉 행정이 엽관주의 정치로부터 분리
되어 실적주의 행정기능이 강조되면서 행정이 자율적인 관리 기능을 수행하
는 현상을 의미한다. 國家自律性이란 국가가 사회지배자들인 부르주아계급이
나 여타 사회세력으로부터 간섭과 압력을 배제하고 독자적으로 자신의 정책
이나 의지를 관철하는 능력의 정도를 말한다. 사실상 '절대적' 자율성의 향유
는 불가능하기 때문에, '상대적'인 것으로 인식한다. N, poulantzas 등 네오 마
르크스주의는 상부구조인 국가에 대한 토대(경제)의 규정성과 선차성(primacy)
을 중시하고 국가를 단순히 하부구조의 종속변수로서 취급하는 경제환원론과
도구주의 국가관을 비판하며 국가자율성의 개념은 '절대적'이 아니라 '상대
적'인 것이라고 본다. 베버주의자들(weberian)은 경제의 선차성보다 국가의 선
차성을 주장하며, 국가는 네오 마르크스 패러다임이 상정한 상대적 자율성 이
상의 자율성을 갖는다고 주장한다.[12]

둘째, 행정부 법령해석은 專門性과 政治的 責任性에 기반하고 있기 때문
에, 사법부 해석과는 다른 독자성이 인정되고 사법해석과는 다른 방향성을 지
녀야 한다는 점을 밝히는 것이다.

현대관료제 국가에서 전문성(expertise)의 아이디어는 의사결정자가 판단을
하여야 하고 비인격적으로 행동하여야 한다는 2가지 요소로 구성되어 있다.
판단의 요구는 행정법에서 행정재량이 자의적이고 변덕스럽지 않아야 한다는
것을 의미한다. 판단의 요구는 대개 주관적이다. 이는 통상의 경우 의사결정
자의 지식과 전문성은 그의 직관, 인지에서 도출된다는 점을 인정하는 것이
다. 그러나 판단은 동시에 합리적이고 정보에 근거를 둔 것이어야 한다는 객
관적 측면도 포함하여야 한다. 비인격성의 요구는 객관적인 성격이다. 의사결
정자는 사적 이익을 버리고 일반 국민의 이익을 위해서 행동하여야 한다는

---

12) 김영호, "국가의 상대적 자율성과 정책변동에 관한 연구: 토지공개념정책을 중심으
로", 『서울대학교 행정대학원 석사학위논문』, 2001, 12-17면.

것이다.13)

이러한 관료제에 대한 전문성의 요구는 20세기 산업혁명 및 1930년대 뉴딜 시대를 거치면서 비정치적인 전문가역할의 필요성에 따라 등장하였다. 법원도 행정의 전문성을 존중하는 판결을 했으며, 70년대 이후에는 전문가 집단으로 서 대통령실의 OMB가 중심이 되어 강력한 규제완화 정책을 실시해 나갔다. 전문성의 요구는 행정국가의 등장과 궤를 같이 하는 것으로 정치성과 대립되 는 개념으로 이해될 수 있다.14)

그러나 현대의 사회문제 해결을 위해서는 전문성이 필수적이며 이러한 전 문성이 정치적 책임성을 목표로 하여 발휘되도록 하는 것이 행정통제라고 할 수 있다. 입법부가 정치적 책임성이 강한 반면 전문성이 취약하고, 법원은 제3 자적 판단 기능이 강하다면, 행정부는 전문성과 정치적 책임성이 모두 강하다 는 점에서 현대국가에서 가장 중요한 기관이 될 수밖에 없다고 본다. 다음, 책 임(accountability)은 특정인의 행위를 다른 사람이나 기관에게 설명할 의무라 고 한다. 공법분야에서는 흔히 행정기관이 장관, 의회, 법원에 대하여 설명하 여야 할 공식적 의무라고 사용되어 왔다.15) 이를 일종의 행정책임이라고 할 수 있다. 정치적 책임(political responsibility)이란 정치 지도자가 자신의 언행과 관계되는 정치적 결과에 대하여 지는 책임을 말하는 것으로 정치적 책임을 지 는 방법에는 여러 가지가 있으나, 궁극적으로 지도자의 교체 이외에는 다른 방법이 없다. 정치적 책임은 민주정치에서만 추궁될 수 있으며, 정치적 책임

---

13) Gerald E. Frug, The Ideology of Bureaucracy in American Law, 97 Harv. L. Rev 1276 (1984), pp. 1321-1323. 이하 Gerald E. Frug, The Ideology of Bureaucracy in American Law로 인용.

14) Harold H. Bruff, Presidential Power meets Bureaucratic Expertise, 12 U. Pa. J. Const. L 461 (2010), pp. 465-471. 이하 Harold H. Bruff, Presidential Power meets Bureaucratic Expertise로 인용.

15) Collin Scott, "Accountability in the Regulatory State", 27 Journal of Law and Society 1 (2000), pp. 38-60. 이하 Collin Scott, "Accountability in the Regulatory State"로 인용.

의 추궁이 지도자의 교체로 이어지는 責任政治의 제도적 보장도 민주정치에
서만 비로소 가능한 것이다. 대통령과 행정부는 이러한 정치적, 행정적 책임
성을 지니고 있다는 점이 사법부와 다른 중요한 특성이다.

끝으로 이러한 목표를 달성하기 위한 구체적 전략으로서 기존 한국의 법령
해석의 권위, 품질, 효율성 향상을 위해 법령해석의 주체, 대상, 효력, 절차 등
에 대한 개선방안을 제시하고자 한다.

이러한 연구목표를 달성하는 데 있어서 미국의 이론과 경험은 좋은 참고가
된다. 미국에서는 헌법초안 당시부터 권력분립 원칙과 관련 행정부의 법해석
권의 범위, 사법부와의 관계에 대한 많은 논의가 진행되어 왔다. 또한 미국의
경우 9.11 테러 이후 부시 행정부가 국가안보와 관련된 조치들을 강화해 나가
는 정치·사회적 분위기에서, 2002년 8월 법령해석기관인 법무부 법률자문국
(Office of Legal Counsel: OLC)은 "고문의견서"(Torture opinion)라는 법률해석
을 발표하였다. 동 의견서는 최고사령관으로서 대통령의 권한에 의거 테러리스
트에 대해서는 상당히 강압적인 조사기법을 허용한다는 내용을 담고 있는데,
법령해석권의 바람직한 역할, 법령해석에 따라 행위 한 공무원의 면책관련 많
은 논란을 불러일으켰다. 아마도 미국 역사상 행정부의 법령해석이 가장 논란
이 된 사건이었다.[16] 이러한 미국의 경험과 이론이 행정부 법령해석의 바람직
한 역할, 법령해석의 효력과 면책에 대해 많은 시사점을 제공해 줄 수 있다.

본 연구의 범위와 관련하여 우선 법령해석의 개념에 대해서 언급하고자 한
다. 행정의 개념에서 구체적인 조치는 법적용작용을 의미하는데, 일반적으로
알려진 바와 같이 법적용은 삼단논법의 논리적인 결과로서 나타난다. 즉, (1)
대전제로서 법의 해석, (2) 소전제로서 사실의 인정, (3) 결론으로서 법적용이
순서대로 이루어진다.[17]

대전제로서 법의 해석이란 일반적이고 추상적으로 규정되어 있는 법령의
의미와 내용을 명확하게 밝히는 작업을 말한다.[18] 해석과 다른 개념으로서 包

---

16) 이에 대해서는 제4장 제1절 III에서 후술한다.
17) 라인홀트 치펠리우스/김형배, 『법학방법론』, 삼영사, 1993, 119면.

攝의 개념이 있는데, 포섭이란 법적용의 경우 소전제에서 어느 사실이 대전제에서 사용된 단어로 정의되는 것,[19] 즉 사실관계를 법에 수용하는 것을 의미한다. 법에의 수용 여부는 그 법에 대한 해석을 필수적으로 수반한다는 점에서 포섭도 해석의 범주로 포함될 수 있다. 결국 협의의 法令解釋은 추상적 법령의 의미를 명확히 하는 것이지만 광의로는 협의의 법령해석과 사실관계를 법에 수용하는 것을 포함한다고 할 수 있다. 광의의 법령해석은 법적용작용의 대부분을 차지하는 중핵적 요소라고 볼 수 있다.[20]

행정의 법령해석은 관료제의 계층제 구조상 소관 법령담당기관인 행정기관의 법령해석과 미국의 경우 법무부, 한국의 경우 법제처 등 법령해석기관의 법령해석으로 나누어진다. 소관 중앙행정기관의 법령해석은 구체적 사실관계를 전제하는 경우가 많으나, 법령해석기관의 법령해석은 구체적 사실관계에 대한 전제 없이 추상적으로 법령을 해석하는 것을 원칙으로 한다. 따라서 후자에 대해서 법령해석은 포섭을 제외한 법해석의 의미로만 사용하는 것이 원칙이나 법제처 등의 법령해석도 실제로 사실관계를 고려하고 있다는 점에서 이를 구별할 실익은 크지 않다.[21] 다만, 미국 법무부 OLC의 법해석은 구체적 사실관계도 전제하고 있다.

이상의 쟁점을 다루기 위해 이하에서는 다음과 같은 순서로 논의를 전개

---

18) 박재욱, "법제업무운영규정 해설", 『법제』 제453호, 법제처 50년사, 1995, 263면.
19) 송시강, "행정재량과 법원리-재량을 가능하게 하는 법원리의 기능과 한계를 중심으로", 행정법이론실무학회, 『2011년 11월 세미나 발표자료』, 4면. 이하 송시강, "행정재량과 법원리-재량을 가능하게 하는 법원리의 기능과 한계를 중심으로"로 인용.
20) 본 논문에서는 광의의 법령해석 개념을 사용한다.
21) 소관 중앙행정기관의 법령해석을 1차적 행정해석, 법령해석기관에 의한 통일적·집중적 법령해석을 2차적 행정해석이라고 부를 수 있다. 한국에서는 2차적 행정해석을 政府有權解釋이라고 명명하고 있다. 자세한 내용은 제5장 제1절에서 후술한다. 다음 소관 행정기관이 행하는 법해석과 법무부, 법제처 등 법령해석기관이 행하는 해석 중, 행정부 법해석의 바람직한 방향과 법해석의 효력과 면책은 주로 법령해석기관의 해석에 관한 쟁점이고, 행정부 해석과 사법부 해석의 바람직한 관계에 관한 쟁점은 소관 행정기관이 하는 해석과 법령해석기관이 해석 양자가 대상이 된다.

하고자 한다.

첫째, 제2장에서는 행정부 법령해석권의 2가지 기능, 즉 권력분립 상 견제 기능과 내부행정통제 기능의 이론적 배경이 되는 미국법상 권력분립 이론과 행정통제 이론에 대해 검토해 보고자 한다.

둘째, 제3장에서는 미국 대통령의 법령해석권이 행사되는 방식으로 관리예산처(Office of Management and Budget: OMB)의 행정입법심사, 법무부의 의견서제공 및 소송수행 기능, 대통령의 附記意見(signing statements), 대통령의 사면권과 거부권에 대해 설명하고자 한다. 다음 미국 법무부의 법령해석 담당 기관인 법률자문국의 조직과 기능에 대해 살펴보고 법률자문국의 업무수행 원칙과 절차를 살펴봄으로써 미국 행정부의 법령해석권의 실체에 접근해 보고자 한다.

셋째, 제4장에서는 전술한 행정부 법령해석권의 몇 가지 이슈를 중심으로 미국에서의 각종 이론과 모델에 대해 검토한다. 행정부 특히 법무부 OLC의 법해석권의 바람직한 역할, 사법부와 행정부의 법해석의 關係로서 행정부의 법률해석에 대한 사법부의 존중과 독립의 입장[22]과 사법부 의견에 대한 행정부의 구속 및 비구속의 입장, 행정부와 사법부의 법해석권의 갈등과 조화문제와 관련 법해석에 있어서 사법부 우위를 주장하는 견해와 행정부 자율을 주장하는 견해, 행정부의 법해석을 믿고 행위 한 공무원의 민형사상 책임의 면제

---

[22] 행정부 법률해석에 대한 사법부의 입장을 존중하는 Chevron 존중에 대해서는 불확정개념, 재량에 대한 사법적통제의 한계문제로서 다수의 국내 연구가 있으며, 직접적으로 Chevron 존중문제를 다룬 논문/저서로는 김희수/김현준, "美國 行政法 上 行政機關의 制定法 解釋에 대한 司法的 尊重", 『법정논총』8 ('93.12), 1994; 백윤기, "미국 행정소송상의 嚴格審査原理(The hard look doctrine)에 관한 연구: 한국판례와의 비교분석을 중심으로", 『서울대학교 박사학위 논문』, 1995; 정하명, "미국 행정법상 행정부의 법률해석에 관한 사법심사의 범위", 『공법학연구』8권 2호, 2007; 조상희, "미국 FCC의 결정에 대한 미국 법원의 행정청의 해석 존중의 원칙의 적용", 『행정법연구』통권18호, 2007; 정하명, 『最近(2008/2009) 美國 行政判例의 動向 및 分析 硏究』, 博英社, 2009; 김은주, "미국 행정법에 있어서 Chevron 판결의 현대적 의의", 『공법연구』제 37권 3호, 2009가 있다.

에 대해 살펴보고자 한다.

끝으로, 제5장에서는 미국의 법령해석과의 비교를 통하여 한국에서의 시사
점에 대해 살펴본다.[23] 우선 우리나라의 법령해석권의 내용을 살펴보고, 미국
과 대비되는 법령해석의 쟁점으로 행정부 법령해석 주체의 단일성과 대상의
확대, 행정부 법령해석의 바람직한 역할, 행정부와 사법부 법령해석의 관계,
법령해석의 효력과 면책에 대해 살펴본다.

---

[23] 국내에서 행정부 법령해석제도에 대한 논의는 법제처 중심의 법령해석권 논의가 주
가 되고 있는데, 법제처의 연구용역으로 이루어진 몇 건의 보고서와 일부 단행 논문
이 있다. 보고서로는 정영환,『정부유권해석제도의 정착을 위한 바람직한 제도운영
에 대한 연구』, 법제처, 2006; 이성환 외,『법령해석 요청 주체 및 법령해석 대상
확대 가능성에 관한 연구』, 한국입법학회, 2009; 신봉기,『외국의 법령해석 운영시
스템과 우리 해석기구의 발전 방안』, 법제처, 2010 등이 있다. 단행 논문으로는 이
상수, "새로운 정부유권해석제도 해설: 법제업무운영규정 및 동시행규칙 개정내용
설명",『월간법제』, 2005.8; 임종훈, "정부유권해석의 발전과 체계화를 위한 모색:
법제처의 역할 재정립과 관련하여",『법제처 법령해석관리단 세미나자료』, 2005;
이기우, 법제처의 법령해석제도 개편 1년의 평가와 과제,『월간법제』, 2006.9; 이
원, "법령해석제도의 현황과 전망",『정책&지식』제301호, 2006.11; 정준현, "행정의
법해석권한과 그 형식에 관한 소고",『성균관법학』제17권 제3호 2005.12; "법령해
석요청주체 및 법령해석 대상 확대가능성에 관한 검토",『법학논총』제33권 제1호,
단국대학교 법학연구소, 2009; "법령해석제도의 개편방향에 관한 소고",『월간법제』,
2006.9; 정영환, "정부유권해석제도의 바람직한 제도운영 방안",『정책&지식』제301
호, 2006.11; 신봉기, "우리나라 법령해석제도의 최신동향", 경북대학교『법학논고』
제35집, 2011.2. 등이 있고 최근 2011. 10. 29. 행정법이론실무학회 야외세미나에서
는 조성규, "행정법령 해석과 지방자치"; 송시강, "행정재량과 법원리-재량을 가능
하게 하는 법원리의 기능과 한계를 중심으로"; 이희정, "적정한 법령해석방법의 선
택에 대한 일고-미국에서의 논의를 중심으로"라는 논문이 발표되었다.

제2장

미국법상 행정부 법령해석권의 이론적 배경

제1절 서 론

I. 의의

권력분립과 관련 대통령(행정부)의 행정권은 다음 두 가지 방향성을 가지게 된다. 하나는 행정부가 적극적으로 타 부를 견제하는 것이고 다른 하나는 행정부가 수동적·소극적으로 타 부에 의해 통제를 받는 것이다.

첫째, 행정부의 업무수행과정은 기본적으로 대입법부 내지 대사법부 權力에 대한 牽制機能으로서 의미를 가진다. 행정부 외의 다른 부도 각각 다른 부에 대한 권력을 견제하기 위한 권한을 가지고 이를 행사하고 있으며, 반대로 다른 부로부터 통제를 받고 있다.

둘째, 이러한 외부에 대한 견제 내지 통제권 행사가 아닌 행정에 대한 통제의 관점이 있는 데 이를 소위 '行政統制'라고 한다. 행정통제로 인해 행정은 자신의 광범위한 권한 행사의 정당성1)의 근거를 확보하게 된다. 정당성의 근거란 행정기관이 객관성을 가지고 정책을 수행하는 것인지, 전문성과 과학보다는 정치적 이유로 정책을 결정하는 것은 아닌지 등에 대한 의문에 대해 답

---

1) 정당성이란 개념의 의미에 대해 헌법상 많은 논쟁이 있어왔는데 크게 3가지 차원으로 구분할 수 있다. 첫째, 법적 정당성(legal legitimacy)인데 이는 법규범 자체에 의존하는 정당성으로 법적 결정이 잘못될 가능성은 있다고 하더라도 법적인 (lawful) 것은 정당하다고 할 수 있다는 것이다. 둘째, 사회논리적 정당성(sociological legitimacy)은 위협이나 단순한 개인적 보상을 넘어 합리적, 적절한 것이라고 보는 대중들의 인식으로서 헌법기관, 정부제도, 공식결정에서의 정당성을 의미한다. 셋째, 도덕적 정당성(moral legitimacy)은 도덕적 합리화와 존중의 가치를 의미한다 (Richard H. Fallon, Jr., Legitimacy and the Constitution, 118 Harv. L. Rev. 1787 (2005), pp. 1790-1791). 본고에서 정당성은 법적정당성 및 사회 논리적 정당성을 포괄하는 것으로 이해한다.

변을 제공하는 것을 말한다. 원래 필요성과 편리성이 행정기관에 대한 의회의 권한위임의 근거였으나, 행정기능의 확대와 질적 변화로 인한 광범위한 사회적 영향력으로 인해 이것만으로는 행정권을 정당화하기에는 부족하게 되었다. 따라서 행정권은 행정내외로부터의 감독과 통제에 의하여 정당성을 지속적으로 부여받아야 한다.[2] 결국 행정권의 급격한 성장은 행정에 대한 통제의 필요성을 증대시키고 있다고 할 수 있다.[3] 이러한 행정통제는 통제주체가 입법부, 사법부 등 행정부 외부인 外部統制와 대통령 등의 상급기관의 행정감독권에 의한 內部統制로 구분될 수 있다.

행정업무의 수행의 일환으로서 행정부의 법령해석권도 다음 2가지 차원에서 의의를 가진다. 첫째, 행정부의 법령해석권은 입법부와 사법부의 권한에 대한 견제로서 의미를 가진다. 둘째, 행정부는 단일한 법령해석을 통하여 전체 행정부 공무원의 법집행 재량권을 통제하는 등 大統領에 의한 行政에 대한 內部統制 기능으로서 의미가 있다.

결국 행정부의 법령해석권은 입법부와 사법부와의 관계에서 있어서 견제와 균형(check and balance) 원리를 구현하기 위한 수단으로서 성격과 행정부 내부의 사전통제 수단이라는 성격을 가진다고 할 수 있다. 이는 권력분립의 두 가지 측면 즉 적극적으로 타 기관을 견제하는 권한과 소극적으로 다른 기관 내지 내부 상급기관의 통제를 받는 측면을 말하는 데, 전자를 견제기능 (checking function), 후자를 통제기능(control function)이라고 할 수 있다.[4]

---

[2] David S. Rubenstein, Relative Checks: Toward optimal control of administrative power, 51 Wm. & Mary L. Rev. 2169 (2010), p. 2176. 이하 David S. Rubenstein, Relative Checks: Toward optimal control of administrative power로 인용.

[3] Stephen G. Breyer, "Judicial Review of Questions of Law and Policy", 38 Admin. L. Rev. 363 (1986), p. 395. 이하 Stephen G. Breyer, Judicial Review of Questions of Law and Policy로 인용.

[4] 행정부가 법령해석권을 행사하여 타부의 권한을 견제하거나 행정내부를 통제하는 것 외에 행정부의 법령해석권 행사에 대한 입법부, 사법부에 대한 외부의 통제 기능도 권력분립 원칙상 당연한 것이나 본 논문의 연구범위에는 포함되지 않음을 밝

본 연구의 쟁점 중 행정부의 바람직한 법해석권의 역할은 행정부가 단일한 법해석을 통하여 통일적이고 일관된 법집행을 한다는 점에서, 행정부의 법해석의 효력과 면책은 행정부 법령해석의 권위와 실효성을 확보한다는 차원에서, 행정내부통제 기능으로서의 성격을 가진다. 행정부와 사법부와의 관계에 관한 쟁점은 행정부와 사법부간 견제기능으로서 의미를 가진다. 이하에서는 좀 더 구체적으로 美國法상 권력분립 상 견제기능으로서 법령해석권과 행정부 내부통제 기능으로서 법령해석권에 대해 살펴보고자 한다.

II. 권력분립 상 견제기능으로서 법령해석권

대통령이 헌법상 보유하고 있는 대입법부, 대사법부 견제 권한은 다양하다. 입법부에 대한 권한으로, 대통령은 연방의 상황에 대하여 수시로 연방의회에 보고하고 필요하고도 적절하다고 생각하는 시책의 심의를 의회에 권고한다. 긴급 시에 대통령은 상·하 양원 또는 그 중 일원을 소집할 수 있으며, 휴회의 시기에 관하여 양원의 의견이 일치하지 않는 경우 대통령이 적당하다고 인정할 때까지 양원의 정회를 명할 수 있다.[5] 아울러 대통령은 법률안에 대한 거부권을 가진다.[6] 사법부에 대한 권한으로는 미합중국에 대한 범죄에 대하여 탄핵의 경우를 제외하고 형의 집행정지 및 사면을 명할 수 있는 권한이 있다.[7]

이러한 권한들 가운데 법률안 거부권, 사면권은 대표적으로 행정부가 법령해석권의 행사를 통하여 각각 입법부와 사법부의 권한을 견제하는 것이라고 할 수 있다. 사면권은 대통령의 정치적 고려에 의해 행사되는 것이 보통

혀둔다. 다만, 제2장 제3절의 행정통제 이론부분은 이 기능도 포함한 논의이다.

[5] U.S. Const. Articel II, Section 3.

[6] U.S. Const. Articel I, Section 7.

[7] U.S. Const. Articel II, Section 2.

이기 때문에, 이것이 법해석에 해당하는지 의문이 있을 수 있다. 그러나 대통령의 사면권 행사도 권력분립, 법의 지배의 원칙 등 일정한 한계가 있는데, 이러한 한계에 대한 해석이 바로 헌법해석의 문제가 된다는 점에서 법해석권 행사에 포함된다고 할 수 있다.8)

대통령의 헌법상 명시적 권한은 아니지만 법률의 미집행, 부기의견은 입법부에 대한 법령해석권 행사, 판결의 미집행, 선례의 부동의는 사법부에 대한 법령해석권 행사라고 할 수 있다.9) 특히 법률에 대한 입법의 책임을 맡고 있는 입법부와 달리 법률의 해석과 적용업무를 같이 수행하고 있는 행정부와 사법부간의 권력분립 상 견제권의 행사는 여러 측면에서 나타나고 있다.10)

III. 행정부 내부통제 기능으로서 법령해석권

법에 대한 심사와 정책에 대한 심사를 구별하면, 후자의 경우에는 법원이 전문성의 비교우위가 없어서 기존 기관들의 결정을 존중하거나 절차적 하자를 지적하는 것 외에 실질적 심사는 어렵다고 할 수 있다.11) 또한 법원은 정책에 대한 충분한 이해 없이 행정부에 과도한 요구를 함으로써 행정부로 하여금 부적절한 정책을 만들어 낸다. 예컨대, 행정입법의 경우 법원은 행정부에

---

8) Michael Stokes Paulsen, Merryman Power and the Dilemma of Autonomous Executive Branch Interpretation, 15 Cardozo L. Rev. 81 (1993), pp. 100-101. 이하 Michael Stokes Paulsen, Merryman Power로 인용. 미국 법무부 사면국도 사면을 권고함에서 있어 가이드라인(Legal Guidelines, From Title 28, Code of Federal Regulations)을 운영하고 있다. 물론 이 가이드라인이 대통령을 구속하지는 않는다. 보다 자세한 내용은 제3장 제1절에서 후술한다.

9) 사면 및 거부권과 부기의견은 제3장 제1절에서, 법률의 미집행, 판결의 미집행, 선례의 부동의는 제4장 제3절에서 후술한다.

10) 제4장 제2절, 제3절에서 후술한다.

11) Stephen G. Breyer, Judicial Review of Questions of Law and Policy, pp. 394-397.

관련된, 합리적인, 중요한 사항을 모두 고려하라고 요구함으로써, 실제 행정부는 이 점을 의식하여 엄청난 자료를 준비하면서 결정을 지연시키고 있다.[12]

이러한 사법부 등에 의한 외부통제의 한계를 고려하고, 현대 행정국가에서 거대 행정 관료제에 의한 인적, 물적 자원의 독점, 재량적 결정권의 확대, 정책문제의 전문성 및 기술성을 감안하면 행정의 自律性을 인정하는 것은 불가피하다고 할 수 있다. 이러한 이유로 통제의 유형에서도 외부적·사후적 통제보다는 사전적·내부적 통제 수단이 실질적인 효과를 가진다고 할 수 있다. 특히 대통령은 의회와 같이 선거에 의한 당선된 공직자로서 정치적 책임성을 지니므로 법원보다 행정기관의 정책결정권에 대한 통제를 효과적으로 수행할할 수 있다.[13]

행정에 대한 내부통제의 중요성과 관련하여 법령해석 특히 법무장관이 행하는 법령해석은 대통령을 정점으로 하는 단일한 행정부를 구성·운영하기 위해 각 행정기관의 법령해석을 통제하는 역할을 한다. 즉, 의회의 입법안에 대하여 행정부가 단일한 법률의견을 제공하고, 대통령과 행정기관의 정책과 법률의 집행에서 있어 하나의 통일된 법령해석을 제공하여 집행의 통일성과 일관성을 기하는 것이다.

IV. 소결

행정부의 법령해석권 행사가 타부의 권한 행사를 견제하는 기능과 내부행정을 통제하는 기능 외에, 행정부의 법령해석권 행사에 대하여 입법부와 사법부가 통제권을 행사하는 경우도 있다. 의회의 입법권, 입법권 위임에 대한 통

---

[12] Melnick, R. Shep, Administrative Law and Bureaucratic Reality, 44 Admin. L. Rev. 245 (1992), pp. 245-247.

[13] Richard J. Pierce, Jr., Role of Constitutional and Political Theory in Administrative Law, 64 Tex. L. Rev. 469 (1985-1986), pp. 524-525.

제권으로서 의회거부(legislative veto), 의회심사법에 따른 행정규칙 통제권14) 은 의회의 직접적인 행정부 법령해석에 대한 통제권이며 그 외 고위공무원에 대한 상원의 동의권,15) 탄핵심판권16) 등은 간접적인 법령해석 통제권이라고 할 수 있다. 또한 의회가 동의하지 않는 행정부의 법령해석에 대해서는 새로운 법안을 제정하여 이를 무효화시킬 수 있는데 이것은 입법권의 기능으로 볼 수 있다.17)

법원의 경우 행정부의 행정작용에 대한 사법심사(judicial review)라는 매우 강력한 행정부 법령해석 통제권을 가지고 있다. 일반적으로 사법심사라고 함은 의회의 입법이나 행정부의 행정작용이 헌법, 법률 등 상위법에 위반되는지에 대해 사법부가 심사할 수 있는 권한을 의미한다. 이런 법원의 사법심사 권한이 최초로 가장 명확하게 행사된 판결이 Marbury v. Madison 사건이다.18)

---

14) 의회거부에 대해서는 제4장 제3절 II. 행정자율에서, 의회심사법에 대해서는 제2장 제3절 II. 의회통제 모델에서 후술한다.

15) U.S. Const. Article I, Section 2. 대통령은 상원의 조언과 동의로 대사, 공사, 영사, 연방법원 법관, 다른 고위공무원에 대한 임명권을 가진다.

16) U.S. Const. Article II, Section 4. 반역, 뇌물 등 중죄와 경죄가 탄핵의 대상이 된다.

17) Jonathan T. Molot, Reexamining Marbury in the Administrative state: A Structural and Institutional Defense of Judicial Power over Statutory Interpretation, 96 Nw. U. L. Rev. 1239 (2002), p. 1287. 이하 Jonathan T. Molot, Reexamining Marbury in the Administrative state로 인용. 이렇게 보면 행정부의 법해석에 대한 법원의 사법심사 권한 보다 의회의 입법권이 궁극적으로 법해석에서 최종적 우위를 가진다고 볼 수도 있다.

18) http://wiki.answers.com/Q/What_is_judicial_review_and_how_is_it_used, 5 US (Cranch 1) 137 (1803). 사법 심사의 헌법적 근거는 제3조 사법권(judicial power) 조항과 제6 조 헌법우위 조항(supremacy clause)이다. 1. 사법권 조항(U.S. Const. Article III, Section 2, Clause 1) 사법권은 본 헌법과 미국 법률과 그리고 미국의 권한에 의하여 체결되었거나 체결된 조약으로 하여 발생하는 모든 보통법상 및 형평법상의 사건, 대사와 그 밖의 외교 사절 및 영사에 관한 모든 사건, 해사 재판 및 해상 관할에 관한 모든 사건, 미국이 한 편의 당사자가 되는 분쟁, 2개의 주 및 그 이상의 주 사이에 발생하는 분쟁, 상이한 주의 시민 사이의 분쟁 다른 주로부터 부여받은 토지의 권리에 관하여 같은 주의 시민 사이에 발생하는 분쟁, 그리고 어떤 주나 또는 그

이하에서는 권력분립 상 견제기능 및 행정내부통제 수단의 이론적 배경이 되는 권력분립 이론과 행정통제 이론에 대해 살펴보고자 한다.

주의 시민과 외국, 외국 시민 도는 외국 신민과의 사이에 발생하는 분쟁에 미친다. 2. 헌법우위 조항(U.S. Const. Article VI, Section 2) 본 헌법에 준거하여 제정되는 미국의 법률 그리고 미국의 권한에 의하여 체결되거나 체결된 모든 조약은 이 국가의 최고의 법(the Supreme Law of the Land)이며, 모든 주의 법관은 어느 주의 헌법이나 법률 중에 이에 배치되는 규정이 있을지라도, 이 헌법에 구속을 받는다. 이 조항과 사법심사의 근거의 관련성에 관한 설명은 Saikrishna B. Prakash, John C. Yoo, The Origins of Judicial Review, 70 U. Chi. L. Rev. 887 (2003), pp. 894-913 참조.

제2절 권력분립의 이론

Ⅰ. 권력분립의 연혁과
미국법상 권력분립의 의의

권력분립의 개념의 기원은 멀리 플라톤(Platon), 아리스토텔레스(Aristoteles)까지 거슬러 올라가지만, 근대적 의미의 권력분립 개념은 로크(Locke)와 몽테스키외(Montesquieu)에 의해 확립된 것이며, 그것이 실정 헌법상 구현된 것은 미국의 독립과 프랑스 대혁명 이후였다.

로크는 영국에서 명예혁명의 결과 절대군주정치가 제한정치로 바뀌는 상황을 목격하고 새로운 정치체제의 기능적 정당성을 체계적으로 설명하기 위하여 1690년 시민정부에 관한 두 논문(Two treatises of government)을 발표하였다. 여기에서 그는 국가권력을 입법권, 행정권, 외교권, 예측하기 어려운 사태에 대응하여 공공복리를 위해서만 사용될 수 있는 대권(prerogative power)으로 구분하였다.[19]

보다 명쾌하고 영향력 있는 권력분립 이론은 몽테스키외의 저작인 1748년 법의 정신(The Spirit of laws)에 나타났다. 그는 영국의 정치제도를 분석하여 국가권력은 입법권, 집행권, 사법권의 3가지 형태가 있음을 발견하고 이 세 가지 권력은 시민의 자유가 보장될 수 있도록 각각 다른 국가기관에 나누어져야 한다고 주장하였다.[20]

---

[19] John Locke, Two treatises of government, 1821.

[20] "입법부는 법을 제정하거나 개정하고, 행정부는 전쟁과 평화, 대사의 임명 및 파견, 안보의 유지 권한을 갖고 사법부는 범죄를 처단하고 개인 간의 분쟁에 대한 판단권을 갖는데, 만약 동일인 또는 동 집정관의 수중에 입법권과 집행권이 결합되면 자유는 존재하지 않는다. 만일 재판권과 입법권이 결합되면 시민의 생명과 자유에 대한

이러한 몽테스키외의 3권분립 이론은 1787년 미국 연방헌법 제정에 반영되었으며, 1789년 프랑스 혁명당시의 인권선언에 도입되어 현재의 프랑스 헌법에 규정되어 있다. 미연방헌법에 따라 미국의 정부형태는 의도적으로 하나의 당파 내지 주체가 일방적으로 국가를 지배하는 것을 방지하기 위한 구조로 설계되었다. 이것은 궁극적으로 오직 한 사람의 개인(군주)에 의해 지배되는 영국에서 일어난 수많은 권력남용의 사례들이 되풀이 되는 것을 방지하기 위한 의도적 전략이었다.21)

제임스 매디슨(James Madison)이 기술했던 바와 같이, 권력분립 원칙은 각 기관 간 권한 행사의 견제 원리에 기초하고 있다.22) 이에 따라 미국에서 정치적 권력과 법적 권한은 분할되어 행정부, 입법부, 사법부에 분배되었다. 각 부는 타부의 권력을 "견제하고" 그것과 "균형을 유지하는" 권력을 부여받았다.23)

요컨대, 권력분립의 원리란 국가권력을 몇 개로 나누어 각각 다른 기관에 부여함으로써, 국가권력의 집중과 남용을 방지하고 상호 견제와 균형을 통하

권력은 자의적인 것이 될 것이다. 만일 재판권이 집행권과 결합되면 재판관은 압제자의 권력을 가지게 될 것이다."(Charles de Secondat Montesquieu (baron de), The Sprit of laws 1748, translated by Thomas Nugent, 1752, Batoche Books, Kitchener, 2001, p. 173).

21) John O. McGinnis and Michael B. Rappaport, "Our Supermajoritarian Constitution", 80 Tex. L. Rev. 703 (2002), pp. 723-733.

22) "각 부분을 관장하는 수반들에게 다른 부분에 의한 권리침해를 저지할 수 있는 필수적인 헌법적 수단과 개인적 동기를 부여하는 것으로 구성된다. ··· 야심에는 야심으로 대항해야 한다."(James Madison, The Federalist No. 51, The Structure of the Government Must Furnish the Proper Checks and Balances Between the Different Departments, Independent Journal, Wednesday, February 6, 1788, http://www. constitution.org/fed/federa51.htm).

23) Gary E. Marchant, "Regulatory Analysis in the United States: Underlying Tensions and Contested Legitimacy", 『Public Law』 Vol. 38, No. 11, Korean Public Law Association (2009), pp. 93-94. 이하 Gary E. Marchant, "Regulatory Analysis in the United States: Underlying Tensions and Contested Legitimacy로 인용.

여 국민의 자유와 권리를 보호하려는 정부기관 구성 원리라고 할 수 있다.24)
이에 따라 미국 헌법은 입법권은 상원과 하원 양원으로 구성되는 의회에 있다
고 규정하고 있고,25) 행정권은 대통령에 있다고 규정하고 있으며,26) 사법권은
연방대법원, 주 법원, 하급 연방법원에 있다고 규정하고 있다.27)

그러나 권력분립은 단순히 과도한 권력을 제한하고 통제하기 위한 정치적
이론이라기보다는, 시민의 개인사를 다루는 데 있어서 공정성을 담보하는 이
론이라고 볼 수 있다. 여기에서 법을 만들거나 집행하는 사람과 특정한 상황
에 법을 적용하고 판단하는 사람과는 달라야 한다는 이론이 도출된다.28) 권력
분립과 견제와 균형은 약간은 다른 방향을 제시한다. 견제와 균형의 개념은
미국 대통령이 거부권을 통하여 사실상의 입법권을 행사하는 것과 같이 기관
간 혼합된 권한을 나타내지만, 권력분립은 권한의 독립을 나타낸다.29) 미국

---

24) 권력분립의 기초적 원리는 개인의 기본권에 대한 정부의 침해는 정치적으로 책임
   있는 공무원들에 의하여 형성된 일반 원리에 의해 정당화되어야 한다는 것이다
   (Stephen G. Breyer, Richard B. Stewart, Cass R. Sustein and Matthew L. Spitzer,
   Administrative Law and Regulatory Policy, Fifth Edition(Alphen aan den Rijn,
   Netherlands: Aspen Publishers, 2002), p. 37. 이하 Stephen G. Breyer, Richard B.
   Stewart, Cass R. Sustein and Matthew L. Spitzer, Administrative Law and Regulatory
   Policy로 인용.

25) U.S. Const. Article I, Section 1. All legislative powers herein granted shall be vested
   in a Congress of the United States, which shall consist of a Senate and House of
   Representatives.

26) U.S. Const. Article II, Section 1. The executive power shall be vested in a President
   of the United States of America.

27) U.S. Const. Article III, Section 1. The judicial power of the United States, shall be
   vested in one Supreme Court, and in such inferior courts as the Congress may from
   time to time ordain and establish.

28) Peter L. Strauss, Administrative Justice in the United States, Second Edition(Durham,
   US: Carolina Academic Press, 2002), pp. 18-19. 이하 Peter L. Strauss, Administrative
   Justice in the United States로 인용.

29) Stephen G. Breyer, Richard B. Stewart, Cass R. Sustein and Matthew L. Spitzer,
   Administrative Law and Regulatory Policy, p. 37.

헌법은 권력분립 자체를 목적으로 하기보다는 분립된 권력 간의 상호견제를 더 중시하고 있다. 결국 미국 헌법은 견제와 균형으로 언급되는 권력간 균형으로 이해되는 것이 더 적절하다.[30]

II. 미국법상 권력분립의 내용

미국법상 권력분립의 3가지 원리는 다음과 같다. 첫째, 비위임의 원리 (non-delegation), 즉 한 부(branch)의 권한은 다른 부에 의하여 행사되어서는 안 된다는 원리이다. 둘째, 기능통합의 금지인데, 기능과 권한이 한 부로 통합되어서는 안 된다는 원리이다. 모든 권한이 한 곳에 집중되는 것은 바로 독재를 의미한다. 독립적인 기관이 법을 제정하여야 하고, 법을 집행하는 권력은 법을 제정할 수 없다. 법의 집행에 대해서는 별도의 기관에 의하여 판단을 받아야 한다는 원리로, 이것이 바로 "법의 지배 원리"를 유지하는 원리이다. 법의 지배는 다이시(Diecy)가 1885년 저술한 헌법학 서설(INTRODUCTION TO THE STUDY OF THE LAW OF THE CONSTITUTION)에서 체계화하였다. 다이시의 법의 지배는 3가지 의미를 포함한다. 첫째, 자의적이고 전단적인 권력행사는 부정되고 일반 법원에 의하여 통상적인 법적 방식을 통하여 정립된 법에 위반되지 않는 한 처벌받지 않는다고 하면서, 광범위한 재량권 행사에 대비되는 법의 정당성(legitimacy)의 중요성을 강조했다. 둘째, 모든 사람은 보통의 法院에 복종하여야 하고 공무원도 다른 특권을 누려서는 안 된다. 끝으로, 사적인 권리는 상위 레벨의 법에서 나오는 것이 아니라, 보통법원이 보통법을 적용하는 사법적 결정의 결과라는 것이다.[31]

---

30) William Burnham, Introduction to the Law and Legal System of the United States, Third Edition West Group, A Thomson Company, 2002, p. 9.

31) A. V. Dicey, INTRODUCTION TO THE STUDY OF THE LAW OF THE CONSTITUTION, 8th edition, All Souls College, Oxford, 1885.

셋째, 공화주의적 행정부를 구현하기 위해서 행정가들은 대통령과 국민에게 책임성을 지녀야 한다는 원리이다. 행정가들은 국민에 의해 선출된 대통령에게 직접적으로 책임을 지므로 국민들에게도 책임을 진다고 할 수 있다. 헌법은 행정권을 대통령에게 부여하고 법을 충실히 집행할 의무를 부과하고 있다. 대통령은 행정가들이 법률의 범위 내에서 권한을 행사하도록 하여야 하고, 그들의 권한 행사에 대한 정치적 책임의 한계도 명확히 설정하여야 한다.32)

여기에서 共和主義라고 함은 보통 自由主義에 대립되는 관념으로 서구사회에서 오랫동안 서로 다른 이해를 가지는 개인들이 집단, 사회, 국가를 이루어 살기 위해서 어떤 방식으로 그 이익 간의 충돌과 갈등을 해결하는가에 대한 문제에 대해 자유주의와는 시각의 차이를 보여주고 있다. 자유주의와 공화주의의 기본적 모델은 다음과 같이 정리될 수 있다. 자유주의는 주관적 가치 이론, 사회에서 유일하게 정당한 생동하는 힘으로서 개인의 사익추구 개념, 야경국가, 개인의 이익들의 총화와는 별개의 자율적인 공익개념의 거부를 상징한다. 공화주의는 정치의 우위성, 선한 삶이라는 이상의 상대적 자율성을 상징하며, 적극적인 정치생활 속에서의 인격의 성장과 발전을 강조하며, 객관적인 공익개념, 시민정신을 정당하게 권장할 수 있는 국가를 출발점으로 한다. 법과 관련 공화주의적 명제는 독립적인 공익의 개념을 강조한 반면, 자유주의는 공익은 단지 절차적인 것이거나 또는 사익의 총합이라 보고자 하였다. 자유주의 전통은 중립적 법을 가진 중립적 국가, 중립적 시장사회를 통한 틀을 제공할 수 있다고 믿었다.33)

다만, 이러한 전형적 권력분립의 원리는 대통령제 기반의 권력분립 내지 미국식 권력분립이라고 할 수 있으며, 영국, 독일, 일본은 다른 형태의 권력분립

---

32) Ronald Pestritto, The Birth of the Administrative State: Where It Came From and What It Means for Limited Government, November 20, 2007, First Principles Series Report #16, pp. 4-5. 이하 Ronald Pestritto, The Birth of the Administrative State로 인용.

33) Morton J. Horwitz, Republicanism and Liberalism in American Constitutional Thought, 28 Wm & Mary L. Rev. 57 (1987), pp. 66-69.

제도를 유지하고 있다. 영국의 경우 입법권은 미국과 달리 하원에 집중되어 있고 수상과 내각은 입법의안을 효과적으로 통제하고 있다.[34]

한편 권력분립 원리에 대한 형식주의와 기능주의의 대립이 있다. 형식주의는 권력분립의 해석에 있어서 헌법의 규정과 헌법입안자의 의도를 충실히 반영하여야 하며, 변화된 상황이나 정책적 고려를 법적 결정에 반영해서는 안 된다는 주장이다.[35] 그러나 이러한 형식주의는 뉴딜정책 이후 수많은 독립규제위원회가 생겨나고 연방정부가 입법에 관여하는 등, 이제 행정부가 중요한 정책결정 권력이 되어 가고 있는 것을 설명할 수 없게 되었다.[36]

이와 달리 기능주의는 대통령, 의회, 법원은 각각 집행, 입법, 사법기능과 절차를 가지지만 연방정부의 기관은 이와는 다르다고 한다. 연방정부의 기관들은 법을 집행하는 기능 외에도 법률의 시행을 위한 규정을 제정하며 사인간의 분쟁을 해결하기도 한다는 것이다. 이렇게 실질적 기능을 중심으로 권력분립을 이해하는 것이 기능주의이다. 결국 기능주의는 행정국가화의 특성을 설명하는 이론이고, 종전 엄격한 권력분립은 형식주의라고 할 수 있다. 최초의 헌법 구조설계자의 의도에 대한 존중은 현실적으로 적용 가능한 경우에만 유효할 뿐, 시대변화에 따른 적절한 변경이 요구된다는 측면에서, 권력분립에 대한 기능주의 접근이 보다 타당하다고 할 수 있다.[37]

---

34) Bruce Ackerman, New Separation of powers, 113 Harv. L. Rev. 634 (2005), pp. 634-640. 한편 대통령제 기반의 권력분립은 다양한 이익이 교차하는 연방국가, 민주주의의 역사, 다수투표에 의한 선거제도, 강력한 연방차원의 외교정책이 필요한 경우 적절하다고 할 수 있다(Steven G. Calabresi ; Kyle Bady, Is the Separation of Powers Exportable, 33 Harv. J. L. & Pub. Pol'y 5 (2010), pp. 5-6).

35) Buckley v. Valeo 사건에서 법원은 연방선거위원회(Federal Election Commission)의 위원이 대통령에 의해 임명되지 않도록 되어 있는 연방선거법을 무효화했으며(424 U.S. 1, 1976), Bowsher v. Synar 사건에서 법원은 의회가 법집행을 담당하는 공무원을 해임시키는 것은 의회 권한이 아니라고 보아 이 조항이 포함된 Gramm-Rudman Hollings Act를 무효화하였다(478 U.S. 714, 1986).

36) Cass R. Sunstein, Constitutionalism after the New Deal, 101 Harv. L. Rev. 421 (1987-1988), pp. 493-494.

법원도 기능주의적 권력분립을 지지하고 있는데, 법원은 각 부는 완전히 자율적인 것이 아니며, 각 부는 각각 행정적, 입법적, 사법적 성격의 권한을 모두 행사하고 있다고 보았다.[38]

현실적으로도 행정기관이 입법을 하거나 분쟁을 해결하고, 사법기관이 정책을 형성하고 있기 때문에, 기관 중심으로 국가작용을 엄격하게 분리하는 것은 어렵게 되었다는 점에서 기능주의의 타당성이 인정된다. 한편 형식주의는 현재의 권력분립의 양상을 설명할 수 없는 한계가 있으나, 기능주의에 따른 현실의 합리화에 대한 견제장치로서 의미가 있다고 할 수 있다.

III. 행정국가와 권력분립

1. 서론

권력분립 이론은 행정권이 집중, 강화되고 있는 현상으로 인하여 더욱 심한 변화를 경험하게 되었다. 1920년대 후반부터 시작된 경제 불황으로 인하여 미국은 종래 자유방임주의 체제하에서 소극적인 행정의 기능만으로는 위기극복에 한계를 느끼고 독립규제위원회를 신설하게 되었다. 이는 준입법권과 준사법권을 행사하면서 경제, 사회분야를 비롯한 모든 국민생활 영역에 관여하는 기관으로, 종래 전통적 권력분립 이론으로 설명할 수 없는 조직이었다. 이는 대통령, 의회, 법원에도 속하지 않는 소위 제4부로 불리게 되었다.[39] 또한 1970년, 80년대 글로벌 경제체제의 진전에 따른 규제완화 요구로 인해 더욱

---

37) Peter L. Strauss, "Formal and Functional Approaches to Separation-of-Powers Questions: A Foolish Inconsistency?" 72 Cornell L. Rev. 488 (1987), pp. 492-493.

38) Myers v. United States, 272 U.S. 52, 291 (1926).

39) Peter L. Strauss, Government: Separation of Powers and the Fourth Branch, 84 Colum. L. Rev. 573 (1984) 참조.

의회보다는 대통령에게 권한이 집중되어 갔다.[40]

행정국가란 일반적으로 입법·행정·사법 중에서 행정기능의 확대와 행정권의 강화로 인하여 상대적으로 행정권이 우월한 지위에 있는 국가를 의미한다. 본래 정책집행 기능만을 수행하였던 행정부가 정책결정 기능까지도 담당하게 된 국가를 말한다.[41]

이러한 행정국가에서 行政計劃은 광범위한 형성재량을 통해 정책목표를 수립할 수 있다는 점에서 대단히 유용한 수단으로 기능하고 있다. 그러나 행정계획은 법적인 통제의 미비로 인한 위험이 상존하는 것도 사실이다. 행정권은 대통령이 국가를 위해 중요하다고 생각하는 어떠한 것도 할 수 있는 권한이 아니라 일정한 한계를 가진 권한이라고 보아야 한다.[42]

한편 행정국가화 현상과 더불어 권력분립의 새로운 양상으로 거대기업의 출현, 강력한 이익집단의 등장 등 私的 政府가 또 다른 권력의 한 축이 되는 현상이 나타나고 있다. 이러한 사적 권력은 인간의 자유에 위협이 되고 공익보다 특수이익을 추구하는 문제점을 가지고 있으므로, 이에 대한 규제가 필요하다.[43]

---

[40] Alfred C. Aman, Jr., Administrative Law in a Global Era: Progress of Deregulatory Change and the Rise of the Administrative Presidency, 73 Cornell L. Rev. 1101 (1987-1988), pp. 1236-1242.

[41] 행정국가(The Administrative state)는 저명한 행정학자인 왈도(Dwight Waldo)의 1948년 예일대 박사학위 논문의 제목인데, 그는 여기에서 민주국가는 직업적이고 정치적인 관료들에 의해 운영된다고 하면서, 과학적 관리나 효율성이 아니라 국민에 대한 서비스 제공이 정부 관료제의 핵심이념이라고 주장하였다(http://en.wikipedia.org/wiki/The_Administrative_State).

[42] Gary Lawson은 행정국가화 현상을 憲法의 무덤을 파는 일이라고 비판한다. 이 비판은 2008년 미국에서 제정된 경제위기안정화법에 따른 Troubled Assets Relief Program규정의 내용에 대해서 제기된 것인데, 문제가 된 법안의 내용은 재무성은 자신이 정한 기준과 조건에 따라 어떤 금융기관의 Troubled Assets이라도 구매할 수 있다는 조항이었다. 이 조항은 의회의 입법권 침해라는 주장이 제기된 것이다(Gary Lawson, Burying the Constitution under a TARP, 33 Harv. J. L. & Pub. Pol'y, 55 (2010), pp. 55-58).

2. 행정국가의 이론적 배경

19세기 및 20세기 초 미국의 진보주의자들은 정부의 역할이 헌법입안 당시의 개념과 달리 끊임없이 시대의 새로운 요구에 부응하여야 한다고 생각하였다.[44] 윌슨(Wilson)은 'The State'에서 정부는 경험이 허용하거나 시대가 요구하는 무엇이든 하여야 한다고 역설하였다.[45]

制限된 政府는 국가성립 초기에는 국민의 주요한 관심이 정부 독재를 견제하는 데 있다는 점에서 적절할 수 있었다. 그러나 현대 정부에 대한 수요에 대응하기 위해서는 정부의 권한과 조직에 대한 제한은 없어질 필요가 있었다. 진보적 자유주의자들은 의회로부터 행정부로의 규칙 내지 규제 권한의 위임을 생각하였다. 현대 경제문제의 복잡성 때문에 전문성을 가진 단일 행정기관이 정책을 설정하고 정책위반을 조사하고 분쟁을 해결하는 것이 훨씬 효율적이라고 보았던 것이다. 이러한 진보주의자의 이념은 非委任原理의 廢止와 행정기관으로의 機能의 統合을 요구하였고, 더 나아가 행정기관의 전문성을 살리기 위해 정치로부터의 絶緣까지 요구하였다. 정치와 행정을 분리하고 초기 권력분립을 비난했던 진보주의적 흐름은 26대 미국 대통령이었던 윌슨과 미국 정치학회 초대회장이자 행정법의 개척자였던 굿나우(Goodnow)로부터 시작되었다.[46]

미국에서 정치와 행정의 분리는 19세기 한 정당이 집권하면 공직을 모두 차지하는 엽관주의(spoils system)에 대한 반작용에서 시작되었다. 윌슨은 效率性이 무엇보다 중요한 가치이기 때문에, 전통적 권력분립 원리가 장애가 된다

---

43) Arthur S. Miller, Separation of Powers: An Ancient Doctrine under Modern Challenge, 28 Admin. L. Rev. 299 (1976), pp. 299-309 참조. 이하 Arthur S. Miller, Separation of Powers: An Ancient Doctrine under Modern Challenge로 인용.

44) Ronald Pestritto, The Birth of the Administrative State, p. 5.

45) Woodrow Wilson, The State (Boston: D. C. Heath, 1889), p. 651.

46) Ronald Pestritto, The Birth of the Administrative State, pp. 5-7. 윌슨(Willson)과 굿나우(Goodnow)는 행정학을 정치학으로 독립시킨 선구자이기도 하다.

고 보았다. 윌슨의 정치로부터 행정을 자유롭게 하여야 한다는 주장은 행정의
전문성과 객관성에 대한 믿음에서 비롯되었다. 윌슨은 정년보장과 충분한 급
여가 주어지는 관료조직의 안정적 위상은 공무원으로 하여금 자신의 이기심
을 추구하지 않고 사회의 공동선을 위해 노력하게 할 것이라고 보았다. 윌슨
과 같이 굿나우도 정부는 현대적 필요성에 부응하여 목표와 조직을 변화시켜
야 한다고 주장하였다. 그는 역사가 기본권의 보호와 제한된 정부라는 헌법입
안자의 의도를 구시대적인 것으로 만들었다고 하였다. 전문성과 객관성에 입각
한 행정에 대해 깊은 신뢰를 보이면서, 그는 행정가들은 中立的이기 때문에
정치적 영향으로부터 자유롭다고 보았다. 행정가들의 급여와 정년은 이기심 추
구와 부패를 막고 공공의 이익을 위한 의사결정을 가능하게 한다고 보았다.[47]

3. 행정국가의 특성

윌슨과 굿나우의 이론의 첫 적용이 루즈벨트 대통령에 의한 뉴딜정책이라
고 할 수 있는데, 행정국가의 3가지 특성은 1) 권한의 위임, 2) 기능의 결합,
3) 정치적·법적통제로부터 행정의 분리라고 할 수 있다.[48]

첫째, 종래의 비위임원리는 폐기되고 법원은 위임원리를 적용하기 시작하
였는데, 법원은 Panama Refining Co. v. Ryan[49] 사건 등에서 비위임원리를 마
지막으로 적용하였다.[50] 의회가 광범위한 정책목표에 대해 모호하거나 정의

---

47) Ronald Pestritto, The Birth of the Administrative State, pp. 8-17.

48) 이하 3가지 원리의 설명은 Ronald Pestritto, The Birth of the Administrative State,
    pp. 17-21 참조.

49) 293 U. S. 388 (1935). 연방대법원은 1933년 국가산업재건법에 규정된 주의 쿼터를
    넘어서는 석유에 대한 주간 통상 및 외국간의 통상을 금지하는 루즈벨트 행정부의
    금지명령에 대해 적절한 가이드라인도 없이 행정부에게 입법권을 부여한 것으로 보
    았고, 이 법조항은 결국 비위임원리 위반으로 위헌결정을 받았다.

50) Gary Lawson, "The Rise and Rise of the Administrative State," 107 Harv. L. Rev.
    1231 (1994), pp. 1240-1241. Lawson에 따르면 비위임 원리가 폐기된 이유는 의회

되지 않은 용어를 사용한 입법을 하고 실질적 의미는 행정부로 하여금 보충하도록 함으로써, 행정부는 이제 더 이상 의회에 의해 제정된 법률을 시행만 하는 것이 아니라, 법시행전에 행정규칙을 결정할 수 있는 권한을 보유하게 되었다.

둘째, 기능통합의 금지도 폐기되었다. 행정기관들은 같은 기관이 이제 일상적으로 3가지 권한을 모두 행사하며, 심지어는 기관 내 동일인이 이를 행사한다. 예컨대, 연방거래위원회(Federal Trade Commission: FTC)의 경우 위원회는 실질적 규정을 공표하고, 이 규정위반에 대해 조사할 수 있다. 조사는 위원회가 행하고 조사결과도 위원회에 보고한다. 위원회의 조사결과에 대해 시정이 필요하다고 판단하면 위원회는 시정명령을 내린다. 시정명령에 불복하면 재결을 신청할 수 있다. 재결은 전체 위원회 내지 행정법 판사51)에 의해 이루어진다. 행정법 판사에 의한 재결에 불복이 있으면 위원회에 항소할 수 있으며 위원회는 최종적으로 결정할 권한을 가진다.

셋째, 행정가들은 정치적 책임으로부터 벗어나고 정치적 통제로부터 보호받을 수 있게 되었다. 연방법원은 행정부의 일원으로서 행정기관을 창설하는 議會의 권한을 재확인하였고 행정기관의 준사법적, 준입법적 권한을 확인하였다. Humphrey's Executor v. United States사건에서 법원은 FTC는 준입법적, 준사법적 권한을 가진 기관으로 대통령이 단순히 정치적 이유만으로 위원을

가 중요한 정책결정을 할 능력이 실제로 없기 때문이라고 한다.

51) 행정법 판사(Administrative Law Judges: ALJ)는 행정기관의 공식적인 재결절차를 주재하는 자로서 1946년 APA의 제정 시 도입되었다(이전에는 hearing examiner). ALJ는 행정부에 의해 채용되어 청문을 주재하고 청구인의 권익이 침해되었는지에 대해 결정을 한다. ALJ는 법관과 유사한 기능을 수행하지만 법관과 달리 신분이 보장되지 않고 행정부에 소속되어 있어 중립성, 독립성에 의문이 있지만, APA는 채용에 있어서 투명성, 조사 및 집행기능 수행금지 등 공정하고 독립적인 ALJ의 업무수행을 위한 몇 가지 규정을 가지고 있다(Jeffrey S. Lubbers, Federal Administrative Law Judges: A Focus on Our Invisible Judiciary, 33 Admin. L. Rev. 109 (1981), pp. 109-112).

해임할 수 없다고 판시하였다.[52]

IV. 소결: 규제국가와 권력분립

개발도상국의 경제성장에서 있어 국가의 주도적 역할을 인정하는 발전국가, 선진국에서 국민의 복지향상을 주요 목표로 하는 복지국가는 다른 한 면으로는, 행정부가 입법부, 사법부에 비해 우위에 서서 정책결정과 집행 기능을 주도해 나가는 행정국가와 같은 현상으로 볼 수 있다.

이러한 행정국가화에 경향에 대한 반작용으로서, 그동안 국가의 시장개입을 정당화하였던 복지국가, 발전국가 등 간섭국가(interventionist state)에서 시장의 자율성을 강조하면서 제도적 규제를 강조하는 規制國家(regulatory state)로 전환현상이 나타나고 있다. 이러한 규제국가는 정부와 시장의 역할이 모두 제한적으로 상정될 것을 기대한다. 정부는 발전국가와 달리 산업육성정책을 실시하지 않으며 개인보다 공공의 이익을 강조하지 않으므로 확산적 복지정책을 실시하지 않는다. 그렇다고 시장을 완전 방임상태로 두는 것은 아니다. 국가는 투명하고 공정한 경쟁을 유도하기 위해 매우 정교하게 발전된 규제장치를 고안하고 운영하는 업무를 담당한다. 이러한 관점에서 규제국가는 脫規制의 산물이 아닌 再規制의 결과라고 할 수 있다.[53]

---

[52] 295 U.S. 602 (1935). 험프리는 FTC의 위원이었는데, 루즈벨트 대통령의 뉴딜정책에 계속 반대하자 대통령은 험프리를 해임하였던 것이다. 그러나 FTC법에 따르면 비효율(inefficiency), 의무불이행(neglect of duty), 불법행위(malfeasance in office)만이 해임사유로 되어 있었다. 법원은 대통령은 일반 행정부처의 공무원은 재량으로 해임할 수 있지만 준입법기관인 FTC와 같은 기관의 공무원에 대해서는 법령상 요건에 없는 정치적 이유 등으로 해임할 수 없다고 보았다.

[53] Andrew Gamble, Economic governance, in Jon Pierre(ed), Debating governance, Oxford University Press, 2000, pp. 131-132, Steven Kent Vogel, Freer markets, more rules: regulatory reform in advanced industrial countries, 1996, Ithacha; Cornell, pp. 16-17.

규제국가는 공공서비스에 대한 정부의 직접적 공급이라는 거버넌스54)로부터 다른 자들에 의한 공공서비스 제공에 대한 감시·감독이라 형태로의 변화를 의미한다. 규제국가의 가장 명백하고 근본적인 특징은 공공서비스에 대한 공급과 감독책임의 분리라고 할 수 있다. 공공서비스 공급과 감독책임의 분리의 사례로 영국의 교도행정과 통신부문을 들 수 있다. 종래에는 내무성이 죄수의 감금, 교화, 검사, 불만처리를 모두 담당하고 있었으나, 1993년 운영책임은 교도행정국(prison service)으로 분리되었고, 1991년부터 민간기업에게 교도소 운영의 외주가 이루어졌다. 통신의 경우 통신장관이 임명하는 국영통신회사인 British Telecom이 1984년 민영화되었고, 같은 해에 준독립적 규제기관으로 OFTEL이 설립되었다. 1992년 이래 새로운 회사들이 통신시장에 진입하였다. 규제국가의 주요한 성격은 외부계약, 민영화 등의 정책과 운용의 분리, 통신·금융 등 독립적 규제기관의 설치, 공식성의 증대와 재량중심에서 규정중심으로 변화라고 할 수 있다.55)

그러나 간섭국가의 반작용이라고 할 수 있는 규제국가에서도 국가와 정부의 역할이 축소되지 않는다는 점을 유의할 필요가 있다. 즉, 규제국가의 경우에도 정부주도로 시장의 자율성과 경쟁을 보장하는 規制裝置를 설계하기 때문에, 규제는 그 목표가 복지, 발전에서 市長의 監視라는 것으로 그 성격이 변화하였을 뿐이라는 것이다. 따라서 입법국가를 지나서 현대 국가행정은 복

---

54) 거버넌스(governance)는 의사결정의 과정과 결정이 실행되는 과정을 의미한다. 다만, 이 과정에 참여하는 자가 누구인지를 중시하는데, 정부(government)도 거버넌스의 하나의 참여자이다. 그 외 여러 조직, 단체도 참여자가 되는데, 정부를 제외하면 이들은 모두 시민사회(civil society)의 일원이다(UNESCAP, WHAT IS GOOD GOVERNANCE?: http:// www.unescap.org/pdd/prs/ProjectActivities/Ongoing/gg/governance.asp). Government와 Governance가 모두 지배, 다스림을 뜻하지만, 정부가 일방적으로 지배하지 않고 시민사회와 협동하고 합의해서 나라를 운영하는 정치행태를 거버넌스라 칭하고 있다(http://www.pressian.com/article/article.asp?article_num=40081230172724&section=01).

55) Collin Scott, "Accountability in the Regulatory State", pp. 43-47.

지국가, 계획국가, 발전국가, 규제국가의 성격을 거치면서도 여전히 국가와 정부의 주도적 정책결정, 집행, 평가 기능에 변화를 보이지 않고 있다고 할 수 있다.

그러나 대통령과 행정부의 정책결정에 가장 강력하도고 현실적인 제한이 되는 것은 사적정부(private government)라고 불리는 거대기업, 압력집단의 이해관계라고 할 수 있다. 미국인의 일상적 삶에 있어서 연방대법원보다 거대기업이 훨씬 많은 영향을 미치고 있다고 할 수 있다.56) 이들의 정책결정과정에의 참여를 제도화하고 있는 것이 1995년 연방로비공개법(The Federal Lobbying Disclosure Act)이며, APA도 통지 및 의견제출 절차, 협상에 의한 규칙제정 등의 제도를 통해 이들의 의견을 정책에 반영하고 있다. 크게 보면 현대의 권력구도는 대통령, 의회, 법원 등의 공적 권력과 시민사회, 기업으로 대표되는 사적 권력의 대립이라고 할 수 있다.

---

56) Arthur S. Miller, Separation of Powers: An Ancient Doctrine under Modern Challenge, p. 306.

제3절 행정통제의 이론

I. 개관

행정부의 법령해석권 행사는 권력분립 상 다른 부에 대한 견제기능 이외에도 행정에 대한 내부통제 기능으로서 의의를 가지므로, 이에 대한 이론적 배경으로서 행정활동에 대한 정당성의 원리인 행정통제 이론을 살펴볼 필요가 있다. 행정통제의 유형에는 권력분립을 기반으로 하는 의회, 법원 등에 의한 외부통제와 대통령 등의 행정 감독권에 의한 내부통제가 있다. 또한 행정의 역할에 대한 시기별 변천사를 기준으로 행정통제를 구분할 수도 있다.

권력분립 모델로는 루벤스타인(Rubenstein)교수, 케이건(Kagan), 스트라우스(Strauss)는 교수가 있다. 루벤스타인 교수는 행정권에 대한 최적통제를 목적으로 상대적 견제(relative checks)를 주장하는 이론을 제시하였다. 그는 행정통제의 모델을 사법통제 모델, 대통령통제 모델, 의회통제 모델로 나누어 설명하고 있다.[57] 케이건 교수는 대통령이 아닌 기관에 의한 행정통제의 모델로 1) 의회통제, 2) 자기통제, 3) 이익집단통제, 4) 사법통제를 제시하고 있다.[58] 또한 스트라우스 교수는 행정작용에 대한 통제를 사법통제와 비사법통제로 나누고 비사법적 통제에 의회와 대통령의 정치적 통제, 열린 정부규제, 옴부즈만과 감시기관, 비공식적 정책통제로서 언론, 이익집단을 포함시키고 있다.[59]

---

[57] David S. Rubenstein, Relative Checks: Toward optimal control of administrative power.

[58] Elena Kagan, Presidential Administration, 114 Harv. L. Rev. 2245 (2000-2001). 이하 Elena Kagan, Presidential Administration로 인용.

[59] Peter L, Strauss, Administrative Justice in the United States, pp. 271-296. 여기에서 열린 정부 규제는 스트라우스에 따르면, 정보자유법(Freedom of Information Act), 전자정보자유법(Electronic FOIA), 회의공개법(Government in Sunshine Act), 연방자

한편 행정에 대한 정당성 논의를 시기별 변천사 중심으로 전개하는 학자로는 프룩(Frug)교수, 스튜어트(Stewart)교수, 브레스만(Bressman)과 반덴버그(Vandenbergh)교수가 있다.

프룩 교수는 행정통제와 행정법의 역사적 전개를 관료제의 정당화 관점에서 형식주의 모델, 전문성 모델, 사법심사 모델, 시장/다원주의 모델로 나누어 설명하고 있다. 즉, 개인의 자유에 대한 행정의 침해를 방지하기 위해 엄격한 권력분립에 따른 행정의 집행적 기능을 강조하고 법의 지배의 엄격성을 사법심사를 통해 보장하고자 했던 형식주의시대가 행정통제의 최초 단계였다고 볼 수 있다. 다음 단계는 대공황을 원인으로 하는 뉴딜정책 등 행정권의 강력한 정책형성 및 시장개입 기능을 강조하던 시대에는 관료제의 전문성과 객관성이 행정 및 행정통제의 정당화 원리가 되었다. 형식주의의 객관성과 전문성 모델의 주관성의 한계를 극복하고자 등장한 사법심사 모델은 실질적 심사기준으로 실질적 증거의 법칙(substantial evidence rule)과 절차적 기준으로 행정에 의하여 영향을 받는 개인과 관료제의 이익을 비교하여야 한다는 이익형량(balancing)기준을 제시하였다. 끝으로 다원주의 내지 이익대표 모델은 행정결정의 과정에 주목하면서 절차에 광범위한 이익들이 표출됨으로써 사법심사 모델의 한계를 보완할 수 있다는 것이다.[60] 스튜어트 교수는 행정법의 역사적 전개를 전통 모델, 전통 모델의 확대, 이익대표 모델로 나누어 설명하고 있는데, 프룩 교수의 분류와 대동소이하다.[61]

브레스만과 반덴버그는 행정의 정당성 논리를 시기별로 연결대 모델(transmission belt model), 전문성 모델, 이익집단대표 모델, 대통령통제 모델 순으로 구분하여 설명하고 있다. 구체적으로 살펴보면, 첫째, 행정기관은 단순

문위원회법(Federal Advisory Committee Act)을 의미한다고 한다.

[60] Gerald E. Frug, The Ideology of Bureaucracy in American Law.

[61] Richard B. Stewart, The Reformation of American Administrative Law, 88 Harv. L. Rev. 1667 (1974-1975). 이하 Richard B. Stewart, The Reformation of American Administrative Law로 인용.

히 법령상 지시를 이행하는 역할을 한다는 연결대 모델(transmission belt model), 둘째는 1930년에 나타난 것으로서 공무원이 직업주의와 합리성으로 무장하고 있다는 전문성 모델, 셋째는 1970년대에 나타난 것으로서 행정기관이 모든 이해관계자에게 개방되어 이들의 이익투입을 수용한다는 이익집단대표 모델, 끝으로 80년대에 나타난 것으로 대통령이 정책을 결정하고 집행하는 중심적 역할을 수행한다는 대통령통제 모델을 제시하고 있다.[62]

이하에서는 위 다양한 행정통제의 유형을 권력분립 모델을 기초로 하되 시기별 모델에 대한 설명도 추가하는 방식으로 검토하고자 한다. 의회와 법원에 의한 외부 행정통제는 행정내부통제 수단으로서 법령해석권 행사의 직접적인 이론적 근거는 아니다. 다만, 첫째, 사법통제와 의회통제의 限界는 행정부 내부통제의 내지 행정부 법령해석의 근거가 될 수 있다는 점, 둘째, 외부통제는 행정권 행사에 대한 외부적 감시·감독으로서 결국은 행정부의 법령해석권 행사에 대한 制限이 된다는 점에서 의미가 있으므로, 대통령에 의한 내부통제 모델을 살펴보기 전에 간략히 검토하고자 한다.

II. 외부통제의 의의와 한계

1. 사법통제 모델의 의의와 한계

행정법상 전통적인 법원의 역할은 정부의 불법적 조치로부터 개인의 권리를 보호하는 것이다.[63] 이러한 행정행위에 대한 사법심사를 정당화하는 근원

---

[62] Lisa Schultz Bressman; Michael P. Vandenbergh, Inside the Administrative State: A Critical Look at the Practice of Presidential Control, 105 Mich. L. Rev. 47 (2006), p. 53. 이하 Lisa Schultz Bressman; Michael P. Vandenbergh, Inside the Administrative State: A Critical Look at the Practice of Presidential Control로 인용.

[63] David S. Rubenstein, Relative Checks: Toward optimal control of administrative power, p. 2187.

은 법관의 독립성에 있는데, 법관의 정년보장 및 급여유지의 목적은 다수에 의한 정치적 압력으로부터 법관들을 자유롭게 만들려는 것이다.[64] 사법부의 통제를 정당화하기 위한 法의 支配는 관료주의적인 無法性(lawlessness), 피규제자에 의한 행정기관의 포획, 그리고 정책수립을 객관적 과학이 아닌 정치로 보는 것과 관련한 여러 우려사항을 해소하기 위한 원리이다.[65]

특히 행정국가화 현상에 따른 광범위한 입법권 위임은 법원이 행정재량을 의회의 명령에 부합되도록 통제 가능한 경우에만 헌법상으로 허용된다고 볼 수 있는 데,[66] 이와 같이 사법통제는 특히 행정국가에서 최후적 합법성 통제 절차로서 중요성을 잃지 않고 있다.

행정에 대한 사법통제를 강화하는 과정은 실체적 측면과 절차적 측면 두 가지로 나누어진다. 첫째, 실질기준으로는 프랑크푸르트(Frankfrut)대법관이 Universal Cameral Corp. v. NLRB 사건[67]에서 제시한 실질적 증거의 법칙을 들 수 있다. 이는 행정의 사실인정은 전체적으로 기록에 의한 실질적 증거에 의해 뒷받침 되는 경우에만 최종적인 것으로 된다는 것이다. 둘째, 절차적 기준을 강화하는 것이다.[68] Mathews v. Eldridge 사건은 헌법상 적법절차 조항[69]

---

64) United States v. Raddatz, 447 U. S. 667, 704 (1980).

65) David S. Rubenstein, Relative Checks: Toward optimal control of administrative power, pp. 2188-2189.

66) Thomas W, Merrill, Delegation and Judicial Review, 33 Harv. J. L. & Pub. Pol'y 73 (2010), p. 73.

67) 340 U. S. 474 (1951).

68) 절차에의 참여는 결정의 정당성(legitimacy)을 보장한다. 행정결정이든 입법결정이든 절차에의 참여가 허용되지 않으면, 비록 그 결정이 정치적 도덕성의 기준에서 보면 옳고, 절차 자체도 일반적으로 신뢰성이 있고, 그리고 참여한 경우에도 같은 결과가 나왔을 경우에도 정당하지 않는 것으로 간주될 수 있다(Lawrence B. Solum, Procedural Justice, 78 S. Cal. L. Rev. 181 (2004), pp. 279-281).

69) U.S. Const. Amendment V. (형사사건에서의 제권리) 누구라도 대배심에 의한 고발 또는 기소가 있지 아니하는 한, 사형에 해당하는 죄 또는 파렴치죄에 관하여 심리를 받지 아니한다. 다만, 육군이나 해군에서 또는 전시나 사변 시에 복무 중에 있는 민병대에서 발생한 사건에 관하여서는 예외로 한다. 누구라도 동일한 범행으로 생명

의 한계를 다룬 것인데, 동 사건에서 법원은 적법절차를 준수한 것인지 여부
는 첫째, 행정에 의하여 침해받는 사적이익, 둘째, 현재 이용된 절차를 통해
이익이 부당하게 박탈될 위험 및 추가적·대체적 절차의 예상가치, 셋째, 추가
적인 절차요구에 따른 재정적·행정적 부담이라는 정부의 이익 등 3가지 요소
를 고려하여 결정된다고 밝혔다. 이러한 테스트가 바로 이익형량이다. 행정에
의하여 영향을 받는 개인의 이익과 관료제 자체의 이익을 비교하여야 한다는
것이다.[70]

다만, 이러한 사법통제의 기준에 대해서 비판이 제기된다. 우선 실체적 심
사기준과 관련하여 보면, 관료제가 정책분석, 경제분석 외에도 다른 기술적
지원을 통해 자신의 결정의 타당성을 주장함에 따라, 법원은 행정결정에 대한
의미 있는 실질적 심사를 할 수 없게 되었다는 비판이다. 이 비판에 대한 대안
으로 법원은 행정절차에 대한 심사를 강화하고자 하였다. 이에 대해 행정은
결정에 영향을 받는 많은 사람들의 참여를 허용함으로써 질차를 변경하기 시
작했다. 결국 행정과정이 정치적 합의의 표현으로서 국민들에게 충분히 개방
되면서 절차에 관한 사법기능의 근거는 사실상 사라지게 되었다.[71]

이나 신체에 대한 위협을 재차 받지 아니하며, 어떠한 형사 사건에 있어서도 자기에
게 불리한 증언을 강요당하지 아니하며, 누구라도 정당한 법의 절차에 의하지 아니
하고는 생명, 자유 또는 재산을 박탈당하지 아니한다. 또한 정당한 보상 없이 사유
재산을 公共用으로 수용당하지 아니한다.

U.S. Const. Amendment XIV. (공민권) 합중국에서 출생 또는 귀화하고, 합중국의
관할권에 속하는 모든 사람은 합중국 및 그 거주하는 주의 시민이다. 어떠한 주도
합중국 시민의 특권과 면책권을 박탈하는 법률을 제정하거나 시행할 수 없다. 어떠
한 주도 정당한 법의 절차에 의하지 아니하고는 어떠한 사람으로부터도 생명, 자유
또는 재산을 박탈할 수 없으며, 그 관할권내에 있는 어떠한 사람에 대하여도 법률에
의한 평등한 보호를 거부하지 못한다.

70) 424 U. S. 319 (1976).
71) Gerald E. Frug, The Ideology of Bureaucracy in American Law, pp. 1352-1353. 결국
법원의 실질적, 절차적 사법심사기준 강화는 행정부로 하여금 전문성의 보완, 사전
절차의 강화를 유도하였으며, 이는 법원의 상대적 권한 약화를 가져오게 되었다고
볼 수 있다.

또한 법원은 행정이 관료적 전문가에 의해 수행될 것을 요청하여 왔다. 이는 전문가를 공직에 채용하도록 할 뿐 아니라 행정행위가 비정치적인 전문가의 판단을 반영하도록 요구하는 방법으로 이루어졌다. 전문가 권위의 획기적 발전의 계기는 행정기관이 모든 중요한 이슈를 검토하고, 관련 자료를 모두 고려하고, 가능한 대안을 모두 검토할 것을 요구하는 엄격심사 원리(Hard Look Review)[72]를 법원이 도입한 것이었다.[73]

사법통제 모델의 단점도 제시되는데, 사법부의 역할에 대한 비판은 다음과 같다. 첫째, 정치적 독립성의 문제가 있는데, 사법부의 독립성은 헌법상으로 사법부에 정당성을 부여하는 요소이지만 정치로부터 법원을 완전히 절연시키는 경우 의회의 선호를 무시할 수 있게 된다.[74] 둘째, 법원이 행정 이슈에 대한 잘못된 결정을 내리게 되는 경우 그 오류가 의회나 연방대법원의 점검을 무기한 받지 않을 가능성이 있기 때문에 더욱 위험할 수 있다.[75] 셋째, 법원 자체의 법해석 제도상 비판으로는 법원이 행정문제를 다루려면 소송 당사자가 사건을 가져와야 하기 때문에, 법원은 의제(agenda)에 대한 매우 제한적인 통제권만을 갖는다.[76] 넷째, 법원은 소송당사자들이 제시한 자료만으로 이슈를 파악하여야 하는 한계가 있다.[77] 다섯째, 법원은 판결의 집행은 행정부에, 관할권의 정립, 탄핵 여부는 의회에, 최초의 법관직 임명은 행정부와 사법부에 의존하는 구조적 한계를 지니고 있다.[78]

---

[72] 이에 대해서는 제4장 제2절 I. 행정부 해석에 대한 사법부 입장에서 후술한다. 이 원리에 상세한 분석은 백윤기, 전게 논문 참조.

[73] Elena Kagan, Presidential Administration, pp. 2270-2271.

[74] David S. Rubenstein, Relative Checks: Toward optimal control of administrative power, p. 2194.

[75] David S. Rubenstein, Relative Checks: Toward optimal control of administrative power, p. 2195.

[76] David L. Shapiro, Courts, Legislatures, and Paternalism, 74 Va. L. Rev. 519 (1988), p. 551. 이하. David L. Shapiro, Courts, Legislatures, and Paternalism로 인용.

[77] David L. Shapiro, Courts, Legislatures, and Paternalism, p. 552.

[78] Jonathan T. Molot, Reexamining Marbury in the Administrative state, pp. 1284-1285.

2. 의회통제 모델의 의의와 한계

의회가 행정행위를 감독하는 근거는 의회는 헌법상 법을 제정하는 권한을 부여받고 있을 뿐 아니라, 민주적으로 선출된 책임성이 있는 의사결정기구라는 점이다. 물론 의회가 법집행과 관련된 일부 권한을 행정에 위임하고 있기는 하지만 행정은 법령에 부합하고 동 법령에 근거하여서만 강제력을 행사할수 있다.[79] 법률제정 작용에서 의회의 행정부에 대한 헌법상 우위는 행정부가 입법자의 입법의도를 충실히 수용하여야 한다는 점을 설명해 주고 있다.[80]

의회가 행정부의 법집행에 대해 영향력을 행사하는 중요한 공식적 통제 수단은 입법권이다. 즉, 의회는 법안을 의회의 양원에서 통과시키고 그 법안을 서명 내지 거부권 행사를 위해 대통령에게 제출함으로써[81] 행정부의 정책을 사후적으로 무효화할 수 있는 권한을 가지고 있다.[82]

의회심사법(The Congressional Review Act: CRA)[83]에 따라 의회는 법령 문구들을 전혀 수정하지 않고도 공동결의안을 통해 행정규칙들을 일정기간 동안 무효화시킬 수 있는 권한이 있다. CRA에 따르면 모든 연방 행정기관들은 효력이 발생되기 전 의회와 회계감사원(General Accounting Office: GAO)[84]의

이하 그리고 미국 헌법에 따르면 법관 임용은 대통령의 추천과 의회의 동의를 필요로 한다(U.S Const. Artice II, Section 2).

79) 미국 헌법은 모든 입법권(all legislative power)을 의회에 부여하고 있고 위임 (delegation)조항은 없는 것이 특징이지만 법적합리성(legality)을 가지한 행정부의 입법권도 유효하다는 것이 판례에 의해 인정되어 왔다(Peter L. Strauss, Administrative Justice in the United States, pp. 26-36).

80) Elena Kagan, Presidential Administration, p. 2255.

81) U.S. Const. Article I, Section 7, Clauses 2 and 3.

82) David S. Rubenstein, Relative Checks: Toward optimal control of administrative power, p. 2205.

83) 5 U.S.C. §§ 801-808 (2006).

84) GAO(The US General Accounting Office)는 의회소속이고 직무감찰 기능을 가지지 않으며, 1) 연방정부의 정보 수집, 보고, 2) 비구속적 법해석권, 3) 행정부와 사인을

검토를 받기 위해 규정의 제안최종안(proposed final rule)과 중간최종안(interim final rule)을 제출하여야 한다.[85]

또한 1946년 제정된 행정절차법(Administrative Procedure Act: APA)에 따른 통지 및 의견제출 절차(notice-and-comment)[86]를 준수해야 할 의무는 규제기관의 의사결정의 일관성, 행정절차의 공정성, 투명한 위임, 그리고 행정작용의 대상과 수혜자 사이의 의사교환을 촉진시켰다.[87] 또한 통지 및 의견제출 절차로 통해 전문가보다 일반 대중의 의사가 규제정책 결정에 중대한 영향을 미치게 되었다.[88]

의회는 經濟權도 쥐고 있다. 헌법의 세출 관련 조항에 따르면 정식채널인 상·하 양원의 통과와 대통령에의 제출을 통한 경우를 제외하고는 재무성에서 일체 자금지출을 할 수 없다.[89] 의회는 특정 규제 조치를 선택하고 그렇게 선

구속하는 결정을 한다(Edward R. Murray, Beyond Bowsher: The Comptroller General's Account Settlement Authority and Separation of Powers; 68 Geo. Wash. L. Rev. 161 (1999-2000), pp. 164-168). 그리고 GAO는 당초 미국 재무부 소속이었다가 의회소속으로 변경되었으나, 직접적으로 의회전체나 개별위원에게 보고하지 않는다(Johnson Gail, GAO: the government's watchdog under fire.(General Accounting Office), The Public Manager: The New Bureaucrat, June 22, 1996).

[85] 5 U.S.C. §§ 801 (a)(1)(A)-(B).
[86] 5 U.S.C. § 553. 통지 및 의견제출(notice and comment) 절차의 핵심은 1) 입법안의 공표(publication of general notice of proposed rule making) 2) 의견진술기회의 제공 (opportunity for participating in the rule making through submission of written comments) 3) 효력발생일 30일 이전 공포(publication of final rule accompanying statement of basis and purpose not less than 30 days before its effective date)이다 (Jeffrey S. Lubbers, A guide to federal agency rulemaking Fourth Edition, Section of Administrative Law and Regulatory Practice and Government and Public Sector Lawyers Division, American Bar Association, 2006, pp. 5-7).
[87] Steven P. Croley, Administrative Procedure Act and Regulatory Reform: Reconciliation, The Symposium on the 50th Anniversary of the APA, 10 Admin. L. J. Am. U. 35 (1996), pp. 48-49.
[88] Cuellar, Mariano-Florentino, Rethinking Regulatory Democracy, 57 Admin. L. Rev. 411 (2005), pp. 411-418.

택한 규제 조치나 계획에 자금이 지출되는 것을 막기 위해서 때로 지출예산 부가 조항(appropriations riders)라고 불리는 방법을 사용한다.[90] appropriations riders는 정부의 예산지출 법안에 의회가 부가하는 실질 규정으로, 대통령의 법안에 대한 거부권이 전체로서만 가능하기 때문에, 의회의 부가 조항은 대통령을 구속하게 된다. 이러한 의회의 지출부가 조항의 사용에 맞서 미국의 주들은 주지사의 항목별 거부권을 인정하고 있었는데, 연방의 경우에도 1996년 항목별 거부권법이 통과되었으나 연방대법원에 의해 위헌결정을 받아 효력을 잃었다.[91]

앞서 언급한 공식적 통제 수단 외에 중요한 역할을 하는 것이 위원회와 소위원회의 감독이다. 특히 위원회의 감독청문회(oversight hearing)[92]는 입법이 바람직한 것인지에 대한 행정기관의 활동에 대한 정보를 의회에 제공한다.[93]

보다 비공식적인 방법으로 의원이 행정부의 업무수행에 관여하기도 한다. 먼저 행정기관의 공무원 임명권, 예산지출 등에 대해 영향력을 행사하며, 지

89) U.S. Const. Article I, Section 9, Clause 7.

90) David S. Rubenstein, Relative Checks: Toward optimal control of administrative power, p. 2207.

91) http://en.wikipedia. org/wiki/Rider_(legislation. 의회의 지출예산 부가 조항의 사용의 한계에 대해서는 Jacques B. LeBoeuf, Limitations on the Use of Appropriations Riders by Congress to Effectuate Substantive Policy Changes, 19 Hastings Const. L.Q. 457 (1991-1992) 참조.

92) 의회청문회(congressional hearings)에는 입법을 위한 정책, 자료에 대한 청문인 입법청문회(legislative hearings), 정책의 성과 등에 대한 의견을 듣는 감독청문회(oversight hearings), 불법행위에 대한 조사를 하는 조사청문회(investigative hearings), 고위공무원 후보의 자격을 심사하는 인사청문회(confirmation hearings), 워싱턴 이외의 장소에서 이루어지는 출장청문회(field hearings) 등이 있다(Richard C. Sachs, Hearings in the U.S. Senate: A Guide for Preparation and Procedure, CRS Report for Congress, 2004.7, pp. 4-6). 결국 의회청문회는 모두 행정부 견제 기능을 하고 있다고 볼 수 있다.

93) Jack M. Beermann, Congressional Administration, 43 San Diego L. Rev. 61 (2006), pp. 124-125. 이하 Jack M. Beermann, Congressional Administration으로 인용.

역구 유권자의 이익을 위하여 개인적 청탁을 하기도 한다. 때로는 이익집단과 함께 행정과정에 영향력을 행사한다.94) 이러한 비공식적 의사소통이 가능한지 의문이 있을 수 있으나, 공식 재결이나 규칙제정 절차가 아닌 비공식적 절차에서는 비기록(off the record) 의사소통이 가능하다. 왜냐하면 APA도 공식 재결이나 규칙제정 절차에서는 일방적 의사소통(ex parte contacts)을 금지하고 있으나,95) 다른 절차에서는 그러한 제한을 두지 않고 있기 때문이다.96)

의회가 입법에 있어서는 양보할 수 없는 최고의 권위를 자랑한다고 할지라도 의회의 행정업무에 대한 통제력도 비판의 대상이 된다. 의회의 공식적 통제 수단은 효과적인 행정통제 기능을 다하지 못하고 있고, 부족한 부분을 비공식적 수단으로 메우려는 노력은 민주주의 규범에 어긋나기 때문이다. 앞에서 설명했듯이, 입법개정을 통해 행정부 정책에 거부권을 행사할 수 있는 권한은 의회에게는 언제나 선택사항이 될 수 있다. 그러나 이 옵션은 가끔씩만 활용할 수 있는데, 그 이유는 의회는 대중의 반향이 클 만한 행정적 이슈가 아니면 관심을 가지지 않거나 잘 모르는 경우가 많기 때문이다. 그리고 정책이 의회의 큰 관심을 불러일으켰다 할지라도 입법적으로 정책을 시정할 수 있는 경우는 매우 드물다. 왜냐하면 행정부에서 이미 결정을 내린 것이라면 그 안건은 이미 강력한 지지 세력을 확보했을 것이기 때문이다. 의회의 감독과 간소화된 입법 절차를 제공해야 할 의회심사법도 제 역할을 다 하지 못하고 있는데, 이는 회계감사원에 상정되어 있는 규제안의 양이 엄청나기 때문에, 각 규제안에 대한 의미 있는 검토가 어렵기 때문이다.97)

---

94) Jonathan T. Molot, The Judicial Perspective in the Administrative State: Reconciling Modern Doctrines of Deference with the Judiciary's Structural Role, 53 Stan. L. Rev. 1 (2000-2001), pp. 80-81.

95) 5 U.S.C. §§ 557(a), (d)(1)(A).

96) Jack M. Beermann, Congressional Administration, p. 131.

97) David S. Rubenstein, Relative Checks: Toward optimal control of administrative power, pp. 2209-2210. 실제로 1996년 CRA가 제정된 이래로 CRA의 절차에 따라 행정규제가 폐지된 건 단 한 건 밖에 없다. 최초로 사용된 것은 2001년 부시 행정

의회의 경제적 권한 활용 또한 논란의 여지가 있는 행정통제 방식이다. 의회의 예산심사는 좋은 정책을 선별하기 보다는 예산증가를 정당화하는 경향이 있고, 국가안보, 사회복지 등 상대적으로 예산규모가 큰 사안에만 집중하는 경향이 있다.[98] 이러한 의회의 예산권은 특별한 경우 효과가 있을 수 있으나, 대통령이 OMB를 통해 성취할 수 있는 광범위하고 지속적인 정책적 영향력과 비교하면 매우 미미하다.[99]

의회의 감독위원회 또한 문제가 있다. 위원회의 영향력이 강압적이 될수록 입법절차의 중요 요소인 정교한 양원주의와 대통령에의 제출 기능을 방해할 수 있다. 이 위원회가 사회적, 경제적 변화를 이끌어내기 위해 과도한 영향력을 행사하여 입법절차를 방해할 경우, 정부의 책임성과 민주주의적 심의라는 중요한 헌법적 가치를 손상시킬 수 있다. 이러한 문제는 위원회의 정책선호가 특정 이익집단에 맞춰져 있거나, 의회 전체의 의견을 반영하는 데 실패하는 경우 더 심각해질 수 있다.[100]

부 시절 노동부(The Occupational Safety and Health Administration: OSHA)의 인체공학적 상해 기준에 대한 규정을 의회가 무효화 한 것이었다. 인체공학적 상해란 품질이 나쁜 장비(poor equipment)사용으로 인한 건강상 장애를 말한다. 최초의 CRA 사용에 대한 자세한 내용은 Julie A. Parks, Lessons in Politics: Initial Use of the Congressional Review Act, 55 Admin. L. Rev. 187 (2003) 참조.

[98] Harold H. Bruff, Presidential Power and Administrative Rulemaking, 88 Yale L.J. 451 (1978-1979), pp. 457-458.

[99] Cynthia R. Farina, Statutory Interpretation and the Balance of Power in the Administrative State, 89 Colum. L. Rev. 452 (1989), p. 509. 이하 Cynthia R. Farina, Statutory Interpretation and the Balance of Power로 인용.

[100] David S. Rubenstein, Relative Checks: Toward optimal control of administrative power, p. 2212.

III. 대통령통제 모델

1. 대통령통제 모델의 내용

대통령이 통제권을 갖는 모델은 행정부의 최고책임자로서 대통령이 행정기
관을 감독하고 관리하는 것을 의미하는 것이다. 대통령은 행정기관이 따라야
할 국가의 규제정책을 결정하는 위치에 있다.101) 대통령이 통제권을 갖는 모
델에는 두 가지 중요 요소가 있다. 첫 번째는 정치적으로 책임 있는 대표로서
대통령이 자의적이고 파벌적인 세력들을 통제하기 위한 감시역할이다. 두 번
째는 조화롭고 능률적인 기능으로서 관계 부처 간의 조화, 합리적인 우선순위,
비용효율적인 규범제정을 촉진하는 기능이다.102)

헌법상으로 대통령은 "법률을 충실히 이행하여야 하는(take care that the
laws be faithfully executed)"의무를 지닌다.103) 이 의무를 이행하기 위한 수단
으로 미국의 헌법은 대통령에게 몇 가지 공식적인 통제방법을 제공한다. 또한
대통령은 행정에 대한 감독과 영향력 행사를 위해 여러 가지 비공식적 수단들
도 활용한다. 대통령의 첫 번째 공식적 행정통제 수단은 행정기관의 장들을
任命할 수 있는 헌법에 의거한 대통령의 권한(appoint power)이다.104) 대통령
은 이 임명권을 통해 국정의제를 추진할 능력과 의지가 있는 관료들이 정책을
수립·시행하도록 사전 통제력을 행사할 수 있다. 임명권을 보완하기 위해 생
겨난 두 번째 수단이 대통령의 의지대로 행정관료들을 解任할 수 있는 권한
(removal power)이다.105)

---

101) Lisa Schultz Bressman; Michael P. Vandenbergh, Inside the Administrative State: A
  Critical Look at the Practice of Presidential Control, p. 48.

102) David S. Rubenstein, Relative Checks: Toward optimal control of administrative
  power, p. 2199.

103) U.S. Const. Article II, Section 3.

104) U.S. Const. Article II, Section 2 고위공무원의 경우 상원의 동의가 필요하다는 제한
  이 있다.

대통령의 또 다른 행정통제 수단은 헌법상 의견 조항(opinion clause)에서 찾
아볼 수 있는데, 이 조항에 의거해 대통령은 각 행정부처에 관련된 모든 의제
에 대해 서면의견을 요구할 수 있다.106) 현대의 미국 대통령은 헌법상 의견
조항 및 대통령실 소속 관리예산처라는 조직을 통하여 행정기관으로부터 엄
청난 양의 정보를 모아왔고 행정기관에 대통령의 조언을 전달해 왔다. 이 기
관은 첫째, 대부분의 행정부 정책에 대한 대통령의 감시도구로서의 역할과,
둘째, 행정 각부의 정책 수립에 대통령의 영향력을 행사하는 역할을 수행한다.
대통령이 행정기관의 정책 영향을 미치는 정도가 아니라 직접 행정기관에 지
시명령(directive power)을 할 수 있는지 논란이 있다. 지시명령권을 행사한다는
것은 관계 부처의 장관이 추진하는 정책의 방향이 대통령이 추진하는 정책의
방향과 다른 경우 대통령이 정책결정 권한을 행사하는 것을 의미한다. 전통적
견해에 따르면, 대통령은 행정기관의 정책결정을 감독하고 지침을 제공할 수
는 있으나, 법에 의해 행정기관의 장에게 주어진 재량권을 대체할 수는 없다
고 한다. 즉, 대통령은 법률이 행정기관의 장에게 권한을 부여하고 있는 한 직
접적으로 지시명령을 할 수 없다고 본다. 반면, 행정기관의 장은 대통령의 지
시를 수용하는 데 있어서, 그 지시가 법령상 한계를 준수하고 있는지를 고려
하여 적절한 재량권을 행사하여야 한다.107)

그러나 지시명령 권한을 제외하더라도 대통령에게는 행정조치들의 내용
과 범위에 영향력을 행사할 수 있는 수단들이 많이 있다. 1960년, 1970년대

---

105) David S. Rubenstein, Relative Checks: Toward optimal control of administrative
power, pp. 2200-2201. 다만, 대통령의 해임권은 대통령의 헌법상 의무수행을 방해
하지 않는 한 제한될 수 있다고 한다(Morrison v. Olson, 487 U.S. 654, 691, 1988).
Elena Kagan, Presidential Administration, pp. 2323-2324.

106) U.S. Const. Article II, Section 2, Clause 1.

107) David S. Rubenstein, Relative Checks: Toward optimal control of administrative
power, pp. 2201-2202. 다만, 단일행정부 이론에 따르면 대통령의 지시명령 권한은
헌법적으로 요구되는 것 또는 규범적으로 정당화된 것이라는 지지를 받아왔다. 이
에 대해서는 제3장 제1절에서 후술한다.

에는 환경, 건강, 안전문제에 있어 행정기관이 정책형성의 방식으로 행정입법 (rulemaking)을 주요한 수단으로 이용하게 되었고, 대통령은 OMB를 통하여 행정입법의 내용에 정치적 의사를 반영하고자 하였다.108) 그 외에도 대통령은 백악관의 관료들을 통하여 특정한 규제에 대한 그들의 견해를 행정기관에 주입시킨다. 때로는 특정한 정책에 대한 대통령의 직접 개입을 통하여 행정기관을 자극하기도 한다.109)

대통령이 광범위한 통제권을 갖는 모델은 다음 몇 가지 장점이 있다. 첫째, 조정의 필요성이다. 현대 사회에서 대립적인 기관 간 갈등을 해결할 수 있는 사람으로는 연방관료제의 정점에 있는 대통령이 유일하다고 할 수 있다. 둘째, 책임성을 제고할 수 있다. 대통령은 국민에 의해 선출되나 정부 관료는 그러하지 않다. 현대의 정책문제는 기술적 전문성에 의해서만 해결되지 않으며, 정책적 고려가 중요하다는 측면에서 대통령 통제가 중요하다. 셋째, 관료주의적 엄격성을 완화시켜 준다. 즉, 대통령은 현실에 보다 민감하여 정부 관료에게 부족한 유연성과 효율성을 추구할 수 있다.110)

2. 대통령통제 모델의 평가

대통령의 통제권을 강화해주는 이론이 실제 권한 사용 시의 상황과 꼭 맞아 떨어지는 것은 아니다. 그리고 바로 이 이론과 실제 상황의 괴리가 대통령

---

108) Peter L. Strauss, Presidential Rulemaking, 72 Chi-Kent L. Rev 965 (1997), pp. 967-968. 이하 Peter L. Strauss, Presidential Rulemaking로 인용.

109) Harold H. Bruff, Presidential Power meets Bureaucratic Expertise, pp. 469-470. Bruff에 의하면 대통령의 직접 개입의 사례로는 레이건 대통령이 국내자동차 산업 지원을 위하여 규제 완화 정책을 발표한 것이 있다고 한다.

110) Thomas O. McGarity, Presidential Control of Regulatory Agency Decision making, 36 Am. U. L. Rev. 443 (1986-1987), pp. 447-452. 다만, McGarity는 법원은 헌법 해석에서, 의회는 국내정책형성에 있어서 대통령보다 우위에 있으며, 의회는 대통령의 행정기관 결정에 대한 개입이 공개적이고 민주적 방법으로 이루어지도록 그의 헌법상 권한을 행사할 것을 요구한다고 한다.

이 통제권을 갖는 모델이 비판을 받는 핵심 이유다. 첫째, 대통령의 책임에 대한 개념이 잘못 인지되어 있거나 과장되어 있다고 할 수 있다. 소위 대통령의 영향력의 대부분이 실제로는 관리예산처와 같은 정치적인 책임을 지지 않는 대리인들 또는 백악관 관료들에 의해 행해진다는 것이다. 이를 바탕으로 대통령의 임명권과 해임권의 정당성도 비슷하게 잘못 인식되고 과장되어 있다고 할 수 있다. 대통령이 임명권을 통해 행정조치에 사전 통제력을 행사하기를 원한다고 해도, 일단 행정기관의 장이 임명되고 나면 여러 가지 상충되는 요소들을 고려해야만 하기 때문에, 이것이 쉽지 않다는 것이다. 더 나아가 이상적으로는 대통령이 모든 것을 검토해야 하지만, 행정조치의 양이 너무나도 방대하여 이를 실현하는 것은 불가능하다. 대통령이 검토해야 할 의제들이 너무 많기 때문에, 대통령의 책임과 통제의 효율성에 대한 개념은 효력을 상실하게 된다.111)

IV. 시사점

행정의 정당성 내지 행정통제의 이론으로부터 도출할 수 있는 결론은 어느 시기에나 입법, 사법, 행정 3권간에 견제와 균형의 원리가 작용한다는 것과 이들 각 권력이 일정한 기간 상대적으로 우월적 지위를 누려왔다는 것이다. 시기적으로 보면 입법우위의 시대, 사법우위의 시대를 거쳐 대통령 내지 행정우위의 시대로 변하고 있음을 알 수 있다.112) 예컨대, 출범당시의 예상과 달리 독립규제위원회의 독립적 규제과정에서 대통령의 인사권, OMB의 예산권, 법무부의 소송관련 권한으로 인하여 대통령의 조정 권한이 더욱 중요해지고 있다.113)

---

111) David S. Rubenstein, Relative Checks: Toward optimal control of administrative power, pp. 2203-2204.

112) Elena Kagan, Presidential Administration, p. 2246.

국가와 국민의 대립적 구도에서 보면 국가중심시대에서 국민들의 참여가 강조되는 시대로 옮겨가고 있다고 할 수 있다. 결론적으로 현대 국가는 多元主義, 利益代表라는 민주적인 정책결정 구조를 지향하고 있음에도 불구하고, 실제로는 대통령과 행정부가 정책결정의 주도세력이 되는 複合的 權力의 시대라고 할 수 있다. 다만, 선출된 권력으로서 대통령이 가지는 국민에 대한 정치적 책임성과 직업 관료제의 전문성으로 무장한 행정부가 주도적 권력이 되고 있음은 부인할 수 없다고 할 것이다.

살펴본 바와 같이 대통령의 행정통제 수단으로는 임명권, 해임권, 법령집행의무 조항, 의견요청권이 있는데, 대통령 중심 행정시대에서 행정에게 부여된 역할을 수행하기 위해서는 법령해석을 필수적으로 수반하는 법령집행권의 행사가 매우 중요하다. 다음 장에서는 미국 행정부의 법령해석권의 내용에 대해 살펴보고자 한다.

---

113) Angel Manuel Moreno, Presidential Coordination of the Independent Regulatory Process, 8 Admin. L. J. Am. U. 461 (1994-1995), pp. 499-504. 다만, 미국 대통령의 행정기관의 결정에 대한 개입, 통제는 투명성의 부족, 통제자들 간의 경쟁 내지 갈등, 비체계적이고 불평등한 문제의 선택, 적절한 시기의 상실 등으로 행정기관 결정의 정당성을 제공하는 데 한계를 보이고 있다는 실증연구 결과도 있다(Lisa Schultz Bressman; Michael P. Vandenbergh, Inside the Administrative State: A Critical Look at the Practice of Presidential Control, pp. 92-99).

제3장

미국법상 행정부 법령해석권의 내용

제1절 행정부의 법령해석권 행사의 수단과 형태

Ⅰ. 개설

행정부는 법령을 집행하는 과정에서 필수적으로 법령해석권을 행사한다. 의회의 위임입법에 따라 구체적인 하위 규정을 정하는 경우는 물론 국민에게 직접 행정권을 행사하는 과정, 즉 사실관계에 법령을 적용하는 경우에도 법령해석권을 행사한다. 또한 대통령은 입법부의 법률과 사법부의 판결에 대해서도 각각 거부권과 사면권을 통해 직접적으로 법해석권을 행사한다.

행정부가 하위 규정을 제정하고 이를 해석하는 권한은 의회가 가지고 있지 않은 구체적이고 세부적인 정책선택 권한을 포함하고 있다는 점에서 중요하다.[1] 또한 국민에 대한 직접적 행정권 행사의 경우, 겉보기에 명확한 기준이 주어진 것 같지만 기준을 현실에 적용시키는 과정은 상당한 재량을 필요로 하는데, 이러한 재량행사과정에서 행정부는 불가피하게 법령을 해석하게 된다.[2]

이렇게 각 행정기관이 법령해석을 하는 경우를 제외하고, 제2차적 내지 집중적·통일적 법령해석권 행사의 형태가 관리예산처의 행정입법 심사 기능과 법무부(Department of Justice: DOJ)와 그 소속기관인 법률자문국(OLC)과 송무실장[3](Solicitor General: SG)의 법률의견 제공 기능이다. 대통령의 부기의견과

---

[1] Jonathan T. Molot, Reexamining Marbury in the Administrative state, p. 1241.

[2] Richard B. Stewart, The Reformation of American Administrative Law, pp. 1673-1674.

[3] 미국 법무부의 직위를 보면 법무부 장관, 법무부 차관 밑에 Solicitor General이 법무부 부차관과 동일한 서열이나 법률자문국의 장은 11명의 법무부 차관보 중 하나라는 점에서 SG의 경우 한국의 법무부로 보면 차관보 내지 가급 고위공무원 소위 실

거부권은 입법부의 법안에 대한 대통령의 법해석이고 사면권은 법원의 판결에 대한 대통령의 법해석권 행사이다. 이하에서는 이에 대해 살펴보고자 한다.

II. 관리예산처의 행정입법심사

1. 미국의 규제개혁과 행정입법심사

미국의 규제개혁은 약 30년의 긴 역사를 가지고 있으며, 대통령 등 정부 최고위층의 강력한 의지 및 관심에 의해 이루어지고 있다. 40년 전 닉슨 행정부의 '삶의 질 심사 프로그램'을 규제개혁의 시발점으로 후임 대통령들은 행정의 투명성을 높이고 규제의 품질을 높이기 위한 노력을 지속적으로 기울이고 있다. 규제개혁에서 가장 중요한 발전은 1981년 레이건 대통령에 의해서 제정된 행정명령(Executive Order) 12,291호이다. 이 명령은 각 행정기관으로 하여금 규제를 요하는 행정입법을 하고자 하는 경우에는 각 기관 스스로 비용편익분석을 반드시 거치도록 하고, 각 행정입법의 초안과 최종안을 연방공보에 등록하기 전에 OMB에 제출하도록 하였다. 이 행정명령의 영향으로 OMB의 정보규제국(Office of Information and Regulatory Affairs: OIRA)은 연간 2,000 내지 3,000건의 행정입법을 심사하게 되었고, 이후 후속 행정명령인 12,498호의 제정으로 독립규제기관에서 계획 중인 규제에 대한 심사까지 맡게 되었다.[4]

1993년 9월 30일 클린턴 대통령은 이전의 행정명령(12,291호 및 12,498호)을 폐지하고 이를 대체하는 행정명령 12,866호를 공포하였다. 이 명령은 행정

장에 해당한다고 볼 수 있고, OLC는 법무부의 국장급으로 보면 무난할 것이다. 따라서 SG를 송무실장, 사무국은 송무실로 번역하고자 한다.

[4] Michael Herz, Imposing Unified Executive Branch Statutory Interpretation, 15 Cardozo L. Rev. 219 (1993), pp. 221-222. 이하 Michael Herz, Imposing Unified Executive Branch Statutory Interpretation로 인용.

기관으로 하여금 가능한 규제의 대안을 선택함에 있어서 반드시 양적·질적인 측면을 모두 포함한 비용편익분석을 실시하도록 하였고, 순편익을 극대화할 수 있는 대안을 선택하도록 의무화하였다. 행정명령 12,866호는 각 부처에게 규제가 도입되어 해결하여야 할 문제를 먼저 정의하고 그 중요성을 평가하며, 규제가 아닌 대안을 검토하고 규제가 필요할 경우 원칙적으로 규제의 사회적 편익이 비용을 초과하도록 하였다. 다만, 새로운 행정명령은 행정기관이 OIRA에 제출하여야 하는 법령안의 범위를 보다 선택적으로 바꾸었다. 즉, 행정기관은 OMB에 "중대한(significant)"[5] 법령안이거나 OMB와 협의하여 심사 의뢰 할 필요가 있다고 인정되는 법령안에 대해서만 선택적으로 심사를 의뢰하도록 하였다.[6]

2. 관리예산처의 기능과 조직

흔히 OMB를 예산을 전담하는 기관으로 알기 쉬우나 예산은 물론 조달, 행정(정보)관리, 규제개혁, 입법심사, 의회와의 관계구축 등을 포괄하는 역할을 하는 기관으로, 대통령을 가장 가까운 거리에서 보좌하는 기구이다. OMB는 400-600명 내외의 직원이 근무하는 조직으로 대통령 소속기관 중에는 가장 큰 조직이나 전체 업무와 비교하면 상대적으로 작은 조직이라고 할 수 있다. 한마디로 OMB는 대통령과 각 행정기관은 물론 의회와 의사소통의 창구역할을 하는 연방정부의 신경기관으로서 가장 핵심적인 역할을 하는 기관이다. OMB는 대통령을 위한 살아있는 백과사전이라고 불린다.[7] OMB의 여러 기관

---

[5] 여기서 "중대한"이란 (1) 연간 경제에 1억불이상의 영향을 미치는 경우, (2) 심각한 정책의 불연속성을 초래하는 경우 또는 다른 행정기관의 계획된 행위에 방해가 되는 경우, (3) 법적인 구속력, 대통령의 우선순위 또는 대통령령의 기본 원칙으로부터 새로운 법적·정책적 이슈를 불러일으키는 경우 등을 의미한다(Exec. Order No. 12,866 of September 30, 1993).

[6] Steven P. Croley, White House Review of Agency Rulemaking: An Empirical Investigation, 70 U. Chi. L. Rev. 821 (2003), pp. 821-830.

중 하나인 OIRA는 연방정부의 규제정책과 정보수집, 정부의 통계정책 그리고 연방정보정책을 감독하고 조정하는 역할을 한다.[8]

OIRA의 중앙 집중적인 규제심사 기능을 간략하게 기술하면, 행정기관은 연방관보에 게재하기 전 최대 90일간의 심사를 위해 주요 규제안을 OIRA에 제출한다. 그러한 규제안은 잠정적인 것일 수도 있고 최종적인 것일 수도 있다. 주요 규제란 새로운 정책이슈를 야기하거나 행정기관 간 조정이 요구되거나 경제적으로 중요한 규제를 뜻한다. OMB가 규제영향분석[9]을 포함하는 규제심사를 마무리 짓고 그것이 연방관보에 게재된 이후에는 전술한 바와 같이 의회가 의회심사법에 따라 규제심사를 행한다. 또한, 규제에 관한 알권리 보장법(The Regulatory Right-to-Know Act)[10]은 OMB로 하여금 매년 의회에 대하여 보고서를 발간할 것을 명한다. 그러한 보고서에는 행정기관이 행하는 규제의 비용편익 추정치가 포함되어 있어야 한다. 사법부 또한 핵심적인 역할을 담당한다. 규칙이 시행된 이후 영향을 받은 당사자는 규칙을 공포한 행정기관을 상대로 소송을 제기할 수 있다. 당해 소송에서 당사자는 규칙이 APA 절차 요건, 규칙의 근거가 되는 제정법 또는 연방헌법을 침해하였음을 이유로 법원이 당해 규칙을 취소 또는 당해 행정기관에 환송해 줄 것을 청구할 수 있다.[11]

---

[7] Shelley Lynne Tomkin, Inside OMB: politics and process in the President's Budget Office, American Political Institution and Public Policy, 1988, pp. 3-6. 이하 Shelley Lynne Tomkin, Inside OMB로 인용.

[8] Shelley Lynne Tomkin, Inside OMB, pp. 12-22.

[9] 미국의 규제영향분석(regulatory analysis)은 대통령의 행정명령(Executive Order)에 의해 이루어지는 반해, 의회에 의해서 제정된 개별 규제법령은 비용편익분석을 의무화하지 않고 있는 경우가 많아 양자 간에 갈등, 긴장관계에 있으므로 규제관련 제정법이 비용편익분석과 일치하도록 개정되거나, 규제분석 프로그램이 비용편익분석을 포함하도록 하는 안을 제시하는 견해가 있다(Gary E. Marchant, "Regulatory Analysis in the United States: Underlying Tensions and Contested Legitimacy 참조).

[10] 31 U.S.C. § 1105.

[11] Alexander T. Hunt, 장철준 역, Centralized Regulatory Review in the United States: Past Practice and New Developments, 『Public Law』 Vol. 38, No. 1-1, Korean Public

다만, 이러한 OMB의 중앙집권적 입법관여 권한을 제한하여야 한다는 입장
에서 의회로 하여금 이러한 기능을 하도록 하는 한편 각 행정기관의 自律性
을 존중하도록 하여야 한다는 비판이 있으나,12) 현대 행정국가에서 대통령의
최종적 행정권에 의한 조정과 통제의 필요성이 증가하고 있다는 점에서 받아
들이기 어려운 견해라고 생각한다.

3. 관리예산처의 법령해석 기능

전술한 바와 같이 OMB는 규제영향분석, 비용편익분석 등의 방법으로 각
행정기관의 행정입법에 대한 심사 업무를 수행하고 있다. 이러한 OMB의 행
정입법심사권이 법령해석과 관련이 있다. OMB의 OIRA는 의회가 제정한 법
률의 위임을 받아 행정기관이 제정하는 행정입법이 연방헌법과 법률은 물론
대통령의 지침 등을 준수한 것인지에 대한 심사를 담당한다. 그 밖에도 OMB
는 대통령 특별선언 및 행정명령 제정을 위하여 각 행정기관이 기초한 초안을
심사·조정하는 업무를 수행하며, 각 기관의 요청에 따라 행정조직 개편안을
작성하여 의회에 제출하는 기능을 수행한다.13)

OMB에는 입법심사부(legislative reference division)라는 하위조직이 있는데,
입법심사부는 법률안에 대하여 그 법률안과 여기에 관련된 보고서, 증언서 등
을 심사하고 의회를 통과한 법률안에 대하여는 법률안의 拒否權 행사 등 대
통령이 취할 조치에 대하여 각 기관의 의견을 취합하는 업무를 수행한다.14)

Law Association, Oct. 2009. pp. 174-178.

12) Alan B. Morrison, OMB Interference with Agency Rulemaking: The Wrong Way to
Write a Regulation, 99 Harv. L. Rev. 1059 (1985-1986), pp. 1071-1074

13) Peter L. Strauss; Cass R. Sunstein, Role of the President and OMB in Informal
Rulemaking, 38 Admin. L. Rev. 181 (1986), pp. 181-208 참조.

14) Kristien G. Knapp, Resolving the Presidential Signing Statement Controversy: New
York State as a Separation of Powers Laboratory; 6 Cardozo Pub. L. Pol'y & Ethics
J. 737 (2008), p. 744.

구체적으로 OMB의 법령해석 기능을 살펴보면 다음과 같다.

첫째, 행정명령 12,291호 내지 12,498호는 일반적으로 정책이슈 그리고 특히 비용편익분석을 목적으로 하고 있는 것으로 보이지만, 이 역시 법령해석의 이슈와 깊은 관련이 있다. 행정명령에 따르면 OMB의 심사 권한은 법에 의해 위임된 행정기관의 의무를 대체하는 것으로 해석되어서는 안 되며, 모든 과정은 법에 의하여 허용된 한도 내에서 이루어져야 한다. 비용효과분석이 법에 의하여 허용되고 있는지 여부와 왜 보다 비용-절약적인 접근을 취할 수 없는 법적 이유가 있는지 여부를 판단하기 위해서는 관련 법령에 대한 해석이 필요한 것이다. 더욱이 OIRA는 중요한 규칙만의 제출을 요구했지만 OMB는 거의 대부분의 행정규칙의 제출을 요구하는데, 여기에는 해석규칙(interpretive rules)[15] 도 포함되어 있다. 이에 따라 각 기관은 해석규칙의 법적 의미를 명백히 하여야 한다. 결론적으로 OMB 심사를 대비한 행정기관에 의해서든지 아니면, OMB 자체 심사에서든지 법령해석은 일어나고 있는 것이다.[16]

둘째, OMB는 행정부의 의회제출 법안에 대한 심사과정에서 필요한 법률의견을 법무부 OLC에 요청한다. OLC의 의견은 법무부 입법국장의 서명을 받아 OMB로 송부되고 OMB는 이 의견을 의회의 관련 위원회에 제출한다. 이 과정에서 OMB는 대체로 의회와 행정부간 조정과 연락 유사한 기능을 수행한다. 따라서 많은 경우 OMB의 정책분석과 OLC의 법률의견이 함께 의회에 함께 제출된다. 이러한 과정 속에서 OMB는 행정목적을 고려하여 OLC의 법률의견

---

[15] APA는 행정규칙(administrative rule)을 입법규칙(legislative rules), 해석규칙(interpretive rules), 절차규칙(procedural rules), 정책설명(general statements of policy)로 구분하고 있다. 해석규칙은 법률과 규정을 명백하게 하거나 설명하기 위한 행정규칙이다. 해석규칙은 새로운 법이나 규제를 만들지 않는다. 해석규칙의 예로는 기관매뉴얼, 가이드라인, 메모랜덤이 있다. 해석규칙은 법으로서 강제력을 가지지 않기 때문에, 통지 및 의견제출 규정이 적용되지 않는다(http://administrativelaw.uslegal.com/ administrative -agency-rulemaking/interpretative-rules).

[16] Michael Herz, Imposing Unified Executive Branch Statutory Interpretation, pp. 222-223.

을 희생하거나 아니면 과장할 수 있다. 어떤 경우에는 OLC의 의견을 제공하
지 않을 수도 있다.[17]

셋째, OMB에 의한 비용편익 분석은 시장이 존재하지 않는 재화나 서비스
의 화폐적 가치를 측정한다는 점에 그 특색이 있다. 미국의 경우 법원은 立法
趣旨를 중시하는 측면에서 신중한 접근을 취하고 있는데,[18] 이 경우에도 입
법취지나 의도에 대한 법률해석이 필요로 한다는 점에서 OMB의 법령해석 기
능을 살펴볼 수 있다.

III. 법무부 법률자문국과 송무실의 법률자문

1. 서론

미국 헌법은 3권 분립을 명문화하여 행정권을 대통령에게 부여하고 있고,
미국 대통령은 헌법을 수호한다는 선서(The President must take an oath to
preserve, protect, and defend the Constitution)를 하며,[19] 또한 법률을 충실하게
집행하도록 하고 있다.[20] 이러한 대통령의 "법이 충실하게 집행되도록 주의할

---

[17] Douglas W. Kmeic, OLC's opinion writing function: the legal adhesive for a unitary executive, 15 Cardozo L. Rev. 220 (1993), pp. 338-339. 이하 Douglas W. Kmeic, OLC's opinion writing function로 인용.

[18] Bruce D. Fisher, Controlling Government Regulation: Cost-Benefit Analysis before and after the Cotton-Dust Case, 36 Admin. L. Rev. 179 (1984), pp. 179-183 참조.

[19] U.S. Const. Article II, Section 1, Clause 8. 대통령은 직무수행을 시작하기에 앞서 다음과 같은 선서 또는 확약을 하여야 한다. "나는 미국 대통령의 직무를 성실히 수행하며, 나의 능력과 책임을 다하여 헌법을 보전하고 보호하고 수호할 것을 엄숙히 선서 (또는 확약)한다."(Before he enter on the execution of his office, he shall take the following oath or affirmation: ─ "I do solemnly swear (or affirm) that I will faithfully execute the office of President of the United States, and will to the best of my ability, preserve, protect and defend the Constitution of the United States.").

의무"는 법집행에 대한 권한과 의무를 부여한 것이다. 따라서 대통령은 법을 충실히 집행하기 위해 법을 해석할 권한과 책임을 가진다고 할 수 있다.[21)

법률적으로 연방정부의 법무부와 법무부 장관(Attorney General)이 이러한 대통령의 법해석권을 지원하는 것으로 규정되었다. 즉, 연방정부의 법무부 장관이 "대통령이나 각료들이 법의 문제들에 대한 질의에 대해 조언이나 의견제시의 업무"를 담당하도록 되어 있다.[22) 이 규정에 해당하는 현재의 규정은 "법무부 장관은 대통령의 요청에 의하여 법률문제에 대한 조언과 의견을 제공하여야 한다."는 것이다. 또한 "각 부처가 행정과정에서 일어나는 법률문제에 관한 법무부 장관의 의견을 요청하는 경우에는 조언을 제공하여야 한다."고 되어 있다.[23)

조지 워싱턴 대통령부터 오늘날까지 대통령의 법령집행권의 소관 부서는 법무부이므로 연방행정부의 법적 권한과 의무에 대한 법률적 해석과 결정은 법무부 장관이 충실히 수행해 왔으며, 구체적으로는 법무부의 법률자문국이 그 기능을 수행하고 있다.[24)

2. 법무부 연혁과 법해석 기능

의회는 1789년 Judiciary Act에 따라 법무장관실을 창설하였으며, 동시에 연

[20) U.S. Const. Article II, Section 3.

[21) John O. McGinnis, Models of the Opinion Function of the Attorney General, A Normative, Descriptive, and Historical Prolegomenon, 15 Cardozo L. Rev. 375 (1993), pp. 378-380. 이하 John O. McGinnis, Models of the Opinion Function of the Attorney General로 인용.

[22) Judiciary Act of 1789, ch. 20, §35, 1 Stat. 73, 93 (codified as amended at 28 U.S.C. §§511-513 2000).

[23) 28 U.S.C. § 511, 512 (1988).

[24) Dawn E. Johnson, Guidelines for the President's Legal Advisors, 81 Ind. L.J. 1345 (2006), p. 1345.

방법원 시스템도 창설하였다. 법무장관은 연방법원에서 미국을 대표하거나 대통령과 부처의 요청에 따라 법률의견을 제공하는 것 외에는 다른 권한이 거의 없었다. 전쟁, 외교, 재무성보다 낮은 등급으로서 3개부의 장관의 급여가 3,500불임에 반해 법무장관은 1,500불에 불과하였고, 3개부가 수많은 직원들 두고 있었으나, 법무장관은 비서, 직원도 없었다. 그는 파트타임 고용자였으며, 의회는 적은 보수를 사적인 업무로 보충하도록 하였다. 심지어 조지워싱턴 대통령은 란돌프(Edmund Randolph)에게 첫 법무장관 자리를 제안하면서 이 자리가 고객을 확보하는 데 도움이 될 것이라고 하였다. 1818년에 드디어 의회의 승인으로 사무실, 직원, 집기를 받게 되었다.[25]

1835년 법무장관은 정규직 공무원이 되었고, 1870년 마침내 부처로서 법무부가 창설되었다. 이 때 조사부서가 편입되었는데, 이것이 미국 연방수사국(Federal Bureau of Investigation: FBI)의 시초가 되었다.[26] 그런데 각 부처가 독자적으로 송무담당관(Solicitor)을 두고 있어 법무장관의 연방법원 대표 기능에 문제가 많았다. 이에 따라 각 부처에 있는 송무담당관과 외부변호사를 감독하기 위하여 송무실장(Solicitor General)을 신설하였다. 이러한 조치이후에도 혼란과 과도한 비용문제가 나타나자 루스벨트 대통령은 1933년 행정명령 6,166호를 통해 모든 소송 권한을 법무부로 집중하고 법무장관에게 미국 검사와 변호사를 감독하는 배타적 권한을 부여하였다.[27]

1789년 이래 법무장관은 대통령과 부처 장관에게 법률문제에 관한 의견을 제공하는 의무가 있어 왔으며, 1870년에는 법률문제에 관한 의견제공 외에 조언(advice)을 제공하는 기능[28]이 추가되었다. 전통적으로 법무장관은 소송에서

---

[25] Griffin B. Bell, The Attorney General: The Federal Government's Chief Lawyer and Chief Litigator, or One Among Many?, 46 Fordham L. Rev. 1049 (1978), pp. 1050-1053. 이하 Griffin B. Bell, The Attorney General로 인용.

[26] Griffin B. Bell, Office of Attorney general's Client Relationship, 36 Bus. Law. 791 (1981), pp. 791-792. 이하 Griffin B. Bell, Office of Attorney general's Client Relationship로 인용.

[27] Griffin B. Bell, The Attorney General, pp. 1055-1057.

는 공식적 법률의견을 제공하지 않았다. 법무장관의 의견은 행정부 내에서 권위 있는 것으로 받아들여지며, 이에 따라 법에 저촉되는 행정부의 행위에 대한 견제기능을 수행함으로써, 소송을 피할 수 있게 하는 긍정적 기능을 수행하여 왔다. 역사적으로 법무부 장관의 의견서는 송무실장이나 송무부실장에 의해서 작성되었고 송무부실장이 폐지됨으로써 1950년부터 법률자문국에 의해 작성되고 있다.[29]

법무장관으로의 해석권의 집중화는 통일된 단일행정부 법해석을 향한 중요한 진전이었다. 다만, 행정기관의 법률해석의 이슈가 DOJ에는 오는 것은 흔치 않다. 모든 행정입법이 OMB의 심사를 거치도록 되어 있는 데 반해, 행정기관의 법률안의 일부만이 DOJ에 온다. 더욱이 DOJ의 개입은 OMB의 행정입법심사와 달리 자동적이지 않으며, DOJ가 먼저 개입할 수 있는 적극적인 것이 아니다. DOJ는 단순히 이용 가능할 뿐이며 대부분의 법적 의사결정은 행정기관 내에서 이루어진다.[30]

3. 송무실의 법해석 기능

SG는 1870년 법무부의 설립과 같은 시기에 설립되었으며, 가장 중요한 업무는 연방법원에서 연방정부를 대리하는 것이다. 그리고 연방법원에서의 소송대리 외에도 하급법원에서의 모든 연방정부 소송에 대한 지휘·감독역할을 수

---

28) 의견은 자신의 주관적 믿음으로서 감정이나 사실에 대한 해석이라면, 조언은 다른 사람에 대한 추천, 안내라는 의미로서, 자신이나 조직의 의견이라고 할 수 있다.(http://en. wikipedia.org/wiki/Opinion, http://en.wikipedia.org/wiki/advice) 법적 의견이나 법적 조언도 위의 의견, 조언의 의미와 유사하다고 할 수 있다. 법률의견이 보다 공식화된 것으로 서면에 의하는 것이 보통이나 조언은 비형식적인 경우가 많다는 점에서 차이가 있다고 볼 수 있다. 법무부도 OLC의 가이드라인의 제목을 Best Practices for OLC Legal Advice and Written Opinions로 하고 있다.

29) Griffin B. Bell, The Attorney General, p. 1064.

30) Michael Herz, Imposing Unified Executive Branch Statutory Interpretation, p. 228.

행한다.[31]

그리고 SG는 연방법률을 다투는 기존의 소송에 참여할지를 결정한다. 미국 정부가 소송의 당사자가 아닌 경우도 연방법원은 연방법률의 합헌성 여부에 대한 이슈가 제기되는 경우 법무부 장관에게 통보하여야 한다. 이 경우 SG는 당사자로서 소송에 참여할 지를 결정한다.[32] SG는 상원의 동의를 얻어 대통령이 임명하고 대통령에 의해 해임된다. 그는 법에 정통한 유일한 연방공무원이다.[33]

SG의 경우 소송수행을 하면서 사후에 법해석을 하지만 OLC의 경우 정부의 행정업무 수행 이전에 법해석을 하는 점에서, OLC는 SG와 달리 행정부의 위헌적·위법적 활동을 사전에 심사할 수 있는 기회를 가지게 된다. 또한 SG의 연방정부 소송대리권은 법률상 권한으로 모든 연방정부기관은 SG의 소송지휘에 따라야 하지만, OLC의 법률의견 기능은 행정기관이 선택할 수 있는 임의적인 것이라는 점에서 차이가 있다.[34]

한편 미국 백악관의 법률고문은 대통령의 참모로서 백악관이라는 기업의 일종의 사내변호사 역할을 한다. 그는 OLC나 SG와는 달리 법률적 근거나 의무가 없으며, 임명도 의회의 동의가 필요 없는 오로지 대통령의 재량사항이다.[35]

---

31) 28 C.F.R. § 0.20 (2004).

32) 28 U.S.C. § 2403 (a).

33) 28 U.S.C. § 505.

34) Cornelia T.L. Pillard, The unfulfilled promise of constitution in executive hands, 103 Mich. L. Rev 676 (2005), pp. 715-716. 이하 Cornelia T.L. Pillard, The unfulfilled promise of constitution로 인용.

35) Jeremy Rabkin, At the President's Side: The Role of the White House Counsel in Constitutional Policy, 56 Law & Contemp. Probs. 63 (1993), pp. 63-64. 대통령의 공식 변호사(official lawyer)는 법무장관(Attorney General)이라고 한다.

IV. 대통령의 부기의견

1. 부기의견의 의의와 기능

부기의견[36]은 법안에 서명하는 대통령이 법안에 부기하는 서면의견을 말한다. 즉, 이것은 구두 혹은 보다 일반적으로는 서면으로 입법안을 법으로 확정하면서 발표하는 서면의견인 것이다.[37]

대통령은 몇 가지 의도를 가지고 부기의견을 공표한다. 어떤 경우 대통령은 법안에 대한 찬성을 나타내기 위해 이를 이용하지만 대부분의 경우에는 그가 서명한 법안에 대한 반대의견을 표시하기 위해 이를 이용한다. 이러한 반대는 정책과 관련된 이견 때문에 생기기도 하고 헌법적 우려 때문에 생기기도 한다. 다만, 대부분의 부기의견은 헌법적 문제보다는 정책적 문제를 표시한다. 전술한 바와 같이 법안을 분석하고 부기의견의 초안을 잡는 것도 OLC의 권한이다.[38]

2. 부기의견의 헌법 위반 여부

(1) 위헌론

부기의견에 대해 2006년 7월 미국 변호사협회는 적법하게 제정된 법률의 의미를 변경하는 부기의견의 사용이 법의 지배 원리와 권력분립의 원리를 훼손한다고 주장하였다.[39] 실제로 헌법은 대통령으로 하여금 부기의견을 유효

---

[36] signing statements와 후술하는 사면, 거부권 역시 OLC의 검토사항이라는 점에서는 OLC의 기능에 속하나, 이들이 입법부, 사법부와의 권력분립 상 행정부의 견제권한 이라는 점에서 별도로 살펴본다.

[37] Christoper Kelly, The Unitary Executive and the Presidential Signing Statement Dissertation of Doctor of Philosophy, Miami University, Political Science, 2003, pp. 41-42(http://etd.ohiolink.edu/view.cgi?acc_num=miami1057716977).

[38] Douglas W. Kmeic, OLC's opinion writing function, pp. 345-346.

한 의회제정법을 우회하는 방법으로 사용되는 것을 허용하지 않고 있을 뿐 아니라, 그러한 법률에 대한 적용거부를 허용하지 않고 있다. 법안이 대통령에게 제출된 경우 헌법은 3가지의 선택만이 가능하게 하고 있다. 아무것도 하지 않거나, 법안에 서명하거나 아니면 법안을 반대하는 경우 반대의견을 붙여 전체적으로 법안을 의회로 환부하는 것이다.[40] 만약 대통령이 제출된 법안에 대해 10일내에 서명하지 않으면 대통령의 서명 없이도 법으로서 효력을 발생한다. 다만, 이 경우 의회가 개회 중이어야 하며, 10일 중에 의회가 폐회중인 경우에는 법으로서 효력을 발생하지 않는다.[41] 대통령의 부기의견은 결국 의회 입법에 대한 절대적 거부권이 된다는 점에서 헌법위반이라고 할 수 있다. 대통령이 거부권을 행사하지 않고 부기의견을 사용하면, 의회는 거부권 행사와 달리 법안에 대한 재검토의 기회를 가지지 못하기 때문에 대통령의 부기의견이 마치 법률에 대한 절대적 해석처럼 된다는 것이다.[42]

또한 부기의견 사용은 사법권의 독립성을 침해한다는 견해도 있다. 이에 따르면 의회의 입법의도를 판단하는 것은 본래적으로 사법부의 권한인데, 대통령이 부기의견을 통하여 입법의도를 제한함으로써 사법부의 법해석에 영향을 미치는 것은 사법부의 독립성을 침해한다는 것이다.[43]

---

[39] American Bar Association (July 24, 2006). "Blue-Ribbon Task Force Finds President Bush's Signing Statements Undermine Separation of Powers." Press release(http://www.abanet.org/ media/releases/news072406.html).

[40] U.S. Const. Article I, Section 7, Clause 2.

[41] U.S. Const. Article I, Section 7, Clause 3.

[42] Marc N. Garber, Kurt A. Wimmer, Presidential Signing Statements as Interpretation of Legislative Intent: An Executive Aggrandizement of Power, 24 Harv. L. on Legis. 363 (1987), pp. 375-376. 이하 Marc N. Garber, Kurt A. Wimmer, Presidential Signing Statements as Interpretation of Legislative Intent로 사용.

[43] Marc N. Garber, Kurt A. Wimmer, Presidential Signing Statements as Interpretation of Legislative Intent, pp. 383-384.

(2) 합헌론

대통령의 부기의견이 입법권을 침해하였다는 주장이 있지만 이는 타당하지 않다고 할 수 있다. 먼저 의회만이 입법권을 가지는 것이 아니라 대통령도 입법권이 있다는 점을 인식할 필요가 있다. 헌법에 따르면, 대통령은 연방의 상황에 대한 연방의회 보고, 필요하고도 적절하다고 생각하는 시책의 심의 권고, 긴급 시 상·하 양원 소집, 휴회의 시기에 관하여 양원의 의견이 일치하지 않는 경우 대통령의 정회 명령 등의 권한을 보유하고 있다. 그리고 거부권을 행사할 수 있다. 특히 대통령의 입법제안 권고권은 법을 제정하거나 개정하는 데 있어서 주도적 역할을 한다. 대통령은 광범위하고 지속적으로 입법 프로그램을 제안해 왔는데, 이는 대통령이 실질적으로 입법과정을 통제해 왔다는 증거라고 볼 수 있다.[44]

이러한 대통령의 광범위한 입법에 대한 영향력을 고려해보면, 법원은 의회의 입법의도를 검토함에 있어서 대통령의 부기의견의 문언을 고려하지 않을 수 없다. 법해석에 있어서 중요한 요소 중 하나가 입법의도의 파악인데, 이 의도는 제안자인 대통령의 의도에 대한 파악을 필요로 하기 때문이다. 부기의견 사용을 권력분립 원칙 위반이라고 보는 견해는 정부의 헌법적 구조와 정치적 현실을 무시하는 것이라고 할 수 있다.[45] 그리고 부기의견이 입법의도의 표현이기보다는 행정부의 법해석이라고 보면, 사법부의 독립성을 침해라는 주장이 있다. 그러나 사법부도 행정부의 법해석을 존중하는 것이 타당하다는 법원의 입장[46]을 보더라도, 이는 현실을 반영하지

---

44) Frank B. Cross, The Constitutional Legitimacy and Significance of Presidential Signing Statements, 40 Admin. L. Rev. 209 (1988), pp. 214-215. 이하 Frank B. Cross, The Constitutional Legitimacy and Significance of Presidential Signing Statements로 인용. Cross는 한 연구에 따르면 법률의 약 80%가 행정부에서 제안된 것이라고 서술하고 있다.

45) Frank B. Cross, The Constitutional Legitimacy and Significance of Presidential Signing Statements, pp. 218-219.

46) 법원 판례에 의해 형성된 행정부 법해석 존중 원리인 Chevron, Skidmore에 대해서

못할 뿐 아니라 규범적으로도 옳지 않다고 본다.[47]

3. 부기의견의 종류와 사례

이러한 부기의견은 크게 두 가지로 나누어진다. 첫째는 헌법적 부기의견이다. 이는 위헌성 문제를 피하기 위해 법규정을 좁게 해석하거나 위헌이라고 보는 법규정을 실행하지 않는 것이다. 트루만(Truman) 대통령은 스페인에 대한 대부(loan)를 의무화 한 법률의 내용을 지시가 아니라 대통령의 승인이 필요한 것이라고 보았는데, 왜냐하면 지시로 보는 경우 동법은 외교관계에 대한 대통령의 헌법상 권한을 침해하는 것으로 보았기 때문이다. 클린턴 대통령도 낙태 관련 표현을 금지한 1996년 통신법이 헌법상 표현의 자유를 침해하기 때문에, 이를 이행하지 않겠다는 부기의견을 발표하였다. 둘째, 해석적 내지 입법연혁적 부기의견이다. 이는 대통령이 법률의 의미가 불분명한 경우에 이에 대한 해석을 붙이는 것이다. 해석적 부기의견은 대통령의 헌법상 권한에 호소하는 것은 아니다.[48]

레이건 행정부 시대에 대통령은 특별히 입법에 대해 이견을 두는 것을 선호하였다. 이러한 관행은 보통 사후의 사법심사를 대비하여 입법기록을 남겨두려는 의도로 인식되며, 그것은 법원보다는 행정기관을 목표로 하는 것이었다. 즉, 법안은 그 의미에 대해 대통령의 지시가 붙은 채로 행정기관에 오게 되는데, 개별사건에서 이러한 지시는 행정기관에 상당한 영향을 미치게 된다.[49]

어떤 경우에 부기의견은 담당공무원에게 직접적으로 명백히 위헌적인 법률규정을 무시하도록 한다. OLC는 법률이 행정부의 권한을 명확히 침해하는 경

는 제4장 제2절에서 후술한다.

[47] Frank B. Cross, The Constitutional Legitimacy and Significance of Presidential Signing Statements, pp. 228-229.

[48] Curtis A. Bradley, Eric A. Posner, Presidential Signing Statements and Executive Power, 23 U of Chicago, Public Law Working Paper No. 133 307 (2006), pp. 313-314.

[49] Michael Herz, Imposing Unified Executive Branch Statutory Interpretation, p. 229.

우 대통령으로 하여금 부기의견을 사용하도록 조언하였다. 예를 들어, 1990년 외교관계법에는 의회 소속직원이 외교대표단에 포함되도록 강제하는 내용이 들어가 있었다. OLC는 이 규정에 대해 대통령의 공무원 임명권과 외교관련 권한에 대한 침해로 보아 대통령에게 부기의견을 행사하도록 조언하였다. 부기의견 이후 실제로 의회직원의 외교대표단 임명은 이루어지지 않았다.50)

오바마 대통령은 자신은 법안이 위헌적인 규정을 포함하고 있는 경우에만 부기의견을 사용하겠다고 선언하였으며, 행정부처에 보낸 서신에서 그는 법안이 위헌적인지 여부에 대한 자신의 책임을 이행함에 있어 헌법의 해석에만 기초한 신중하고 절제된 형태로 행동할 것이라고 밝혔다.51) 2009년 11월 오바마는 2009 회계연도 후반기 지출법안에 처음으로 부기의견을 붙였는데, 그 이유 중 하나는 UN 평화유지임무에 대한 대통령의 헌법상 권한을 제한하는 법안 내용 때문이었다.52)

4. 소결

이러한 부기의견의 사용은 대통령으로 하여금 법령해석에 있어서 행정기관들에게 적절한 방향을 제시하도록 한다는 측면에서 대통령의 법령해석통제수단의 하나이다. 즉, 대통령이 법안의 특정 규정에 대한 자신의 이해를 부기

---

50) William P. Barr, Attorney General's Remarks. Benjamin N. Cardozo School of Law. November 15, 1992, 15 Cardozo L. Rev. 31 (1993), p. 39. 이하 William P. Barr, Attorney General's Remarks로 인용. 이에 대해서는 제4장 제3절에서 후술한다.

51) Barack Obama (March 9, 2009). "Memorandum for the Heads of Executive Departments and Agencies SUBJECT: Presidential Signing Statements"(http://www. whitehouse. gov/the_press_office/Memorandum-on-Presidential-Signing-Statements).

52) 법안 내용 중 하나는 달리 대통령의 고문이 추천하지 않는 한, 미군이 외국군 사령관의 지휘 하에 있는 경우에는 UN 평화유지임무수행을 위한 예산의 지출을 금지하는 것이다. 이에 대해 오바마는 사령관을 임명하는 것은 대통령 자신의 헌법적 권한이라 하면서 부기의견을 붙였다(http://www.nytimes.com/2009/03/12/us/politics/12signing. html).

의견을 통해 각 기관에 알림으로써 각 기관이 동 규정을 어떠한 방식으로 해석하여야 할 것인지에 대한 방향을 제시해 준다는[53] 측면에서 대통령의 적정한 헌법적 권한 행사라고 보아야 할 것이다.[54]

다만, 대통령의 부기의견이 법률을 다시 작성할 정도로 중대한 변화를 주거나, 법해석이 문언이나 명확한 입법취지 반하는 경우에는 법원은 이를 존중할 필요가 없으나, 일반적으로 적절한 법해석이 분명하지 않은 경우 부기의견을 신중히 고려할 필요가 있다고 할 것이다.[55]

V. 대통령의 사면권과 거부권

미국에서 사면권은 탄핵의 경우를 제외한 연방범죄에 대해 대통령에게 부여되어 있음은 전술한 바와 같다. 대통령의 사면권은 역사적으로 광범위하게 사용되어 왔으며, 대통령은 정치적 의도를 가지고 사면권을 행사하였을 뿐 아니라 개인적 이유로 이를 행사하기도 하였다. 연방대법원은 이러한 대통령의 권한 행사를 존중하는 행태를 보여 왔다.[56]

모든 연방사면 청원은 대통령에 의해 최종 결정되는데, 절차적으로 미국 법무부 사면국의 심사를 받게 된다. 법무부는 사면을 원하는 신청인에 대해 최

---

53) William P. Barr, Attorney General's Remarks, p. 40.

54) 단일행정부 이론에 따르면, 대통령은 부기의견 사용 없이도 행정기관에 직접 지시를 통하여 자신의 법해석을 따르도록 할 수 있으나, 부기의견 사용을 통하여 자신의 법해석을 간접적이면서 부드러운 방법으로 행정기관이 수용하도록 할 수 있다 (Frank B. Cross, The Constitutional Legitimacy and Significance of Presidential Signing Statements, p. 277).

55) Frank B. Cross, The Constitutional Legitimacy and Significance of Presidential Signing Statements, p. 238.

56) P. S. Ruckman, Jr. 1997. "Executive Clemency in the United States: Origins, Development, and Analysis (1900-1993)," 27 Presidential Studies Quarterly 251 (1997), p. 255.

소 유죄확정 후 5년은 기다리도록 권고할 수 있다. 그러나 대통령의 사면은 이러한 기간 제한이 없으며 공식적인 신청 없이도 이루어질 수 있다. 일반적으로 사면국은 유죄확정 내지 석방 이후 상당기간 동안 책임 있고 생산적인 생활을 한 자들에 대해서만 사면을 고려한다.[57]

거부권 관련해서 보면, 대통령이 의회에서 보내온 법안에 찬성하고 이에 서명하면 그 법안은 법으로서 효력을 발생한다. 법안에 반대하면 일요일을 제외한 10일 이내에 의회로 돌려보낼 수 있다. 이 경우 서면으로 반대의 이유를 밝혀야 하는데, 이것이 거부권이다. 의회가 2/3의 찬성으로 법안을 재의결하면 대통령의 서명 없이 법으로 확정된다.[58]

사면과 거부권은 헌법상 허용된 대통령의 법해석권 행사로서 의미를 가지는데, 헌법상 행정부의 법해석 권한 행사에 있어서 가장 논란이 적은 분야라고 할 수 있다. 사면과 거부권은 대통령이 적절하다고 보는 한 어떤 이유에서도 행사될 수 있다. 이러한 점에서 다른 대통령의 권한과 구별된다. 즉, 대통령이 법률을 집행하는 것을 거부하는 경우 대통령은 그 법이 위헌적이라는 확신을 정당성의 요소로 가지고 있어야 한다. 만약 이런 정당화 요소 없이 법집행을 거부하는 경우 이는 헌법상 충실한 법집행 의무 조항을 위반하게 되는 것이다. 그러나 사면과 거부권의 경우에는 입법부나 사법부에 의한 위법 여부 심사가 가능하지 않기 때문에, 이와 관련된 대통령의 법해석권은 위법할 수도 있는 행정부 행위에 대해서 헌법이 유일하게 관용을 베푸는 것으로 이해될 수 있다.[59]

이와 관련하여 대통령은 다른 중요한 조항 때문에 위헌적인 조항이 포함된 법률을 실제 집행할 의사는 없으면서 정책적인 이유로 승인하는 경우가 있다. 그러나 이러한 정책적 이유로 인한 위헌법률 승인은 대통령의 위헌법률에 대

---

[57] "Clemency Regulations". United States Department of Justice(http://www.usdoj.gov/ pardon/clemency.htm#pardon).

[58] U.S. Const. Article I, Section 7, Clause 2.

[59] Michael Stokes Paulsen, Merryman Power, pp. 100-101.

한 집행거부라는 법적 의무가 더 중요하기 때문에 허용될 수 없다고 본다.[60]

근래 미국에서 거부권과 관련하여 문제된 것이 클린턴 대통령 시절인 1996년 제정된 항목별 거부권법(Line Item Veto Act)이다. 이는 위헌적이라고 판단되는 법률의 규정만을 선택적으로 거부하는 것으로 주로 재정적 이유로 사용되었다. 의회가 예산낭비적인 사업이 포함되어 있는 세출법안을 통과시키는 경우 대통령은 연방예산의 적자를 방지할 목적으로 동 조항만을 거부하였던 것이다.[61]

원래 항목별 거부권은 미국의 거의 모든 주에서 주지사에게 허용되어 있었고, 대통령도 지속적으로 의회에 이러한 거부권을 요청하였다. 마침내 1996년 항목별 거부권법이 제정되었다.[62] 동법에 따르면 대통령이 거부항목을 골라 의회에 환부하면 의회는 30일 이내에 단순 다수결로서 항목별 거부를 무효화할 수 있다. 의회가 반대법안(bill of disapproval)을 대통령에게 보내면 대통령은 이 법안을 거부할 수 있고 의회는 가중다수결로 법안을 확정할 수 있다.[63] 이 법 제정 전에 대통령이 기금지출을 취소하기 위해서는 45일 이내에 의회의 동의를 받아야 했으나, 의회는 이런 대통령의 요청을 무시하였다.[64]

이 법안의 제정으로 대통령의 예산지출에 대한 통제권이 강화되고 의회에게는 항목별 거부를 다시 무효화 하여야 하는 부담이 지워졌다. 이 법에 대해서는 대통령의 연방 재정운영에 보다 책임성을 부여했다는 찬성론[65]이 있는

---

[60] Michael B. Rappaport, The President's Veto and the Constitution, 87 Nw. U. L. Rev. 735 (1993), pp. 771-76. 이하 Michael B. Rappaport, The President's Veto and the Constitution으로 인용.

[61] Michael J. Gerhardt, Bottom Line on the Line-Item Veto Act of 1996, 6 Cornell J. L. and Pub. Pol'y. 233 (1996-1997), pp. 235-236.

[62] http://uspolitics.about.com/od/presidenc1/a/line_item_veto.htm.

[63] The Line Item Veto Act of 1996 (Public Law 104-130, 110 Stat. 1200).

[64] Title X of The Impoundment Control Act of 1974. 결국 대통령은 의회의 비협조로 낭비적 지출을 통제할 수 없었던 것이다.

반면, 동법은 대통령에게 입법권을 부여하는 등 과도한 권한을 주는 것이라는
비판도 있었다.[65]

　1988년 Clinton사건에서 법원은 헌법은 대통령이 전체로서 법안을 찬성하
거나 반대할 권한을 부여하였을 뿐이라고 하면서, 법안의 일부를 거부하는 것
은 행정부의 수반이 아닌 입법자, 그것도 전체 의회를 대신한 단일한 입법자
로 행위 하는 것으로서 권력분립 원칙을 위반하는 것으로 보았다.[67]

---

[65] 그란트(Grant), 레이건, 부시, 클린턴 대통령의 항목별 거부권 찬성입장에 대해서는
Michael D. Schagemann, The Implicitly Constitutional Item Veto, 19 Okla. City U.
L. Rev. 161 (1994), pp. 162-163 참조.

[66] Michael G. Locklar, Is the 1996 Line Item Veto Constitutional?, 34 Hous. L. Rev.
1161 (1997) 참조.

[67] Clinton v. City of New York, 118 S. Ct. 2091 (1988). 대통령이 항목별 거부를 통해
결국 법률에 대한 개정 권한을 행사하는 것은 헌법상 의회의 법안의 대통령에의 제
출(이송) 조항(presentment clause) 위반이라고 보았다.

제2절 법무부 법률자문국의 조직과 기능

I. 개 설

행정부의 행정작용은 각 행정기관에 의해 자율적·분권적으로 이루어지기도 하고 단일한 상급기관에 의해 통일적·집중적으로 이루어지기도 한다. 법령해석의 경우에도 마찬가지인데, 미국에서는 통일적·집중적 법령해석 기능을 수행하기 위해 법무부 법률자문국을 설치·운영하고 있다. 이러한 통일적·집중적 법령해석권 행사의 이론적 근거가 되는 것이 바로 단일행정부 이론이다. 이하에서는 단일행정부 이론의 내용과 법령해석에서의 함의에 대해 검토해 보고자 한다.

전술한 바와 같이 미국의 대통령은 최고 행정권자이면서 헌법에 그 존재와 기능이 언급되어 있는 유일한 공직자이다. 헌법 제2조는 주로 4년에 한 번씩 이루어지는 선거 메커니즘을 설명하고 있다. 행정권은 대통령에게 속한다. 또한 대통령은 군대의 통수권자이고 사면권을 행사한다. 상원의 2/3의 동의로 조약체결권을 가지고 상원의 다수결을 전제로 고위 연방공무원을 임명할 권한을 가진다. 또한 행정부의 주요 공직자에 대해 그들이 수행하는 업무와 관련해서 서면으로 의견을 요구할 권리를 가진다. 그리고 의회에 필요하고 적절한 조치를 취해줄 것을 권고할 수 있으며, 법률을 충실히 집행할 의무를 가지고 있다.[68]

대통령의 이러한 강력한 권한을 뒷받침하는 이론이 바로 단일행정부 이론(unitary executive theory)이다. 헌법은 행정권이 미합중국의 대통령에게 있다고 하는데, 이는 결국 모든 행정권은 오직 대통령에 있다는 의미로 해석된다.[69]

---

[68] Peter L. Strauss, Administrative Justice in the United States, p. 87.

이에 반해 입법기관은 복수로 되어 있다. 입법권은 상원과 하원에 나누어져 있을 뿐 아니라, 각 원은 다양한 구성원을 포함하고 있다. 사법부 역시 이론적으로는 연방대법원은 1인의 법관으로 구성 가능하지만 실제로는 다수의 법관으로 구성되어 있다. 이러한 단일행정부 이론에 따르면, 대통령은 최고의 지위에서 행정기관의 의사결정을 통제할 수 있어야 한다. 대통령은 행정기관을 위하여 의사결정을 하여야 하고 행정기관에게 집행을 명할 수 있어야 한다.70)

헌법입안자들의 견해에서 도출되는 단일행정부 이론의 근거는 첫째, 행정부에서 에너지를 보장하며, 둘째, 선거권자에 대한 행정권 행사의 책임성을 보장하고, 셋째, 권력분립 차원에서 의회로부터 대통령 권한 행사의 침해를 방어하는 것이다. 행정부에서 에너지는 외국의 침입과 당파적 경쟁(factional strife)으로부터 정부를 보호하기 위한 요소이다. 책임성은 행정이 유권자 전체의 이익을 대표함으로써 당파성을 통제한다는 것이다.71) 단일성 이론은 확실히 법률의 집행이라는 행정부의 기본적 기능을 실행하는 데 있어서 책임성, 조정능력, 일관성을 유지·강화시켜주는 장점이 있다.72)

단일행정부 이론은 대통령이 재량권을 행사하는 하위 공무원과 기관들을 지시·통제·감독할 수 있어야 한다는 것이다. 이 이론에 따르면 재량권을 행사하면서 통제를 받지 않는 독립기관은 위헌적인 것이 된다.73) 의회가 물론 "필

---

69) U.S. Const. Article II, Section 1, Clause. 1. 행정권은 미국 대통령에 속한다고 규정하고 있다(The executive power shall be vested in a President of the United States of America).

70) Geoffrey P. Miller, Unitary Executive in a Unified Theory of Constitutional Law: The Problem of Interpretation, 15 Cardozo L. Rev. 201 (1993), pp. 204-206. 이하 Geoffrey P. Miller, Unitary Executive in a Unified Theory of Constitutional Law로 인용.

71) Steven G. Calabresi, Some Normative Arguments for the Unitary Executive, 48 Ark. L. Rev. 23 (1995), pp. 37-47.

72) Lawrence Lessig, Cass R. Sunstein, The President and The Administration, 94 Colum. L. Rev. 1 (1994), pp. 2-3.

73) Steven G. Calabresi & Kevin H. Rhodes, The Structural Constitution: Unitary Executive, Plural Judiciary, 105 Harv. L. Rev. 1153 (1992), p. 1165. 이하 Steven G.

요하고도 적절한 조항"(necessary and proper clause)[74]에 따라 행정 각부를 창
설하는 권한을 가지고 있지만, 의회가 어떠한 구조를 선택하든 대통령은 그를
지원하는 공무원들에게 지시를 할 수 있는 권한을 보유하여야 한다는 것이
다.[75] 행정기관들이 법령 안에서 정책안을 발견하기보다는 독자적인 관점에
서 어느 정도는 정책안을 제정한다는 인식 때문에, 단일행정부 이론에 따른
정치적 통제의 필요성은 더욱 커진다고 할 수 있다.[76]

결국 단일성(unitariness)에 대한 인식은 행정국가에 대한 백악관의 통제수준
과 범위를 결정한다. 대통령이 그의 최고의 지위를 강조하면 할수록 그의 권
한은 커지고, 의회나 독립기관이 대통령을 정부의 유일한 수장으로 인식하면
할수록, 대통령의 행정국가에 대한 통제권은 커진다고 할 수 있다.[77]

그러나 현실적으로 이러한 단일행정부 이론이 그대로 적용되지는 않는다.
연방준비이사회(Federal Reserve Board: FRB)와 같은 독립적인 기관은 대통령

Calabresi & Kevin H. Rhodes, The Structural Constitution: Unitary Executive, Plural
Judiciary로 인용. Calabresi에 따르면 단일행정부 이론은 3가지 차원이 가능한데, 아
주 강한 대통령 권한에서 상대적으로 약한 권한으로 구분된다. 첫째는 다른 법령에
서 행정기관에게 재량적 권한을 부여하는 경우에도 불구하고 대통령이 권한을 행사
하는 경우, 둘째, 행정기관을 대신하여 권한을 행사하지는 못하나 행정기관의 권한
행사를 무효화 하거나 거부하는 경우, 셋째, 공무원을 해임할 수 있는 권한만 보유
하는 경우이다.

[74] U.S. Const. Article I, Section 8, Clause 18. 의회는 행정권의 집행을 위하여 필요하고
도 적절한 모든 법령을 제정할 권한이 있다(The Congress shall have Power - To
make all Laws which shall be necessary and proper for carrying into Execution the
foregoing Powers, and all other Powers vested by this Constitution in the
Government of the United States, or in any Department or Officer there of).

[75] Steven G. Calabresi & Kevin H. Rhodes, The Structural Constitution: Unitary
Executive, Plural Judiciary, p. 1168.

[76] Peter L. Strauss, Presidential Rulemaking, p. 978.

[77] Neal Devins, Political Will and the Unitary Executive: What Makes an Independent
Agency Independent; 15 Cardozo L. Rev. 273 (1993), pp. 273-274. 이하 Neal
Devins, Political Will and the Unitary Executive로 인용.

의 통제로부터 상당히 자유로운데, 이는 의회가 이 기관을 대통령의 해임권을 제한하는 독립적인 기관으로 설계하였기 때문이다.[78] 실질적으로도 대통령이 행정기관의 정책결정이나 법집행 기능을 완전히 통제하지는 못하고 있다.[79] 이렇게 단일행정부 모델과 달리 각 행정기관의 실질적 독립이라는 현실을 반영하는 이론이 관료 모델 혹은 비단일 모델(disunitary model)이다.[80]

행정부의 법령해석권 행사와 관련 대통령에 의한 단일성을 강조할 것인지 아니면 행정기관의 독립성을 강조할 것인지에 따라 통일적 내지 집중적 법령해석이 타당한지 분권적 법령해석이 타당한 것인지가 결정될 수 있다. 아래에서는 단일행정부 이론이 법령해석에서 가지는 함의를 검토해 보고자 한다.

단일행정부 이론은 대통령의 법해석 권한에도 그대로 적용될 수 있는 데, 먼저 미국의 법무장관에게는 미국의 법률문제에 대한 전속적인 권한이 부여되어 있다고 할 수 있다.[81] 법무장관은 대통령의 대리인으로서 법률문제에 대하여 각 부처에 대한 전속적인 통제권을 행사한다.[82]

통상 행정기관의 의사결정에는 4가지 형태가 있을 수 있다. 첫째가 재결, 둘째가 규제전략의 선택, 셋째가 가치선택, 넷째가 법령해석이다. 법령해석을

---

[78] 독립규제위원회는 의회가 행정기능을 대통령으로부터 독립시켜 수행할 필요가 있을 때 설치된다. 이때 독립은 대통령의 해임권을 제한함으로써 법령상 보장된다. 다만, 독립규제위원회는 대통령으로부터 독립되지만 의회의 감독을 받게 된다. 이러한 현상은 헌법상 보장된 행정과 입법의 공식적 분리를 희석화 시키는 측면이 있다 (Steven G. Calabresi & Kevin H. Rhodes, The Structural Constitution: Unitary Executive, Plural Judiciary, p. 1173).

[79] Geoffrey P. Miller, Unitary Executive in a Unified Theory of Constitutional Law, p. 206.

[80] Neal Devins, Political Will and the Unitary Executive, p. 283.

[81] The Attorney General's Role as Chief Litigator for the United States, 6 Op. Off. Legal Counsel 47 (1982). p. 48. 이하 The Attorney General's Role as Chief Litigator 로 인용.

[82] Lawrence Lessig, Readings by Our Unitary Executive, 5 Cardozo L. Rev. 175 (1993), pp. 177-178.

제외한 3가지에 대해서는 대통령이 통제권을 행사하는 것은 부적절한 것으로 이해되어 왔는데,[83] 이는 결국 3분야에는 단일행정부 이론이 적용되기 어렵다는 것을 의미한다. 재결은 국민들에게 영향을 미치는 직접적 행정작용이라는 점에서 행정기관에 의해 독립적으로 수행되어야 할 필요가 있다.[84] 그리고 행정기관의 규제전략의 선택 및 환경, 경제, 건강, 안전 등의 가치선택에 있어서도 대통령이 직접 개입하는 것은 위헌적인 것으로 이해되어 왔다.[85]

법령해석에 대한 단일행정부 해석 이론은 외교, 국방과 같은 분야에서 국가이익의 수호를 위하여 대통령의 행정기관에 대한 광범위한 감독권이 필요한 경우나 연방법률을 집행하는 경우 유용하게 활용될 수 있다. 또한 이 이론은 당파적 이해에 매몰되기 쉬운 규제기관의 법령해석에 대한 연방정부 차원의 통일성을 유지하기 위해서도 활용될 수 있다.[86]

당파적 이해관계에 대한 사례로서 들 수 있는 것이 백악관과 환경청(Environmental Protection Agency: EPA)간에 1990년 대기정화법(Clean Air Act)상 허용규칙(permit rule)의 내용에 대한 갈등이다. 이는 대통령의 규제완화 프로그램을 진행하려는 백악관의 일반 관료와 환경법에 대해 잘 알고 환경 상 이해관계에 보다 민감한 EPA의 전문 관료간의 분쟁이다. 백악관이 개입하여 법령해석을 집중화함으로써 전문 관료의 당파적 이해가 아닌 선출된 대통령의 이해를 반영할 수 있었으며, 이로 인해 다소 복잡하지만 외부와의 토론을 통한 열린 규제정책결정이 이루어졌다. 즉, 법에 따르면 공해배출시설은 일종의 허가(permit)가 있어야 허가범위 내에서 공해배출을 할 수 있게 되어 있었

---

[83] Michael Herz, Imposing Unified Executive Branch Statutory Interpretation, pp. 219-220.

[84] Wiener v. United States, 357 U.S. 349 (1958). 법령상 규정이 없는 경우에도 재결의 독립성을 유지하기 위해서 대통령의 기관장 해임권은 제한된다고 보았다.

[85] Yvette M. Barksdale, Presidency and Administrative Value Selection, 42 Am. U. L. Rev. 273 (1992-1993), pp. 274-276.

[86] Geoffrey P. Miller, Unitary Executive in a Unified Theory of Constitutional Law, pp. 201-202.

다. 이러한 허가를 신청하는 경우 공지(public notice)와 의견제출(comment)과 같은 공개심사(public scrutiny)절차가 요구되는데, 오직 약간의 배출량증가에 따른 변경허가의 경우에도 그러한 절차가 요구되는지에 대한 법해석이 본건의 쟁점이었다. EPA와 환경단체 등은 어떠한 변경허가에도 절차가 적용된다고 보았으나, OMB, DOJ, 백악관은 규제완화 및 산업계 전체의 이해를 고려하여 사소한 변경허가(minor permit revisions)의 경우에는 그러한 절차가 요구되지 않는다고 해석하였다.87)

단일행정부 이론을 법해석에 적용하는 경우 결론은 행정기관의 자율성에 대한 논쟁이 있는 경우를 제외하고는 대통령이 강력한 법해석권을 가져야 한다는 것이다.88) 그러나 현실적으로는 단일한 행정부, 분리된 행정부 중 어느 하나가 우세하다고 보기는 힘들다.89)

단일성과 분리성 중 실제 어느 것이 우세한 것인가를 결정하는데 있어 가장 중요한 요소 중 하나가 대통령의 정치적 의지라고 할 수 있다.90) 카터(Carter)와 레이건(Reagan) 행정부는 이점에서 비교가 된다. 카터 행정부의 법무부는 소속 변호사들에게 다른 행정기관의 정책결정에 간섭하지 말도록 요구하였다.91) 반면, 레이건 행정부의 법률자문국은 소속 변호사들에게 행정기관의 입장보다는 대통령의 입장을 따르도록 요구하였다.92) 소련에 대한 강공

---

87) (Michael Herz, Imposing Unified Executive Branch Statutory Interpretation, pp. 229-256 참조).

88) Michael Fitts, Ways to Think about the Unitary Executive: A Comment on Approaches to Government Structure, 15 Cardozo L. Rev. 323 (1993-1994), pp. 323-335.

89) Geoffrey P. Miller, Unitary Executive in a Unified Theory of Constitutional Law, p. 206.

90) Neal Devins, Political Will and the Unitary Executive, pp. 281-282.

91) Griffin B. Bell, The Attorney General, p. 1061.

92) The Attorney General's Role as Chief Litigator, p. 62. 이러한 대통령의 의지는 대통령의 공무원 임명권에 의해 실현된다는 점에서 대통령은 자신의 정치적 의사를 지지하는 인사를 해당 직위에 임명한다.

정책을 펴고 감세를 통한 공급중시 경제를 주창했던 레이건 행정부가 카터 정부에 비해 단일성을 강하게 요구하였던 것이다.

단일행정부 이론은 각 행정기관의 분권적 법령해석이 아닌 법무장관에 의한 통일적·집중적 법령해석이 타당하다는 주장의 근거가 되는 것임93)과 아울러, 대통령에 의한 강력한 행정 내부통제의 필요성을 정당화하는 이론이다. 확실히 법률의 집행이라는 행정부의 권력분립 원칙상 기본적 임무를 수행하기 위해서는 단일한 의사에 의한 통일적 실행이 필요하다고 본다. 다만, 법령의 집행에서 필수적으로 수반되는 법해석의 불가피성, 재량적 법령의 증가, 전문적인 정책문제의 등장은 대통령에 의한 단일한 해석보다는 각 행정기관의 독립적 해석이 중요해진다는 반론도 가능하다. 그러나 현대 행정국가가 직면하고 있는 여러 기관이 관련되는 복잡한 정책문제에 대한 조정이나 외교, 국방 등 국가안위에 관계되는 중요한 정책문제의 해결을 위해서는 통일적·집중적 법령해석이 여전히 필요하다고 보는 것이 타당하다. 결국 행정국가화 현상이 입법부, 사법부에 대비되는 행정부 우위현상이라고 한다면, 단일행정부 이론은 행정기관에 대비되는 대통령의 우위를 설명하는 것이라고 볼 수 있다.

II. 법률자문국의 법적근거

연방헌법상 대통령의 충실한 법집행 의무 조항과 선서 조항이 법무부 법률자문국의 근거가 된다. 다만, OLC가 행정부에 위치하면서 당사자의 참여 없이 일방적으로 법률의견을 제공하는 기능이 권력분립 원칙 위반이 아니냐는 의문이 있다. 그러나 첫째, 헌법은 대통령이 각 부처의 장관들에게 서면으로 의견을 요구할 수 있게 되어 있는데, 이에 따르면 법률의견 기능은 행정부 기

---

93) 법률자문국의 존재는 정부 내에서 법의 일관성 증진, 기관 간 갈등 완화, 훌륭한 정부 위상정립 등의 장점이 있다(Griffin B. Bell, Office of Attorney general's Client Relationship, p. 797).

능이라고 할 수 있다. 둘째, OLC는 법원과 같이 구체적 사건과 분쟁(cases and controversies)에 관여하는 것이 아니라 법률의견만을 제공한다는 점에서, 의견 기능을 사법권 침해로 보기는 어렵다.94)

연방법률은 대통령이 상원의 조언과 동의하에 법무부 장관의 업무를 지원하는 11명의 법무부 차관보(Assistant Attorneys General)를 임명한다는 규정을 두고 있다.95) 법무부 장관은 대통령의 승인을 얻어 법무부 총무차관보 (Assistant Attorney General for Administration)를 임명할 수 있다.96) 법무부 장관은 법무부내의 공무원에게 그의 임무를 위임하는 규정을 발할 수 있다.97)

법무부 장관은 大統領의 요청에 따라 법률문제에 대한 조언과 견해를 제공해야 한다.98) 행정 각부의 長官은 소속 부서내의 법률문제에 대하여 법무부 장관에게 의견을 요청할 수 있다.99) 육군성, 해군성, 공군성에서 법률문제가 발생한 경우 법률로서 특별히 정한 경우를 제외하고는 國防部 長官은 법무부 장관에게 법률문제의 해결을 요청하여야 한다.100) 행정 각부 및 행정기관의 장은 소속 기관에 계류 중인 분쟁에 관련된 증인의 심문이나 법적 조사에 대하여 자문이 필요하다고 판단하는 경우에는, 법무부 장관에게 통지하고 전문적 자문을 위해 필요한 자료를 송부해야 하며, 법무부 장관은 이런 자문에 응하여야 한다.101) 결국 법무부 장관의 임무 중에서 대통령 및 행정 각부에 관한 법률자문 규정, 위임 규정 등이 법률자문국의 설치의 근거가 된다. 한편 연

---

94) Jack Balkin, Is the Office of Legal Counsel Constitutional? Some notes on the American Conseil Constitutionnel(http://balkin.blogspot.com/2009/02/is-office-of-legal -counsel.html). 이하 Jack Balkin, Legal Counsel Constitutional?로 인용.

95) 28 U.S.C. § 506. Assistant Attorneys General.

96) 28 U.S.C. § 507. Assistant Attorney General for Administration.

97) 28 U.S.C. § 510. Delegation of authority.

98) 28 U.S.C. § 511. Attorney General to advise the President.

99) 28 U.S.C. § 512. Attorney General to advise heads of executive departments.

100) 28 U.S.C. § 513. Attorney General to advise Secretaries of military departments.

101) 28 U.S.C. § 514. Legal services on pending claims in departments and agencies.

방행정규정은 OLC의 역할에 대하여 규정하고 있는데,[102] 이에 대해서는 후술한다.

Ⅲ. 법률자문국의 조직

연방법무부의 상위조직은 법무부 장관, 법무부 차관(Deputy Attorney General), 법무부 부차관(Associate Attorney General), 송무실장(Solicitor General), 11명의 법무부 차관보(Assistant Attorney General)로 구성된다. 그 외 리더십 조직으로서 법무장관실(Office of The Attorney General), 법무차관실(Office of The Deputy Attorney General), 법무부 부차관실(Office of The Associate Attorney General), 송무실(Office of the Solicitor General), 리더십 지원 조직으로 법률정책실(Office of Legal Policy) 등이 있고, 다음으로 연방범죄수사국 등 법집행조직, 법무프로그램실(Office of Justice Programs) 등 주 및 지방지원조직, 이민심사국(Executive Office for Immigration Review) 등 이민 업무조직, 연방교도국(Federal Bureau of Prisons) 등 교정행정국이 있고, 법률자문국 등 법적대표 및 조언조직 등이 있다. 아래는 조직도이다.[103]

---

[102] 28 C.F.R § 0.25.

[103] http://www.justice.gov/agencies/index-org.html.

OLC는 법적 대표 및 조언조직의 하나로서 법무부 차관보(Assistant Attorney General)를 長으로 4명의 법무부 부차관보(Deputy Assistant Attorney General), 12명의 법률고문(Attorney Advisor)으로 구성된다. 4명의 OLC 부차관보는 정치적으로 임명되고 12명의 법률고문은 일반 공무원 신분을 갖는다. 법률고문들은 정치적 분쟁에서 독립되어 있고 자문을 구하는 행정기관과도 일정한 거리를 유지한다. 즉, 원칙적으로 정치적 조언이나 정책수립이 아닌 법률해석의 전문가들이다. 반면, 송무실의 경우 SG만이 정치적으로 임명되고 4명의 부차관보 중 3명은 일반 공무원이다. 이는 OLC가 SG보다 정치적 성격을 가질 수밖에 없다는 점을 보여준다.104) 또한 행정기관들은 개별기관에서 소속 변호사

---

104) Bradley Lipton, A Call for Institutional Reform of the Office of Legal Counsel, 4 Harvard Law & Policy Review 249 (2010), pp. 254-255. 이하 Bradley Lipton, A Call

를 두고 있는 경우가 일반적이기 때문에, OLC에 법률자문을 구할 것인지 여부는 재량사항이라고 할 수 있다.105) 아래는 법률자문국 조직도이다.106)

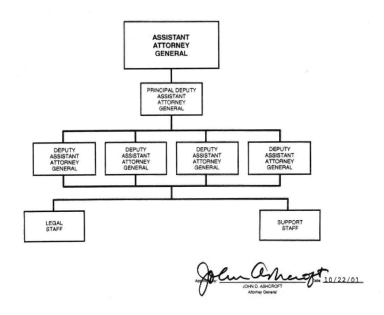

IV. 법률자문국의 기능

1. 서론

OLC는 법무부 장관이 대통령 혹은 행정부처의 장 혹은 軍隊로부터 법률문제에 대한 조언과 의견을 요청받은 경우 법무장관의 역할을 지원하기 위해 만들어졌다. OLC의 임무는 법무장관의 역할을 지원하는 것과 법무부내 다른 부

---

for Institutional Reform of the Office of Legal Counsel로 인용.

105) Cornelia T. L. Pillard, The unfulfilled promise of constitution, pp. 713-714.

106) http://www.justice.gov/jmd/mps/manual/orgcharts/olc.pdf.

서에 대해 법적 조언과 지원을 제공하는 것이다. 그러나 OLC의 기능은 단순히 고객에 대해 법률조언을 제공하는 민간 분야 변호사의 역할과는 다르다. OLC는 행정부를 위한 법률의견의 제공자로서 불가피하게 사실상의 法 制定權을 행사한다.

이와 관련 OLC의 법령해석의 법적 성격을 행정입법(rulemaking)으로 볼 것인지 아니면, 재결(adjudication)로 볼 것인지 아니면, 제3자의 행정작용으로 볼 것인지가 문제이다. 행정입법은 입법권의 위임에 따른 행정기관의 규칙제정 작용으로서 특정 사건에 대한 판단이 아닌 일반적 규범형성 작용이고, 재결은 특정 사건에서 당사자에 대한 법적용을 통해 이루어지는 규범형성 작용이다. 전자는 의회의 입법, 후자는 법원의 재판과 유사하다. APA도 전자에 대해서는 통지 및 의견제출 절차를 요구하고 후자에 대해서는 독립적인 행정법 판사가 재결을 주재하도록 하고 있다. 행정기관은 정책형성에 있어 2가지 방식 중 하나를 선택할 수 있다.[107] 이렇게 보면 OLC의 법적 성격을 구체적 사건에 대한 법의 해석이라는 점에서 재결과 유사하다고 볼 수 있지만, 향후 각 부처의 법해석의 기준이 되는 일반적·추상적 규범형성 작용의 의미가 보다 중요하다는 의미에서 행정입법에 유사한 것으로 볼 수 있다고 생각한다.

> OLC는 단순히 대통령의 변호사가 아니다. 대통령은 이미 수많은 변호사를 가지고 있다. OLC는 행정부를 위해 구속력 있는 법을 제정한다. 이론적으로 대통령은 OLC의 의견을 무시할 수 있으나, 실제로 그렇게 하지 않는다. 사실상 행정부의 많은 결정들은 법원에서 심사되지 않기 때문에, OLC의 많은 결정들은 행정부 활동에 대한 합헌성 내지 적법성 여부에 대한 최종적 선언이 된다. OLC가 단순히 고객에게 법률자문은 하는 것은 아니다. 즉, 조언의 형성과 결과에 있어서 OLC 의견은 보통 변호사들의 조언과 다르다.[108]

---

[107] (Jeffery J. Rachlinski, Rulemaking versus Adjudication: A Psychological Perspective, 32 Fla. St. UL Rev. 529 (2004), pp. 529-531. 행정입법과 재결에 대한 일반적 비교는 David L. Shapiro, The Choice of Rulemaking or Adjudication in the Development of Administrative Policy, 78 Harv. L. Rev. 921 (1964-1965) 참조)

[108] Jack Balkin, Legal Counsel Constitutional?

OLC의 자신의 주요 기능을 다음 6가지로 제시하고 있다. 이는 ① 법무장관의 공식의견을 입안하고 행정부 운영과 관련된 다양한 법적문제에 대한 자신의 의견을 작성하는 것, ② 모든 행정명령안, 특정한 대통령포고, 대통령 내지 법무장관의 승인을 요하는 규칙들의 형식과 합법성에 대한 심사를 하는 것, ③ 법무장관과 법무부내 다양한 조직의 부서 운영 관련 법률 질의에 답하는 것, ④ 백악관과 행정부처 및 기관의 법률문제에 대한 질의에 대해 의견을 만드는 것, ⑤ 법무부내 이민재심위원회와 다른 기관들과 관련된 업무에 대해 법무장관에 대해 조언하는 것, ⑥ 법무부에 제출된 법안과 OMB에 제출된 법안에 대한 의견서를 준비하는 것이다.109)

이러한 OLC의 기능은 크게 보면 첫째, 대통령, 부처 등에 대한 법적 의견 및 조언제공 기능, 둘째, OMB 의뢰에 따른 행정명령, 입법안에 대한 심사 기능, 셋째, 행정기관 간 분쟁해결 기능, 넷째, 기타 기능으로 나눌 수 있는데, 이하에서 구체적으로 살펴보고자 한다. 다만, 대부분의 기능이 질적으로는 의견제공 기능임은 동일하다고 할 것이다.

2. 법률의견 및 조언제공 기능

법무부 장관의 공식의견을 준비하는 것으로 각 부 행정기관에 대한 비공식적 의견과 법적 자문의 제공, 대통령과 내각의 법률고문으로서 법무부 장관의 역할수행 지원이 가장 중요한 업무이다.110) 그리고 행정부서의 법률문제에 대한 조언으로 행정부서에서 발생하는 법률문제에 대하여 법무부 장관과 행정부서의 장에게 의견을 제공한다.111) 그 외에도 미국의 유엔과 관련 국제조직에의 참여에 관한 법무부의 업무조정과 조약 및 각종 국제협약들의 법적 문제에 대한 조언과,112) 요청이 있는 경우 이민항소위원회와 법무부내 조직들의

---

109) http://www.justice.gov/jmd/mps/manual/olc.htm.
110) 28 C.F.R. § 0.25 General functions.
111) 28 C.F.R. § 0.25 (c).

결정에 대한 법무부 장관의 검토의견에 대한 자문을 수행한다.113)

3. 행정명령 등 심사 기능

행정명령 등에 대한 사전검토 기능으로서 첫째, 행정명령안과 공포안에 필요한 개정안의 준비와 작성, 둘째, 대통령에게 보고되기 전 위 안들의 형식과 합법성에 대한 조언, 셋째, 대통령과 법무부 장관의 승인을 요하는 규제에 대한 검토,114) 넷째, 법무부 장관의 명령안과 법무부 장관의 승인을 요하는 행정 명령들의 형식, 합법성에 대한 검토, 현행 명령과 각서에의 부합 여부에 대한 검토기능을 수행한다.115)

또한 전술한 바와 같이 OLC는 연방의회에 제안되는 입법안에 대하여 법적 검토를 한다. 법률고문이 입법안이 헌법에 관련되거나 위헌의 소지가 있다고 판단하는 경우 입법안에 대한 주석(bill comments)을 작성하여 헌법적 문제점을 분명하게 밝히면, 이러한 주석들은 법률자문국의 부책임자들이 검토 승인한 후 대통령실 소속하의 OMB로 이송된다. OMB는 입법안에 대한 행정부의 전반적인 의견을 종합한 후 위 주석서와 행정 각부에서의 올라온 정책 관련사항에 대한 의견 등을 함께 연방의회로 송부한다. 만약 연방의회가 입법안에서 위헌적 요소를 변경하거나 삭제하지 않으면 대통령이 법률안 거부권을 행사하기도 한다.116)

---

112) 28 C.F.R. § 0.25 (e).
113) 28 C.F.R. § 0.25 (f).
114) 28 C.F.R. § 0.25 (b).
115) 28 C.F.R. § 0.25 (d).
116) Douglas W. Kmeic, OLC's opinion writing function, pp. 338-339.

4. 기관 간 분쟁해결 기능

OLC의 가장 중요한 기능 중 하나가 행정기관 간 법률분쟁에 대한 해결기능이다. 살펴본 바와 같이 법률에 의해 각부 장관은 부처운영 과정에서 일어나는 법률문제에 대해 법무장관에게 의견을 요청할 수 있게 되어 있다.[117] 그러나 이러한 조항에도 불구하고 분쟁해결 기능의 사용은 제한되었으나, 법무장관의 의견에 대해 법적 구속력을 인정하는 1918년 행정명령 28,771호와[118] 적극적으로 OLC의 분쟁해결 기능을 규정한 1979년 행정명령 12,146호에 의해 분쟁해결 기능은 강화되었다.

행정명령 제12,146호는 행정부 내의 법적 분쟁의 해결방법에 관한 것으로 특정한 업무수행이나 규제에 관한 관할을 어느 기관이 가지고 있는지 여부를 포함하여 둘 이상의 행정기관이 상호간 법적 분쟁을 해결할 수 없는 경우, 관련되는 각 기관은 법무부 장관에게 그 해결을 위임하는 것이 장려된다고 규정하고 있다.[119] 대통령을 보좌하는 둘 이상의 행정기관의 장들이 법적 분쟁을 해결할 수 없는 경우, 각 행정기관은 법률이 특별하게 규정하고 있는 경우를 제외하고는 법원에 제소하기 전에 법무부 장관에게 먼저 분쟁을 제출하여야 한다.[120] 양 규정의 차이는 법원에 제소 여부에 있다. 즉, 법원제소 전에는 반

---

[117] 28 U.S.C. § 512 (1988).

[118] Exec. Order No. 28,771 (1918). Any opinion or ruling by the Attorney General upon any question of law arising in any Department, executive bureau, agency or office shall be treated as binding upon all departments, bureaus, agencies or offices therewith concerned.

[119] Exec. Order No. 12,146 (1979) § 1-401. Whenever two or more Executive agencies are unable to resolve a legal dispute between them, including the question of which has jurisdiction to administer a particular program or to regulate a particular activity, each agency is encouraged to submit the dispute to the Attorney General.

[120] Exec. Order No. 12,146 (1979) § 1-402. Whenever two or more Executive agencies whose heads serve at the pleasure of the President are unable to resolve such a legal dispute, the agencies shall submit the dispute to the Attorney General prior to

드시 OLC의 의견을 듣도록 하고 있다.

  이러한 기관 간 분쟁해결 절차는 법원의 대심구조와 유사하다. 각 기관은 자체 변호사들의 도움을 받아 그들의 의견을 OLC에 제공하고 OLC는 이에 기초하여 마치 법관과 같이 판단을 하게 되는 것이다.121)

---

proceeding in any court, except where there is specific statutory vesting of responsibility for a resolution elsewhere.

121) William P. Barr, Attorney General's Remarks, p. 37. Barr는 이러한 OLC의 법률분쟁 해결 기능은 대통령이나 행정부의 정책목표에 부합되는 방향으로 행사될 것이 아니라 법의 지배 원칙에 따라 행사되어야 한다고 보고 있다. 정책 분쟁(policy disputes)은 행정부 내 다른 기관에 의해서도 해결될 수 있지만, 법률적 이슈에 대한 분쟁의 해결은 OLC를 통해서만 가능하기 때문이라고 한다. OLC의 역할에 대해서는 제3장 제1절에서 후술한다.

제3절 법률자문국의 업무수행 원칙과 절차

I. 법률자문국의 업무수행 원칙

전술한 바와 같이 OLC의 임무는 법무장관의 위임에 따라 연방정부 운영에 필수적인 법률문제에 대한 조언을 행정기관에 제공하는 것이다. 이러한 임무 수행이 바로 대통령의 헌법준수 선서, 충실한 법집행 의무를 지원하는 것이다. 따라서 OLC의 조언이 분명하고 정확하고 철저하고 합리적이어야 한다는 것은 당연하다고 할 수 있다.

이와 관련 OLC는 조언과 의견제공 과정에서 준수되어야 할 원칙을 메모형식을 통하여 공식적으로 홈페이지에 게재하고 있다. 4가지의 원칙을 살펴보면 다음과 같다.

첫째, OLC는 행정기관의 입장이나 행위에 대한 변호를 위한 것이 아닌 법률이 요구하는 가장 적합한 해석에 기초한 의견을 제공하여야 한다는 것이다. 이것은 많은 경우 법률문제가 법원에 가지 않고 OLC가 최종적인 법률해석이 되기 때문에 더욱 중요하다.

둘째, OLC는 의견을 제공함에 있어서 지엽적인 것이 아닌 핵심 이슈에 초점을 맞추어야 하며, 문제의 모든 측면에서 관련된 법적 주장의 전 범위를 솔직하고 공평하게 다루어야 한다. 만약 시간 제약으로 인하여 철저한 고려가 부족했다면 이를 밝혀야 한다.

셋째, 헌법해석에 있어서, OLC는 헌법 규정, 규정의 연혁, 헌법의 구조와 의도, 사법부와 행정부의 憲法解釋 先例를 포함하는 헌법해석에 대한 전통적 선례를 따라야 한다. 그리고 OLC는 행정부의 일원이므로 행정부의 선례를 존중하여야 하지만 필요한 경우 적절한 과정을 거쳐 변경도 가능하다.122)

넷째, OLC의 해석은 가능하고 적절한 경우 법원과 달리 위법한 행정부 안에 대한 합법적인 代案을 제시할 수 있어야 한다. 그러나 이 경우에도 대통령이나 다른 공무원의 정치적 선호를 반영하는 것이 아니라 원리에 기초한 것이어야 한다.123) 이러한 법무부 OLC의 대안제시 기능은 OLC가 법원의 사법기능과는 다른 적극적·능동적 행정기능을 수행하고 있음을 잘 보여주는 것이라고 할 수 있다.

II. 법률자문국의 의견서 작성 및 제공절차

OLC는 구두 또는 email를 포함하는 비공식적 방법으로 의견을 제공하기도 하지만 원칙적으로는 서명이 된 서면의견을 법령해석요청기관에 제공한다. 일반적으로 행정기관은 구두로 정책의 적법성에 대한 의견을 묻고 OLC가 구두로 적법하다고 하면, 정식 서면 질의를 하는 형식을 취한다. 만약 OLC가 위법이라고 사전에 의견을 표시하면 정식 질의를 하지 않고, 그냥 정책을 수행함으로써 향후 기관이 부담할 수 있는 법적 위험을 최소화 한다.124) 그리고 OLC는 누구에게 의견을 제공할 것인지, 요청기관에 어떠한 요구를 할 것인지

---

122) OLC에서 선례는 현재의 정부입장과 같은 경우에만 적절한 존중을 받아야 한다는 견해도 있고 반대로 선례는 구속력이 있으므로 정부입장과 다른 경우에도 적절한 존중을 받아야 한다는 견해도 있다. 그러나 OLC는 행정부의 일원으로서 선례에 무게를 두어야 하는 경우도 있지만, 상황에 따라서는 선례와 다른 견해를 취할 수도 있다는 입장이 현실적이라고 본다(Trevor W. Morrison, Stare Decisis in the Office of Legal Counsel, 110 Colum. L. Rev. 1448 (2010), p. 1455. 이하 Trevor W. Morrison, Stare Decisis in the Office of Legal Counsel로 인용).

123) U.S Department of Justice, Office of Legal Counsel, Memorandum for Attorney of the Office, re Best Practices for OLC Legal Advice and Written Opinions, July 16. 2010, pp. 1-2. 이하 U.S. DOJ, Best Practices for OLC Legal Advice and Written Opinions로 인용.

124) Trevor W. Morrison, Stare Decisis in the Office of Legal Counsel, pp. 1468-1469.

에 대해 재량권을 가진다. 다만, 대통령의 요청에 대해서는 이를 거절할 수 없다고 해석하는 것이 타당하고 할 것이다.[125]

OLC의 의견서를 작성하는 과정은 다음과 같다. 먼저 ① 요청의견을 평가하고, ② 관련된 기관의 의견을 요청한 후, ③ 연구하여 골격을 형성하고 초안을 잡아 ④ 그 초안을 재검토한 후, ⑤ 의견을 확정한다.

1. 의견요청에 대한 사전검토

법률해석질의요청서는 법무부 부차관보나 법률고문에 할당된다.[126] 의견서를 작성하기에 앞서 그들은 먼저 제시된 문제들과 관련 법률자료들을 검토한다. 그들은 질의요청 사항에 대한 OLC의 의견서 작성의 적정성, 비공식적 조언의 합당성, 서면의견 제시의 타당성 등에 대한 예비결정을 함으로써 법령해석 작업을 진행한다. 이러한 사전작업을 통하여 제시된 사안에 대한 법적문제들이 명확화·구체화된다. OLC는 보통 포괄적·추상적인 법률의견 또는 법 영역의 일반적인 조사에 해당되는 사항은 다루지 않는다. 법무부 장관의 의견 제시는 구체적·실질적 도움이 필요한 사항이어야 하기 때문이다. 獨立規制委員會의 장과 같이 대통령을 위해 업무를 직접 수행하지 않는 행정기관의 장이 요구하는 법령해석요청에 대한 OLC의 관행은, 법령해석요청기관이 추후에 OLC의 법률해석에 따르겠다는 誓約을 받아놓는 것이다.[127] 다음 분쟁해결을

---

[125] John O. McGinnis, Models of the Opinion Function of the Attorney General, pp. 426-427.

[126] 4명의 부차관보(deputy assistant attorney general), 12명의 법률고문(attorney advisor) 중 1인이 된다.

[127] 독립규제위원회 위원은 일정기간 임기가 보장되고 공식적 이유가 아닌 한 해임되지 않는 등 대통령의 행정권 행사로부터 상당히 독립되어 있다. 다만, 의회에 의한 입법통제, 법원의 사법심사, 대통령의 임명권과 정치적 권위 등 외부통제를 받고 있다(Peter L. Strauss, Administrative Justice in the United States, Second Edition, pp. 23-26). 독립규제위원회의 OLC와의 서약은 이러한 독립규제위원회의 독립성을 나타낸다고 할 수 있으나, 독립규제위원회도 여전히 행정부의 법령해석에 의존하

위한 경우를 제외하고, OLC는 소송계류 중이거나 임박한 소송에 관한 법령해석을 하지 않는다. 끝으로 OLC의 의견은 장래에 관한 법적 문제에 한정된다. OLC는 미래의 의견을 제시하면서 때때로 과거의 해석을 확인하고 기록하기는 하지만 過去 行爲의 合法性에 관한 의견 제시는 회피한다.128)

이러한 소송행위에 대한 법률의견 제시 거부는 OLC가 과거 정부행위에 대한 정당화 역할을 하는 것을 막고 송무 담당부서와의 마찰을 일으키는 것을 피하기 위한 것이다. 소송 관점에서 법률의견은 많은 경우 OLC의 기초적 법률의견의 기준과 충돌하는 문제점이 있다.129)

2. 이해관계 있는 행정기관에 대한 법적 견해 요청

OLC는 법적 견해를 준비하기 전에 행정기관에 쟁점사항에 대해 해석이 포함된 상세한 보고서를 제출할 것을 요청한다. 행정기관이 정식으로 법령해석을 요청하기 이전 예비 단계로서 OLC와의 협의과정에서도 예비적 토론이 가능하고 자신들의 견해에 대한 분석물의 제공이 가능하다. 행정기관들 사이의 분쟁을 해결하기 위해서는 양 당사자에게 의견제공을 요청한다. OLC는 해석 요청된 문제에 대해 직접 당사자는 아니더라도 전문성과 특별한 이해관계를 가지는 행정기관에도 의견을 요청한다. 그러나 법령해석을 요청한 기관의 사전 동의가 없으면 의견요청서를 제3의 행정기관에 송부하지는 않는다.130)

고 있다는 사실을 보여준다.

128) U.S. DOJ, Best Practices for OLC Legal Advice and Written Opinions, pp. 2-3.

129) John O. McGinnis, Models of the Opinion Function of the Attorney General, p. 426.

130) U.S. DOJ, Best Practices for OLC Legal Advice and Written Opinions, p. 3.

3. 연구, 개요, 초안 작성

OLC의 의견은 신중하고 세심한 작업의 결과물이다. 부차관보와 법률고문은 행정기관 제출물, 관련 법률, OLC의 법령해석 그리고 주요 판례 등을 검토하여 의견서의 개요나 초안을 작성하기 시작한다. 이를 작성하기 위해서 서로 만나 쟁점들에 대한 연구계획서를 작성한다. 의견서 작성이 진행됨에 따라 부차관보와 법률고문은 때때로 법무부 차관보와 만나 의견의 방향과 법률에 대해 논의한다. 만약 행정기관 상호간의 분쟁의 해결을 위한 의견제시에 해당하는 경우에는, 가능하면 양측의 의견을 최대한으로 고려해서 일방적으로 한 측 행정기관이 승자가 되고 다른 측 행정기관은 패자가 되는 상황은 지양한다. OLC의 의무는 행정기관이 제공한 것이든 아니든 모든 상당한 반대견해들을 고려해서 법에 관한 옳은 해답을 제공하는 것이기 때문이다.[131]

이와 같이 OLC가 기관 간 분쟁해결에서의 양당사자의 공동이익을 추구하는 것은 OLC의 기관 간 분쟁해결 기능이 일종의 대체적 분쟁해결제도(Alternative Dispute Resolution: ADR)라는 것을 의미한다. ADR이라 함은 법적 분쟁을 법원 외에서 모든 당사자들의 이익을 위해 해결하고, 전통적인 소송의 비용과 시간지연을 줄이고, 법원으로 분쟁을 가져오는 것을 막을 것을 목적으로 하는 일련의 기술이다.[132] 미국은 1990년 행정 분야의 ADR에 대한 일반법으로서 행정분쟁해결법(Administrative Dispute Resolution Act)을 제정하여 시행하고 있다. 동법에 따른 ADR의 종류에는 화해, 간이화, 조정, 사실 확인, 약식심리, 중재 그리고 옴부즈만의 사용 또는 그들의 결합이라고 규정하고 있으나 이에 국한되지 않는다고 규정하고 있다.[133]

---

131) U.S. DOJ, Best Practices for OLC Legal Advice and Written Opinions, pp. 3-4.

132) Jethro K. Lieberman, James, F. Henry, Lessons from the Alternative Dispute Resolution Movement, 53 U. Chi. L. Rev. 424 (1986), pp. 425-426).

133) 동법의 자세한 내용 및 그 개정안에 대한 설명은 Robin J. Evans, The Administrative Dispute Resolution Act of 1996: Improving Federal Agency Use of Alternative Dispute Resolution Processes, 50 Admin. L. Rev. 216 (1998) 참조.

4. 의견서 초안에 대한 검토

OLC의 의견서가 완성되기 전에 OLC 내에서 철저한 검토를 거친다. 의견에 대한 책임을 지니고 있는 주부차관보(primary deputy)와 법률고문은 초안의견을 완성하면 제2부차관보(second deputy)에게 검토를 의뢰한다.134) 이 경우 의견서 초안과 함께 법률, 법령, 중요한 사건, 관련된 이전의 OLC의 의견, 관련 기관으로부터 받은 견해표명 서류 등을 포함한 모든 중요한 자료를 제2부차관보에게 제공한다. 제2부차관보의 검토가 완료되면 제2부차관보의 논평이 첨부된다. 주부차관보는 법무차관보에 의한 최종검토를 하기 전에 다른 부차관보(remaining deputy)와 관련 전문가가 있는 사무실의 변호사들에게 위의 견해들을 회람시킨다. 또한 OLC의 일반적 관행은 검토와 논평을 위하여 법무장관실과도 회의 등을 통해 의견을 교환한다. OLC는 전통적으로 자신의 독립적 판단을 위해서 초안을 외부에 공개하지 않는다. 다만, 해석을 요청한 기관이나 이해관계 있는 기관의 검토를 위해 의견서 초안의 분석내용을 공유한다. 어떤 경우에는 의견서 초안 전체를 법무부내 부서들과 공유하는데, 이는 주로 관련 이익에 대한 법적 쟁점이나 사실에 관하여 잘못된 언급을 하지 않았다는 것을 확인하기 위한 것이다.135)

5. 의견서 완성

의견서에 관한 모든 실질적인 작업이 완성되면 사무원이 연방법률과 OLC의 문서작성 양식에 부합한지, 모든 인용구가 정확한지를 확인한다. 모든 인

---

134) SG의 경우 한명의 Deputy가 소송을 수행함에 반해, OLC는 두 명의 Deputy가 업무를 수행하는 것이 특징이다. 소위 two-deputy rule이라고 한다(Cornelia T. L. Pillard, The unfullfilled promise of constitution, p. 716).

135) U.S. DOJ, Best Practices for OLC Legal Advice and Written Opinions, pp. 3-4. 이러한 법령해석요청기관에 대한 사전검토는 OLC의 독립적인 성격, 준사법적인 성격에 한계가 있음을 보여준다고 할 수 있다.

용확인이 승인이 나면 의견서는 서명을 받아 인쇄된다. 서명을 받기 위해 준비된 최종의견서는 주부차관보, 법률고문 그리고 제2부차관보의 서명을 받기 위해 제출된다. 최종의견서는 서명을 받은 후에는 기밀에 해당하지 않는 경우에는 OLC의 데이터베이스(ISYS database)에 저장된다. 서명된 최종 법령해석 의견서는 물론 최초의 법령해석요청서, 관련기관의 의견, 제출된 자료 등은 향후 참고할 목적으로 OLC에 계속 보존된다.136)

6. 의견서의 공개

의견서는 서명을 받을 때에 의견서에 책임이 있는 변호사들이 해당 의견서가 공표되는 것이 적합한지에 대한 예비적 추천을 한다. OLC의 공표심사위원회에 의해 의견서에 대한 최종적 공표 여부에 관한 심사가 주기적 혹은 선택적으로 이루어진다. 공표심사위원회가 법령해석의견서가 공표기준에 적합하다고 판단한 경우에는 관련 행정기관에 공표에 대한 견해를 구한다. 의견공표에 대한 최종결정이 내려진 이후에, 온라인상에서의 공표를 위해 그 의견서를 재검토하고 새로운 양식으로 변경한다. 의견서 요지가 준비되고 동 요지가 의견서에 첨부되어 미국 법무성 웹사이트137)에 게시된다. 그리고 웹사이트에 게시된 모든 법령해석의견서는 OLC의 양장본의 서적으로 발간된다.138)

다만, 국가안보상 이유, 연방법률의 집행, 법률상 금지 등의 이유가 있는 경우에는 의견서가 공개되지 않는다. 또한 집행부 내의 원활한 의사결정의 자유를 보호하기 위해서 OLC와 다른 행정부서들 사이에는 변호사-의뢰인의 특권(attorney-client privilege)139)이 적용될 필요가 있는 경우에도 의견서는 공개되

---

136) U.S. DOJ, Best Practices for OLC Legal Advice and Written Opinions, p. 4.

137) www.usdoj.gov/olc/opinions.htm.

138) U.S. DOJ, Best Practices for OLC Legal Advice and Written Opinions, p. 5.

139) 변호사-의뢰인 특권은 증거에 관한 정보는 공개되어야 한다는 일반적 의무의 예외가 되는 것으로, 변호사와 의뢰인 사이의 의사소통과 정보는 공개되지 않을 특권을 의미한다. 이는 의뢰인이 변호사와 완전하고 솔직한 의사소통을 하도록 장려함으

지 않는다. 한편 정보자유법에 따라서 의견서가 공개가 강제되는 경우도 있다. 동법에 따른 비공개 사유는 국가안보, 비공개특권이 있는 기록, 법집행기록 등인데, OLC는 공개요청이 들어오면 관련 기관과 공개요청 문서가 이 예외에 해당하는지 협의한다.140)

III. 법률자문국의 가이드라인

OLC의 법률해석을 지도하기 위한 원칙에 대해서 살펴보고자 한다. 10개로 이루어진 동 원칙은 2004년 12월, 19명의 전 OLC 변호사들에 의해 작성된 것이다. 이 원칙의 배경이 된 것이 2002년 8월 부시행정부 시절 OLC의 고문의 견서이다.141) 동 메모는 테러리스트에 대해서는 상당히 강압적인 조사기법을 허용한다는 내용으로써 OLC의 징치적 중립성과 관련하여 많은 논쟁을 불러 일으켰다. 이에 반향으로서 OLC 가이드라인은 상당히 객관적·중립적 법해석을 강조하고 있다. 가이드라인의 내용은 이미 전술한 바 있는 OLC의 업무수행 원칙과 의견서 작성 및 제공절차와 상당 부분이 중복된다. 중복을 피하고 간략히 그 내용을 살펴보면 다음과 같다.142)

로써, 공공의 이익을 증진시키고 정의를 실현하도록 해준다는 취지에서 인정되었다. 변호사가 모든 정보를 알고 적극적으로 변호활동을 함으로써 얻는 이익이 법원에서 증거공개로 인한 이익을 능가한다는 이론에 기초하고 있다(Robert Darnell, Raymond Kramer, Richard J. Rabin, Attorney-Client Privilege, 29 Am. Crim. L. Rev. 623 (1991-1992), p. 623).

140) U.S. DOJ, Best Practices for OLC Legal Advice and Written Opinions, p. 6. 정보자유법 상 정보공개요구와 비공개사유의 충돌에 대해서는 David Drachsler, Freedom of Information Act and the Right of Non-Disclosure, 28 Admin. L. Rev. 1 (1976), pp. 1-12 참조.

141) Bybee, J.(2002). Memorandum for A. Gonzales … [Re:] Standards for Conduct for Interrogation under 18 U.S.C. 2340-2340A(www.justice.gov/olc/docs/memo-gonzales-aug2002.pdf). 이하 OLC, Torture Opinion으로 인용.

첫째, 정확성과 공정성의 원칙인데, 이는 OLC는 행정기관들의 행위에 대한 법률자문을 제공할 때에는 법률자문이 행정기관이 원하는 정책과 모순되는 경우에도 적용 법률 등에 대한 정확·공정한 평가를 하여야 한다는 것이다. 단순히 행정기관의 입맛에 맞는 조언만을 제공한다는 것은 법률의 충실한 집행을 담당하는 대통령의 헌법상 책무를 이행하는 것이 아니다.

둘째, 철저한 분석의 원칙인데, OLC의 조언은 철저하고 완전하여야 한다는 것이다. OLC의 조언은 항상 모든 한계 사항들을 명확히 포함하는 것이어야 하고 OLC의 분석은 관련 法源들은 물론 해당 문제점과 관련된 모든 실체적 논쟁들을 솔직하게 공개하여 한다.

셋째, 법률준수의 원칙이다. OLC의 조언은 때로는 법원의 사법심사의 대상이 되지 않는 분야에 대한 것일 경우 최종적 법적 판단으로 작용할 가능성도 있는데, 이런 경우 특히 OLC는 법률을 최대한 준수하는 조언을 하도록 노력해야 한다.143)

넷째, 행정부의 전통, 권한 그리고 대통령의 견해 반영의 원칙이다. OLC의 조언은 단순히 법원의 법령해석을 그대로 반복하는 것에 머물지 말고 행정 각 부서의 권한과 전통 그리고 대통령의 적법한 견해가 반영되는 해석이어야 한다. OLC는 행정부의 한 기관으로 연방법원과 의회의 견해를 최대한 존중하면서 동시에 적법한 대통령과 행정 각부의 견해도 충실히 반영하는 법적 조언을 형성하여야 한다.

다섯째, 의회와 법원 등의 견해존중의 원칙인데, OLC의 법적 조언은 연방법원과 의회 그리고 대통령의 헌법적 견해들을 충실히 존중하는 것이어야 한다. 만약 행정부, 의회, 법원의 법적 견해가 충돌하는 경우 OLC는 어떤 원칙

---

142) 이하 설명은 PRINCIPLES TO GUIDE THE OFFICE OF LEGAL COUNSEL (2004.12.21) in Guidelines for President's Legal Advisors by Dawn E. Johnson, 81 Ind. L. J. 1348 (2006), pp. 1348-1354 참조.

143) 이 경우 OLC가 법원과 유사한 판단기능을 수행한다는 측면에서 보다 법의 지배 원칙을 강조하고 있는 것으로 생각된다.

에 따라 법률의견을 제공하여야 하는지에 대해서는 가이드라인은 침묵하고 있다. OLC가 법무부 소속으로 행정부의 일원이고 법무부 장관은 대통령을 위하여 일하는 각료인 이상 대통령의 입장을 고려할 수밖에 없을 것으로 생각된다. 가이드라인의 순서상으로도 대통령 견해 존중 원칙이 앞에 위치하고 있는 것도 이런 추정을 뒷받침하는 것으로 판단된다. OLC 법해석권의 역할 모델에 대해서는 다음 장에서 후술한다.

여섯째, 공개의 원칙으로 OLC는 특별한 예외가 없는 경우에는 적정시기에 문서화된 법적 견해를 공개해야 한다. 이러한 법적 견해의 공개는 투명성을 높이고 행정기관들이 법의 지배 원칙에 충실할 수 있도록 도와준다. 이러한 공개는 일반 국민들이 행정부의 법률해석에 대한 자신의 견해를 피력할 수 있는 기회를 제공하는 측면도 있다. 다만, OLC의 견해를 공개하기 전에 해석을 요청한 행정기관의 견해를 듣고 이를 존중해야 한다.144)

일곱째, 최고의 법적 의견 제공을 위한 내부관리의 원칙이다. OLC는 최고의 질과 최상의 법적 견해들을 제공할 수 있는 내부시스템과 관행을 유지하여야 한다. 행정기관이 법률해석을 요구할 때에는 반드시 문서로 하여야 하며 행정기관의 견해와 관련 자료들을 함께 제출해야 한다. OLC는 가능하면 행정기관의 행위 이전에 법적 조언을 제공하도록 하여야 한다. 실제로 OLC는 중요 문제에 대해서는 구두의견을 주지 않고 공식화된 서면의견을 준다. 이러한 서면의견 방식은 OLC 스스로 권위 있는 의견을 작성하기 위해 신중한 과정을 거치도록 해주고, 또한 公式性은 의견수령자로 하여금 의견을 과장하거나 선택적으로 이해하는 것을 막는 역할을 한다.145)

---

144) OLC 의견의 공개는 1977년 카터대통령 시절 법무장관이던 그리핀 벨(Griffin Bell)에 의해 시작되었다. 그는 중요한 문제에 대한 행정법의 실체와 선례로서의 OLC 의견의 가치를 높이는 것이 법무장관의 공식의견과 유사한 방법으로 동 의견을 발표하는 것이라고 보았다(Rachel Ward Saltzman, Executive Power and the Office of Legal Counsel, 28 Yale L. & Poli'y Rev. 430 (2010), p. 450. 이하 Rachel Ward Saltzman, Executive Power and the Office of Legal Counsel로 인용).

145) John O. McGinnis, Models of the Opinion Function of the Attorney General,

여덟째, 의견수렴, 협조, 명확성의 원칙이다. OLC는 최종 법적 조언을 완성하기 전에 모든 관련 행정기관들과 법무부내 부서의 견해를 수렴하는 기회를 가져야 한다. 관련기관들의 참여는 실수를 방지할 수 있게 하고 행정조정이 가능하도록 해준다. 그리고 OLC는 모든 관련 행정기관 특히 백악관과 우호협조관계를 유지하도록 해야 한다. OLC는 행정부의 정책목표들을 고려해야 하고 법의 테두리 안에서 이들이 실현될 수 있도록 지원해야 한다.

---

p. 429. 요컨대, 최고의 법적 의견 제공을 위한 내부관리의 원칙은 행정부의 행위 이전에, 서면 공식의견을 제공하는 것이라고 할 수 있다.

제4장

미국법상 행정부의 법령해석권의 쟁점

제1절 행정부 법령해석권의 역할

I. 개설

행정부는 권력분립에 따라 법을 집행함에 있어서 불가피하게 법에 의미를 부여하는 역할을 하게 된다. 법해석은 행정부의 헌법적 기능 수행에 따른 필수불가결한 부산물이라고 할 수 있다.[1] 즉, 입법자의 법집행 명령을 이행하기 위해 행정부가 의회에 의해서 제정된 법을 해석하는 것은 법의 집행의 본질이라고 할 수 있다.[2]

그리고 어떤 경우에는 행정부의 법률해석이 있어도 개인이 최종적으로 권익을 침해당하지 않지만, 때로는 원고적격이 없거나 관할범위를 벗어나는 문제 등으로 인하여 소송을 제기할 수 없는 경우 행정부의 법령해석은 최종적인 것이 된다. 그리고 행정행위의 합법성에 대한 행정부 해석은 행정부 내에서는 결정적이고 구속력이 있는 것으로 간주된다.[3] 이러한 중요성 때문에 행정부가 법령해석을 수행함에 있어 어떠한 기준을 적용할 것인지 고려하는 것이 매우 중요하다.

OLC의 행정부 법률해석의 방향과 OLC 변호사의 역할에 대한 이론모형을 두고 다양한 의견이 제시되어 왔다.

---

[1] Thomas W. Merril, Judicial Deference to Executive Precedent, 101 Yale L. J. 969 (1992), p. 1004. 이하 Thomas W. Merril, Judicial Deference to Executive Precedent 로 인용.

[2] Bowsher v. Synar, 478 U.S. 714, 733 (1986).

[3] Randolph D. Moss, Executive Branch Legal Interpretation: A Perspective from the Office of Legal Counsel, 52 Admin. L. Rev. 1303 (2000), pp. 1304-1305. 이하 Randolph D. Moss, Executive Branch Legal Interpretation으로 인용.

모스(Randolph D. Moss)교수는 고객의 정책목표를 지지하는 합리적 주장을 제공하는 변호사와 같은 역할로서 옹호자 모델(avocate model)과 그에 반대되는 것으로서 법관과 같이 최고의 법률견해를 표명하는 중립적 설명자 모델(neutral expositor model)을 제시하고 있다.4)

맥긴스(John O. McGinnis) 교수는 행정부는 연방법원의 선례에 구속되므로 사법부의 법률견해를 따른다는 법원중심 모델(court-centered model), 법원 원리보다 행정부 자신의 법률 원리에 따른 법률의견을 제공한다는 독립적 권위 모델(independent-authority model), 대통령의 정치적·상황적 이해를 반영하는 상황적 변호사 모델(situational lawyer model)를 제시하고 있다.5)

룬드(Nelson Lund)교수는 전통적으로 행정부의 법령해석 기능은 정치적·정책적 고려가 배제되는 데 있다는 준사법적 모델(quasi-judicial model), 이와 반대되는 것으로서 고객인 행정부의 정치적 입장을 고려하여야 한다는 민간변호사 모델(private lawyer model), 그리고 정치직·정책직 고려 없이 양심적으로 법률을 적용하여 명성을 올리려고 한다는 명성자본 모델(reputation capital model)을 제시하였다.6)

위 여러 학자들이 제시한 모델은 크게 보면, 첫째, 행정부 특히 법령해석기관의 법령해석은 행정부의 정책적 입장이나 정치적 선호와 관계없이 법의 지배 원칙에 따라 객관적·중립적인 법률의견을 제시하는 것이 되어야 한다는 입장, 둘째, 사법부가 아닌 행정부가 정책을 결정하고 집행하는 과정에서 이루어지는 법령해석은 대통령과 행정부의 정치적·정책적 선호를 반영하여야 한다는 입장으로 나누어질 수 있다. 전자를 법원유사 모델, 후자를 고객인 행정부의 정치적 선호를 반영하는 민간변호사 모델로 명명하고 구체적 내용을 살펴보고자 한다.7) 덧붙여 양자에 속하기 어려운 제3자의 입장으로서 독립적

---

4) Randolph D. Moss, Executive Branch Legal Interpretation.

5) John O. McGinnis, Models of the Opinion Function of the Attorney General.

6) Nelson Lund, Rational Choice at the Office of Legal Counsel, 15 Cardozo L. Rev. 437 (1993). 이하 Nelson Lund, Rational Choice at the Office of Legal Counsel로 인용.

모델로서 명성자본 모델을 또 하나의 범주로 나누어 검토한다.

II. 법원유사 모델

1. 법원중심 모델

이 모델은 행정부 공무원은 연방법원의 결정을 따라야 할 뿐만 아니라, 법원이 선언하는 헌법 원리도 따라야 한다는 것을 전제로 OLC의 의견제공 기능을 설명한다. 이 모델의 가장 강력한 수준의 형태는 법무장관은 마치 하급법원처럼 연방법원의 결정과 헌법자체를 충실히 해석하고 이에 따라 행동하여야 한다는 것이다.[8]

그러나 이 모델은 사법적 한계를 가지게 되는데, 우선 모든 결정이 법원에 오는 것이 아니기 때문에 행정부가 따라야 할 선례가 없는 경우가 있다는 것이다. 다음 사법권의 제도적 성격이 이 모델적용의 한계를 가져오기도 한다. 사법권은 어느 부에 의해서도 사용가능한 분석적 접근이 아닌 제도적 접근에는 취약점이 있다는 것이다. 예컨대, 정치문제 이론[9]과 같은 경우 법원이 제

---

[7] OLC의 대립되는 모델을 신중한 판사와 공격적인 옹호자로 구분하는 견해가 있다. 이에 따르면 OLC는 양자 사이의 긴장을 성공적으로 해결해 왔다고 평가하면서, 다만, 레이건 행정부에서 항목별 거부가 헌법상 대통령의 본래적 권한이 아니라는 의견을 준 것에 대해 이는 지나치게 신중한 것이라고 주장했다(Douglas W. Kmeic, OLC's opinion writing function, pp. 353-355).

[8] John O. McGinnis, Models of the Opinion Function of the Attorney General, p. 382.

[9] 정치문제에 대해서는 법원이 심사하지 않는다는 원칙으로 Marbury v. Madison 사건에 최초로 제시된 바 있고 이후 Baker v. Carr, 369 U.S. 186 (1962) 사건에서 재확인되었다. Baker 사건에서 법원은 정치문제 이론이 적용되는 요건으로 6가지를 제시하였다. 1) 문언 상으로 정치적 기관에게 이슈에 대한 헌법적 결단이 필요함을 보여줄 것 2) 적용 가능한 사법인 기준이 없을 것 3) 법원의 독립적 의사결정이 불가능할 것 4) 최초의 정책결정 없이는 의사결정이 불가능하고 그것은 법원의 재량

도적으로 특정 헌법이슈에 대해서는 적합하지 않은 경우라고 할 수 있다는 것
이다. 여기에서 분석적 접근은 예컨대, 헌법 문언이 특정 주장을 지지하지 않
는다는 해석이고 제도적 접근은 특정 주장이 사법부의 능력(competence) 등의
이유로 실행가능하지 않다는 의미이다.[10]

   그러나 OLC 의견이 私人의 권리에 영향을 미치고 결국은 법원에 가서 결
론을 낼 수밖에 없는 경우가 있다. 이 경우에는 OLC도 법원 중심적 모델을
따를 수밖에 없다. 행정부가 연방대법원의 결정을 따른다고 가정할 경우 OLC
가 내부의사결정 과정에서 법원이 어떤 결정을 할 것인지에 대해 예측하거나
고려하지 않는다는 것은 무책임하다고 할 수 있다. 물론 그렇다고 해서 OLC
가 항상 법원이 결정하는 방법과 똑같이 결정하여야 하는 것은 아니라고 할
수 있다. 원칙적으로 법원의 결정을 예측하기보다는 OLC가 믿는 최선의 법률
의견을 제시하는 것이 타당하다.[11]

2. 중립적 설명자 모델

   중립적 설명자 모델 내지 준사법 모델의 연혁을 살펴보면, 우선 초대 대통
령 조지 워싱턴은 초대 법무장관 란돌프에게 자신에 대한 정치적 조언자보다
는 유능하고 중립적인 법의 설명자가 될 것을 원했다고 한다.[12] 1854년 당시

범위를 넘어설 것, 5) 정치적 결정에 따라야 할 필요성이 있을 것, 6) 하나의 문제에
대해 다양한 부처에 의해 다양한 해석이 가능할 것이 그것이다.

[10] John O. McGinnis, Models of the Opinion Function of the Attorney General,
pp. 383-385.

[11] Samuel A. Alito, Jr., Change in Continuity at the Office of Legal Counsel, 15
Cardozo L. Rev. 507 (1993-1994), pp. 509-510. 이하 Samuel A. Alito, Jr., Change
in Continuity at the Office of Legal Counsel로 인용.

[12] Griffin B. Bell, Office of Attorney general's Client Relationship, p. 791. 벨에 따르면
실제 란돌프는 버지니아 주지사였으며, 버지니아 주 법무장관도 역임하였기 때문에
비정치적인 인물이라고 보기는 힘들다고 한다.

법무장관이던 쿠싱(Caleb Cushing)은 그의 법률문제에 대한 조언과 의견제공 기능은 본질적으로 준사법적이라고 보았다. 그는 그 자신을 정부에 의견을 주는 변호사가 아니라, 신성한 양심과 법적 의무에 따라 사법적으로 행동하는 공무원이라고 보았다.13) 결국 이 모델은 법이 본질적으로 최고이기 때문에, 법의 관점이 다른 이해관계보다 우선하여야 한다고 본다.14)

준사법적 모델에 대한 설명을 위해서는 다음 3가지 가능성이 존재하여야 한다. 첫째, 동 모델은 법령에 의하여 뒷받침되어야 한다. 명시적 규정은 없지만 의회는 Attorney General이라는 용어를 사용하여 객관적인 의견제공 기능을 암시하였다.15) 그리고 1870년 법무장관직 설치의 배경은 법률의견에 있어서 행정부 내 일관성, 효율성, 통일성을 향상시키는 것이었는데, 이 역시 다양한 행정부 의견보다는 단일한 법무장관의 의견을 원했다는 측면에서 의회의 준사법모델의 지지를 보여준다. 둘째, 단순히 정치적 이해를 반영하는 것이 아닌 최고의 법적 견해를 유지하고자 하는 신중한 이유가 있다. 즉, OLC의 법적 의견이 공정하고 중립적이고 합리적인 경우에만 의회, 법원, 국민들로부터 가치 있는 것으로 인정받을 수 있기 때문이다. 셋째, 가장 중요한 근거는 헌법이 행정부가 법령을 객관적이고 정확하게 해석하도록 요구하고 있다는 것이다. 충실한 법집행 의무 조항과 선서 조항이 그것이다.16)

충실히 법을 이행하는 의미에서 "충실히"(faithfully)를 삽입한 이유는 대통령의 견고하고도 원리에 기반 하는 법적용 의무를 선언한 것이라고 한다. 즉,

---

13) Randolph D. Moss, Executive Branch Legal Interpretation, p. 1309.

14) Randolph D. Moss, Executive Branch Legal Interpretation, p. 1330.

15) 미국의 국무장관, 국방장관, 노동장관 등이 Secretary of State, Defense, Labor라고 하여 대통령에 대한 지원, 보조(secretary)를 강조하고 있음에 반해 법무장관은 Attorney General이라고 하여 대통령 지원기능을 넘어서는 전체 검사, 변호사를 감독하는 최고의 지위를 암시하고 있다고 할 수 있다. 법무장관은 대통령 주재 각료회의(cabinet)의 구성원이며 대통령을 위해 일하지만 Secretary가 붙지 않는 유일한 장관이다 (http://en.wikipedia.org/wiki/United_States_Attorney_General#See_also).

16) Randolph D. Moss, Executive Branch Legal Interpretation, pp. 1306-1316.

법에 대한 적절한 해석과 헌법 원리를 기반으로 법을 집행하라는 의미에서 충실한 집행을 사용하였다는 것이다. 선서 조항에서 "엄숙히"(solemnly)도 같은 의미가 있다고 한다.[17]

OLC의 준사법적 기관으로서 특성을 보면, 첫째, 반대당사자에 의한 주장이 허용되지 않는 분석을 통하여 행정부를 위한 구속력이 있는 결정을 한다. 둘째, 대통령을 위해 일하면서 임기가 보장되지 않는 사람들에 의해 의견서 제공기능을 수행하고 이러한 의견들은 많은 경우 최종적인 것으로 되며, 그 의견내용은 보통 비밀에 붙여진다. 셋째, 이러한 의견들은 연방정부의 가장 중요한 결정이 된다. OLC는 행정부에 위치하고 반대당사자의 주장이 허용되지 않는 등 사법기관과는 다르지만, 법원의 의견과 유사한 법률의견을 제공하고 그 의견들은 법원이 선례를 따르는 것과 같이 OLC의 선례에 구속된다는 점에서 준사법적이라고 할 수 있다.[18]

한편 OLC 변호사도 변호사인 이상 변호사윤리 규정을 따라야 한다는 점에서 대통령에게 독립적이고 정직한 법률조언을 제공하여야 할 의무가 있다고 볼 수 있다.[19] OLC 변호사들이 백악관의 선호에 맞추어 법의 의미를 왜곡시키지 않도록 하기 위해서 변호사윤리 규정을 강조할 필요가 있다. 변호사윤리 규정에 따르면, OLC 변호사들은 이미 윤리 규정 위반에 대해서는 워싱턴 DC의 주 변호사협회의 관할에 속해 있고, 법무부 소속 변호사윤리 규정 위반에 대해서는 법무부내 윤리국의 조사를 받게 되어 있다.[20]

---

[17] Michael Stokes Paulsen, The Most Dangerous Branch, p. 261.

[18] Jack Balkin, Legal Counsel Constitutional?

[19] The ABA Model Rules of Professional Conduct Rule 2.1 전단. 고객을 대리함에서 있어서 변호사는 독립적인 판단을 하고 정직한 조언을 하여야 한다(In representing a client, a lawyer shall exercise independent professional judgment and render candid advice).

[20] Steven Giballa, Saving the Law from the Office of Legal Counsel, 22 Geo. J. Legal Ethics 845 (2009), pp. 851-860.

Ⅲ. 변호사 모델

1. 변호사 모델의 내용

변호사 모델은 상황적 변호사 모델, 옹호자 모델, 민간변호사 모델 등으로 불리지만 OLC는 그의 고객인 대통령과 행정부의 이해관계를 고려하여 법적 조언과 의견을 제공한다는 점에서는 동일한 내용이라고 할 수 있다. 규범적 입장에서 보면, 대통령에 대한 법무장관의 입장은 고객에 대한 변호사의 입장, 즉 고객의 입장을 수용할 의무가 있는 민간변호사와 유사하다는 것이다.[21] 따라서 행정부에 얼마만큼의 행정자율을 허용할 것인지는 법무장관이 아닌 대통령의 결정사항이라고 한다. 결국 이 모델은 OLC는 상당히 親行政府的이어야 한다는 것으로, OLC가 중립적 의견을 제공하거나 정부 내에서 양심적 역할만 하는 것은 복잡한 현실을 무시한 감정적이고 왜곡된 결과를 가져올 수 있다는 것을 강조한다.[22]

이 모델은 두 가지 점에서 정당화 논리를 찾고 있다. 첫째, 대통령의 선서 조항은 헌법 준수에 대한 특별한 의무를 갖는 것이 아니라 反헌법적인 수단을 통하여 헌법을 전복시키지 말 것을 요구하는 일반적 훈계 규정일 뿐이라고 한다. 둘째, 충실한 법집행 의무 조항도 의회가 통과시킨 법률을 정지하거나 무시하지 말라는 단순한 요구일 뿐이라고 한다. 그리고 대통령의 법률해석은 첫째, 국민의 의사를 반영하여야 한다는 점과 둘째, 그러한 국민의 의사는 사건별로 대통령의 특정한 정치적 관심사를 추구하여야 한다는 점에서 정치적인 것으로 해석되어야 한다고 한다.[23]

민간부분에서 고객은 목표를 설정하고 변호사는 그 목표를 추구하는 데 있

---

[21] Nelson Lund, Rational Choice at the Office of Legal Counsel, p. 459.

[22] Eric Posner & Adrian Vermeule, A Torture Memo and its Tortous Critics, Wall St. J., July 6, 2004(http://www.ericposner.com/torturememo.html).

[23] John O. McGinnis, Models of the Opinion Function of the Attorney General, p. 402.

어서 법적인 제약과 위험에 대해 설명하여야 한다. 조언의 질은 고객이 충분한 정보를 받아 결정을 한 것인지, 그리고 목표를 달성함에 있어 얼마나 위험을 낮추는 방법을 고안한 것인지에 달려 있다. 고객과 같이 대통령도 그 자신의 결정에 책임을 져야 하고, 실제로 그는 변호사의 도움 없이도 스스로 법적 결정을 하여야 한다. 따라서 대통령도 그에게 최대한 유용한 법적 조언을 받을 자유가 제한될 이유가 없다. 다만, 정부운영은 사기업의 운영과 달리 법적인 제약 특히 헌법과 법률에 따라 정부를 운영하여야 한다는 점에서 차이가 있는 것은 사실이다. 그러나 이러한 公私部分의 차이가 辯護士와 顧客관계 자체의 근본적인 차이를 가져오지는 않는다. 대통령은 행정 각부가 행정목표와 관련된 국민들의 상황과 판단의 관점에서 법에 대한 신중한 혹은 공격적인 접근을 할 것인지 결정하고 허용할 수 있어야 한다.[24]

그리고 미국 변호사협회의 변호사윤리 규정에도 변호사는 법률 외에도 고객의 상황과 관련하여 도덕적·사회적·정치적 요소를 고려하여 법적 조언을 하도록 규정하고 있다.[25]

그리고 법무장관이나 OLC는 독립적으로 법률해석 업무를 수행하기는 하지만 그들이 진정 독립적이지는 않은데, 그 이유 중 하나는 그들은 진정한 독립의 필요조건인 임기를 보장받지 못하고 있기 때문이다. 그리고 실제 법무장관과 OLC는 매일 독립적으로 업무수행을 하는 것이 아니라, 오히려 여러 부처와 광범위한 의사소통을 하고 있다.[26] 레이건 행정부의 첫 번째 OLC 책임자였던 올슨(Thedore B. Olson)은 언론과의 인터뷰에서 OLC 책임자는 거의 매일

---

[24] Nelson Lund, Rational Choice at the Office of Legal Counsel, pp. 448-451.

[25] The ABA Model Rules of Professional Conduct Rule 2.1 후단. 변호사는 법률뿐만 아니라 고객의 상황과 관련하여 도덕적, 사회적, 정치적 요소 등을 고려하여 법적 조언을 하여야 한다(In rendering advice, a lawyer may refer not only to law but to other considerations such as moral, economic, social and political factors, that may be relevant to the client's situation). 다만, 준사법 모델이 규정의 전단을 중시하는 반면, 변호사 모델은 규정의 후단을 중시하고 있다.

[26] Samuel A. Alito, Jr, Change in Continuity at the Office of Legal Counsel, p. 510.

백악관 법률고문과 전화통화를 한다고 밝혔다.[27]

2. 변호사 모델과 고문의견서 이슈

(1) 서론

고문메모, 비비메모 내지 심문의견이라 불리는 고문의견서는 2002년 8월 1일 법무부 부차관보였던 유(John Yoo)가 작성하고 법무부 차관보였던 비비(Jay Bybee)가 서명한 것으로 CIA, 국방부, 대통령에게 보내는 고문 관련 의견서이다. 의견서에는 정신적, 육체적 고문과 강요도 일정한 경우에는 테러와의 전쟁이라는 상황에서는 행정부에 허용되는 것이라는 내용이 담겨 있다. 이 의견서는 비공개로 보존되고 있었으나 2004년 워싱턴포스트에 그 내용이 공개되면서[28] 엄청난 비판에 직면하였고, 여러 차례의 수정의견을 거쳐 마침내 2009년 초 오바마 대통령에 의해 폐기되었다. 이 메모는 OLC의 의견서 제공 기능상 극단적인 변호사 모델을 따른 것으로 볼 수 있는 데, 이하에서는 그 내용을 살펴보고자 한다.

(2) 의견서의 내용

비비가 당시 백악관 법률고문이었던 곤잘레(Alberto Gonzale)에게 보낸 동 메모의 제목은 "고문법상 심문행위의 기준(Standards for Conduct for Interrogation under torture statute)"이었는데 여기에서 고문법[29]상 고문의 정의에 대해 심각한 신체적 장애, 예컨대, 기관파열, 신체기능의 손상, 심지어 죽음에 이르는 것이어야 하고, 정신적 손상도 심각한 심리적 피해로서 적어도 수개월 내지

---

27) Saundra Torry, Bush's Choice for Attorney General is a Quiet, Influential Insider, Wash. post, Oct. 28, 1991.

28) Dana Priest, Justice Dept. Memo Says Torture 'May Be Justified', Washington Post, Sunday, June 13, 2004.

29) 18 U.S.C. Sections 2340-2340A.

수년간 지속되는 것이어야 한다고 결론을 내렸다.30) 결국 고문을 매우 협소하게 정의함으로써 사실상 고문을 고문이 아닌 것으로 만든 것이었다. 그리고 이러한 대통령의 전쟁수행 관련 적국의 군인에 대한 감금, 조사 권한을 제한하려는 노력은 군통수권자로서 대통령의 권한을 침해하는 것으로서 위헌이라고 보았다.31)

또한 고문법을 위반하는 조사기법은 필요성, 정당방위를 이유로 정당화될 수 있다고 하였다. 즉, 필요성 방어논리에 따르면 고문은 법령상 금지되어 있음에도 불구하고 장래의 테러공격을 막기 위한 정보를 획득하는 데 필요한 경우 위법하지 않다는 것이다. 정당방위 논리는 전통적인 개인의 자기방어논리와 같이 국가를 방위하기 위한 고문은 위법하지 않다는 논리이다.32)

(3) 의견서에 대한 비판과 경과

이 메모는 광범위한 비판을 받게 된다.33) 예일대 로스쿨의 학장인 고홍주(Harold Koh)는 이 메모를 대통령의 헌법상 권한을 과장한 아마도 자기가 본 가장 잘못된 법률의견이라고 말하였다.34) 전 닉슨(Nixon)행정부 백악관 법률

---

30) Torture, that severe pain (a requisite for his definition of torture) is "serious physical injury, such as organ failure, impairment of bodily function, or even death," that prolonged mental harm is harm that must last for "months or even years"(OLC torture opinion, pp. 5-8).

31) OLC torture opinion, pp. 31-39.

32) OLC torture opinion, pp. 39-46.

33) 메모의 배경, 내용, 경과를 자세히 다룬 논문으로는 Ross L. Weiner, Office of Legal Counsel and Torture: The Law as Both a Sword and Shield, 77 Geo. Wash. L. Rev. 524 (2008)이 있다. Weiner는 OLC 개혁안으로 의견서의 공개와 비공개의 경우 다른 기관에 의한 검증을 제시하고 있다.

34) Harold Hongju Koh, Statement of Harold Hongju Koh, Dean and Gerard C. and Bernice Latrobe Smith Professor of International Law, Yale Law School, before the Senate Judiciary Committee regarding The Nomination of the Honorable Alberto R. Gonzalesas Attorney General of the United States, (January 7, 2005), p. 4 (http://

고문이었던 딘(John Dean)은 동 메모는 전쟁범죄의 증거와 같은 것이라고 비판하였다.[35]

2004년 OLC는 훨씬 더 신중하고 방어적인 법률분석을 한 의견서를 발표하여 공식적으로 2002년 8월 의견서를 대체하였다. 고문은 혐오스러운 것이고 감금과 감금자를 규제하는 많은 법이 존재한다는 것을 인정하면서, 정당한 이유라고 해도 고문을 허용하는 예외적인 법은 인정할 수 없다고 밝혔다. 그러나 새로운 메모는 대통령의 권한의 범위에 대해 언급하지 않았고 권한에 대한 종래의 분석을 부인하지도 않았다. 즉, 부시 행정부는 대통령의 권한을 제한하는 의회의 노력을 반대하면서, 여전히 종래의 메모 상 대통령의 권한을 유지하려고 노력하였던 것이다.[36]

2006년에는 연방대법원에 의해 고문메모의 주요주장이 거부되었다. Hamdan v. Rumsfeld사건에서 고문메모 상 제네바협약 공통 제3조는 미국 관타나모(Guantanamo) 수용소의 죄수에 대해서는 적용할 수 없다는 행정부 입장에 대해 법원은 이것이 오류라고 밝혔다. 동 협약 제3조는 비국제적 무력충돌(conflict not of an international character)에 대해 고문금지 등을 정하고 있는데, 고문메모는 알카에다와의 충돌은 국제적 충돌로서 동 협약상 고문금지 규정이 적용되지 않는다고 보았던 것이다.[37]

오바마 대통령은 취임 이틀 후인 2009년 1월 2일 행정명령을 통하여 종래

www.law.yale.edu/documents/pdf/KohTestimony.pdf).

[35] John W. Dean(January 14, 2005), "The Torture Memo By Judge Jay S. Bybee That Haunted Alberto Gonzales's Confirmation Hearings".(FindLaw. http://writ. news. findlaw. com/ dean/20050114.html).

[36] Daniel Levin(30 December 2004), "Legal Standards Applicable under 18 U.S.C. §§ 2340-2340A". United States Department of Justice(http://www.usdoj.gov/olc/18usc 23402340a2.htm).

[37] Hamdan v. Rumsfeld, 548 U.S. 557, 629-630 (2006). 국제법과 조약상 고문의 개념이 OLC의 정의보다는 더 완화되어 있다는 내용은 Louis-Philippe F. Rouillard Misinterpreting the Prohibition of Torture Under International Law: The Office of Legal Counsel Memorandum, 21 Am. U. Int'l L. Rev 9 (2005) 참조.

OLC의 모든 감금, 심문관련 가이드를 폐지하며, 모든 정부기관은 2001년에서 2009년 사이의 OLC의 의견을 따르지 말도록 조치하였다.[38] 그리고 그는 자신의 정부에서는 고문이 없을 것이며, 2002년 메모를 작성한 사람이든 이를 합법적이라고 믿고 행위 한 사람이든 처벌하지 않겠다고 선언하였다.[39]

그러나 2008년 법무부 윤리국은 물고문을 비롯한 고문기법을 정당화하는 법률의견이 법무부 소속 변호사의 윤리 규정을 위반하는지에 대하여 조사에 착수하였다. 2010년 윤리국은 고문메모를 비판하고 관련자들의 징계를 요구하는 내용을 담은 260페이지의 보고서[40]를 발표하였다. 그러나 당시 법무차관 보였던 마골리스(David Margolis)는 주 변호사협회의 징계를 요구하는 보고서를 반박하였다. 그는 비비와 유에게 독립적·객관적 법률자문을 제공하여야 한다는 의무를 부과할 수 없다고 보았는데, 이는 그러한 기준이 너무 엄격할 뿐 아니라 당시에는 그들이 그러한 기준에 대해 경고를 받은 적이 없었다는 것이 그 이유라고 주장하였다.[41]

고문메모 이슈와 같이 부시 행정부에서는 OLC 법해석의 행정부 지향성이 두드러졌다고 할 수 있는데, 그 내용을 보면 다음과 같다. 첫째, 부시행정부는 선례가 없거나 오히려 이에 반대되는 선례가 있는 경우에도 대통령의 행위를 정당화하는 것으로서 핵심적 행정권(core executive powers)[42]에 호소하였다.

38) Executive Order: Interrogation, USA Today, 22 January 2009 (http://www.usatoday.com/news/washington/2009-01-22-execorder- interrogation_N.htm).

39) ABC News George Stephanopolous interview of Rahm Emanuel, White House Chief of Staff, indicating there would be no prosecution of those who stayed within Justice Department guidelines(http://abcnews.go.com/blogs/politics/2009/04/obama-adminis-1-2/).

40) Office of Prof'l Responsibility, Investigation into the Office of Legal Counsel's Memoranda concerning issues relating to the Central Intelligence Agency's use of "Enhanced Interrogation Techniques" on suspected terrorists, 2009(http://judiciary.house.gov/hearings/pdf/oprfinalreport 090729.pdf).

41) Memorandum from David Margolis, Asso. Deputy Gen., to Eric Holder, Attorney Gen., 2010.1.5(http://judiciary.house.gov/hearings/pdf).

42) 핵심적 행정권은 다른 기관과 공유하지 않는 대통령만이 가지는 헌법상 행정권을

둘째, 부시 행정부 OLC의 많은 의견은 불투명하였고 사후행위 정당화의 기능을 수행하였다. 즉, 고도의 정치적 문제에 대한 대통령의 입장을 지지하기 위해 부시 OLC는 비밀주의와 사후분석에 의존하였던 것이다. 셋째, 부시 행정부 OLC는 잘 확립된 전통을 벗어나 이제는 법률에 반하는 것으로 무효화된 행정부 활동을 지지하였을 뿐 아니라, 후에 연방대법원에 의해 거부되거나 OLC 자체에 의해 폐기되는 수많은 법률의견을 양산하여 OLC의 명성에 심각한 손상을 주었다.[43]

레이건과 부시 행정부에서 적어도 외교정책의 경우 OLC는 대통령의 이익보다 넓은 국가의 이익을 실현하는 역할을 하지 못했다는 의견이 있다. 따라서 OLC는 그의 고객이 행동한 후가 아니라 이전에 의견을 주어야 하고, 그 의견을 즉각적으로 발표하여야 하고, 그리고 과거의 OLC 의견을 번복하는 경우에는 선례의 기준을 분명히 표현하여야 한다는 견해가 있다.[44]

IV. 명성자본 모델

OLC 변호사들이 당면하고 있는 딜레마는 고객인 대통령과 백악관에 어떻게 법률조언을 제공할 것인가와 동시에, 법적 조언이 특정 문제에 관한 정책

의미하는 것으로 형사소추권이 핵심적 행정권인지에 대해서는 Stephanie A. J. Dangel, Is Prosecution a Core Executive Function—Morrison v. Olson and the Framers' Intent, 99 Yale L. J. 1069 (1989-1990), p. 1075 이하 참조.

[43] Rachel Ward Saltzman, Executive Power and the Office of Legal Counsel, pp. 463-464.

[44] Harold Hongju Koh, Protecting the Office of Legal Counsel from Itself, 15 Cardozo L. Rev. 513 (1993), p. 523. 이하 Harold Hongju Koh, Protecting the Office of Legal Counsel로 인용. 고홍주는 OLC의 명성을 보호하기 위한 방법으로 사건발생 전 의견제공으로 잠금(lock-in)효과 방지, 과거 OLC 선례의 존중, 법해석의 공개를 통한 투명성 확보를 제시하고 있다(Harold Hongju Koh, Protecting the Office of Legal Counsel, pp. 515-520).

적·정치적 압력으로부터 독립되어 OLC가 어떻게 엘리트 조직으로서 명성을 유지할 수 있느냐 하는 것이다. OLC 책임자는 OLC 조직의 명성을 유지하기 위하여 원칙에 기초한 법률의견(principled legal opinion)을 제공하려고 노력한다는 이론이 명성자본 모델이다. 명성자본 이론은 OLC가 변호사 모델과 준사법적 모델간의 갈등 속에서 원리에 기초한 법률의견 제공을 통하여 조직의 명성을 유지하고자 한다는 이론으로 양 모델의 중간적인 입장이라고 볼 수도 있고, 조직 자체의 보호라는 별도의 범주를 논의하는 것으로 볼 수도 있다. 다만, 내용상으로는 준사법 모델에 가까운 것으로 볼 수 있다.

OLC가 명성을 유지하고자 하는 여러 이유가 있다. 첫째, 개인적 이유이다. 우선 개인적 차원에서 보면, OLC 책임자는 그의 입지를 보존하고 대통령과 법무장관에게 영향력을 행사하고 승진을 기대한다. 특히 많은 OLC의 책임자는 법률가로서 OLC에서 퇴임 후 변호사, 교수, 법관 등의 직위로의 전직을 생각하며 자신의 명성을 유지하려고 한다. 둘째, 조직적 이유는 OLC의 행정기관 간 분쟁해결 기능과 관련이 있다. OLC가 원칙에 기초한 법률의견을 제공하여 명성을 유지할수록 기관들은 OLC 의견을 권위 있는 것으로 받아들인다는 것이다.[45]

기관 간 분쟁해결 외에도 OLC의 원칙에 기초한 법률의견은 대통령에게 정치적·정책적 가치를 가진다. 대통령은 법적 견해보다는 정치적 책임을 중요시하지만 어떤 경우에는 법원과 국민에게 그의 법적 견해를 수용하도록 요청하는 경우가 있다. 이때 OLC의 의견이 정치적 이해를 반영하지 않고 양심적으로 법을 적용한 것이라는 점이 유용하다. 그 외에도 민간보다 훨씬 작은 급여에도 불구하고 유능한 법률가를 채용하기 위해서도 OLC의 명성을 유지하는 것이 필요하다.[46]

---

[45] John O. McGinnis, Models of the Opinion Function of the Attorney General, pp. 422-423.

[46] John O. McGinnis, Models of the Opinion Function of the Attorney General, p. 424. 그리고 맥긴스에 따르면 93년 기준 지난 20년간 약 20%의 OLC 변호사가 퇴직 이

OLC의 명성유지와 관련된 다른 논의 중 하나가 OLC는 행정부의 선례를 존중한다는 것이다. 예컨대, 행정부가 변경되어 새로운 행정부의 정책적 입장 이 변경된 경우에도 OLC는 이전 행정부의 법령해석을 유지하고자 한다. 이의 근본적 이유는 신뢰성에 있다고 할 수 있다. 즉, 이러한 신뢰성이 확보되지 않 으면 각 행정기관들은 OLC로부터 보다 객관적인 법적 판단을 받을 수 없다고 생각하게 되며, 결국 OLC의 역할은 축소될 수밖에 없기 때문이다.[47]

그러나 이러한 OLC의 명성자본 이론이 현실적으로 의회, 법원, 언론에서는 설득력이 없으며 오히려 이들에 의하면, OLC는 대통령의 선호를 반영하는 것 으로 인식되고 있다는 반론이 있다. 그러면 왜 OLC가 준사법적 지위나 명성 을 유지하기 위해 노력하는지 대해서 보면, 대통령이 군사문제, 의료문제 등 각 분야의 전문가들의 전문적 의견을 존중하는 것처럼, 법률문제에 있어서 OLC 전문가들의 전문성을 존중하려고 하기 때문이라고 한다.[48]

결론적으로 정치적·정책적 입장의 고려와 원리에 기초한 법률의견 제공이 라는 양자의 목표를 달성하기 위해서는 우선 정치적·정책적 판단과 법적 판 단이 구별되어야 한다는 전통적 견해를 버리거나 최소한 수정하여야 한다. 행 정부의 법률해석은 실질적 고려를 포함하는 적절한 해석이 되어야 한다. 사법 부도 정책적이면서 법적인 판단(policy-laden legal judgments)의 유효성을 존중 하여야 한다는 것이다.[49]

대부분의 경우 대통령의 정책적 선호와 사회적 공익이 일치하는 데, 이 경 우에는 대통령의 정책선호가 OLC에 의해서 제공된 법률해석에 편입된다. 이 러한 경우에는 정부 내에서 OLC의 지위와 권한이 강화된다. 다만, 현실적 입

후 교수나 연구직(academic career)으로 갔는데, 이점도 OLC가 원칙에 기초한 법률 의견 제공으로 조직의 명성을 유지하려는 이유 중 하나라고 보고 있다.

[47] Mark Tushnet, Legislative and Executive Stare Decisis, 83 Notre Dame L. Rev. 1339 (2007), pp. 1350-1352.

[48] Nelson Lund, Rational Choice at the Office of Legal Counsel, pp. 463-468.

[49] John O. McGinnis, Models of the Opinion Function of the Attorney General, pp. 424-425.

장에서 보면 OLC는 보호 받아야 할 명성이 없기 때문에 명성 때문에 움직이는 것은 아니고 대신 OLC의 제도적 취약점으로 인하여 OLC의 유일한 관심은 고객인 대통령과 법무장관을 기쁘게 하는 것이라고 보는 비판이 있다.[50]

V. 소결

위에서 본 바와 같이 OLC의 바람직한 모델에 대해서는 의견이 나누어지나, 다수의 학자들은 OLC의 의견서 기능이 객관적·중립적이어야 한다고 하며, OLC의 공식 홈페이지 등에 나타난 현재 OLC의 입장도 그러한 경향에 가까운 것으로 볼 수 있다. 다만, OLC의 공식입장은 2004년 고문메모 사건에 대한 반성적 고려가 크게 작용한 것으로서 현실을 반영하기보다는 다분히 이상론적인 측면이 있다고 본다. 그리고 9.11 테러와 같은 엄청난 국가적인 비상상황[51]에서 통상적인 법해석이 과연 국민의 생명, 재산이라는 중요한 가치를 지켜줄 수 있을 것인지 의문이다.

행정부의 법률해석은 사법부의 법률해석보다는 국민의 의사를 보다 충실히 반영하여야 한다. 왜냐하면 대통령은 국민의 의해 선출된 대표자이기 때문이다. 즉, 행정부의 법률해석은 대통령을 비롯한 고위정책결정자의 정치적·정책적 고려를 포함하는 적절한 해석이 되는 것이 타당하다고 본다. 법의 지배의 한계를 넘지 않는 범위 안에서 정책적이면서 법적인 판단이 가능하도록 하는

---

50) Nelson Lund, Rational Choice at the Office of Legal Counsel, pp. 460-461.

51) 9·11 테러는 2001년 9월 11일 항공기 납치 동시다발 자살 테러로 오전 8시 45분부터 오전 10시 30분 사이에 뉴욕 세계무역센터건물이 붕괴된 사건을 말한다. 이 사건은 4대의 민간 항공기를 납치한 이슬람 테러단체인 알카에다에 의해 동시 다발적으로 이루어졌는데, 뉴욕과 워싱턴에서 400여명의 경찰, 소방관을 포함하여 3,000명 이상이 사망하였다. 이 사건으로 인해 부시 대통령은 테러리즘과의 전쟁을 선포하였으며, 대통령으로서 그의 권한을 강력히 행사하게 되었다(http://www.history.com/topics/9-11-attacks).

것이 타당할 것이다. 왜냐하면 법무부는 대통령의 정책을 보좌하는 기관이며 이러한 대통령의 정치적·정책적 선호는 바로 국민의 의사를 반영하는 것이라는 민주적 통제의 이념을 포기할 수 없기 때문이다.

민주적 통제이념과 관련해 살펴보면, 민주주의는 다음 3가지 측면을 가지는데, 이 3가지는 모두 국민이 정부에 대해 지배권을 가진다는 의미에서 중요하다. 우선 정부는 국민의 이름으로 말하고 행동하여야 한다. 국가외부로부터 권위가 부여된 식민지국가 형태를 거부한다는 것이다. 국민은 정치적 권위의 최종적 근원과 최종적 통치권자가 되어야 한다. 그러나 이것이 정부가 직접 국민의 투표에 의해서 구성되어야 한다는 의미는 아니고, 독재나 귀족정치를 반대하고 거부할 수 있어야 한다는 것이다. 민주주의의 두 번째 측면은 엘리트주의는 비민주적인 것으로 반대한다는 것이다. 국민은 선거권자로서의 역할(electoral role)뿐 아니라 주권자(role of sovereign)로서 역할을 하여야 한다는 것이다. 즉, 정부는 국민의 선거권을 통한 정당성을 근거로 운영되어야 한다는 것이다. 민주주의의 세 번째 측면은 자의적 정부의 가능성을 경계한다는 것이다. 정부가 하는 일이 무엇이든지 그것은 국민들의 공유된 이념(commonly shared ideas in the populace)을 반영하는 것이어야 한다는 것이다. 이것은 정부가 어떻게 운영되는지에 대한 국민의 아이디어를 제공한다는 측면에서 중요하다. 국민의 그들의 정부에 대해 권위를 부여하고 공직을 임명할 뿐 아니라 정부의 활동을 감시한다. 결론적으로 정부는 국민의 이름으로(in the people's name), 선거권자의 권위부여로(by the electorate's warrant), 대중의 합의(on the public terms)로 이루어진다. 그리고 정부는 비식민주의적(non-colonial), 비엘리트주의적(non-elitist), 비자의적(non-arbitrary)이어야 한다. 비식민주의적이기 위해서는 국민의 정당성 부여(popular authorization), 비엘리트주의를 위해서는 선거권 행사(electoral appointment), 비자의적이기 위해서는 국민의 감시(public auditing)가 필요하다.[52]

---

52) Philip Pettit, The power of a democratic public, against injustice The New Economics of Amartya Sen, By Reiko GotohRitsumeikan University, Kyoto, 2009, pp. 73-74.

제2절 법령해석권에 관한 행정부와 사법부의 관계

I. 행정부 해석에 대한 사법부의 입장

행정부 법률해석에 대한 사법부 입장에 대해서는 전통적으로 2가지 상반된 입장이 존재한다.

첫째, 행정기관은 법을 집행할 책임이 있기 때문에 법을 해석할 주된 책임도 있다는 입장으로서, 행정부의 법률해석이 합리적인 한 이를 존중하여야 한다는, 이른바 존중 모델(deferential model)이 여기에 해당한다. Chevron 원리가 대표적이다. 존중이론에 속한다고 할 수 있으나, Chevron과는 달리 사법부가 사법선례를 존중하는 것과 유사한 방법으로 행정선례를 존중한다고 설명하는 행정선례 모델(executive precedent model)도 있다.

둘째, 행정기관의 해석에 대해 법원이 독자적으로 심사해야 한다는 입장이 있다. 이를 독립적 판단 모델(independent judgment model)이라고 할 수 있는데, 구체적으로는 Skidmore 원리와 엄격심사 원리(Hard Look Doctrine)가 여기에 속한다. 이하에서는 존중 모델, 행정선례 모델, 독립적 판단 모델에 대해 살펴보고자 한다.

1. 존중 모델

이 모델에 따르면 법원은 법령상 용어 혹은 입법연혁이 확실히 불일치하지 않는 한 행정기관에 의한 어떠한 합리적 해석도 받아들여야 한다고 한다. 이 모델에서 행정기관의 역할은 법령에 의미를 부여하는 것이다. 법원은 행정기관의 해석이 합리적인지를 결정할 뿐 옳은 것인지를 결정하지 않는다.[53]

한편 존중 원리의 하나로서 영국판례에서 형성된 행정기관 결정의 합리성 기준이 Wednesbury Test이다. 이 테스트는 Associated Provincial Picture Houses v. Wednesbury Corporation 건의 영국법 판례로서 사법심사에 의하여 배제되어야 할 행정기관의 결정의 불합리성(unreasonableness)의 기준을 제시하였다. 사실관계는 Associated Provincial Picture Houses가 15세 이하의 어린이는 일요일에는 극장에 입장할 수 없다는 조건으로 영화운영을 허가 받았다. 이에 대해 원고가 그러한 조건을 받아들일 수 없으며, 피고는 그러한 권한이 없다는 주장을 하였다. 이에 대해 법원은 원고의 주장을 기각하였는데, 원고주장을 인용하기 위해서는 다음 3가지 중 하나에 속하여야 한다고 하였다. 1) 회사가 고려하지 말아야 할 요소를 고려하거나(the corporation, in making that decision, took into account factors that ought not to have been taken into account) 2) 고려하여야 할 요소를 고려하지 않거나(the corporation failed to take account factors that ought to have been taken into account), 3) 결정이 매우 불합리하여 합리적 기관이라면 그런 결정을 하지 않았어야 한다(the decision was so unreasonable that no reasonable authority would ever consider imposing it.) 법원은 위 조건은 위 3가지 어디에도 해당하지 않는다고 보아 원고 청구를 기각하였다. "wednesbury unreasonableness"이라는 용어는 행정기관의 결정이 너무 불합리하여 다른 어떤 기관도 그렇게 결정하지 않았을 것이라는 개념으로 사용되는데, 이는 결국 영국법원이 행정기관의 결정에 개입하는 것을 자제하는 원리로 사용되어 왔다고 할 수 있다.[54]

(1) Chevron 판결의 내용

Chevron 판결은 대기오염방지법(The Clean Air Act)[55] 172(b)(6) 및 1977년

---

53) Cynthia R. Farina, Statutory Interpretation and the Balance of Power, p. 453.

54) Martina Künnecke, Tradition and Change in Administrative Law-An Anglo-German Comparison, (UK springer, 2006), pp. 93-95. 이하 Martina Künnecke, Tradition and Change in Administrative Law로 인용.

동 법률 개정안에 사용된 "고정공해배출시설"(stationary source)이라는 용어의
적절한 해석과 관련된 것이었다. 개정안에 따르면, 법에 명시된 공해감축기준
을 달성하지 못하는 주들은 특정 수준까지 주내에 위치한 고정공해배출시설
에 의한 오염물질의 배출을 제한하도록 의무화하고 있었는데, 동 법 및 그 개
정안은 오염물질측정 목적을 위한 고정공해배출시설이라는 용어를 정의하지
않았다.56)

　　1981년 이전 환경청은 고정공해배출시설을 본질상 단일한 공해배출시설로
정의하는 규칙을 공표하였다. 그에 반해서, 그 이후 환경청은 고정배출시설은
공장단위로 해석하거나 동일구역 단위로 해석하였다. 이에 따라 동일구역 개
념 하에서, 한 공장 내에 특정 시설에 의해 배출된 오염물의 양은 그 증가분이
같은 공장에서 하나 이상의 다른 시설에 의해서 방출된 오염물의 감소량과 상
쇄되는 한 증가할 수 있게 되었다. 1981년 환경청은 시설이 기준 미달주에 위
치한 것인지에 관계없이, 모든 오염물질을 위한 고정배출시설에 대해 동일구
역 정의를 채택하는 새로운 규칙을 공표하였다. 이에 많은 환경단체들은 환경
청의 새로운 규칙이 개정 법률을 위반하였다고 주장하며 소송을 제기하였다.
워싱턴DC 항소법원은 원고의 주장을 인용하고 새로운 EPA 규칙을 배척하였
다. 법원은 먼저 대기오염방지법이 고정공해배출시설이라는 기술적 용어를 정
의했는지에 대해 조사하였으며, 법령상 용어는 해석에 도움이 되지 않고 입법
연혁도 모순적이라는 결론이 나자, 동법에 대한 독립적인 심사를 하였다. 결
론적으로 법원은 고정공해배출시설에 대한 환경청의 정의는 대기를 정화하고
자 하는 법령의 존재이유를 위반하였다고 판시하였다.57)

　　연방대법원은 항소심 결정을 파기하였으며 환경청의 해석을 법령상 용어에
대한 합리적 해석으로 인정하였다. 또한 연방대법원은 항소법원의 기본적인
법적 오류는 의회가 그러한 정의를 강제하지 않았음에도 불구하고 고정공해

---

55) 42 U.S.C. § 7401 et seq. (1970).

56) 42 U.S.C. §§ 7401-7671 (1994 & Supp. III 1997).

57) Natural Resources Defense Council, Inc. v. Gorsuch, 685 F.2d 718 (D. C. Cir.1982).

배출시설이라는 용어의 사법적 정의를 채택하였다는 것이었다고 말하면서 항소법원을 비판하였다. 다음 연방대법원은 행정기관의 법령해석을 심사하는 업무의 원칙을 제시하였다. 이것이 바로 Chevron 원리의 요체이다.

법원이 행정청의 법령해석을 심사할 때, 2가지 질문에 부딪치게 된다.
첫째, 의회가 직접적으로 이슈가 되는 문제에 대해 말한 적이 있는가이다. 의회의 의도가 명백하다면, 그 문제는 종료되는데 왜냐하면 행정기관과 법원은 의회의 명확한 표출된 의도에 따라 판단하여야 한다.
둘째, 의회가 명확히 의도를 표현하지 않았다면, 법원은 단순히 자신의 법령해석을 시도하지 않으며, 오히려 법령이 특정 이슈에 대해 침묵하거나 불명확하다면 법원이 판단하여야 할 문제는 행정기관의 결정이 그 법령의 허용할 수 있는 해석에 기초하고 있는지 여부이다.[58]

(2) Chevron의 이론적 근거

Chevron의 첫 번째이자 가장 일반적인 해석은 議會가 解釋權을 행정기관에 委任하였다는 것이다. 이 견해에 따르면, 법령이 문제에 대해 공백상태이거나 불명확한 경우 그 해석이 합리적인 한 행정기관이 법령상 의미에 대한 최종적 결정권을 가진다는 것이다. 법원은 Chevron판결에서 존중의 원리가 의회의 명시적 혹은 함축적 지시의 산물이라는 것을 분명히 밝히고 있다고 할 수 있다.[59] 행정기관의 사실확정 능력, 정책결정 능력, 유권자에 대한 책임성이 Chevron을 가능하게 한다.[60]

Chevron의 두 번째 해석에 따르면, 법령상 불명확성이나 공백은 행정기관에

58) Chevron U.S.A., Inc. v. Natural Resources Defense Council, Inc, 467 U.S. 837, 842-843 (1984).

59) David M. Hasen, "The Ambiguous Basis of Judicial Deference to Administrative Rules", 17 Yale J. on Reg. 327 (2000), p. 339. 이하 David M. Hasen, The Ambiguous Basis of Judicial Deference로 인용.

60) Cass R. Sunstein, Law and Administration After Chevron, 90 Colum. L. Rev. 2071 (1990), p. 2084.

게 법령을 해석하는 입법적 규칙제정권의 推定的 委任을 만들어 낸다는 것이다. 그러한 "해석적·입법적 규칙"(interpretive-legislative rules)을 공표하는 권한은 의회가 명시적으로 입법적 규칙제정권을 부여하는 것과 유사하거나 동일하다. 법령상 불명확성이나 공백인 경우 행정기관은 제한적이지만 의회에 의해 법을 제정하는 권한을 부여 받았기 때문에 법으로서 강제력을 가지는 규칙을 공표한다. 행정기관은 입법을 하고 법원은 유효한 입법을 존중하여야 한다는 것이다.[61]

세 번째 입장은 Chevron을 法院이 의회 혹은 법령상 명령을 독립적으로 적용하는 원리로 이해한다. 이 견해에 따르면 법령상 공백을 매우는 입법적 규칙의 경우를 제외하면, Chevron은 행정기관으로 하여금 최종적인 해석적 권한을 행사하는 것을 허용하는 법원에 의한 독립적 결정으로 나타난다.[62] 따라서 이러한 법원의 결정은 법원의 자기자제(self-restraint) 원리에 기반하고 있다고 한다.[63] 사법자제(judicial restraint) 원리는 법원의 제한적 권한을 강조하는 사법해석의 형태를 묘사하는 용어이다. 사법자제는 법관이 선례구속을 결정의 기초로 하도록 한다. 이의 반대는 사법자제가 새로운 법이나 정책을 만드는 권한을 제한한다는 의미에서 사법적극주의(Judicial activism)이다. 대부분의 경우 사법자제를 실천하는 법관은 의회에 의해 제정된 법을 지지하는 방식으로 사건을 결정하며, 권력분립 원칙에 대한 엄격한 존중을 나타낸다.[64] 정치문제 이론이 이에 해당하며, 아래에서 살펴보는 자제 원리(abstention doctrine)와는

---

61) David M. Hasen, The Ambiguous Basis of Judicial Deference, p. 342. 이러한 입법권의 추정적 위임에 따라 행정기관은 전문성을 근거로 이전의 해석을 변경하는 것도 가능하다(Russell L. Weaver, A Foolish Consistency Is the Hobgoblin of Little Minds, 44 Baylor L. Rev. 529 (1992), p. 558).

62) David M. Hasen, The Ambiguous Basis of Judicial Deference, pp. 357-358.

63) Maureen B. Callahan, Must Federal Courts Defer to Agency Interpretations of Statutes?: A New Doctrinal Basis for Chevron U.S.A. v. Natural Resources Defense Council, 1991 Wis. L. Rev. 1275 (1991), p. 1289.

64) http://usconservatives.about.com/od/glossaryterms/g/Judicial_Restraint.htm.

다르다.

실제로 존중 원리에 관련된 이론적 질문은 그것의 헌법적합 여부가 아니라 존중의 구체적 성격과 관할권에 관한 것이었다. 예를 들어, 연방법원은 재판 사건이 연방정부의 다른 기관에 의하여 결정되도록 두어야 하는 "정치적 문제"인지를 결정할 수 있고, 혹은 몇 가지 다른 자제 원리(abstention doctrine)[65] 에 따라 연방법원은 주법원에서의 결정을 존중하여 연방법원의 관할권 행사를 거부할 수 있다. 사법자제(judicial restraint) 원리에 따르면 Chevron은 법령 상 불명확성과 공백에 대한 사법적 판단은 행정기관의 의사결정 절차에 대한 침해가 된다는 이념에 의존하고 있다고 할 수 있다. Chevron은 예양(comity), 전문성, 정치적 편리(expedience)라는 신중한 근거에 기초하는 "사법적 거부" (judicial refusal)에 이를 수 있다.[66] 다만, 전문성을 근거로 하는 Chevron은 그 존중 여부가 법원의 재량사항이라는 점에서, 일종의 의무적 존중을 의미하는 Chevron의 본래적 의미와 부합하기 어렵다. 또한 후술하는 법원의 독립적 판단 모델로서 Skidmore 원리가 전문성을 근거로 한다는 점과 충돌되는 문제점 이 있다고 본다.

Chevron의 정책적 근거를 현대 관료제 국가의 긴급성의 관점에서 보아야 한다는 주장이 있는데, 이 이론은 이러한 현대정부의 긴급한 상황[67]이 위임입 법과 권력분립이라는 오랜 전통적 원리를 수정하여 Chevron에 이르게 한 것이 라고 보고 있다.[68] 또한 Chevron은 전형적으로 정책문제 해결에 관련되기 때

---

[65] 자제 원리는 연방법원이 주법원의 결정과 불일치를 피하기 위해 주 법원에서 계 속 중인 사건에 대해서는 개입을 거부하는 것이다.(http://www.law.cornell.edu/ wex/abstention_doctrine).

[66] David M. Hasen, The Ambiguous Basis of Judicial Deference, pp. 359-361.

[67] 이와 관련 행정기관의 법해석에 대한 법원의 존중의 사유로 행정부 해석의 최신성 (contemporaneity)을 드는 견해가 있다(Frank B. Cross, The Constitutional Legitimacy and Significance of Presidential Signing Statements, p. 232). 행정부의 법해석은 법률 의 시행과 관련된 모든 정보에 대한 최신의 자료를 통해 이루어지기 때문에, 그 시 기에 가장 적합한 해석이라는 의미로 판단된다.

문에, 선출되지 않는 법관보다는 국민의 의사에 따라 행위 하는 공무원이 불명확한 법령을 해석하여야 한다는 것을 의미한다고 할 수 있다. 만약 의회가 행정부의 법해석에 동의하지 않으면 새로운 명확한 법을 제정하거나 애매한 법률을 개정할 수 있다.[69]

(3) Chevron에 대한 비판

Chevron은 행정부에 지나치게 규제 권한이 집중되는 것에 대한 반대균형을 찾을 수 없다는 점에서 비판이 가능하다. 법령해석은 연방규제정책을 정의하는 업무와 유사한데, 의회가 위임한 권한을 누가 행사할 것인가는 선택의 문제일 뿐이다. Chevron은 권력분립 상 견제와 균형의 원칙에 위반될 수 있는 의회우위의 문제를 야기했고, 이러한 의회의 위임 권한이 대통령에게 집중되는 것을 간과하였다. 대통령의 역할은 단순히 법집행자가 아니라 법제정자로 확대되고 있다. 권력균형을 회복하여 의회의 동반자로서 법원이 해석의 권한을 공유하는 것이 필요하다고 할 수 있다.[70] 그리고 애매한 법령에 대한 해석이 사법부 기능의 핵심이라는 점에서, Chevron 판결은 헌법 제3조의 사법부의 법해석권의 침해로서 위헌이라고 볼 수도 있다.[71]

다음 입법부와 사법부간의 경제분석에 따르면, 의회가 법령이 문언과 입법취지대로 집행되기를 원하는 경우에는 행정부보다는 사법부에 의존한다고 한다. 왜냐하면 법집행의 확실성은 입법거래(legislative deal)[72]를 위해 경쟁하는

---

68) David M. Hasen, The Ambiguous Basis of Judicial Deference, pp. 362-363.

69) Kenneth W. Starr, Judicial Review in the Post-Chevron Era, 3 Yale J. on Reg. 283 (1986), p. 312.

70) Cynthia R. Farina, Statutory Interpretation and the Balance of Power, pp. 527-528.

71) Sanford N. Caust-Ellenbogen, Blank Checks: Restoring the Balance of Powers in the Post-Chevron Era, 32 B. C. L. Rev. 757 (1991), pp. 787-789.

72) 입법거래는 이익집단의 관점에서 본 정책결정의 경제학 이론인데, 입법(legislation)은 특정 집단에 우호적인 법안을 만들어내려는 수요자들 간의 경쟁의 결과로서 공급된다는 것이다. 가격은 입법이 집단을 보호해주는 가치로 결정되고 그 비용

이익집단들에게 입법거래의 가치를 높이는 데, 이 점에서 사법부가 장점이 있기 때문이다. 이에 반해 의회는 행정기관은 최근의 정치적 선호를 잘 반영하는 것으로 본다. 따라서 의회는 정치적으로 민감한 법안의 실행은 법원보다는 행정부에 맡기는 경향이 있다. 결국 법령상 의미의 중요한 질문에 관해서 보면, 의회는 전형적으로 행정기관보다 법원의 해석을 선호한다고 할 수 있다.[73]

2. 행정선례 모델

이 모델의 기본적 전제는 대통령, 행정 각부, 독립규제기관 각각이 제정법을 해석할 수 있는 고유한 권한을 가지고 있다는 것이다. 이 권한의 헌법적 근거는 대통령에게 부여된 행정권과 법의 충실한 집행의무이다. 법원이 관할 범위 내에서 구체적 사건과 분쟁을 해결하기 위해 법을 해석하여야 하는 것처럼 행정부도 규정을 공표하고 행정행위를 실행하기 위해서 법을 해석하여야 한다는 것이다. 행정선례는 보통 서면으로 이루어지고 이유 설명, 당사자들의 주장 등을 포함한다. 이러한 행정선례는 향후 유사한 이슈에 대해 적용될 수 있는 기준이 된다. 또한 국민들은 행정선례를 통해 정부의 향후 행동을 예측할 수 있다.[74] 행정선례는 보통 법률과 정책에 입각한 정확한 해석이라는 정

(payment)지불은 선거자금 기부, 투표 등으로 이루어진다. 간단히 말해, 입법은 의회가 판매하고 입법의 수혜자가 구매한다는 것이다. 이에 대한 자세한 내용은 Richard A, Posner, The Theories of Economic Regulation, 5 Bell J. Econ & Management Sci 335, 1974(http://www.nber.org/papers/w0041.pdf?new_window=1) 참조. 공공선택 이론도 규제 의사결정을 시장의 의사결정과 유사하게 본다. 특히 그것은 입법, 규제를 둘러싼 관련행위자들이 일반 시장에서의 상품의 수요공급과 같은 방법으로 입법 내지 규제라는 상품에 대한 수요와 공급을 교환하는 같은 것으로 본다(Steven P. Croley, "Theories of Regulation: Incorporating the administrative process", 98 Colum. L. Rev. 1 (1998), pp. 13-19).

[73] William M. Landes & Richard A. Posner, The Independent Judiciary in an Interest-Group Perspective, 18 J. L. & Econ. 875 (1975), pp. 877-879.

[74] Thomas W. Merril, Judicial Deference to Executive Precedent, p. 1004.

당성을 보여줌으로써 행정의 안정성과 지속성을 보장하기도 한다.[75]

Chevron은 강제적인 존중 즉 의회가 행정부 해석을 존중하라고 명령했다는 점을 강조한다. 행정선례 모델은 재량적 존중 즉 법원은 조화로운 정부로서 행정선례를 따르는 것이 타당한 이유가 있는 경우 그것을 존중한다는 점을 강조한다.[76]

법원은 의회가 명시적으로 행정부 해석을 존중하도록 요구하지 않는 경우에도 행정부의 이전 해석을 존중할 것인지를 결정하는 자체적인 기준을 발전시켜왔다. 그러한 기준 중의 하나가 동등한 관할권(Coordinate[77] jurisdiction)에 기초한 이전 결정의 존중인 데, 이의 사례로는 연방항소법원이 다른 항소법원에서 이미 결정한 사안을 존중하는 경우가 있다. 다른 항소법원의 결정을 존중하는 이유로는 다른 항소법원의 결정이 "설득력이 있거나", "명백히 틀리지 않기 때문"이라는 것이 있는데, 이것보다 널리 지지를 받는 존중의 이유는 다른 항소법원의 결정이 "합리적이기" 때문이라는 것이다. 결국 이 모델은 다른 동등한 권위의 법원의 결정을 존중하는 것과 같이 법원은 행정선례를 존중한다는 것이다. 행정선례 모델은 실제 법원이 Chevron을 엄격히 따르지 않고 있는 현실을 설명할 수 있는 장점이 있다.[78]

3. 독립적 판단 모델

법원이 행정부의 해석에 구애됨이 없이 독자적으로 판단하여야 한다는 독립적 판단 모델은 Marbury v. Madison 사건에서 "무엇이 법인가를 판단한 것

---

[75] Henry P. Monaghan, Stare Decisis and Constitutional Adjudication, 88 Colum. L. Rev. 723 (1988), pp. 749-750.

[76] Thomas W. Merril, Judicial Deference to Executive Precedent, p. 972.

[77] Coordinate는 동등, 대등이라는 의미와 조화 혹은 조정이라는 의미를 가지고 있으며, 그의 명사형의 일종이라고 할 수 있는 Coordinacy도 유사한 의미이므로 이하에서는 양자의 의미를 문맥에 따라 같이 사용한다는 점을 밝혀둔다.

[78] Thomas W. Merril, Judicial Deference to Executive Precedent, pp. 1005-1009.

은 명백히 사법부의 영역이자 임무이다"라고 판시한 것으로부터 유래한다.[79]
 행정부와 사법부의 법률해석의 적절한 기능분배와 관련하여 이 모델은 법
령해석의 전통적 입장에서 법원이 자신 스스로의 판단 하에서 전면적으로(de
novo)[80] 법령의 의미를 판단한다고 한다. 행정기관의 역할을 일종의 전문가
증인에 비유될 수 있다고 한다. 즉, 법원의 분석에 있어서의 하나의 요소로서
적절한 의미에 대한 견해가 될 수 있다는 것이다. 전문가 증인으로서 행정기
관의 견해의 설득력은 주로 다음 3가지에 의존한다. 첫째, 행정기관이 의회가
그 법령에서 무엇을 의도하였는지에 대해 알고 있을 가능성에 영향을 미치는
요소(예컨대, 행정기관이 법안제정 작업에 참여하였는지, 행정기관의 입장이
법안에 반영되었는지 등), 둘째, 행정기관이 어떤 해석이 법령의 의도에 맞는
것인지에 대해 알고 있을 가능성에 영향을 미치는 요소(예컨대, 문제가 행정
기관의 전문적 영역 내에 있는 것인지, 질문이 상당히 기술적인 것인지 등),
셋째, 행정기관의 본래적인 전문가로서 신뢰성에 관련되는 요소(예컨대, 행정
기관의 입장이 철저한지, 행정기관이 입장을 자주 변경하는지 아니면 일관성

---

[79] It is emphatically the province and duty of the judicial department to say what the
 law is(5. U.S (1 Cranch) 137, 177, 1803).

[80] de novo는 라틴어로 "처음부터 다시 새로"라는 의미이다. de novo review라고 함은
 항소법원(appellate court)에서 하급법원의 결정이 없었던 것으로 간주하고 사건을
 다시 재판하는 것을 의미한다. 항소법원은 보통 3가지 기준을 가지고 하급법원의
 결정을 판단하는데, 첫째가 자의, 전단 기준 내지 재량권 남용인데, 이는 행정기관
 의 결정을 심사하는 경우 적용된다. 명백한 실수기준(clearly erroneous standard)은
 하급법원의 결정이 사실관계나 법률적용에 명백한 잘못이 있는 경우이다. 위 2가지
 는 기본적으로 하급법원의 결정을 존중하는 것이나 de novo standard는 하급법원의
 결정을 존중하지 않는 것이다. 사실관계에 대한 재심사가 de novo trial, 법률문제에
 대한 재심사가 de novo review of legal matters이다(http://www.ehow.com/about_
 5504943_de-novo-standard-review-definition.html). APA는 자의전단 기준, 재량권 남
 용기준 위반행위, de novo trial에서 발견된 사실관계가 입증되지 않는 행정기관의
 행위도 취소할 수 있도록 하고 있다(5 U.S.C § 706. Scope of review. 이에 대해 후술
 한다). 본문에서 de novo도 행정기관의 사실관계 판단, 법률적용에 대한 존중 없이
 완전히 새로이 사건을 심사한다는 의미로 사용되는 것이다.

이 있는지 등)가 그것이다.[81]

(1) Skidmore 원리

Chevron이전에는 Skidmore v. Swift & Co판결과 이후 유사판결들이 행정규칙 제정에 관한 연방법원의 견해를 좌우했다. Skidmore에 따르면,

> 행정기관의 해석은 그들의 권위에 의해 법원을 통제하지는 못하지만, 법원과 소송수행자들이 적절한 안내를 받을 수 있는 경험과 판단으로 구성되어 있다. 특정 사건에서 그러한 판단의 무게는 증거고려에서 있어서 철저성, 추론의 효과성, 이전 및 이후 입장과의 일관성, 그리고 법원을 설득할 수 있는 능력에 달려있다.[82]

이 사건에서 법원은 공정근로기준법(Fair Labor Standards Act)에 명시적으로 규정되지 않은 특별한 형태의 시간외 근무에 대한 행정기관의 해석을 채택하였다. 동 사건에서 소방임무를 수행하는 근로자 7인이 야간에 회사의 시설에 단순히 머물러 있는 것도 시간외 근무에 해당한다고 하면서 정당한 급여를 지급하여야 한다고 주장하였다. 종래 행정기관은 통상적 근무시간은 식사 및 취침시간을 제외하여 계산한다고 판단하였는데, 행정기관은 종전의 해석과 달리 근로자의 주장을 인정하였고, 법원도 행정기관의 판단을 수용하였다.[83]

Skidmore 원리는 행정부의 법해석이 법원을 통제하도록 내버려두지 않지만, 행정부 법해석에 일정한 무게를 둔다는 점에서, 일종의 약한 존중으로서 독립적 판단 모델과 완전한 존중 모델의 중간에 위치하고 있다고 할 수 있다.[84] 이러한 Skidmore의 중간적인 성격 때문에 이 원리를 세 가지 의미로 나누어

---

81) Cynthia R. Farina, Statutory Interpretation and the Balance of Power, pp. 454-455.
82) 323 U.S. 130, 140 (1944).
83) 323 U.S. 134 (1944).
84) Kristin E. Hickman, Matthew D. Krueger, In search of the modern skidmore standard, 107 Colum. L. Rev. 1235 (2007), pp. 1240-1241. 이하 Kristin E. Hickman, Matthew D. Krueger, In search of the modern skidmore standard로 인용.

설명하는 것이 가능하다. 첫째, Skidmore를 독립적 판단 모델과는 구별되는 것으로서, 행정기관의 해석에 무게를 둘 것인지를 고려해야 하는 것으로 보는 견해가 있다, 둘째, 독립적 판단 모델로서 Skidmore를 보는 견해이다. 법원은 자신이 생각하는 최선의 법해석을 선택하면 되며, 행정기관의 해석은 적절히 고려하기만 하면 된다고 한다. 셋째, 법원이 Skidmore의 맥락에 관한 요소들을 평가하여 존중의 정도를 적절히 조정하여야 한다는 입장이다. 즉, 행정기관의 해석에 어느 정도 존중을 줄 것인지는 여러 요소를 고려하여 법원이 결정하지만, 법원이 반드시 그 결정의 결과에 구속되지 않는다는 것이다.[85]

이러한 Skidmore 원리는 후술하는 Chevron 존중 원리의 등장으로 퇴색되어 갔으나, 2001년 Mead 사건[86]에서 다시 채택되었다. 법원은 Chevron 존중이 의회의 위임 원리에 근거하고 있지만 몇몇 위임은 함축적이기 때문에, 법원은 의회가 행정부로 하여금 강제력이 있는 법에 대해 해석하기를 기대하였는지를 확인하기 위해 법령과 행정작용의 모든 환경적 요소를 고려하여야 한다고 보았다.[87]

(2) 엄격심사 원칙

엄격심사 원칙은 Chevron과 반대되는 입장을 보여준다. 즉, Chevron이 사법적 통제에서 하향식 접근이라면 엄격심사는 상향적 접근이다.[88] 엄격심사 원칙은 정책과 사실관계에 대한 기초적 질문에 대해 엄격히 볼 것을 요구한다. 행정기관은 결론에 대한 설명을 위한 상세한 자료, 반대주장에 대해 답변하는

85) Kristin E. Hickman, Matthew D. Krueger, In search of the modern skidmore standard, pp. 1251-1256.

86) United States v. Mead Corp. 533 U.S. 218 (2001).

87) Kristin E. Hickman, Matthew D. Krueger, In search of the modern skidmore standard, pp. 1246-1247.

88) David S. Rubenstein, Relative Checks: Toward optimal control of administrative power, p. 2235.

자료, 원고의 요청에 대한 대안을 고려하는 자료, 과거 경험에 따른 결론을 정당화하는 자료를 법원에 제공하여야 한다. 이는 절차적인 변화일 뿐만 아니라 핵시설 건설을 좌절시키거나 환경보호를 강조하는 등의 규제정책 내용의 변화를 가져오기도 하였다. 그리고 엄격심사 원칙은 행정부의 재량권 행사에 대한 헌법적인 통제권 행사의 차선책이 될 수 있다.[89] 엄격심사 원칙은 APA에 나타나 있는데, 제706조는 법원은 모든 기록이나 당사자가 인용한 부분들에 대해서 심사하여야 한다고 규정하고 있다.[90]

엄격심사 원칙에 따른 행정행위 위법 심사기준이 "자의, 전단 기준" (arbitrary and capricious standard)인데, 구체적으로 보면 이는 행정행위가 자의적인지, 일관성이 없는지, 재량의 남용인지, 혹은 그렇지 않으면 법과 일치하지 않는지에 대한 테스트이다.[91] 이 기준을 적용함에 있어 법원은 행정기관이 그의 권한 내에서 행위 하였는지라는 점 외에 그 결정이 관련된 요소들을 고려하여 이루어진 것인지, 판단에 명백한 과오가 있었는지, 필요한 절차를 거친 것인지에 대해 조사하여야 한다고 보았다. 결국 심사의 궁극적인 기준은 매우 협소한 것이다.[92]

법원은 자신의 판단으로 행정기관의 판단을 대체할 권한을 가지고 있지는 않다. "자의, 전단 기준"은 첫째, 행정청의 판단이 입법부가 고려하도록 의도하지 않은 요소에 의하여 이루어졌거나, 둘째, 문제의 중요 측면을 전혀 고려

---

[89] Thomas J. Miles, Cass R. Sunstein, Real World of Arbitrariness Review, 75 U. Chi. L. Rev. 761 (2008), pp. 761-763. 다만, 엄격심사 원칙의 법적 근거가 무엇인지, 사법적 편견이 합리성을 왜곡시키는 것은 아닌지, 법관의 판단이 불합리성 여부 보다 자신의 정책선호를 기준으로 하는 것은 아닌지 하는 의문이 있다고 한다.

[90] 5. U.S.C. § 706 (2000) In making the foregoing determinations, the court shall review the whole record or those parts of it cited by a party, and due account shall be taken of the rule of prejudicial error.

[91] 5. U.S.C. § 706 (2)(A) (2000) The reviewing court shall hold unlawful and set aside agency action, findings, and conclusions found to be arbitrary, capricious, an abuse of discretion, or otherwise not in accordance with law.

[92] Citizens to preserve overtone park v. Volpe, 401 U. S. 402, 403 (1971).

하지 않았거나, 셋째, 행정청이 행정청의 전면에 드러난 증거에 배치되는 근거로 자신의 결정을 정당화하였거나, 넷째, 행정청의 판단이 단순한 견해차이나 행정의 전문성에 기인한 것으로 보기에는 납득이 되지 않을 때 행정청의 재량행사를 위법한 것으로 하였다.93) 이는 매우 강한 행정통제 기준으로 볼 수 있다.

법원은 행정부의 전문성이라는 신화를 존중해서는 안 되며, 오히려 엄격한 사법심사가 필요하다고 보았다. 사법심사만이 행정의 재량남용을 통제할 수 있다고 보았으며, 법원은 행정기관에게 재량행사에 대한 가능한 상세한 기준과 원칙을 밝히도록 요구하였다.94) 또한 엄격심사 원칙에 따라 법원은 행정기관에게 최종목표에 이르는 의사결정 과정을 기록할 것을 요구하였다.95)

그러나 엄격심사 원칙은 행정기관의 관점에서 보면 비용과 시간이 많이 드는 문제가 있다. 이에 따라 행정부는 현상유지 내지 부작위를 선호하게 된다. 그리고 재결 권한이 있는 행정기관은 통지 및 의견제출 절차를 거치지 않는 즉시적 재결(ad hoc adjudication)96)을 통한 정책결정을 선호하기도 한다.97)

엄격심사 원칙과 같은 행정재량에 대한 강력한 통제 분위기는 70년대 이후 거의 힘을 잃어갔는데, 그 첫째 사건이 1978년 Vermont Yankee판결이다. 연방

---

93) Motor vehicle manufactures association of the United States, Inc., et al. v. State farm mutual automobile insurance co. et., al. 463 U. S. 29, 43 (1982).

94) Envtl. Def. Fund, Inc. v. Ruckelhaus, 439 F.2d 584 (1971).

95) Citizens to preserve overtone park v. Volpe, 401 U. S. 419-420 (1971).

96) APA상 행정입법 절차는 통지와 의견제출 등 절차를 거치지만 재결(adjudication)은 case by case로 즉시적으로 이루어진다는 점에서 ad hoc이라는 용어를 사용하고 있다. Warren E. Baker는 문제의 성격이 복잡하거나 변화무쌍한 경우, 경험을 집적할 필요가 있을 경우, 문제를 예측할 수 없을 때 ad hoc adjudication이 적합하다고 한다 (Warren E. Baker, Policy by Rule or Ad Hoc Approach-Which Should It Be, 22 Law & Contemp. Probs. 658 (1957), pp. 660-662).

97) David S. Rubenstein, Relative Checks: Toward optimal control of administrative power, pp. 2239-2240.

대법원은 법원은 극단적인 상황이나 행정기관이 전적으로 부당한 절차에 따르지 않는 한 APA나 다른 법령에 규정된 것이 아닌 절차를 요구해서는 안 된다고 판시하였다.[98]

II. 사법부 해석에 대한 행정부의 입장

  일반적으로 행정해석과 사법해석과의 관계에 대해서는 우선 다음 2가지 점은 명백한 것으로 받아들여진다. 첫째, 대통령은 사법해석이 없는 경우 연방법에 대한 해석 권한이 있다는 것이다. 즉, 법원이 반대해석을 하지 않는 한 행정부는 적어도 제한적인 자율적 해석권 특히 법을 해석하고 그 해석에 의해 법을 집행하는 과정에서 해석권을 가진다는 것이다. 둘째, 일반적으로 많은 사람들은 행정부가 사법부의 유효한 최종적 결정을 이행하여야 할 의무가 있다는 데 동의한다. 다만, 장래의 분쟁에서 다른 당사자에게도 법원의 의견에 포함된 법에 대한 이해에 따라야 하는 것인지에 대해서는 이견이 있다. 즉, 이견의 핵심은 행정부가 최종적인 법원결정 뿐 아니라 법률의견에 포함되어 있는 法에 대한 說明에도 구속되느냐는 것이다. 이러한 이견에 대해서는 일관주의(coherentist) 이론과 결과주의(consequentialist) 이론에 따라 설명이 가능하다. 일관주의에는 법원의 의견에 구속력이 있는 것으로 이해하는 2가지 이론으로 편입(incorporation)이론과 기관 간 선례구속(interbranch stare decisis) 이론이 있고 법원의견을 하나의 설명으로 이해하는 이론으로 예측(prediction)이론이 있다. 결과주의 이론은 법원의견을 구속력이 있는 것으로 보는 경우와 설명으로 보는 경우가 실제로 권력분립과 법원의 기능측면에서 어떤 결과를 가져오는 것이지 설명한다.[99]

---

[98] Vermont Yankee Nuclear Power Corp. v Natural Resources Defense Council Inc. 435 U.S. 519, 549 (1983). 다만, 행정기관이 헌법과 법령상 범위 안에서 국민들에게 추가적인 절차적 권리를 허용하는 것은 가능하다고 판시하였다.

1. 구속력을 인정하는 입장

사법부가 아닌 다른 기관이 사법부의 선례를 따라야 하는 의무가 있다는 이론으로는 다음 2가지 입장이 있다.

첫째, "편입이론"인데 이는 Cooper 사건에서 법원의 논리와 유사하다. 법원은 ① 헌법은 최고법이다. ② 연방대법원은 헌법의 해석에서 최고이다. ③ 따라서 연방대법원의 헌법해석 역시 최고법이다 라는 논리를 전개하였다.100)

편입이론은 사법부의 制定法에 대한 이해는 결과적으로 제정법에 편입된다는 것이다. 즉, 대통령은 제정법을 집행할 의무를 가지고 있기 때문에, 제정법에 법원의 이해를 편입하게 되는 경우 동시에 이는 행정부도 이를 따라야 할 의무가 생기게 된다는 것이다. 헌법에 대한 사법부의 해석은 다른 기관들에게도 헌법의 한 부분이 되고, 법률에 대한 사법부 해석 역시 법률의 한 부분이 된다는 것이다.101)

그러나 편입이론은 다음과 같은 몇 가지 이유에서 약점이 있다. 첫째, 법원 선례는 보통 법리를 반영하거나 설명하는 것으로 간주되지만 그것은 제정법과는 여러 면에서 다르다. 헌법, 법률, 조약 등 제정법과는 달리 관련된 법원 리는 일반적으로 公式的 語句(Canonical formulation)가 아니며, 명백하기보다는 함축적이다.102) 둘째로, 법원의 의견은 오직 함축적인 원리만을 설명하기

---

99) Thomas W. Merrill, Judicial Opinions as Binding Law and as Explanations for Judgments, 15 Cardozo L. Rev. 43 (1993). pp. 43-45. 이하 Thomas W. Merrill, Judicial Opinions as Binding Law and as Explanations for Judgments로 인용.

100) Cooper v. Aron, 358 U. S. 1 (1958). the Constitution is the supreme law of the land. 2) the Supreme court is supreme in the exposition of the law of the Constitution and therefore 3) the Supreme court's interpretation of the Constitution is also the Supreme law of the land.

101) Thomas W. Merrill, Judicial Opinions as Binding Law and as Explanations for Judgments, p. 61.

때문에, 그것은 계속 진화의 과정에 있는 것이다. 셋째, 헌법을 해석하는 법원 의견이 헌법과 불일치하는 경우가 종종 있다는 것이다. 넷째, 사법 선례가 제 정법에 편입된다는 이론은 법원의견이 실제 제정법을 변경하는 결과를 초래 하지 않는다는 점을 설명하기 어렵다는 것이다.103)

둘째, "확대된 선례구속 이론"은 원칙적으로 선례구속은 상급법원의 하급 법원에 대한 수직적 구속이지만 정부 간에 수평적으로도 적용된다고 본다. 즉, 항소법원이 연방대법원의 선례에 엄격히 구속되는 것처럼 행정부는 법 원에 의해 취소나 무효화되기 전까지는 법원선례를 엄격히 따라야 한다는 것이다.104)

확대된 선례구속 이론의 경우에도 몇 가지 약점이 있다. 우선 행정부 등 非 사법행위자가 사법선례에 구속된다는 이론은 기존의 확립된 이론인 기판력 (res judicata)이론과 모순이 될 수 있다. 영미법상 확립된 원칙은 법원의 의견 에 구속되는 사람은 법적 권리·의무의 당사자일 뿐이라는 것이다.105) 따라서 당사자가 법원의 결정을 따르지 않으면 강제이행이 가능하므로 당사자는 법

---

102) 즉, 선례에 나타난 법리는 법원의 명백한 진술이 아니라 사건판단에 대한 결과를 설명하는 최소한의 진술이다. 개별 사건에서의 법리는 대단히 협소하고 좀 더 광범 위한 법리는 연속된 결정이 이루어진 후 나타난다(William M. Landes & Richard A. Posner, Legal precedent: A Theoretical and Empirical Analysis, 19 J. L. & Econ. 249 (1976), pp. 249-250).

103) Thomas W. Merrill, Judicial Opinions as Binding Law and as Explanations for Judgments, pp. 63-65.

104) Thomas W. Merrill, Judicial Opinions as Binding Law and as Explanations for Judgments, pp. 61-62.

105) res judicata는 원래 금반언 원칙(estoppel)의 하나로서, 전형적인 정의는 소송에서 동일한 당사자 사이에서 동일한 소송원인으로 소송이 제기되어 판결이 나는 경우 그 판결은 실제로 판단한 문제뿐 아니라 소송에서 판단되었을 것으로 보이는 모든 문제에 대해 효력이 있다는 것이다. res judicata의 근거는 이중사실 조사의 위험, 안정적 법원 결정의 기대, 피고의 비용 및 반복되는 소송으로부터 부담을 덜어주 는 것, 법원의 시간 절약이다(Edward W. Cleary, Res Judicata Reexamined, 57 Yale L. J. 339 (1947-1948), pp. 342-344).

원결정에 따를 수밖에 없지만, 당사자가 아닌 경우에는 법원의 결정을 따를 필요가 없는 것이다. 다음 기관 간 선례구속 이론은 절차적 적법절차 원칙을 위반한 것으로 볼 수 있다. 입법부는 선거과정을 통해 이미 국민들의 위임을 받았기 때문에, 비록 국민들의 의견을 듣지 않았다고 하더라고 국민들에게 구속력이 있는 법을 만들 수 있으며, 이는 적법절차 원칙에 위배되지 않는다고 할 것이다. 그리고 법원 등은 통지와 청문의 기회를 제공한 후 당사자들에게 구속력이 있는 결정을 하기 때문에 문제가 없다. 반면, 기관 간 선례구속 이론에서 非당사자인 행정부가 선거에 의해 국민의 위임도 받지 않고 통지와 청문의 기회도 제공받지 않은 채로, 법원의 의견을 따라야 한다는 것은 절차적 적법절차에 위반되는 것이다. 또 다른 비판은 기관 간 선례구속 원리는 집단소송106)의 존재 이유를 몰각시킨다는 것이다. 집단소송의 경우 통지와 대리절차를 준수하여야 하지만, 법원선례의 행정기관 구속의 경우 이러한 절차가 없다. 결국 집단소송과 비교하는 것은 기관 간 선례구속 이론이 전통적인 절차적 공정성 개념과 부합하지는 않는다는 것을 보여준다. 마지막 비판은 선례구속 이론이 행정기관과 법원과의 차이를 무시한다는 것이다. 행정기관은 행정작용을 함에 있어서 법원의 견해에 따라서 행위기준을 정할 것인지, 아니면 독자적으로 결정할 것인지에 대해 재량권을 행사할 수 있는데, 이러한 재량권 행사는 심사가능하지 않는 것으로 간주된다. 선례구속 이론은 이러한 행정기관의 재량권 행사의 이론과 현실을 설명할 수 없는 한계가 있다는 것이다.107)

---

106) 집단소송은 집단의 구성원 중 1인 이상이 전 구성원을 대표하여 당사자로서 소송을 제기하고 판결의 효력도 집단구성원 전체에 미치는 것은 말한다(Fed. R. Civ. P. Rule 23).

107) Thomas W. Merrill, Judicial Opinions as Binding Law and as Explanations for Judgments, pp. 66-67. 기관 간 선례구속을 선언한 Cooper v. Aron 판결은 모든 법원결정을 사실상의 집단소송으로 만드는 효과가 있다고 할 수 있는데, 이에 대해서는 Arthur S. Miller, Constitutional Decisions as De Facto Class Action; A Comment on the Implication of Cooper v. Aaron, 58 U. Det. J. Urb. L. 573 (1981) 참조.

2. 설명으로 이해하는 입장

법원의견을 단순히 하나의 설명으로 이해하는 대표적인 이론이 예측이론이다.108) 이에 따르면 법원의 의견은 단순히 왜 법원이 그러한 결론을 내리게된 것인지에 대한 설명에 불과하며, 이러한 설명의 중요성은 미래의 법원의행동을 예측할 수 있는 안내서라는 데 있다는 것이다.109)

예측이론의 경우 다음 몇 가지 점에서 그 타당성을 인정할 수 있다. 첫째, 일반적으로 법률가들이 선례를 논의하는 것은 법의 지배 원칙을 구현하는 것으로 이해한다는 것이다. 실제 행정부 내 변호사는 규칙과 법률의견을 작성하는 과정에서 법원의 의견을 법의 지배 원칙을 구현하는 것으로 취급한다. 둘째, Erie 원칙110)에서와 같이 법이라는 용어는 보통법을 포함하기 때문에, 연방법원은 주 대법원의 의견에 반영되어 있는 보통법의 법리에 구속된다는 것이다. 셋째, 행정부는 법률이나 법원의 결정에 구속되는 방법이 아닌 연방보통법에 구속되는 것과 유사한 방법으로 법원의견에 구속된다는 것이다.111)

예측이론의 경우 행정부 변호사가 연방대법원의 의견을 미래에 법원이 어떻게 행동할지에 대한 중요한 자료로서 참고하고, 보통법 역시 법원결정의 예

---

108) 예측이론은 Oliver Wendell Holmes의 법철학의 중심테마인데 그는 법은 예측 보다 구체적으로는 법관이 어떻게 행동할 것인지에 대한 예측이라고 정의하였다. 나쁜 사람(bad man)관념에 따르면 일반적으로 사람들은 자연법의 도덕성이나 고귀함 때문에 법을 지키는 것이 아니라 감옥에 가거나 손해배상이 두려워 법을 지킨다는 것이다. 결국 법은 법원이 어떤 처벌을 할 것인지에 대한 예측으로서 의미를 가진 다는 것이다(Oliver Wendell Holmes, Path of the Law, 10 Harv. L. Rev. 457 (1896) 참조).

109) Thomas W. Merrill, Judicial Opinions as Binding Law and as Explanations for Judgments, p. 62.

110) Erie R. R. Co. v. Tompkins, 304 U. S. 64 (1938). Erie 원칙은 연방법원은 주법의 이슈를 다루는 경우 주 보통법(state common law)을 존중하여야 한다는 것이다.

111) Thomas W. Merrill, Judicial Opinions as Binding Law and as Explanations for Judgments, pp. 67-68.

측을 위해 이용된다고 설명하는 점에서 타당성이 인정될 수 있다. 다만, 연방 보통법은 의회의 개정에 따르는 것으로 이해되기 때문에,112) 법원의견을 연방 보통법과 같은 것으로 개념화하는 것은 법원과 의회간의 권력분립을 훼손시킬 우려가 있다고 할 것이다.113)

3. 결과주의 이론

법원의 의견을 구속력 있는 것으로 받아들일지 아니면, 단순히 설명으로 받아들일지 여부는 기관 간 권력균형, 특히 사법부의 기능을 이해함에 있어 중요하다. 우선 어느 이론을 받아들이는 경우에도 법률시스템의 심각한 변화를 가져오지 않는다. 이는 행정부는 법원에 의한 고려가 있기 전에 이미 자율적인 법해석 권한을 가지고 있지만, 예외적으로 법원의 최종 결정을 이행하여야 한다는 것에 이견이 없기 때문이다. 결국 양 의견의 차이는 행정부는 법원의 결정에 구속되지만 사법선례 내지 법원의견을 따라야 한다는 견해와 미래 법원결정의 예측으로서 간주하여야 한다는 견해간의 선택이다. 이러한 개념 하에서 보면 행정부가 법원의 결정을 충실히 수행하는 한 법원은 행정부에 상당한 영향력을 행사할 수 있게 된다. 법원의 의견이 구속력이 없다고 할지라도 그것은 미래사건에서 법원의 결정 내용에 대한 최고의 情報源이 된다. 결국 어떤 견해를 선택하든 행정부와 법원 간 권력분립에 큰 변화는 보이지 않는다.114)

---

112) City of Milwaukee v. Illinois, 451 U.S. 304, 312-317 (1981). 법원은 연방법이 주법을 대체할 수 있는지에 대해서 의회의 의도에 대한 명백한 증거를 고려하여 결정할 수 있지만, 연방법과 연방보통법 중 어느 것을 적용할 것인지는 법원이 아닌 의회가 연방법의 문제에 적용되는 기준을 밝혀야 한다고 판시하였다.

113) Thomas W. Merrill, Judicial Opinions as Binding Law and as Explanations for Judgments, p. 69.

114) Thomas W. Merrill, Judicial Opinions as Binding Law and as Explanations for Judgments, pp. 70-73.

다만, 양자의 견해를 효과 면에서 보면, 법원의견을 拘束力이 있는 것으로 보는 견해는 범위(scope)의 문제이고, 법원의견을 說明으로 보는 것은 방식 (style)의 문제로 볼 수 있다. 법원의견을 구속력이 있는 것으로 보는 견해는 행정부에 대한 사법통제의 範圍를 확대하는 것으로 볼 수 있다. 이 견해에 따르면 결국 행정부의 자율적 법해석영역은 법제정 이후 법원의 판단 전까지만 가능하게 된다. 법해석에 관한 사법통제의 확대가 바람직할 수 있는 이유는 다음과 같다. 첫째, 사법통제의 확대는 연방법에 있어서 일관성을 증가시킨다. 둘째, 사법부가 행정부에 비해 법해석에 있어 보다 비교우위에 있다는 것인데, 이는 법원의 제도, 인력, 전통이 모두 법해석을 촉진시키기 위해서 만들어져 왔다는 것이다.[115]

법원의 의견을 설명으로 보는 것은 사법해석의 方式에서 의미를 가진다. 즉, 법원의견을 구속적인 것으로 보는 견해는 법원의 권위주의적인 의사결정 방식을 보여주는 반면, 설명으로 보는 견해는 복종이 아닌 다른 기관과의 상호협조적인 방식을 보여준다. 보다 자문적이고 협조적인 방식을 선호하는 이유는 이러한 방식의 해석이 사법부의 비민주적인 성격을 완화시켜 줄 수 있기 때문이다. 또 다른 이유는 연방법원이 권위주의적인 법해석가로 보이는 경우 사회적 긴장을 악화시키고 법원의 제도적 명성을 해치는 중요한 실수를 할 수 있게 된다는 것이다. 법원은 그들의 결정이 미래에 대한 예측으로서 사용되는 경우 그 의견의 신뢰성을 제고시키기 위해 몇 가지 조치를 한다. 첫째, 법원은 법해석에 있어서 정통적 수단을 사용하여 법을 충실히 해석함으로써, 국민들에게 법원의 해석이 정당하다는 것을 보여주려고 할 것이다. 둘째, 법원은 법원의견이 납득할 수 있는 것이 되기 위해 법률의견이 잘 정의되도록 하고 대

---

[115] Thomas W. Merrill, Judicial Opinions as Binding Law and as Explanations for Judgments, pp. 74-75. 법원의 법해석의 전문성에 대해서는 Alexander Hamilton, The Federalist No. 78, The Judiciary Department, Independent Journal, Saturday, June 14, 1788(http://www. constitution.org/fed/federa78.htm) 참조. 이하 The Federalist No. 78 (Alexander Hamilton)로 인용.

부분의 사건에 적용해도 문제가 없도록 할 것이다. 마지막으로 법원은 그들 자신의 과거 선례를 따르게 될 것이다.116)

III. 소결

법원의 역할이 권리를 발견하고 그러한 발견을 정치적인 기관이 수용하도록 하는 것이라고 믿는 사람들에게는 법원의견은 구속력이 있는 것이 되어야 할 것이다. 그러나 사법부의 보다 제한된 역할을 기대하는 사람들에게 법원의견은 설명적인 것이 되어야 한다. 이 견해에 따르면, 법해석권은 기관 간에 공유되어야 하며 법원은 적절한 법해석을 위해 계속적으로 다른 기관과 의사소통을 하여야 한다. 보다 근본적으로 사법부 권한의 근원은 정당성, 명확성, 일관성에 있어야 한다고 본다.117)

그동안 법원이 사회변화를 주도하기 위해 법원의견을 구속력이 있는 것으로 이해하여 왔으나,118) 이제 전문성과 정치적 책임성119)을 가진 행정부가 사회변화를 주도하여야 한다는 점에서, 법원의견은 행정부를 구속하는 것이 아니라 미래를 예측할 수 있는 설명으로 보는 견해가 타당성을 얻어가고 있다.

---

116) Thomas W. Merrill, Judicial Opinions as Binding Law and as Explanations for Judgments, pp. 75-78.

117) Thomas W. Merrill, Judicial Opinions as Binding Law and as Explanations for Judgments, pp. 78-79.

118) 이는 1950년대에서 1960년대까지 Earl Warren 대법원장이 재임하면서 학교에서 인종차별금지, 언론자유, 1인 1투표제, 피의자 보호 등의 과감한 사회개혁적 조치를 취하던 시기를 말한다(Cass R. Sunstein, Justice Breyer's democratic programatism, The law school of the University of Chicago, November 2005, pp. 4-5.(http://www.law.uchicago.edu/Lawecon/ index.html).

119) Thomas W. Merrill도 행정기관이 보다 큰 전문성을 가지고 국민에 대한 책임성이 강하다는 점에서 행정부 법률해석이 선호된다고 한다(Thomas W. Merrill, Judicial Deference to Executive Precedent, p. 1002).

　　현대 사회에서 사회문제의 복잡성과 기술성으로 인해 이에 대한 정책수단을 통한 해결책의 제시는 행정부의 전문적 능력에 의존할 수밖에 없다. 그리고 행정부의 수반인 대통령은 국민에 의해 선출되고, 그는 정치적·정책적 성과를 가지고 직접 국민에게 책임을 진다. 이러한 전문성과 정치적 책임성은 사법부가 행정부 법해석을 존중하고, 행정부가 사법부의 의견에 의존하기보다는 그것을 하나의 참고로 간주하고 적극적인 법령해석을 하는 것이 타당하다는 근거가 된다고 할 수 있다.

제3절 행정부 해석권과
사법부의 해석권의 갈등과 조화

　미국 헌법은 최종적인 헌법해석권이 누구에게 있는지에 대해 침묵하고 있다. 역사적으로도 대통령과 연방대법원간에 법해석을 두고 몇 차례 갈등이 있어 왔다. 최근에는 법무장관인 메시(Edwin Meese)가 헌법(The Constitution)과 헌법률(Constitutional law)의 차이를 이야기 하면서, 대통령은 헌법에는 구속되지만 연방법원의 의견에서 도출되는 헌법률에는 구속되지 않는다는 입장을 밝힘에 따라 논쟁이 촉발되었다.[120]

　1930년대 대공황을 거치면서 대통령의 권한이 강화됨에 따라 제왕적 대통령이 나타나게 되었고, 한편으로는 21세기 개인의 헌법상 기본권 개념의 확장에 따라 연방법원의 권한이 강화되는 현상이 나타났다. 행정부와 사법부의 법해석의 갈등이 있어 온 것이 사실이지만 양자가 헌법상 규정에 따라 각각 헌법해석 권한이 있다는 점에서는 이견이 없다.[121]

　다만, 원칙적으로 법해석에 있어서 사법부 우위를 보다 강조하는 견해와 행

---

120) Edwin Messe III, The Law of the Constitution, 61 Tul. L. Rev. 979 (1987), pp. 982-985. 여기에서 헌법률은 연방대법원이 사건에 대한 판결과정에서 헌법에 대하여 설명한 것으로 이러한 헌법에 대한 해석으로 헌법률을 제정하는 것은 사법부만의 권한이 아니라 행정부도 권한이기도 하다는 주장이다. 이하 Edwin Messe III, The Law of the Constitution으로 인용.

121) Michel Rosenfeld, Executive Autonomy, Judicial Authority and the Rule of Law: Reflections on Constitutional Interpretation and the Separation of Powers, 15 Cardozo L. Rev. 137 (1993), pp. 137-139. 이하 Michel Rosenfeld, Executive Autonomy, Judicial Authority and the Rule of Law로 인용.

정부 자율성을 보다 강조하는 견해가 대립되고 있다. 폴센(Paulsen) 교수와 메릴(Merril) 교수가 행정부의 자율성을 주장하는 입장에 있는 반면, 로젠펠트(Rosenfeld) 교수, 스트라우스(Strauss) 교수, 알렉산더(Larry Alexander) 교수와 샤우에르(Frederick Schauer), 코에넨(Dan T. Coenen) 교수는 사법부 우위입장에 서 있다. 아이스그루버(Christopher L. Eisgruber) 교수는 중립적인 입장에 있는 것으로 파악되는 데, 이하에서는 이러한 이론들에 대해 살펴보고자 한다.122)

Ⅰ. 사법우위 이론

1. 개요

사법부 우위 즉 연방법원 판단의 최종성과 대통령의 법원판단의 이행의무의 근거가 되는 것이 해밀턴(Alexander Hamilton)이 사법심사 제도를 옹호한 글이다. 여기에서 법해석은 법원에 적절하고 특별한 영역이다. 실제로 헌법은 기본법으로서 법관에 의하여 다루어져야 하고 다루어지고 있다고 한다. 그리고 헌법의 의미뿐만 아니라 의회로부터 입법의 의미를 분명히 하는 것도 법원에게 속한다고 하였다.123)

그리고 그 이후에도 Marbury v. Madison, Cooper v. Aeron, Baker v. Carr,124)

---

122) 이하에서 논의는 주로 행정부와 사법부의 헌법해석권을 둘러싼 논쟁이기는 하지만 헌법이 아닌 법령에 대한 해석권에도 동일하게 적용될 수 있는 논의라는 점을 밝혀둔다.

123) Federalist No. 78 (Alexander). The interpretation of the laws is the proper and peculiar province of the courts. A constitution is, in fact, and must be regarded by the judges, as a fundamental law. It therefore belongs to them to ascertain its meaning, as well as the meaning of any particular act proceeding from the legislative body.

124) 369 U.S. 186, 210-211 (1962). 정치문제 이론에 대한 오해가 많은데, 정부의 다른 기관에 의해 헌법문제가 결정될 수 있는지와 그 결정이 권한의 한계를 넘은 것인

Powell v. McCormack,[125] United States v. Nixon[126]에서 계속 법원이 최종적인 헌법해석권자라는 점을 밝히고 있다. 전술한 바와 같이 Marbury v. Madison에서 마샬(Marshall) 대법원장은 경험적으로 법이 무엇인가를 판단하는 것은 사법부의 영역이자 의무라고 밝힘으로써 사법부 우위 원칙을 확인하였다고 할 수 있다.[127]

그리고 법원의 선례가 정확하고 잘 확립되어 있는 경우 행정부는 일반적으로 법률판단에 있어 법원의 상대적 우위를 받아들인다. 선례가 명백하지 않다면, 행정부는 법원으로부터 일반적 가이드에 의존하는 경향이 있다.[128] 1996년 OLC는 헌법구조가 행정권과 입법권을 제한하는 사법 원리를 행정부가 수용하도록 구조화 되어 있다고 하면서, 연방대법원의 헌법해석이 헌법자체와 동등한 것은 아니지만, 헌법률의 해석에 있어서 법원의 특별한 역할을 신중하게 고려하고 있다고 밝혔다.[129]

지는 헌법해석권의 행사의 문제이다. 그리고 그 권한은 헌법의 최종적 해석자로서 법원에 있다고 판시하였다.

[125] 395 U.S. 486, 549 (1969). 미국 정부의 시스템은 연방법원이 때로는 다른 기관과는 다른 헌법 해석을 하도록 요구한다고 판시하였다.

[126] 418 U.S. 683, 704-705 (1974). 미국에서 사법권은 연방법원에 귀속되고 그것은 행정부와 공유될 수 없는 권한이다. 대통령의 권력분립 상 특권주장에 관해서는, 법이 무엇을 말하는지에 대한 판단은 법원의 영역이자 의무라는 Marbury의 판결을 재확인한다고 판시하였다.

[127] 앞선 논의한 독립적 판단 모델의 유래도 Marbury 사건에서의 판결내용이었음은 전술하였다. 사법우위 이론은 독립적 판단 모델과 대응된다고 볼 수 있다. 독립적 판단 모델이 행정해석을 사법부가 존중할 것인지에 대한 문제라면 사법우위는 행정해석과 사법해석의 갈등 시 누구의 의견을 수용할 것이라는 점에서 다른 측면이 있다. 또한 사법우위는 사법해석의 행정부에 대한 구속력을 인정하는 입장과 대응된다.

[128] Randolph D. Moss, Executive Branch Legal Interpretation, p. 1326.

[129] Memorandum from Walter Dellinger. Assistant Att'y Gen., to the Gen. Counsels of the Fed. Gov't, May 7, 1996(http://www.justice.gov/olc/delly.htm).

2. 사법우위의 요인 및 필요성

사법우위를 유지하여 할 요인 및 필요성으로 다음 몇 가지가 있다.

첫째, 구조적 요인을 들 수 있다. 구조적으로 사법부를 최종적인 법해석권자로 선호하게 하는 가장 중요한 이유는 아마 사법부가 가장 덜 위험한 기관130)이라는 점일 것이다. 행정부가 이미 집행권, 입법부가 경제권을 가지고 있는 가운데 법해석권을 행사하는 경우, 법원에 해석권이 있는 경우보다 더욱 위협적인 권한이 된다는 것이다. 더욱이 행정부는 법집행 권한과 군대에 관한 권한과 함께 법해석 권한을 가지고 있기 때문에, 자제 원리에 기반하고 있는 사법부와 비교가 될 수 있다.131)

다른 구조적 요인은 사법의 행정행위 심사의 정당화의 요인인 사법부가 지녔다고 여겨지는 法解釋의 專門性이다. 특히 사법심사의 목표가 합법성의 확보에 있다면 사법부가 행정기관보다 우위에 있다는 것이다. 비록 법원이 행정기관이 직면하고 있는 문제에 대한 전문가가 아닐지도 모르지만, 법원은 "법이 무엇을 의미하는지 말해 온" 오랜 역사를 가지고 있으며 규범의 해석의 도구를 이용하여 법규 속에서 의미를 밝히는 데 전문성이 있다는 것이다.132)

둘째, 제도적 요인으로 중요한 것이 법관의 종신보장과 당사자주의 제도이다. 즉, 1) 대통령과 국회의원의 상대적인 짧은 임기에 대비되는 법관의 종신보장이다. 법관은 일상적인 정치적 경쟁으로부터 자유로운 가운데 재판기능에만 그들의 역할을 한정시킬 수 있다.133) 2) 법적 갈등에 대한 균형 잡힌 해결

---

130) Hamilton은 사법부는 헌법상 정치적 권리에 있어서 가장 덜 위험한 조직이라고 하면서, 사법부는 가장 적은 헌법적 권력을 가지기 때문에, 국민의 권리를 침해하는 능력이 제일 작다고 하였다(Federalist No. 78).

131) Michel Rosenfeld, Executive Autonomy, Judicial Authority and the Rule of Law, pp. 147-148.

132) Cass R. Sunstein, On the costs and benefits of aggressive judicial control, 1989 Duke L.J. 522 (1989), p. 523.

133) 윌슨과 굿나우는 살펴본 바와 같이 공무원의 정년보장과 안정된 급여는 행정을 정

책을 만들어 내기 위해 고안된 것이 당사자주의 제도이다.134) 이 제도에 따르면 법관은 사건을 심판하기 위해 매우 다양하고 경쟁적인 주장을 듣게 되며, 이러한 이해관계의 다양성에 오는 경쟁적인 주장을 고려하여 법적 이슈에 대해 판단하게 된다. 이로 인해 법관은 특정한 당사자의 이해관계가 아닌 상대적으로 공정한 비참여자의 입장에서 결정을 할 수 있게 된다.135)

더 나아가 법원은 목표지향적인 행정관료에게는 없는 것으로 여겨지는 객관적 시각을 제공하기도 한다. 법관의 해석은 정치인의 해석과 다른데, 그 이유는 판사는 입법 및 행정에 어떤 역할을 맡고 있지 않을 뿐만 아니라, 정치인들과는 달리 법해석의 안정성과 일관성을 추구하게 만드는 제도적 제약을 받고 있기 때문이다.136) 특히 선례구속성은 공정하고 예측가능하고 일관된 법원리의 발전을 가능하게 하고 법원결정에 대한 신뢰를 증가시키며, 한편으로는 사법과정에 대한 실질적 존엄성을 유지시켜준다고 할 수 있다.137)

셋째, 사법부 우위 여부를 고려할 수 있는 요인은 상황적인 것이다. 점차 행정부의 권한이 강화되고 侵益的이 될 수 있게 됨에 따라, 권력분립의 구조와 실질에도 변화가 필요하게 되었다. 이에 따라 행정부 자율성과 사법부 우위의 갈등문제를 해결하기 위한 기준으로 법의 지배의 원리와 시민에 대한 헌법상

치로부터 분리하여 공익의무 달성에 기여한다고 보았고, 사법우위를 주장하는 많은 학자들은 법관의 종신고용과 급여유지가 사법부의 독립을 유지하는 요소로 보고 있다는 점이 흥미롭다. 다만, 양자의 경우 의회나 대통령 및 국민의 선호를 반영하기 어려워 정치적 책임성을 확보할 수 없다는 문제가 있다. 이에 대해서는 David S. Rubenstein, Relative Checks: Toward optimal control of administrative power, p. 2193 참조.

134) U. S. Const. Article III, Section 2 참조.

135) Michel Rosenfeld, Executive Autonomy, Judicial Authority and the Rule of Law, pp. 148-149.

136) Jonathan T. Molot, Reexamining Marbury in the Administrative state, p. 1247.

137) Donald H. Zeigler, Gazing into the Crystal Ball: Reflections on the Standards State Judges Should Use to Ascertain Federal Law, 40 Wm. & Mary L. Rev. 1143 (1999), p. 1190.

기본권 보장의 관점을 제시하는 논의가 나타났다. 이런 관점에서 보면, 대부분의 경우 법원이 법해석의 최종우위를 가질 때 법의 지배와 기본권 보장이 더 잘 이루어질 수 있다는 것이다.[138]

넷째, 사법우위가 필요한 실질적 요인이다. 전술한 바와 같이 사법우위의 두 가지 중요한 실질적 가치는 법의 지배와 기본권 보호이다. 법의 지배는 단순히 편의성이라는 이유로 무시되어서는 안 되고, 기본권 역시 공익목표 달성이라는 이유로 거부되어서는 안 된다. 수정 헌법 제1조에 나타난 언론의 자유와 같은 실질적 가치는 행정부보다는 사법부가 법해석을 하는 경우 더욱 잘 보호될 수 있다. 그 이유로는 먼저 이러한 기본권들이 기본적으로 소수자 보호 원칙에 기반하고 있기 때문이다. 민주주의에서는 다수에게 해로운 표현만이 억압을 당하고, 평등주장을 하는 사람들도 그들의 몫을 주장하기에는 정치적 자원이 부족한 사람들이다.[139] 이러한 이유로 행정부보다는 법원이 소수자를 보호하는 데 유리한 입장에 있다는 것이다. 확실히 표현의 자유, 평등 등 민주주의적 가치는 궁극적으로 행정부 우위보다는 사법부 우위의 경우 잘 보장될 수 있다고 할 것이다.[140]

다섯째, 사법우위는 법의 본질적 기능인 조정과 분쟁해결 기능을 수행하기 위해서 필요하다고 할 수 있다. 좌측통행이 옳은 것인지 우측통행이 옳은 것인지에 대해서는 어느 것이 가치우위가 있는 것은 아니다. 그러나 법이 어느

---

138) Michel Rosenfeld, Executive Autonomy, Judicial Authority and the Rule of Law, pp. 152-157.

139) 결국 민주주의(democracy)와 헌법주의(constitutionalism)는 대립되는데, 민주주의는 다수결의 원리(majority rule)에 따라 다수의 결정에 따르는 것이지만, 헌법주의는 헌법해석을 통하여 소수자의 헌법상 권리를 보호하는 것이라고 할 수 있다. 이런 면에서 헌법주의가 소수자 보호(antimajortarian)를 위해 필요하다는 것이다.

140) Michel Rosenfeld, Executive Autonomy, Judicial Authority and the Rule of Law, pp. 157-167, David A. Strauss, Presidential Interpretation of the Constitution, 15 Cardozo L. Rev. 113 (1993), pp. 130-131. 이하 David A. Strauss, Presidential Interpretation of the Constitution으로 인용.

하나로 정함으로써 조정기능을 수행하고, 계약, 재산, 증권규제에 있어서도 미리 약속된 규칙이 있음으로써 분쟁해결 기능을 한다. 즉, 법은 권위적인 분쟁해결책으로서 기능을 하는 것이다. 법의 이러한 기능은 다른 모든 법의 상위법인 헌법의 경우도 마찬가지이다. 만약 헌법이 다른 해석자에 의해 다르게 해석되는 경우 헌법은 분쟁해결 기능을 하지 못하게 된다. 따라서 하나의 최종적인 권위적 법해석가가 필요한 것이며 이러한 역할은 법원이 제일 잘 수행할 수 있다는 것이다.[141]

결론적으로 법에 있어서 법적 안정성과 예측가능성을 보장할 필요성을 고려하면 행정우위보다는 사법우위가 바람직하다고 할 수 있다. 선출되지 않은 권력인 법관보다는 선출된 권력인 행정부가 법해석에 있어 정당성이 있다고 할 수 있으나, 문제는 정당성보다는 누가 올바른 법해석을 할 수 있는 구조적, 제도적, 실질적 장점을 가지고 있는지가 중요한 것이다.[142]

II. 행정자율 이론

1. 개요

행정부가 독자적인 법해석권을 가지고 있다는 점은 권력분립에 따른 조화원리(coordinacy principle)에 근거를 두고 있다. 매디슨에 따르면, 이 원리는 국민이 오직 유일한 권력의 원천이기 때문에 헌법의 성격도 국민들로부터 유래하며, 각 기관들은 공통의 목표를 위해 완전히 조화롭게 권력을 행사하지만, 각각의 권력은 다른 기관에 대해 배타적이거나 상대적으로 우위에 있지 않다는 것이다.[143]

---

141) Larry Alexander, Frederick Schauer, On Extrajudicial Constitutional Interpretation, 110 Harv. L. Rev 1359 (1996), p. 1371, 1377.

142) David A. Strauss, Presidential Interpretation of the Constitution, pp. 131-134.

이 원리를 법해석에 적용해 보면, 어떠한 기관도 최종적인 법해석 권위가 되는 것이 아니라 각 기관은 자신의 헌법적 권한 영역에서 법해석권을 가진다는 것이다. 조화 원리에 따르면 행정부 즉 대통령은 그의 권한범위 내에서 완전히 독립적인 해석 권한을 가진다. 특히 동 원리는 대통령이 독립적 헌법해석에 따라 사면권과 거부권을 행사하는 전제가 된다.[144]

즉, 헌법상 행정부는 사법부와 동등한 기관이고 헌법상 명시적으로 특정 기관에 헌법을 해석할 권한을 부여하지 않았기 때문에, 행정부와 사법부 양자는 모두 각각의 의무를 이행함에 있어서 헌법을 해석한다는 것이다. 이렇게 각각의 정부가 사법부의 법해석에 구속되지 않고 독립적 판단에 의한 법해석을 할 수 있다는 견해를 분립주의(departmentalism)라고 한다.[145] 그리고 대통령은 헌법상 선서 조항에서 보는 바와 같이 헌법을 방어하고 준수하여야 하는 것이

---

[143] James Madison, The Federalist No. 49, Method of Guarding Against the Encroachments of Any One Department of Government by Appealing to the People Through a Convention, Independent Journal, Saturday, February 2, 1788(http://www.constitution. org/fed/federa49.htm). As the people are the only legitimate fountain of power, and it is from them that the constitutional charter, under which the several branches of government hold their power, is derived. The several departments being perfectly co-ordinate by the terms of their common commission, none of them, it is evident, can pretend to an exclusive or superior right of settling the boundaries between their respective powers.

[144] Michael Stokes Paulsen, Merryman Power, p. 85. 이러한 행정자율 이론은 행정부 해석에 대한 사법부의 존중이론, 사법해석에 대해 행정부가 설명으로 이해하는 입장과 대응된다.

[145] Gary Lawson, Stare Decisis and Constitutional Meaning; Panel II - The Constitutional Case against Precedent, 17 Harv. J. L. & Pub. Pol'y 23 (1994), p. 27. 이하 Gary Lawson, Stare Decisis and Constitutional Meaning로 인용. Dawn E. Johnson, Functional Departmentalism and Nonjudicial Interpretation: Who Determines Constitutional Meaning, 67 Law & Contemp. Probs. 105 (2004), p. 106. 이하 Dawn E. Johnson, Functional Departmentalism and Nonjudicial Interpretation으로 인용. 존슨은 사법우위의 대립개념으로 분립주의를 설명하고 있는 데, 행정자율과 같은 견해로 볼 수 있다

지 법원의 헌법해석을 따라야 하는 것은 아니라는 것이다.146)

한편 Marbury 판결을 근거로 하여 사법우위 원칙을 주장하는 입장이 있으나, Marbury 판결은 법원이 특정 사건과 분쟁(cases and controversies)에서 법이 무엇인가에 대하여 독자적 판단을 하여야 한다는 의미일 뿐, 법원의 의견을 반드시 다른 기관이 따라야 하는 것인지에 대해 언급한 것은 아니라고 보아야 한다. 오히려 Marbury의 선언은 헌법의미에 대해서 議會의 해석에 구속되지 않는다는 것을 의미한다고 할 수 있다.147) 법원의 역할은 사건을 결정하는 것이지, 엄격히 말해 법을 만드는 것이 아니라는 것이다. 법이 무엇이라고 말하는 법관의 권한은 個人의 權利를 결정하는 법원의 권한 행사 과정의 우연한 산물에 불과하다고 할 수 있다.148)

2. 행정자율의 요인과 필요성

행정자율의 실질상 요인 중 하나는 행정부가 실제로 가장 강력한 해석 권한을 행사할 수밖에 없다는 점이다. 즉, 행정권은 통치행위와 법집행을 비롯한 모든 문제에 미치고, 대통령은 사면, 거부권, 임명권, 법집행권, 외교권, 군통수권 등의 법해석과 관련된 수많은 헌법적 권한을 행사한다. 실제로 행정부는 법적 논란에 불구하고 때때로 최초로 혹은 마지막으로 법해석을 한다. 법원이 최후의 법해석자라는 전통적 관념과는 달리 대부분의 경우에 있어 최후의 법해석자는 행정부이다.149)

대통령은 법원의 사법심사(judicial review)에 대비되는 대통령심사(presidential review)를 통해 법해석 관련 권한을 행사하고 있다. 이러한 권한에는 사면, 거

---

146) John O. McGinnis, Models of the Opinion Function of the Attorney General, p. 380, Michael Stokes Paulsen, Merryman Power, p. 86.

147) Thomas W. Merrill, Judicial Opinions as Binding Law and as Explanations for Judgments, p. 51.

148) Michael Stokes Paulsen, The Most Dangerous Branch, pp. 272-273.

149) Michael Stokes Paulsen, The Most Dangerous Branch, p. 223.

부권, 절차추가(addition), 새로운 입법제안이 포함된다. 여기서 절차추가는 대통령이 헌법상 요구라고 보는 경우, 법률의 규정에 없더라도 필요한 절차를 추가하는 것을 말한다. 새로운 입법제안의 예로는 루스벨트 대통령이 Lochner 판결150)의 내용의 정당성과 실질적 적법절차 원칙을 받아들일 수 없으므로 의회에 법 개정을 요구한 것이 있다.151)

다음과 같은 이유로 사법우위가 인정된다고 하더라도 행정의 자율영역이 존재할 수밖에 없다.

첫째, 헌법 규정 자체가 대단히 폭넓고 일반적인 규정을 두고 있는 경우가 많은데, 사법부가 구체적인 의미를 모두 밝혀주지 못하는 경우 행정부 해석은 불가피하게 된다. 연방대법원의 판례는 구체적 사건에서 해답을 제공해 주지 못하는 경우가 많다. 둘째, 행정부는 누구보다 자주 그리고 강력한 연방법원의 소송수행자로서 업무를 진행하면서 행정부의 법해석을 법원에 제공한다. 이러한 역동적인 법원과 행정부간의 상호 교류는 행정부 자신의 견해의 중요성을 강조한다. 셋째, 새로운 정책, 프로그램의 집행과 이에 따른 사법적 구제에는 시차가 존재하게 되고, 사생활의 비밀, 표현의 자유와 같은 문제의 경우 한번 침해되면 회복이 불가능해지므로,152) 법원단계가 아닌 행정부 단계에서 헌법해석이 필요하게 된다. 넷째, 정치문제와 같이 사법부가 판단을 회피하는 영역이 존재하고, 원고적격, 성숙성 등의 소제기 요건의 제한으로 인해 많은 영역이 사법부의 판단대상이 되지 않고 행정부만의 과제로 남게 되므로 이러

---

150) Lochner vs. New York, 198 U.S. 45 (1905). 이 사건에서 연방대법원은 계약자유의 원칙이 수정헌법 제14조상 적법절차 원칙으로부터 유래한다고 판시하였다.

151) Frank H. Easterbrook, Presidential Review, 40 Case W. Res. L. Rev. 905 (1989-1990), pp. 907-911. 이하 Frank H. Easterbrook, Presidential Review로 인용. Vermont Yankee 판결에서 행정기관은 법령상 최소기준을 넘어서는 절차를 채택할 수 있음은 전술하였다. 다만, 법원은 이 절차 채택을 요구할 수는 없다고 한다.

152) Elord V. Burns, 427 U. S. 347 (1976). 수정헌법 제1조상 표현의 자유는 아무리 짧은 기간이라고 한번 침해되면 회복이 불가능한 손해이므로 가처분은 정당하고 판시하였다.

한 영역에 대한 행정부 해석이 필요하게 되는 것이다. 이외에도 법원이 행정
부에 맡기는 문제로서 행정부가 제도적 능력(institutional competence)이 우월
한 경우가 있다. 즉, 외교정책, 국가안보, 군사, 이민, 경제적 규제 등이 그 예
이다. 貧者에 대한 구제도 법원보다는 사회보장 프로그램을 입안·시행하는
입법과 행정의 영역이라고 볼 수 있다.[153]

연방법원의 다음 두 가지 사건은 사법부 우위의 법해석에 의문을 가져오게
하였다. 첫째, 스콧(Dred Scott) 사건이다. 이 판결에서 연방법원은 노예소유자
는 연방헌법상 노예를 소유할 권리가 있다고 판시함으로써 미국 역사상 가장
불행한 유산을 남겼고 동 판결은 결국 남북전쟁을 유발하였다.[154] 당시 링컨
대통령은 동 판결을 위헌적인 것으로 간주하였는데, 이로 인해 사법부의 법해
석 권한에 중대한 의문이 제기되었다. 또한 경제공황으로부터 국가를 구하기
위해 의회와 행정부에 의해 준비된 뉴딜정책을 무효화시킨 판결들은 권력분
립의 적절한 역할에 논란을 가져왔다.[155] 다음 두 가지 판결이 대표적이다. 첫

---

[153] Cornelia T. L. Pillard, The unfulfilled promise of constitution, pp. 688-696.

[154] Dred Scott v. Sanford, 60 U. S.(19 How) 393 (1857). 이에 대해서는 본절 II. 3에서
후술한다.

[155] 다음 두 가지 판결이 대표적이다. 1) Carter v. Carter Coal Co., 298 U. S. 238
(1936). 이는 미국 헌법상 의회가 commerce clause 권한에, 제조업(manufacturing)에
속하는 석탄채굴산업까지 규제할 권한은 없다는 것을 선언한 판결이다. 석탄보호
법(The Bituminous Coal Conservation Act)에 따라 구성된 위원회는 공정경쟁기준,
생산기준, 임금, 근로시간을 정할 수 있게 되어 있었는데, 이는 의회의 권한범위를
넘는 것으로 위헌으로 보았다. 2) Schechter Poultry Corp. v. United States, 295
U.S. 495 (1935). 이는 루스벨트 대통령의 뉴딜정책의 주요 요소였던 국가산업재건
법(National Industrial Recovery Act)을 위헌으로 선언하게 한 판결인데, 법원은 비
위임의 원리와 의회의 commerce clause의 잘못된 사용에 의해 거위산업(the poultry
industry)에 대한 규제를 무효화하였다. 동법에 따르면 연방정부는 공정경쟁기준
(codes of fair competition)를 공포할 수 있었는데, 이러한 행정부의 권한에 대해 법
원은 위임입법 금지의 근거로서 권력분립 원칙(constitutional separation of powers
as an impermissible delegation of legislative power to the executive branch)을 위반하
였으며, 또한 의회위임 권한의 범위를 벗어나는 것으로 보았다.

째, Carter v. Carter Coal Co인데 이는 미국 헌법상 의회가 commerce clause 권
한에, 제조업(manufacturing)에 속하는 석탄채굴산업까지 규제할 권한은 없다
는 것을 선언한 판결이다. 석탄보호법(The Bituminous Coal Conservation Act)
에 따라 구성된 위원회는 공정경쟁기준, 생산기준, 임금, 근로시간을 정할 수
있게 되어 있었는데, 이는 의회의 권한범위를 넘는 것으로 위헌으로 보았
다.156) 둘째, Schechter Poultry Corp. v. United States인데, 이는 루스벨트 대통
령의 뉴딜정책의 주요 요소였던 국가산업재건법(National Industrial Recovery
Act)을 위헌으로 선언하게 한 판결인데, 법원은 비위임의 원리와 의회의
commerce clause의 잘못된 사용에 의해 거위산업(the poultry industry)에 대한
규제를 무효화하였다. 동법에 따르면 연방정부는 공정경쟁기준(codes of fair
competition)를 공포할 수 있었는데, 이러한 행정부의 권한에 대해 법원은 위임
입법 금지의 근거로서 권력분립 원칙(constitutional separation of powers as an
impermissible delegation of legislative power to the executive branch)을 위반하였
으며, 또한 의회위임 권한의 범위를 벗어나는 것으로 보았다.157) 결국 이러한
판결들로 인하여 정치적·사회적·경제적인 중요 상황에서 사법부의 법해석의
한계에 대한 논란이 제기되었다.158)

  행정기관이 이해관계에 의해 포획159)되기 쉽기 때문에 사법우위가 필요하
다는 견해가 있으나,160) 오히려 법원 역시 시스템적으로 어느 한 당사자의 손

---

156) 298 U. S. 238 (1936).

157) 295 U.S. 495 (1935).

158) Michel Rosenfeld, Executive Autonomy, Judicial Authority and the Rule of Law,
    pp. 152-153

159) 捕獲理論(Capture theory)은 미국의 경우 1960년대 이후 규제에 대한 실증분석 결
    과에 따르면 규제는 전반적으로 생산자의 이익을 보장해주는 내용으로 이루어진다
    는 것으로 포획에 의해 정부의 시장개입은 사회적 부의 배분을 생산자에게로 확대
    시키고 있다고 하면서, 이러한 소비자로부터 생산자로의 부의 이동은 사회에 비용
    을 부과하고 있다는 것이다(John Shepard Wiely, "A capture theory of antitrust
    federalism", 99 Harv. L. Rev. 713 (1986), pp. 725-726).

160) Dan T. Coenen, The Constitutional Case Against Intracicuit Nonacquiescence, 75

을 들어준다는 측면에서 보면, 오히려 사법포획(judicial capture)의 위험도 있다
는 비판이 가능하다. 예컨대, 장애인지원 프로그램의 예를 들어보면, 법원은
장애인인 원고에게 과도한 이익을 주는 판결을 하게 되는데, 이러한 결과가
나타나는 이유 법원은 오직 사건을 피해를 입은 장애인의 시각에서만 바라보
기 때문이다. 다른 장애인 프로그램의 수혜자, 납세자를 고려한 추가적인 비
용이 전 사회로 파급된다는 점을 법원은 보지 못하는 것이다. 이런 점에서 보
면 법원이 보다 협소하게 집중된 이익에 민감하다고 할 수도 있다.[161]

또한 법원은 법을 해석하는 데 있어 議會의 충실한 대리인의 역할을 하여
야 하는 것이 원칙이나, 실제로는 법관은 자신의 선호에 따라 사건의 판결을
내리며 이는 원칙, 문서 또는 기관의 구조상 크게 금지되어 있지 않은 문제가
있다.[162] 법관에게 보장된 종신고용은 정치로부터 사법부의 독립을 위한 것이
었으나, 이로 인해 법관들은 자신의 업무보다는 개인적 관심사를 추구하는 부
작용이 나타나고 있다.[163]

사법부는 행정부의 위법을 감시하고 법을 준수하도록 하는 것을 임무로 하
기 때문에, 법관은 위법을 판단하는 聖人이고 행정부는 위법을 행하는 罪人
이라는 가정을 한다. 그러나 이는 현실적으로 증명된 적이 없다. 오히려 행정
부는 다수의 선호에 민감하고, 외부견제가 없다고 해도 정치적 압력, 국민에
대한 책임성 때문에 합리적 한계를 지키면서 법해석권을 행사하므로 사법우
위보다 행정자율이 타당하다고 할 수 있다.[164]

Minn. L. Rev. 1339 (1991), pp. 1408-1409. 여기에서 Coenen은 사회안전청의 장애
인의 사회보장급여 중단결정을 이해관계자에 의한 포획이라고 보고 있다.

161) Thomas W. Merrill, Judicial Opinions as Binding Law and as Explanations for
Judgments, p. 74.

162) Jack M. Beermann, Congressional Administration, p. 103.

163) Frank H. Easterbrook, Presidential Review, p. 929. 이러한 문제를 견제하기 위해
Easterbrook은 사법심사에 대비되는 대통령심사(presidential review)가 필요하다고
보고 있다.

164) Frank B. Cross, Shattering the Fragile Case for Judicial Review of Rulemaking, 85

3. 행정부의 타 기관의 법령해석 불수용의 형태

행정부 법해석의 형태 중에서 다른 기관과의 갈등상황을 고려한 법해석형태는 4가지 정도로 나누어진다. 첫째, 법원에 대한 독자적 법해석으로서 사면권과 의회에 대한 독자적 법해석으로서 거부권이다. 둘째, 행정부가 위헌적이라고 생각하는 법률의 미집행(nonexecution of statutes)이다. 셋째, 특정 사건에서 법원의 판단(judgments)을 이행하는 것을 제외하고, 법원에 의해 공표된 법원리에 대해 행정부가 이를 동의하지 않는 경우(nonacquiescence in precedent)이다. 넷째, 가장 논쟁적인 것으로 특정 사건에서 법원판결의 불이행(nonexecution of judgments)으로 소위 Merryman Power라고 불리는 것이다.[165] 이러한 행정부의 타 기관 법령해석 불수용의 형태를 종합적으로 정리해보면, 의회에 대해서는 거부권, 법률의 미집행, 헌법적 부기의견이 있고, 법원에 대해서는 사면권, 선례 부동의, 판결의 불이행이 있다. 이미 살펴본 사면과 거부권을 제외한 나머지에 대해 살펴보고자 한다.

(1) 법률의 미집행

대통령의 법률의 미집행은 위헌법률에 대한 거부권 행사라는 헌법상 권한 행사와는 달리, 위헌적이라고 보는 법률을 헌법상 명시적 근거 없이 집행하지 않는 것이므로 상당히 논쟁적일 수 있다. 다만, 법원이 위헌·위법적인 행정부 결정을 취소하는 사법심사 권한을 가지고 있는 것과 유사하게 대통령도 법률에 대한 심사를 통해 위헌적인 법률이 있으면 집행을 거부할 수 있는 권한이 있다고 보는 것이 권력분립 원칙에 부합한다고 할 수 있다.[166]

Va. L. Rev. 1243 (1999), pp. 1293-1294.

[165] Michael Stokes Paulsen, The Most Dangerous Branch, pp. 263-264.

[166] Michael Stokes Paulsen, The Most Dangerous Branch, p. 267. 그리고 현실적으로 보더라도 대통령이 법률의 집행을 거부하는 경우 의회로서는 정치적 책임을 묻는 것 외에는 다른 대응방안이 없다.

원칙적으로 헌법은 최고법이고 대통령은 헌법을 충실히 이행하는 과정에서 헌법을 해석하여야 한다. 따라서 대통령이 그의 직무수행 과정에서 최고법으로서 헌법에 반하는 법률을 발견한 경우 그는 헌법에 따라 그 법률에 효력을 부여해서는 안 된다. 대통령은 때때로 위헌적이라고 생각되는 법률의 집행을 거부한다. 의회 거부(legislative veto)규정167)을 무효화한 INS v. Chadha 판결168)이전에도 대통령들은 이 의회거부 조항을 위헌적이라고 보아 준수하지 않았다. 그리고 일단 대통령으로 하여금 적대행위가 발생하는 상황에서 군대를 투입할 수 있게 하되, 사후에 의회가 이 결정을 거부하면 효력이 상실되도록 한 1973년 전쟁결의안(war power resolution)에 대해서도, 대통령들은 이것이 군통수권자로서 대통령의 권한을 위헌적으로 침해하는 것으로 보아 집행을 거부하였다.169) 또한 몬로(Monroe)부터 부시까지 대통령들은 임명권을 위

---

167) 의회거부는 일단 대통령이나 행정기관에 입법권을 다소 광범위하게 위임하되, 의회가 사후에 그 행사에 대해 거부권을 갖는 것을 말한다. 즉, 행정기관은 APA 통지 및 의견제출 절차에 따라 개정안을 의회에 제출하여야 하는데, 의회가 이를 특정 기간 내에 의결하지 않으면 무효화되는 제도가 의회거부이다. 이는 의회입법권의 행정부 위임 원리(delegation doctrine)의 견제 내지 대체수단 역할을 하였다(Harold H. Bruff; Ernest Gellhorn, Congressional Control of Administrative Regulation: A Study of Legislative Vetoes, 90 Harv. L. Rev. 1369 (1976-1977), pp. 1369-1372).

168) INS v. Chanda 462. U.S. 919 (1983) 이 사건은 외국인 추방이 문제된 사건이다. 동인도인 Chadha는 그의 학생비자 체류기간이 경과하여 국외로 추방될 위기에 놓여 있었다. 그러나 1974년 Chadha는 국외추방에 따르는 생활의 어려움을 들어 이민 및 국적법(Immigration and Nationality Act)상의 규정을 근거로 법무장관의 추방중지 명령을 청구하였고 마침내 허가를 얻었다. 그러나 동법에는 상원이나 하원에게 단순결의로 법무장관의 결정을 거부할 수 있는 권한을 부여하였다, 이에 하원은 법무장관의 추방정지명령을 거부하는 결의안을 통과시켰다. 결국 1976년에 Chadha는 최종적으로 추방명령을 받았다. 동 사건에 대해 1983년 연방대법원은 이민 및 국적법상 의회거부는 제출(이송) 조항 양원제 조항 위반으로서 헌법위반이라고 판시하였다.

169) 이의 상세 내용은 John O. McGinnis, Constitutional Review by the Executive in Foreign Affairs and War Powers; A Consequence of Rational Choice in the

헌적으로 제한하는 법률의 집행을 거부하였다.170) 부시는 외교관계승인법 상 국제회의에서 미국을 대표하는 사람을 임명하는 대통령의 권한을 침해하는 조항에 대해 집행을 거부하였다.171) 그리고 포드(Ford)는 법관 임명에 미국 변호사협회와의 협의를 거치도록 한 연방자문위원회법에 대해 집행을 거부하 였다.172)

한편 법률의 미집행, 법률안의 거부, 전술한 헌법적 부기의견은 결과적으로 의회의 입법에 대한 대통령의 집행거부라는 측면에서 동일하다고 볼 수 있다. 다만, 법률안의 거부는 헌법상 명시적 근거를 가진 대통령의 권한 행사이나 법률의 미집행, 헌법적 부기의견은 헌법상 명시적 근거가 없는 점에서 다르다. 또한 법률의 미집행과 헌법적 부기의견은 전자는 특정한 서면의견을 표시하 는 것이 아니라는 점에서, 원칙적으로 서면으로 의견을 표시하는 후자와 다르 다고 할 수 있다.

(2) 선례에 대한 부동의

선례에 대한 부동의 사례 중 하나가 제9항소법원의 Lopez v. Hecker 판결이 다. 이는 사회안전청(Social Security Administration: SSA)과 법원간의 갈등인데, SSA는 법원의 해석에 동의하지 않았다. 이 사건은 1980년 사회안전청이 장애 인을 비롯한 연금수혜자에 대한 기록을 면밀히 검토하여 자격이 없다고 판단

Separation of Powers, 56 L. & Contemp. Probs. 293 (1993), pp. 315-322 참조. 이하 John O. McGinnis, Constitutional Review by the Executive in Foreign Affairs and War Powers로 인용.

170) Michael Stokes Paulsen, The Most Dangerous Branch, p. 267.

171) John O. McGinnis, Constitutional Review by the Executive in Foreign Affairs and War Powers, pp. 309-314. 동법에는 유럽에서 열리는 안보와 협력 국제회의에 참 석하는 대표단에는 안보협력위원회의 위원이 반드시 포함되도록 하고 있었는데, 이 위원회는 거의 의회에 의해 임명된 인사들로 채워져 있었다.

172) Frank H. Easterbrook, Presidential Review, pp. 914-915. 포드는 집행거부에 대해 법무장관인 Levi와 OLC 책임자였던 Scalia의 조언을 들었다.

되는 20만명의 연금수급권을 박탈시킨 사건이다. 이에 따라 장애인들이 절차
문제 등을 이유로 소송을 제기했고 법원은 수급권 박탈기준과 절차가 법률적
으로 부적절하다는 판결을 내렸다. 이에 SSA는 판결을 이행하여 다시 연금을
지급하였으나, 다시 연금지급에 관한 새로운 규칙을 제정하여 사실상 법원의
의견에 부동의를 표시하였다. 이에 Lopez는 1심 법원에 연금지급 개시를 요구
하는 가처분을 신청하여 승소하였고, 건강노동부 장관(Secretary of Health and
Human Services)이 가처분 결정에 항고함에 따라 제9항소법원에서 이슈가 된
사건이다. 사회안전청은 판결의 당사자인 경우를 제외하고 법원의 결정의 효
력에 구속되지 않는다면서, 당사자가 아닌 SSA는 판결의 이유에 대해서는 부
동의가 가능하고 주장하였다.173) 원고들은 항소심에서 이러한 사회안전청의
不同意는 법해석권이 사법부에 있다는 헌법 원리를 위반하여 결국 권력분립
원칙을 위반하였다고 주장하였다. 이 사건에서 SSA의 주장은 많은 법원들에
의해 강력한 비판을 받았다. 법원은 Marbury를 언급하면서 무엇이 법인지를
말하는 것은 법원의 권한이며, 따라서 법원선례에 대한 행정부의 부동의는 법
해석에 있어서 법원의 배타적 권한을 침해하는 것이라고 판단하였다.174)

그러나 법원은 법해석 권한이 행정부에도 있다는 점을 무시하였고 Marbury
가 특정 사건에서 법을 적용하는 사람들은 필수적으로 법을 설명하고 해석하
여야 한다175)는 논의를 오해하였다. 즉, Marbury에 따르면 법원은 특정 사건
에서 법을 해석하는 권한을 가질 뿐 법을 만드는 권한을 가지고 있지 않다.
행정부가 법원선례에 구속되어야 한다는 것은 Marbury가 생각했던 조화로운
정부와는 일치하지 않는다고 할 수 있다.176)

---

173) 부동의의 대상이 된 판결은 Patti v. Schweiker, 669 F.2d 582 (9th Cir.1982), Finnegan v. Matthews, 641 F.2d 1340 (9th Cir.1981) 등이다.

174) 725 F.2d 1489 (9th Cir.). William Wade Buzbee, Administrative Agency Intracircuit Nonacquiescence, 85 Colum. L. Rev. 582 (1985), pp. 585-587.

175) Those who apply the rule to particular case, must of necessity expound and interpret that rule(Marbury, 5 U.S. (1 Cranch), p. 177).

176) Michael Stokes Paulsen, The Most Dangerous Branch, p. 273.

선례구속으로부터 도출되는 사법심사의 입법적 성격은 비슷한 사건에는 비슷한 결정이 내려져야 한다는 기대에서 나오는 것이다. 그러나 실제 관행은 법관의 법률의견이 법이 되지 않는다는 점을 보여주는 데 그 이유는 다음과 같다. 첫째, 모든 법적용 사건이 법원의 소송의 대상이 되지 않기 때문에,[177] 법원의 선례는 모든 법적용을 포괄하지 못한다. 즉, 선례가 없는 행정부 법적용도 많다. 둘째, 선례구속은 그렇게 강력한 것이 아니라는 것이다. 즉, 그것은 법의 지배 원리라기보다는 관행의 원리(rule of practice)[178]라고 볼 수 있다는 것이다. 많은 경우 법원은 이전 결정을 뒤집거나 변경한다. 결국 행정부는 때때로 先例를 變更하기 위해 법해석에 있어서 不同意 입장을 취한다. 그리고 입법부도 입법을 다시 함으로써 판결의 위헌성에 부동의를 표시하기도 한다.[179]

(3) 판결의 불이행

판결을 이행하는 것을 거부하는 권한 소위 Merryman Power라고 하는 것은 부동의를 넘어서는 것이다. 대통령이 법률과 판결 등 다른 정부의 결정을 불이행할 수 있는 권한은 첫째, 각 부의 구조적 독립성, 둘째, 선서 조항, 셋째, 충실한 법집행 의무 조항에 의한 대통령 자신의 의무로부터 유래한다고 할 수 있다. 이에 따르면 대통령은 헌법에 위반되는 법률의 집행을 거부할 헌법상 독립적 권한[180]을 가지고 있다. 그리고 옳지 않은 헌법, 법률, 조약에 근거한

---

[177] 정치문제와 같이 사법부가 판단을 회피하는 사법자제 영역이 존재하고, 원고적격, 성숙성 등의 소제기 요건의 제한으로 인해 많은 영역이 사법심사의 대상이 되지 않는다는 점은 전술하였다.

[178] 관행(practice)이란 실질적 행위, 행위의 반복으로 생긴 현상 등을 의미하는 데, 후자는 아직 법으로 승인되지 않은 관습법과 유사한 의미로 이해할 수 있다.

[179] Michael Stokes Paulsen, The Most Dangerous Branch, pp. 274-275.

[180] 다만, 단순히 권한이 아니라 법적 의무(legal obligation)라고 보아야 할 것이다. 헌법상 대통령의 행정권과 충실한 법집행 의무 조항이 그 근거이다. Rappaport도 대통령은 위헌적인 법안을 거부할 법적 의무가 있다고 보고 있다(Michael B. Rappaport,

판결의 이행을 거부할 독립적인 헌법상 권한을 가지고 있다.[181]

　法律의 不履行과 判決의 不履行의 차이점에 대해서 보면, 판결의 불이행은 법원이 최종적 결정자(last and final Word)이나 법률의 불이행은 의회가 아닌 행정부가 최종결정자라는 점이 다르다고 할 수 있다. 즉, 행정행위 이후 이에 대한 사법심사에서와 같이 법원은 판결을 통해 최종적 판단을 할 수 있으나, 의회의 법률제정은 행정부의 집행(execution)이라는 최종적 결정이 필요하다는 것이다. 그러나 법원의 판결의 경우에도 행정부에 의한 집행을 필요로 하는 경우[182] 행정부가 최종적 법해석자가 된다고 볼 수 있다. 결국 대통령이 위헌적인 법률을 자신의 법적 판단 하에서 미집행하는 것이 허용되는 것과 같이 대통령은 위헌·위법적인 판결의 집행을 거부할 수 있다고 할 수 있다.[183] 판결의 불이행의 대표적 예가 후술하는 링컨대통령의 Merryman판결에서 법원의 석방명령에 대한 거부였다.

4. 행정부와 사법부의 갈등사례

　다음 2가지 사건이 대통령의 법해석권 행사와 관련된 사법부와의 갈등사례로서 대표적인 것이다. 첫째, 스콧(Dred Scott)사건은 선례에 대한 부동의의 사례이고 둘째, Merryman사건은 판결의 미집행사건의 사례이다.

　스콧사건의 내용은 노예인 스콧과 그의 부인이 주인인 에머슨(John Emerson)

The President's Veto and the Constitution, p. 772).

181) Michael Stokes Paulsen, The Most Dangerous Branch, p. 276.

182) APA 관련 분쟁에서 법원은 집행명령(orders of enforcement), 확인판결(declatory judgments), 의무이행 내지 금지명령(compulsory orders directing the agency or it's officials either to act or to refrain from acting)을 할 수 있는데(Peter L. Strauss, Administrative Justice in the United States, Second Edition, pp. 332-333), 특히 의무이행 명령의 경우에는 판결의 취지에 따른 행정기관의 법해석이 요구된다고 할 수 있다.

183) Michael Stokes Paulsen, The Most Dangerous Branch, pp. 276-277.

박사와 노예제도가 불법인 주에 살면서, 자유를 요구하는 소송을 제기한 것이었다. 이에 연방대법원은 스콧은 물론 아프리카 출신 누구도 미국 시민권을 주장할 수 없고, 따라서 연방법원에 소송을 제기할 수 없다고 판결하였다. 더욱이 그가 노예가 불법인 주에 잠시 거주한다고 하더라도 그것이 노예해방의 효력이 생기지 않는데, 이는 스콧의 주인의 사적 소유권을 부당하게 침해하기 때문이라고 판시하였다.184)

이 판결에 대해 1858년 상원의원 후보였던 링컨은 다음과 같이 주장하였다.

> 정치적 규칙으로서 동 판결을 반대하며, 투표자, 의회, 대통령은 그러한 결정의 원리에 동의하지 않는다고 밝혔다. 우리는 이러한 판결의 입장이 번복되도록 저항하여야 하고, 새로운 사법규칙이 확립되어야 한다. 노예제가 잘못된 것이라고 믿지 않는 사람이 있다면 그 사람은 우리 곁을 떠나야 한다.185)

1861년 대통령 취임연설에서 링컨은 좀 더 강하게 그의 입장 밝혔다.

> 모든 국민에게 영향을 미치는 중요한 문제에 관한 정부 정책이 연방법원의 결정에 의해 돌이킬 수 없게 된다면, 국민들은 그들 자신의 지배자를 그만두게 할 수 있어야 하고, 실제로 정부를 사임할 수 있도록 하여야 한다. 이 나라는 그 제도와 함께 국민에게 속한다. 국민들이 기존 정부에 대해 매우 실망하게 되면, 그들은 정부를 변경하는 헌법적 권리나 전복할 수 있는 혁명적 권리를 행사할 수 있다.186)

스콧사건과 관련해 그는 흑인에게도 권리와 비자를 허용하도록 지시하였고 뒤이어 노예해방을 선언하였다. 그에게 있어서 연방대법원의 결정은 그 사건

---

184) Dred Scott v. Sanford, 60 U. S. (19 How.) 393 (1856).

185) Abraham Lincoln, Political Debates Between Lincoln and Douglas. Sixth Joint Debate at Quincy, Mr. Lincoln's Speech, October 13, 1858(http://www.bartleby. com/251/ 61.html).

186) Abraham Lincoln, First Inaugural Address, Mar. 4. 1861(http://www.bartleby. com/ 124/pres31.html). 이하 Lincoln, First Inaugural Address로 인용.

에 대해서 법(law for the case)이었지, 이 나라의 법(law of the land)은 아니었던 것이다. 결국 링컨은 오늘날 우리가 부동의라고 부르는 입장의 적극적 옹호자였다.[187] 또한 스콧사건은 헌법의 해석은 사법부만의 권한이 아니라 모든 정부의 권한이라는 사실을 보여주었다고 할 수 있다.[188]

다음 대통령은 잘못된 헌법해석에 기초한 법원의 판단을 무효화할 수 있는 권한으로 Ex parte Merryman 사건을[189] 평가하면서 폴센 교수가 이름 붙인 Merryman Power에 대해 살펴보고자 한다.

1861년 봄 링컨이 대통령에 당선된 후 일부 남부의 주들은 분리되었다. 분리주의 운동은 메릴랜드를 비롯한 몇 개주에서 격렬하게 진행되었다. 이러한 메릴랜드 지역에서 분리주의자들의 폭력이 심화됨에 따라 링컨은 1861년 4월 27일 스콧(Winfield Scott) 장군에게 인신보호영장 특권(Privilege of writ of habeas corpus)[190]을 정지시키는 명령을 내렸다. 이 명령은 대중의 안전을 위해 군사경계선을 확보하는 데 이용되었다. 그러나 이를 시행하는 데 있어서 많은 저항이 있었다. 군인들은 이를 위반하는 많은 사람들을 체포하였는데, 5월 25일 체포된 한 사람이 농부이자 주의원이었던 존 메리맨(John Merryman)이었다. 이 사람은 분리주의 군대의 장교로서 다리를 불태우고 전

---

187) Michael Stokes Paulsen, Merryman Power, pp. 88-89.

188) Edwin Messe III, The Law of the Constitution, pp. 984-985.

189) 17 F. Cas. 144 (C.C.D. Md. 1861).

190) 라틴어인 habeas corpus는 인신을 제출하라(You have the body)는 의미로 writ of habeas corpus는 사람을 구금하는 자에 대해 피구금자의 신체를 법원 또는 법관 앞에 제출할 것을 명하는 영장이다. 이를 통해 피구금자가 합법적으로 구금된 것인지를 심사하게 된다. 영국의 보통법에서 유래한 이 영장의 미국의 헌법상 근거는 The Suspension Clause(U.S. Const, Article I, Section 9, Clause 2)인데, 이에 따르면 인신보호영장특권은 공공의 안전에 침해로서 반역죄의 경우를 제외하고는 정지될 수 없다고 되어 있다. 한편 연방법(28 U.S.C. §§ 2241-2256)은 연방차원의 habeas 심사를 위해 두 가지 요건을 요구하고 있는 데, 하나는 청구인은 청구 시 감금되어 있어야 하고 다른 하나는 주정부의 교도소에 있는 죄수는 모든 주 법상 구제책을 거쳐야 한다는 것이다(http://www.law.cornell.edu/wex/habeas_corpus).

선을 파괴하였다. 메리맨의 변호사는 즉시 로저 타니(Rodger Taney) 대법원
장에게 구속적부심을 청구하였다. 타니는 5월 26일 석방영장을 발부했으나,
칼바라더(George Calwalader) 장군은 대통령의 명령과 대통령으로부터 다른
지시가 있기 전까지는 메리맨을 석방할 수 없다고 하였다. 이에 대법원장은
대통령은 영장을 정지할 권한을 가지고 있지 아니하며 따라서 메리맨은 즉
각 석방되어야 한다고 선언하였다. 타니는 대통령은 법원의 명령에 따라 행
동하여야 한다는 점을 강조하였고, 특히 이 법원의 절차를 이행하여야 한다
는 점을 강조하였다. 타니는 헌법을 의회에 영장정지 권한 규정을 창설할
수 있는 권한을 부여하는 것일 뿐 아니라, 법원에 법률의 이행과 관련되어
대통령에게 직접 지시할 권한을 수여하는 것으로 해석하였다. 법원은 대통
령의 충실한 법 이행 권한의 범위를 정할 수 있고 대통령에게 법원이 이해
하는 의무이행을 명령할 수도 있다고 보았다.[191]

이에 대해 저명한 법률가였던 링컨은 대통령은 법률을 충실히 이행할 의
무를 위반해서는 안 된다고 하면서도 다음 두 가지 주장을 하였다. 첫째, 대
통령은 전체적으로 헌법을 준수하기 위해서는 하나의 법[192]을 위반할 수 있
다고 하였다. 둘째, 그리고 인신보호영장 정지는 어떠한 법도 위반하지 않았
다고 하면서 동 영장정지 조항은 반란과 같은 위험한 긴급 상황의 경우 사용
가능한 묵시적 권한[193]으로 이 권한을 누가 행사할 것인지는 헌법에서 명시
하지 않고 있다고 하였다. 이 조항은 분명히 위험한 긴급 상황을 대비해 만

---

191) Michael Stokes Paulsen, Merryman Power, pp. 89-93.
192) 폴센에 의하면 위반하게 되는 하나는 법(a single law)은 타니의 석방명령 내지 헌법
    상 habeas suspension clause를 의미하는 것으로 추정된다고 한다(Michael Stokes
    Paulsen, Merryman Power, p. 94).
193) Suspension 권한이 누구에게 있는지는 헌법상 분명하지 않지만 동 조항이 입법권
    조항에 있는 것을 고려하면 의회의 권한으로 보는 것이 타당하나, 링컨은 반역과
    같은 긴급 상황의 경우 의회의 소집을 기다릴 여유가 없기 때문에 대통령에게 암
    묵적 권한이 주어진 것으로 보았다는 것이다(http://supreme.justia.com/constitution/
    article-1/51-habeas-corpus-suspension.html, Michael Stokes Paulsen, Merryman Power, p. 94).

들어진 것으로, 그런 경우에도 언제나 의회가 소집되기를 기다릴 것을 의도한 것으로 볼 수 없다고 밝혔다.[194)

법무장관이었던 베이츠(Bates)는 Merryman Power에 대한 이론을 확대해 나갔다. 그는 매디슨의 조화로운 정부라는 개념에 근거하여 3개의 기관은 독립적이고 자유로우며 자신의 권한에 따라 행동한다고 보았다. 이에 따라 베이츠는 행정부는 사법부의 판단과 명령을 이해함에 있어 사법부에 종속되지 않는다고 결론을 내렸다.[195) 소위 Merryman Power는 행정부가 사법부의 최종결정을 이행하여야 할 의무의 예외가 되는 사건이었다.

Ⅲ. 제3의 타협적 이론

1. 상호존중 이론

司法府 優位 이론에 따르면 사법부가 연방법에 대한 최종적인 해석 권한을 가지지만, 대통령은 사면권, 거부권의 영역에서는 다른 기관의 심사를 받지 않는 자율적·배타적인 법해석 권한을 행사한다.[196) 한편 行政府 自律 이론에 따르면 행정부는 자신의 권한 행사범위 한계에서 사법부와는 독립된 법해석 권한을 가지고 있으나, 하나의 예외가 바로 법원 결정의 최종적 구속

---

194) Abraham Lincoln, Message to Congress in Special Session, July 4, 1861(http://teachingamericanhistory.org/library/index.asp?document=1063). 영장정지 권한은 의회에 있는 것이 분명하고 기껏해야 체포된 사람에 대한 영장정지 권한은 대통령에 있다고 볼 수 있으며, 당시 법무장관 베이츠는 대통령의 정치적 필요에 따라 영장정지가 가능하다는 의견을 준 것으로 보는 견해가 있다(John P. Frank, Edward Bates, Lincoln's Attorney General, 10 Am. J. Legal Hist. 34 (1966), p. 43).

195) Michael Stokes Paulsen, Merryman Power, pp. 95-97.

196) 폴센은 이를 예외가 있는 사법우위(judicial supremacy-with exceptions)라고 표현한다(Michael Stokes Paulsen, Merryman Power, pp. 99-103).

력이라고 한다.197)

이러한 일견 모순되는 해석을 조화롭게 하기 위해서 변증법적인 해석이 필요하다. 즉, 사법부는 헌법해석에 있어서 최상의 지위에 있다. 그러나 헌법에 대한 정확한 해석에 따르면 대통령은 그가 원하는 대로 사면과 거부권을 행사할 수 있는 심사받지 않는 권한을 가지고 있다. 보다 일반적으로 대통령은 법원이 결정한 것을 제외하고는 독립적인 해석 권한을 가지고 있다. 동시에 행정부는 법해석에 있어 자율권을 가지고 있다. 그러나 행정부의 법해석 권한에 대한 정확한 해석은 행정부는 사법부의 최종결정을 이행하여야 한다는 것이다. 사법부 우위와 관련하여 법원은 사법우위에도 불구하고 행정부의 독자적 권한 범위 내에서는 행정부 해석을 존중하여야 하고, 더욱이 법원은 행정부와의 불필요한 갈등을 줄이기 위해 사법자제 원리를 받아들여야 한다. 행정부 입장에서 보면 행정자율성 원리에도 불구하고 법원의 결정을 이행하여야 한다.198)

결론적으로 법원은 最終的·處分的 法解釋權限을 가질 수 있으나 그 권한을 制限的으로 행사하여야 한다. 그리고 行政府는 獨立的·自律的 法解釋權限을 가지고 있으나, 실제로는 그것을 사용하는 것을 自制하여야 한다는 것이다. 이러한 상호존중 이론은 사법우위와 행정우위의 갈등을 해결해주는 것 같지만 여기에도 단점이 있는데, 이는 왜 행정부는 사법부의 행위가 위헌적이거나 위법임에도 불구하고 이를 존중하여야 하는 것이다.199) 그리고 이 이론은 결국 조화이론(coordinacy principle)과 같은 것 아니냐는 비판을 받을 수 있다. 즉, 각 기관은 자신의 견해를 갖는다. 각 기관이 특정 분야에

---

197) 폴센은 이를 예외가 있는 행정자율(executive autonomy-with exceptions)이라고 표현한다(Michael Stokes Paulsen, Merryman Power, pp. 103-106).

198) Michael Stokes Paulsen, Merryman Power, pp. 106-107.

199) 대통령은 위헌·위법적인 판결이나 선례에 대해서 집행을 거부할 헌법상 권한과 의무를 가지고 있다고 볼 수 있다(Michael Stokes Paulsen, The Most Dangerous Branch, p. 276).

서 상대를 존중하는 한 법원은 사법우위를 주장할 수 있고 행정부는 행정자
율을 주장할 수 있다는 것이다. 만약 이러한 존중이 중단되는 경우 실질적
갈등이 일어날 수밖에 없는 것이라고 할 수 있다.[200]

2. 중립적 이론

중립적 이론에는 세 가지가 있는 데, 첫째, 상대적·제도적 전문성 이론
(comparative institutional competence theory), 둘째, 현실적인 중립 이론, 셋째,
기능적 분립주의(functional departmentalism) 이론이다.

첫째, 상대적·제도적 전문성 이론은 사법우위 이론과 폴센 교수가 주장한
행정우위 이론으로서 제도적 조화(institutional coordinacy) 이론의 중간점에 위
치하고 있다. 사법우위 이론과 달리 이 이론은 무조건적인 사법존중을 배제한
다. 이 이론에 따르면 각 부가 먼저 헌법의 의도를 확인하고 그 의도를 가장
잘 추구할 수 있는 기관이 어디인지에 대해 판단을 내려야 한다고 한다. 이에
따라 의회나 행정부의 결정이 상대적 강점이 있는 경우 법원결정을 거부하는
것을 허용한다. 또한 모든 헌법상 행위자는 헌법을 스스로 해석하여야 하지만
모든 문제에 있어서 무제한의 자율권을 가지지 않는다. 때로는 다른 기관의
잘못된 결정에 대해서도 존중할 것을 요구받는다.[201]

그러나 결과주의적인 관점에서 보는 경우, 안정성, 기본권, 사법적 전문성
측면에서 사법부 존중의 정당화가 가능하다고 본다. 특히 현대의 사법부 우위
의 두 가지 핵심 원리를 의심할 수 없는 데, 첫째가 국가는 헌법에 대한 연방
대법원의 해석을 무시할 수 없다는 것이고, 둘째는 대통령은 항상 사법부의
명령을 따라야 한다는 것이다.[202]

---

200) Michael Stokes Paulsen, Merryman Power, pp. 108-109.

201) Christopher L. Eisgruber, The Most Competent Branches: A Response to Professor
Paulsen, 83 Geo L. J. 347 (1994), p. 348. 이하 Christopher L. Eisgruber, The Most
Competent Branches로 인용.

둘째, 중립적 이론에 속하는 것으로 이해되나, 보다 현실적 입장에서 행정부 법령해석권을 보는 견해가 있다. 이에 따르면, 첫째, 법령해석 권한이 전통적으로 法院에 있다는 근거는 헌법이 법원에게 거의 전적으로 법령해석권을 주고 있다는 것이나 이는 잘못된 것이라고 한다. 헌법은 법원에게 사건결정권 (case deciding power), 판결선고권을 주고 있을 뿐이다. 헌법해석권은 사건결정권에서 유래하는 것에 불과하다. 즉, 사건결정권이 주된 권한이고 법해석권은 이차적인 것에 불과하다는 것이다. 둘째, 대통령과 행정부는 정부를 운영하는 데 있어서 법을 일관되게 적용하여야 한다는 것이다. 대통령이 법을 적용하는 과정에서 법원선례를 따르지 않으면 국민들로부터 소송을 당하게 될 것이고 소송에서 정부가 지게 될 것이라고 한다. 그러나 이러한 주장의 타당성에도 불구하고 이는 법적의무에 관한 주장이기보다는 행정부가 혼란을 막기 위해 현명하게 행동하는 것이라고 볼 수 있다.[203] 이 이론을 법적, 형식적으로 보면, 대통령이 법원의 법해석을 따라야 할 의무는 없지만, 국민들의 기대에 부응하기 위한 현실적 이유에서 법원의 법해석을 따른다는 주장이다.

셋째, 기능적 분립주의는 사법우위 이론과 분립주의 이론을 조화롭게 해석하기 위한 목적으로 등장하였다. 강한 사법우위는 실제로는 개인의 자유를 위협할 뿐 아니라 다른 핵심적인 헌법적 가치, 예컨대, 정부 책임성, 민주적 참여, 헌법해석의 품질에 좋지 않은 영향을 준다. 분립주의도 유사한 악영향을 준다. 따라서 분립주의 이론에 기초하면서, 실제 적용에 있어서는 사법우위의

---

202) Christopher L. Eisgruber, The Most Competent Branches, p. 371.

203) John Harrison, The Role of the Legislative and Executive Branches in interpreting the Constitution, 73 Cornell L. Rev. 371 (1987-1988), pp. 372-323. 여기에서 법원은 사건결정권(case deciding power)을 가지며, 헌법해석권은 사건결정권에서 유래하는 것에 불과하다는 견해는 Thomas W. Merrill, Michael Stokes Paulsen 등 행정자율을 인정하는 학자들이 같은 견해를 취하고 있다. Lawson은 사법권은 사건결정권(case deciding power)으로서 최종성(finality), 실행력(enforce-ability)을 가지지만, 선례의 적용은 사법권에 해당하지 않는다고 보고 있다(Gary Lawson, Stare Decisis and Constitutional Meaning, p. 30).

전통적 개념에 가까운 방법을 사용하는 대안적 접근이 필요한데, 이것이 바로 기능적 분립주의이다. 여기에는 2가지 원리가 적용된다. 첫째, 헌법은 연방정부의 각 기관이 전체적으로 헌법을 지지할 것을 의무화하고 있는데, 이 의무에는 다른 기관의 헌법상 기능을 존중하고 보호할 의무가 포함된다. 둘째, 의회와 대통령은 헌법적 쟁점에 대해 그들 자신의 견해가 아니라 최고의 헌법해석을 지지하여야 한다. 따라서 헌법의 의미에 대한 결정은 각 기관이 자신의 약점과 다른 기관의 장점을 인식하는 상호협동 작업이다.204)

이 원리에 따르면 의회와 대통령이 독립적 견해에 따라 행동할 권한이 있는지는 헌법적 권한이 행사되는 현실, 헌법문언 내지 구조의 해석, 헌법상 보호되는 권리에 대한 잠재적 영향, 헌법적 판단에 이르는 과정이라는 요소들에 의해 좌우된다. 이러한 과정은 단순히 행정부 등 정치적 기관의 재량적인 선택이 아니라 다른 기관에 의한 견제를 통하여 발전한다. 대통령이 다른 기관의 견해와 권위를 적절히 존중하면서 원리에 입각한 신중하고 투명한 과정을 통해 자신의 헌법적 견해를 만들어 가는 경우 법원과 의회의 반대도 극복할 수 있다. 전쟁과 안보 같은 이슈에 대해서는 대통령이 솔직함과 신중함을 가지고 독립적 견해를 형성하는 경우 법원의 통제는 감소하게 된다.205)

결론적으로 기능적 분립주의는 사법우위나 분립주의 어느 하나를 항상 적용할 것이 아니라 쟁점이 되고 있는 헌법이슈에 따라 상황적으로 적절한 해석자를 결정하여야 한다는 것으로 볼 수 있다.206) 또한 기능주의적 분립주의는 대통령의 자율적 법해석권은 다른 기관의 해석을 존중하는 가운데, 신중하고 투명한 과정을 거쳐 행사되어야 한다는 것으로 기본적으로는 행정자율의 견해에 가깝다고 할 수 있다.

---

204) Dawn E. Johnson, Functional Departmentalism and Nonjudicial Interpretation, pp. 108-109.

205) Dawn E. Johnson, Functional Departmentalism and Nonjudicial Interpretation, pp. 109-110.

206) Dawn E. Johnson, Functional Departmentalism and Nonjudicial Interpretation, p. 108.

3. 행정부 해석의 자제 이론

(1) 서론

행정부의 법률해석에 대한 가장 큰 근심은 헌법 규정이나 구조, 정치 이론에 있는 것이 아니라 오히려 실제 가능한 결과이다. 대통령의 유일한 헌법상 권한과 위치가 그러한 우려를 자아낸다. 간단히 말해, 대통령의 동등한 해석권은 행정부를 너무 위험한 정부로 만들 수 있다는 것이다. 그러나 대통령이 강력한 권한을 가지고 있지만, 한편으로 다른 정부는 그러한 대통령의 법해석권을 견제할 수 있는 권한[207]을 가지고 있기 때문에, 위험한 정부라는 가정은 제한적이 될 수 있다.[208]

행정부의 헌법 해석권과 관련하여, 정부 간 조화로운 견제 권한 행사의 실제 사례가 2가지 있다. 첫째가 몬로(Monroe) 대통령의 1821년 의회법에 대한 위헌성 주장인데, 동법은 대통령의 군대 장교임명권과 전보권을 제한하는 것을 내용으로 하고 있다. 의회가 이러한 대통령의 인사권을 제한할 수 없다는 견해에 따라, 몬로는 상원소속 인사가 아닌 다른 인사의 임명추천안을 의회에 제출하였다. 즉, 몬로는 그 자신의 권한으로 법해석상상 자율권을 행사한 것이었다. 의회는 자신의 법해석권을 이용하여 종전 입장을 재확인하고 임명추천안을 거부하였다. 헌법 규정에 따라 의회 입장이 승리하였으나, 실제로는 추가적인 새로운 장교임명이 없었기 때문에 장교의 인사권을 몬로가 행사하는데 문제가 없었다. 둘째 사례는 Lear Siegler사건이다.[209] 레이건 행정부의 법무부는 경쟁계약법(The Competition in Contracting Act: CICA)상 자동금지

---

[207] 제2장 제1절에서 살펴본 바와 같이 입법부의 입법권, 입법권 위임에 대한 통제권으로서 의회거부(legislative veto), 의회심사법에 따른 행정규칙 통제권은 직접적 행정부 법령해석에 대한 통제권이며, 고위공무원에 대한 상원의 동의권, 탄핵심판권 등은 간접적인 대행정부 법해석 통제권이다. 법원의 경우 행정작용에 대한 사법심사 권한이 행정부 법령해석 통제권이다.

[208] Michael Stokes Paulsen, The Most Dangerous Branch, pp. 321-325.

[209] Lear Siegler, Inc. v. Lehman, 842 F.2d 1102, 1119-21(9th Cir. 1988).

(automatic stay)조항210)이 의회의 대리인으로서 회계감사원장에게 부당한 권한을 부여한다는 이유로 위헌이라고 보고 동 법안의 집행을 거부하였다. 이러한 행정부의 결정에 대해 의회는 분노했으며, 몇 차례의 청문을 거쳐 하원 정부운영위원회는 행정부의 CICA 집행거부는 위헌이라는 보고서를 채택하였다. 하원사법위원회와 정부운영위원회는 CICA가 이행될 때까지 법무부와 OMB의 운영예산을 동결하는 제안을 표결에 붙였다. 이에 법무부는 한 걸음 물러나 행정기관들에게 Lear Siegler를 포함하여 항소심에서 동 법률이 이슈가 되고 있는 몇 가지 사건에서 법을 준수하도록 지시하였다. 의회도 한걸음 물러나 유지 조항을 폐지하는 것을 내용으로 하는 법률개정안을 제출하면서 양측의 대립은 해결되어 갔다. 이러한 두 가지 예에서 볼 수 있듯이 공유된 해석권은 헌법적 재앙이 아니라 때로는 타협, 조정, 부분적 해결책을 나타내는 등 자연스러운 결과를 보이고 있다고 할 수 있다.211)

다만, 의회, 행정부, 법원간의 조정·통제 메카니즘이 갈등이 긴장과 불안정을 가져다주는 것은 바람직하지 않으며, 이를 해결하기 위해서는 우선 보다 강력한 행정부의 법해석권 행사에 일정한 제한이 필요하다고 할 수 있다. 이를 행정부 자제(executive restraint)라고 할 수 있는데, 이는 행정부의 해석권 행사 자체의 문제이기보다는 행정부의 법해석의 방법에 관련된 것이라고 볼 수 있다.212) 세 정부 간에 조화로운 법해석권을 유지하기 위해서는 각 정부는 다른 정부의 견해에 대한 존중(deference)과 다른 정부의 법해석의 합리적인 수용의무(reasonable accommodation)를 기반으로 독립적인 법해석권을 행사하여야 한다. 이러한 행정부 자제에는 3가지가 있는 데, 첫째가 존중, 둘째가 조정 내

---

210) 자동금지 조항은 정부계약에 분쟁이 생긴 경우 회계감사원장이 계약 성립의 중지 내지 유예기간을 임의로 결정할 수 있다는 내용으로(31 U.S.C. Secs. 3551-3556), 대통령은 의회소속 공무원이 행정권을 행사한다는 점에서 위헌이라고 보았던 것이다.

211) Michael Stokes Paulsen, The Most Dangerous Branch, pp. 327-329.

212) 따라서 행정부 자제는 행정부 법해석권 행사에 대한 입법부, 사법부에 의한 외부통제가 아니라 행정부 스스로 법해석권을 신중하게 행사하는 측면을 말한다.

지 수용, 셋째가 제한적인 해석방법론이다.213)

(2) 존중

법해석권 제한의 중요한 측면이 바로 헌법체제에서 다른 행위자들의 의견에 대한 존중 내지 적절한 고려이다. 해석자들은 다른 사람들의 견해에 대한 신중한 고려로부터 이익을 얻어야 하며 그러한 고려로부터 자신의 견해를 수정할 수 있어야 한다. 법의 지배 하에서 정부의 활동은 3부 간의 조화를 통한 협력작업이라고 할 수 있다. 법원의 행정부 해석에 대한 존중 원칙이 앞서 살펴본 Chevron이다. 이와는 반대로 행정부가 법원해석을 존중하여야 하는 것도 당연하다. 이러한 법원해석에 대한 행정부의 존중이 행정부 자제의 가장 중요한 성격이다.214)

링컨은 취임연설에서 사법부의 결정은 모든 사건에 있어서 판단으로서 뿐만 아니라 선례로서 높은 존중과 검토를 받을 권리가 있다고 보았다.

> 연방대법원에 의한 헌법 문제에 대한 결정은 당해 소송에서 당사자들에게 구속력이 있는 것은 물론, 다른 모든 기관들의 유사한 사례에서 높은 존중과 고려를 받아야 한다.215)

그리고 사법부의 유능함, 전문성으로 보면 법을 해석하는 것은 법원의 적절하고도 특징적인 분야이다. 즉, 법해석은 법원의 직업이고 그들은 그것을 잘한다고 할 수 있다.216)

원래 영국의 왕은 그가 혼자서 모든 재판을 할 수 없었기 때문에, 그로부터

---

213) Michael Stokes Paulsen, The Most Dangerous Branch, pp. 331-332. OLC의 경우에도 법원 해석에 대한 존중 원칙을 표명하고 있다(U.S. DOJ, Best Practices for OLC Legal Advice and Written Opinions, pp. 1-2).

214) Michael Stokes Paulsen, The Most Dangerous Branch, pp. 332-333.

215) Lincoln, First Inaugural Address.

216) The Federalist No. 78 (Alexander Hamilton).

권한을 위임받은 자가 재판을 하도록 하였다.[217] 지금은 법관이 행정부에 속하지는 않지만, 법원의 효율성, 실질성, 상대적 강점에 대한 고려가 이루어져야 한다. 대통령은 법관의 능력과 권위를 인정하고 독립적·전문적 법관의 결정을 존중하여야 한다. 대통령이 법무장관이나 다른 법률고문의 의견을 존중한다면 연방대법원의 의견 역시 존중하지 못할 이유가 없다고 할 것이다. 이러한 존중을 逆Chevron이라고 할 수 있다. 이는 사법부 영역에서 일어나는 문제와 관련해, 사법부가 헌법과 법률상 충분히 가능한 주장에 기초하여 내린 판결에 대해서 행정부는 이를 거부해서는 안 된다는 것이다. 오직 대통령이 사법부 결정이 완전히 잘못되었다고 충분히 인식한 경우에만 그 결정의 집행을 거절할 수 있다고 할 것이다.[218]

(3) 조정

존중이 다른 기관의 의견에 대한 적절한 고려임에 반해 조정(accommodation)은 독립적인 의사결정의 결과와는 달리 여러 해석자들 간의 상호작용에 의해 도출된 결과를 수용하는 것을 말한다. 강력한 균제와 균형 원리에서 보면 조

---

[217] 13세기 이래 영국의 법원의 시스템은 중앙집권적으로 정비되어 갔는데, 그 핵심이 영장(writ)이다. writ는 개인에게 피해를 준 사람들에 대한 왕의 명령이라는 의미인데, 이것이 개인적 불만을 처리하는 절차로 발전한 것이었다. 영장은 타인의 불법행위에 의하여 피해를 입은 개인이 왕에 대하여 권리구제를 요구하는 것에서 유래한 것으로, 그것은 왕의 통지내지 명령을 담은 봉인된 정부문서이다. 오랜 기간 공법적 구제 수단인 취소(이송)명령(certiorari), 직무집행명령(mandamus), 금지명령(prohibition), 인신보호명령(habeas corpus) 역시 대권영장(prerogative writs)이었다. 17세기 로크는 "행정권을 가진 사람이 입법권을 같이 가지는 것은 인간에게 너무나 큰 유혹인데, 이러한 경우 인간은 그들 자신의 이익을 위하여 그들이 만든 법에 복종하지 않게 된다."고 하면서 입법권과 집행권의 분립을 주장하였다(Martina Künnecke, Tradition and Change in Administrative Law, pp. 12-13). 로크는 사법권의 분리는 생각하지 않았다. 이와 같이 영국은 국왕에게 집행권과 사법권이 집중되어 있는 형태에서 점차 독립적인 법원이 설립되어 가는 과정을 거쳤다.

[218] Michael Stokes Paulsen, The Most Dangerous Branch, pp. 335-336.

정을 추구하고 헌법의 파괴를 피하는 것은 각 부의 의무라고 할 수 있다. 실제로 매디슨식의 해석권력의 분립관점에서 의견의 차이를 조정하는 일은 불가피하고도 바람직스러운 일이다. 따라서 대통령은 헌법시스템 내에서 자신의 역할을 재인식하고 법원의 의견을 보다 중요한 것으로 여겨야 한다.219)

그러나 조정을 사법우위와 혼동해서는 안 된다. 조정은 조화이론에 따른 논리적 추론에서 도출되는 행정부 자체의 수용이다. 각 부가 언제 자신의 견해를 주장할 것인지, 언제 타 부의 견해의 받아들일지를, 공식적인 독립과 의무의 관점과 일관되게 결정하는 것은 어려운 일이다. 존중과 같이 조정도 절대적인 것이 아니라 태도에 관한 것이다. 그러나 대통령은 다른 사람이 동의하지 않는다는 이유만으로 자신의 의견을 포기해서는 안 된다. 행정부는 법원이 반대견해를 가지는 경우와 같이 때로는 다른 기관의 저항이 있더라도 자신의 견해를 유지하여야 하는 경우도 있다고 할 수 있다. 대통령이 독립적 견해를 유지하여야 할 필요성은 첫째, 자신의 판단이 옳다는 확신의 정도, 둘째, 그 문제의 국가에 대한 실질적 중요성, 셋째, 다른 헌법상 행위자들이 대통령의 입장을 지지해줄 가능성이 증가하는 것에 비례한다.220)

(4) 행정부 자제와 해석방법

행정부 자제의 3번째 원리는 사법부의 원리와 병행적인 것인데, 이는 법해석권의 행사가 적법하기 위해서는 적법한 해석방법에 의하여 제한되어야 한다는 것이다. 이것은 사법부 자제 원리와 유사한데, 이 원리의 핵심은 사법부

---

219) Michael Stokes Paulsen, The Most Dangerous Branch, pp. 337-338.

220) Michael Stokes Paulsen, The Most Dangerous Branch, pp. 338-339. 폴센은 여기에서 대통령이 다른 헌법상 행위자 중 법원으로부터 자신의 법적 견해에 대한 지지를 받는다는 내용을 설명하고 있다. 권력분립 모델 하에서 헌법과 연방법의 지배적인 해석권은 여러 해석자와의 상호작용, 경쟁작용이기 때문에, 행정부가 법원의 지지를 받는 경우 보다 강력한 법적 견해를 가질 수 있다. 따라서 행정부는 때로 법원의 심사를 받는 것이 유용한데, 특히 대통령은 인기 없는 법적 결정에 대한 정치적 비난을 분산시키기 위해 사법심사를 이용하기도 한다고 한다.

는 법을 해석하여야지 법을 만들어서는 안 된다는 것이다.221)

사법부 자제의 요소로 가장 많이 언급되는 법해석의 방법은 다음 세 가지이다. 첫째, 헌법이나 법률의 문언(text) 즉 법제정자의 주관적 의도에 따른 역사적 증거와는 다른 언어의 普通用法上의 의미이다. 둘째, 법제정자의 당초의도(original meaning), 셋째, 다른 법관에 의한 선례와 추론(precedents and reasoning)이다.222)

사법부 자제의 원리를 고수하는 자들은 자연법, 전통, 법관의 공동체 가치에 대한 인식, 기본적 가치, 법관의 정당한 것에 대한 개인적 견해 내지 정치적 선호 등에 법적 의미를 부여하는 것을 거부한다. 사법부 자제에 대비되는 행정부 자제의 이념도 행정부가 헌법상 권한과 의무를 이행하는 과정에서 법을 제정하는 것과 법을 해석하는 것의 차이점을 인식하도록 하기 위한 목적을 가지고 있다. 행정부 자제 원리도 우선 문언, 본래의 의미, 그리고 법의 구조를 기준으로 하고, 다음으로 행정부이든 사법부이든 선례가 문언과 충돌되지 않는 한 선례를 따른다. 그리고 공무원 개인적 정치적 선호, 정치적 강점에 대한 인식, 주관적 정의감정에 기초한 해석은 피한다.223) 자신의 정치적 선호에 따라 법을 해석하는 소위 적극적 행정해석주의자는 법해석권에 대혼란을 주는 통제 불능의 권력이 될 수 있다. 그는 시민의 권리를 정지하거나 전쟁을 일으키고 동의 없이 시민을 징병하는 방식으로 헌법을 해석할 수 있다. 마찬가지로 적극적 사법해석주의자도 똑같은 위험성을 내포하고 있다. 따라서 일

---

221) Michael Stokes Paulsen, The Most Dangerous Branch, p. 340.

222) Michael Stokes Paulsen, The Many Faces of "Judicial Restraint", 1993 Pub. Interest L. Rev. 3 (1993), pp. 4-5. Michael Stokes Paulsen, The Most Dangerous Branch, p. 341에서 재인용.

223) OLC는 행정기관의 입장이나 행위에 대한 변호를 위한 것이 아닌 법률이 요구하는 가장 적합한 해석에 기초한 의견을 제공하고 있고, 헌법해석에 있어서 헌법 규정, 규정의 연혁, 헌법의 구조와 의도, 사법부와 행정부의 憲法解釋 先例를 포함하는 헌법해석에 대한 전통적 선례를 따르고 있다(U. S. DOJ, Best Practices for OLC Legal Advice and Written Opinions, pp. 1-2).

반 원리로서 법해석권이 실질적 정부권력과 결합되면 될수록, 법해석권이 文言, 意圖, 構造에 의해 제한되는 것이 더욱 중요해진다고 할 수 있다.[224]

다만, 이러한 법해석 방법론에 대한 논의와 전술한 법령해석기관의 역할에 관한 논의는 구분되어야 한다. 전자는 행정부가 사법부, 입법부의 법해석에 대한 존중을 바탕으로 하는 신중한 자기자제 원리임에 반해, 후자는 대통령과 행정 각부의 정책적 입장과 법령해석기관의 법해석을 어떻게 조화할 것인가는 하는 문제이다. 후자의 경우도 법해석의 기초적 방법론으로 문언, 의도, 구조를 가장 중시하여야 한다는 점에서는 전자와 동일하다고 본다. 이러한 기준을 적용하여 법해석을 하는 가운데, 여러 법해석 중 선택의 가능성이 생기는 경우 대통령의 정책적 입장을 반영할 것인지 아니면, 엄격한 법의 지배 원칙만을 관철할 것인지가 법령해석기관의 역할에 관한 것이라고 볼 수 있다.

IV. 소결

살펴 본 바 같이 행정부의 법해석권의 자율성 문제는 법무장관인 에드윈 메시에 의해 최초로 제기되었는데, 그는 행정부는 오직 當該 事件에 대해서만 법원의 헌법해석에 구속된다고 밝혔으며, 약 백 년 전 링컨대통령은 적어도 특별한 상황에서는 연방대법원의 판결도 거부할 수 있다고 보았다.

행정부의 자율적 법해석권에 대해서는 크게 보면, 행정부 자율을 적극적으로 인정하는 입장과 행정부 자율 보다는 사법부 우위를 주장하는 견해가 있음은 전술하였는데, 이를 다시 정리하면 다음과 같다.

행정자율을 견해로는 다음 2가지가 대표적이다.

첫째, 사법의견에 포함된 판결과 판결의 이유(reason)를 명확히 구분하여 행정부는 전자에는 구속되지만 후자에는 구속되지 않는다고 한다. 이러한 견해

---

224) Michael Stokes Paulsen, The Most Dangerous Branch, pp. 341-342.

가 헌법시스템에 대한 일반적인 이해로서 적합하다고 보았는데, 왜냐하면 판
례에서 이유는 헌법의 한 부분으로 되지 않기 때문이라고 하였다.225) 더욱이
판결과 선례의 상대적 가치의 우열은 사법부를 보다 정직하게 하도록 해준다
고 한다. 즉, 행정부가 사법선례에 담긴 이유를 무시할 가능성 때문에, 오히려
법원은 일관되고 제한된 방법으로 이유를 제시함으로써 행정부의 존중을 받
을 수 있는 장점이 있다고 한다.226)

둘째, 판결의 이행은 행정부가 행정운영을 함에 있어서 법을 해석하는 것과
다르지 않은 행정부의 책임이라고 한다. 따라서 행정부는 헌법상 명령인 법의
충실한 이행 및 헌법준수 조항을 따라야 한다고 보았다.227) 그러나 링컨 대통
령이 인신보호영장에 따른 존 메리맨의 석방을 거부하였다는 것을 상기해 보
면, 행정부의 법원판결 및 선례에 대한 거부는 처음에는 충격적일 수 있으나,
미국 역사는 이러한 행정부 자율해석에 상당한 고려를 하였다고 한다.228)

반면, 사법부 우위를 주장하는 견해로는 다음 2가지가 대표적이다.

첫째, 연방대법원 스스로 자신의 선례에 구속되는 것과 유사하게 행정부도
법원의 선례를 따라야 하며, 이에 따라 법원의 선례는 행정부의 해석을 실질
적으로 제한한다고 한다. 행정자율 이론이 헌법판례는 헌법과는 완전히 분리
된다는 전제에 기초하고 있으나, 실제로는 文言과 先例는 모두 법률 시스템
의 본질적으로 측면이라고 하면서, 법적 안정성과 예측가능성이라는 측면에서
사법부든 행정부든 선례를 따라야 한다고 한다.229)

둘째, 아주 이례적인 상황을 제외하고 행정부는 하급법원의 판사처럼 연방
대법원의 선례를 따라야 한다고 한다. 사법부는 일반적으로 기본권의 보호와

---

225) Thomas W. Merrill, Judicial Opinions as Binding Law and as Explanations for
    Judgments, p. 64.
226) Thomas W. Merrill, Judicial Opinions as Binding Law and as Explanations for
    Judgments, p. 76.
227) Michael Stokes Paulsen, Merryman Power, p. 104.
228) Michael Stokes Paulsen, Merryman Power, pp. 89-91.
229) David A. Strauss, Presidential Interpretation of the Constitution, p. 134.

법의 지배 원칙에 맞추어 설계되어 때문에, 오직 憲法上 危機를 제외하고는 행정부가 사법부 선례를 따르도록 헌법시스템이 구성되어 있다고 한다.[230]

결론적으로 헌법상 법해석권이 누구에게 있는지에 대해서는 아무런 명문 규정이 없다. 헌법의 해석상으로도 법해석권은 특정 기관에 전속되어 있지 않으며, 오히려 대통령은 사면, 거부권, 임명권, 법집행권, 외교권, 군통수권을 행사함에 있어 법해석권을 최초로 혹은 마지막으로 행사하고 있다. 이처럼 행정부에 독자적인 법해석권이 있다는 점을 인정하는 전제하에서 사법부 판단에 어느 정도까지 구속되는 것이 헌법시스템의 목표에 부합하느냐 하는 것이 쟁점이라고 할 수 있다.

사법부의 판결 이유는 판결에 이르는 중요한 추론과정에 속하는 것이나 그 자체가 어떤 법적 효력을 가지지 않는 것으로 이해하는 것이 타당하다. 따라서 행정부는 이러한 의견에 구애됨이 없이 법령해석을 할 수 있다고 보아야 한다. 그리고 헌법상 위기상황의 경우에는 판결의 미집행도 가능하다고 보아야 하며, 위헌적인 법률에 대한 거부권도 당연히 인정된다.

행정부에 독자적 법해석권을 인정하고 의회의 법률이나 법원의 판결, 판결 이유에 대해서도 집행을 거부할 수 있는 권한을 주는 것은 행정부가 가지고 있는 중차대한 임무와 이들이 가지고 있는 고도의 전문적 능력 때문이다. 현대사회에서 행정부는 정책문제 해결에 전문성을 보유하고 있는 고도로 숙련된 기술 관료들로 구성되어 있다. 또한 대통령은 국민에 의해 선출되고 상시적으로 국민과 의회의 감시와 감독을 받고 있기 때문에 국민의 의사를 법해석에 반영할 수 있다.

행정부는 외교, 국방 등 국가와 국민의 안위를 보호하는 첨병으로서 역할은 물론 사회적 급부를 통하여 국민의 최소한의 인간적 삶을 실현하는 보루로서 역할을 하고 있다. 이러한 행정부의 전문성, 정치적 책임성, 국민의 역할기대 등이 행정부의 자율적 법해석권의 근거라고 보아야 한다.

---

230) Michel Rosenfeld, Executive Autonomy, Judicial Authority and the Rule of Law, p. 147, pp. 169-170.

제4절 행정부 법령해석권의 효력과 면책

Ⅰ. 개설

전술한 바와 같이 법무장관 내지 OLC는 연방정부기관의 법률질의에 응답하여 "법무장관 의견"(Attorney General Opinion)이라는 공식적인 서면 법률의견을 발표한다. 이러한 의견은 일반적으로 모든 행정부 공무원에게 구속력이 있는 것으로 받아들여진다.[231]

최근의 두 가지 OLC의 법률의견이 크게 문제되었다. 하나는 이미 살펴본 고문메모였고, 둘째는 감금된 극단적 테러리스트에게 적용되는 CIA의 대안적 절차(alternative set of procedures)에 관한 것이었다. CIA의 테러리스트 감금 프로그램은 9.11 공격과 같은 극단적인 테러리스트로부터 중요한 정보를 얻고자 하였다. 이들은 해외의 비밀감금시설에 수용되어 있었는데, CIA는 이들 테러리스트로부터 즉시 입수가 필요한 정보를 얻기 위해 별도의 절차를 사용하고자 하였다.[232] 별도의 절차의 사용목적은 테러리스트 체포, 테러리스트 거점 파괴, 테러리스트 운영교란, 미국인의 구출 등에 관한 중요한 정보를 제공받는 것이었다. 이러한 절차를 사용하기 위해 CIA는 OLC에게 그 절차가 합법적인 것인지 질의하였다. OLC는 제안된 절차가 합법적이라는 결론을 전달하였

---

[231] Exec. Order No. 28,771 (1918). 법무부 장관직이 신설되어 법무장관의 의견기능이 시작된 것이 1789년이므로, 법무장관의 의견기능 개시 약 130년 만에 법적 구속력이 명문화 되었다.

[232] 대안적 절차에는 저체온증 유발(hypothermia), 감금자와 그 가족에 대한 위협, 잠 안 재우기, 스트레스 주기, 물고문 등이 포함되었다(Marty Lederman, The CIA's "Alternative Set of Procedures": Calling Things by Their Right Names, Wednesday, September 06, 2006, http://balkin.blogspot.com/2006/09/cias-alternative-set-of-procedures.html).

고 이에 CIA는 이 방법을 감금된 테러리스트에게 사용하였다. 그러나 이러한 대안적 절차 사용은 많은 비판을 받게 된다. 의회와 국민들은 감금 프로그램에서 CIA에 의해서 사용된 기술에 우려를 나타냈으며, 또한 인권운동 조직으로부터 CIA의 기술이 남용되거나 고문이 될 수 있다는 비판을 받았다. 비비메모와 CIA 감금 프로그램에 대해서는 미국 정부와 공무원을 상대로 수많은 소송이 제기되었으며, 관타나모와 CIA 프로그램에서 고문을 행한 공무원들에 대해서는 형사처벌 요구가 이어졌다.[233]

이 경우 OLC의 의견을 신뢰하고 행동한 공무원에게 민형사상 처벌을 하는 것이 가능한 것인지 아니면 면책(immunity)되는지가 문제될 수 있다. 그리고 면책이 되는 경우 어떤 근거에 의한 것인지 의문이 들 수 있는바, 아래에서는 이에 대해 살펴보고자 한다. 면책에 대해 살펴보기 전 먼저 법령해석의 효력을 행정부와 법원은 각각 어떻게 보고 있는지부터 검토해 보고자 한다.

II. 법령해석의 구속력

법원은 일관되게 그들은 법무장관 의견에 구속되지 않는다고 밝혀왔다. Perkins v. Elg에서 노동부 장관은 그의 추방법의 해석은 법무장관 의견에 의해 지지를 받았다고 주장했다. 그러나 법원은 법무장관의 의견에 반대하는 것에 신중할 필요가 있으나, 그럼에도 불구하고, 법무장관 의견에 담긴 결론은 이 사건을 다루는 데 있어서 확립된 원리에 반하기 때문에, 법무장관의 의견을 따르기를 거부하였다.[234] 그 외의 다른 법원들도 법무장관의 의견은

---

233) Daniel L. Pines, Are Even Tortures Immune From Suit? How Attorney General Opinion Shield Government Employees From Civil Litigation and Criminal Prosecution, 43 Wake Forest L. Rev. 93 (2008), pp. 95-96. 이하 Daniel L. Pines, Are Even Tortures Immune From Suit?로 인용.

234) 307 U. S. 325, 347-348 (1939).

존중할 만한 것이지만, 법원에 대해 구속력이 있는 것은 아니라는 입장을 밝혔다.[235]

그러나 법무장관의 의견은 법령해석요청기관이 아닌 다른 모든 공무원에게도 구속력이 있다. 전술한 바와 같이 1918년 행정명령 제2,877호는 법무장관의견의 모든 행정기관, 공무원에 대한 구속력을 선언하였다. 1934년 쿠밍(Cumming) 법무장관은 정부의 최고법률책임자로서 법무장관의 의견은 행정부의 운영에서 존중되고 수용되어야 한다고 확인하였다. OLC는 법원이 달리 판단하지 않는 한 그들의 의견이 구속력이 있다는 점을 확인하고 있다.[236]

한편 법원의 경우도 법무장관의 의견의 대행정부 구속력은 인정하고 있다. Smith v. Jackson에서 운하지역의 감사관이 그 지역에 임명된 법관의 급여로부터 차임을 공제할 수 있는지에 대해, 법원은 이미 이 문제에 대해 전쟁장관이 법무장관의 의견을 들었고 법무장관은 감사관이 그런 권한이 없다는 의견을 준 것에 주목하였다. 연방법원은 법무장관 의견과 달리 차임을 공제한 감사관의 결정을 비난하면서, 법무장관 의견을 수용하였어야 한다고 판시하였다. 결국 감사관은 법이행을 거부할 권한이 없으며, 법무장관의 법해석을 따라야 한다고 보았던 것이다.[237] 결국 법원과 행정부 모두 법무장관 의견이 정부공무원에게 구속력이 있다는 점을 인정하고 있다.

---

235) Schick v. Reed, 419 U.S. 256, 275-76 n.12 (1974). 법무장관의 법률의견은 합리적인 법해석을 제공하지만 법으로서 강제력은 가지지 않는다. Tel-Oren v. Libyan Arab Republic, 726 F. 2d 774, 780 n.6, D. C. Cir. (1984). 법무장관의 의견은 구속력이 없지만 법령을 해석하는 사법부의 의견이 없는 경우 부분적으로 존중을 받을 수 있다.

236) Daniel L. Pines, Are Even Tortures Immune From Suit?, p. 106.

237) 246 U. S. 388, 389-391 (1918).

III. 행정부의 책임과 면책특권의 법적 근거

법무장관의 의견에 따라 행동한 공무원들은 다음과 같은 청구를 당할 가능성이 있다. 첫째, 불법행위에 따른 민사책임, 둘째, 헌법 및 법률위반에 대한 민사책임, 셋째, 연방 내지 주 형법에 따른 형사책임이다.[238]

1. 불법행위에 대한 민사책임

주권면책(sovereign immunity)이란 연방정부와 기관이 특권을 포기하지 않는 한, 그들은 소송을 당하지 않는다는 원리이다. 이 원리는 영국법상 "왕은 잘못을 행하지 아니 한다"는 원칙에서 유래하였다.[239] 따라서 공무원에 의한 불법행위에 대해서는 공무원 개인이 일반시민과 같이 책임을 지는 것이 보통법상 원칙이었다.[240]

---

238) Daniel L. Pines, Are Even Tortures Immune From Suit?, p. 118.

239) Dep't of Army v. Blue Fox, Inc., 525 U.S. 255, 260 (1999). 다만, 연방대법원은 주권면책사건에서 관련 법령은 통치행위 기관을 위해 엄격하게 해석되어야 하고 법문이 명시적으로 허용하는 범위를 넘어서는 해석되어서는 안 된다고 판시하였다 (United States v. Nordic Village, Inc., 503 U.S. 30, 33-35, 1992). 또한 주권면책에 대해서는 미국 헌법에도 근거가 없을 뿐 아니라 헌법의 최고법 원칙, 적법절차 원칙을 위반하는 것으로 폐지되어야 한다는 견해가 있다(Erwin Chemerinsky, Against Sovereign Immunity, 53 Stan. L. Rev. 1201 (2000-2001) 참조). 그리고 주권면책은 사법구제(judicial remedies)를 가능하지 않기 때문에 법의 지배 원칙의 본질과 긴장 관계에 있다는 견해도 있다(Vicki C. Jackson, Suing the Federal Government: Sovereignty, Immunity, and Judicial Independence, 35 Geo. Wash. Int'l L. Rev. 521-609 (2003), p. 523. 이하 Vicki C. Jackson, Suing the Federal Government: Sovereignty, Immunity, and Judicial Independence로 인용).

240) Jeremy Travis, Rethinking Sovereign Immunity after Bivens, 57 N.Y.U.L. Rev. 597 (1982), pp. 605-606. 이하 Jeremy Travis, Rethinking Sovereign Immunity after Bivens로 인용. 다이시의 법의 지배 원리의 2번째 요소가 바로 공무원과 시민이 불법행위에 대해 동일한 법적 책임을 진다는 것임은 전술하였다.

그러나 불법행위청구와 관련해 1946년 제정된 연방불법행위법(Federal Tort Claims At: FTCA)은 주권면책을 인정하지 않고 있다. FTCA는 업무상 범위 내에서(within the scope of his office and employment) 일어난 재산피해, 공무원의 의한 과실, 부작위, 불법적 행동으로 인한 재산피해, 사망 및 부상피해에 대한 손해배상을 규정하고 있다.241) 다만, FTCA에 따르면 공무원 개인에 대해서는 그가 업무범위 내에서 행위 한 것이었다면 면책을 인정하고 있는데,242) 이 경우 공무원 개인 대신 미국 정부가 피고가 된다.243)

다만, 법집행 과정에서 재량적 권한을 행사하는 경우, 우편물 분실 내지 조세 부과·징수 사건 등에 대해서는 국가책임의 예외가 인정된다.244)

이러한 법률에서 보는 바와 같이 행정부 공무원이 OLC의 의견을 따라 행위 하는 경우에는 해당 공무원의 그 업무범위 내에서 행위 하는 것으로 볼 수 있기 때문에 일반적으로 불법행위 책임을 지지 않게 될 것이다. 그러나 만약 업무범위 외에서 OLC의 의견을 따라 행위를 한 경우에는 불법행위 책임을 면제받지 못할 것이다. 예컨대, CIA 직원이 CIA가 승인하지 않은 감금 프로그램을 사용한 경우에는 개인적으로 책임을 져야 한다.245)

---

241) 28 U.S.C. § 1346(b)(1) (2000).

242) 28 U.S.C. § 2679(d)(1) (2000).

243) Daniel L. Pines, Are Even Tortures Immune From Suit?, pp. 118-119. 한편 국가배상책임의 경우 영국은 과실(negligence), 법령상 의무위반(breach of statutory duty), 대위책임(vicarious liability), 공무상 배임(misfeasance of public office)이 그 사유가 되며, 국왕면책(crownImmunity)은 1947년 국왕소추법(The Crown Proceeding Act 1947)의 제정으로 폐지되었으나, 금전관결에 대한 집행 등 일부에 대해서는 남아 있다. 한편 독일은 민법 839조와 관련된 기본법 제34조에 의하여 국가배상책임을 인정하고 있다(Marina Kuünecke, Tradition and Change in Administrative law, pp. 173-189 참조).

244) 28 U.S.C. § 2680 (2000).

245) Daniel L. Pines, Are Even Tortures Immune From Suit?, pp. 119-120.

2. 헌법, 법률위반에 대한 민사책임

Bivens v. Six Unknown Federal Narcotics Agents 사건에서 연방대법원은 수
정헌법 제4조상 기본권[246] 위반에 대하여 연방공무원을 제소할 수 있는 원고
의 권리를 확인하였다.[247] 이어서 법원과 의회는 Bivens의 청구권의 적용범위
를 다른 수정 헌법 조항뿐만 아니라 연방 법률에까지 확대하였다.[248]

연방정부의 불법행위에 의해 피해를 입은 사람은 연방불법행위법에 따른
소송과 헌법 등 위반에 따른 Bivens형 소송을 선택적으로 이용할 수 있다. 양
자의 선택적 청구가 허용되는 이유로 4가지가 있다. 첫째, Bivens는 공무원 개
인을 상대로 한 것이지만, FTCA는 미국 정부를 상대로 한 것이다. 둘째,
Bivens에서는 징벌적 배상이 가능하지만, FTCA에서는 이것이 금지되어 있다
는 것이다. 셋째, FTCA에서는 배심제가 허용되나, Bivens에서는 이것이 허용
되지 않는다. 넷째, FTCA는 불법행위 발생지의 주법이 FTCA에 의한 소송을
허용하는 경우에만 이용가능하나, Bivens에서는 연방공무원의 책임은 단일한
법에 의하여 판단된다는 점이다.[249]

한편 연방대법원은 특정한 공무원들이 업무범위 내에서 공무를 수행하는

---

[246] U.S. Const. Amendment IV. 부당한 압수, 수색으로부터 가택 등에서 보호받을 권
리를 의미한다.

[247] 403 U. S. 388, 397 (1971). 연방마약단속반이 Bivens의 가택에 들어가 영장 없이
마약을 압수한 것에 대해 Bivens가 연방헌법 수정조항 제4조 위반에 해당한다고 보
고 해당 공무원을 상대로 소송을 제기하였다.

[248] Daniel L. Pines, Are Even Tortures Immune From Suit?, p. 121. 그리고 Bivens형
소송은 헌법상 보호되는 기본권 침해에 대해 법률상 근거 없이도 사법적 구제를
가능하게 했다는데 의미가 있다. 즉, 헌법은 연방정부의 헌법 준수 의무를 규정하
고 있을 뿐, 헌법 위반에 대해 명시적인 구제책을 마련하지 않고 있다. 그러나 연
방법원은 헌법상 사법권(judicial power) 규정으로부터 연방공무원에 의한 손해배상
의 근거가 도출된다고 보았다(Jeremy Travis, Rethinking Sovereign Immunity after
Bivens, pp. 621-622).

[249] Carlson v. Green, 446 U. S. 14, 20-23 (1980).

경우 절대적 면책(absolute immunity)이 인정된다고 판시하였다. 이러한 절대
적 면책은 업무범위 내에서 행위 하는 법관, 대통령과 의원, 검사, 경찰에게
적용되었다.250)

법무장관 의견을 믿은 위 공무원들도 유사한 면책을 받을 수 있으나, 위에
서 열거한 공무원들을 제외한 다른 공무원들은 보다 제한적인 의미에서 상대
적 면책(qualified immunity)을 누릴 수 있다. Harlow v. Fitzgerald 사건에서 연
방대법원은 상대적 면책이 주어질 수 있는 두 가지 요건을 제시하였다. 첫째,
공무원의 행위가 헌법과 법령상 권리를 침해했는지 여부를 분석한다. 만약,
그러한 권리를 침해하지 않았다면 소송은 각하된다. 법령이 개인에게 소제기
권을 허용하지 않은 경우에도 마찬가지이다. 둘째, 헌법상, 법률상 권리가 합
리적인 사람이라면 그의 행위가 권리를 침해하였다는 것을 알 수 있을 정도로
명확히 확립되어 있는지를 분석한다. 법원은 특별한 상황 즉 법률이 명확한
경우에도 불구하고 해당 공무원이 그 사실을 몰랐을 가능성에 대해서도 조사
한다.251) 결국 피해를 입은 원고 입장에서는 공무원의 행위가 법률을 침해하
였다는 사실은 물론 불법행위 시 법률이 명백히 확립되어 있었다는 점을 증명
하여야 하는데, 이건 쉬운 일이 아니라고 볼 수 있다.252)

결국 상대적 면책은 헌법상 권리가 있다는 것이 확정적으로 확인되지

---

250) Imbler v. Pachtman, 424 U.S. 409, 420-429 (1976). 이러한 공무원들에게 절대적
면책을 허용하는 이유는 이들 법집행자, 입법자들은 범죄인, 죄수, 패소한 피고,
입법에 실패한 소수자들로부터 소송을 당할 가능성이 많은데, 이런 소송에 그대로
노출되는 경우 그들의 업무수행에 큰 장애를 입게 될 것이기 때문이라고 한다
(Alan K. Chen, The Facts about Qualified Immunity, 55 Emory L. J. 229 (2006),
pp. 234-235).

251) 457 U.S. 815-819 (1982). Government officials performing discretionary functions,
generally are shielded from liability for civil damages insofar as their conduct does
not violate clearly established statutory or constitutional rights of which a reasonable
per would have known.

252) Vicki C. Jackson, Suing the Federal Government: Sovereignty, Immunity, and
Judicial Independence, pp. 565-566.

(clearly established) 않은 손해에 대한 공무원의 배상 책임을 면제한다. 즉, 만약 피고의 행위가 기존의 법원리에 비추어 객관적으로 합리적이라면 피고의 손해배상책임을 면제하는 것이다. 이것은 42 U.S.C. 1983조253) 상 권리침해에 대한 민사소송에 유용한 방어책이다. 상대적 면책은 헌법을 침해하는 행위에 대한 배상을 부정함으로써, 헌법 침해에 대한 개인의 책임을 직접적으로 제한하는 효과가 있다.254)

이러한 두 가지 테스트에서 보면, 첫째, 원고는 공무원이 헌법상 권리 예컨대, 비비메모나 CIA 프로그램에서는 수정헌법 제5조 적법절차 조항을 위반하였음을 주장하여야 한다. 다음 2번째 테스트를 통과하기 위해서는 헌법상 내지 법률상 권리의 침해가 있었다는 점을 합리적인 일반인도 명확히 알 수 있었다는 주장을 하여야 한다. 그러나 법무장관은 행정부 내에서 최고의 法律 職位이다. 그리고 법무장관 의견은 드물고 대개 매우 상세하고 법적으로 복잡하다. 더욱이 법무장관 의견은 모든 공무원에 대해 구속력이 있다. 따라서 실제로 어떤 법원도 법무장관 의견에 의존한 공무원이 Harlow의 2번째 요건을 충족시켰다고 하기는 어렵다고 할 것이다. 결론적으로 법무장관 의견을 따른 공무원의 경우 상대적 면책이 인정된다고 할 수 있다.255)

---

253) 1983조 소송은 연방법원에서 헌법상 적법절차, 평등권을 보호하기 위한 목적을 가지고 있다. 주 정부의 권위 하에서 행위 하는 개인이나 기관, 예컨대 교도관이나 교도소(prison official)가 특정인의 헌법상 권리를 침해한 경우 동 개인이나 기관을 상대로 소송을 제기할 수 있다. 손해배상, 가처분, 확인판결을 구할 수 있다(Paul Clabo, 42 U.S.C. § 1983, A Jailhouse Lawyer's Manual, 9 Colum. Hum. Rts. L. Rev. 65 (1977), pp. 65-70). 이 소송과 FTCA상 정부상대 소송의 차이는 전자는 헌법상 권리 침해에 대한 것인 반면, 후자는 일반 불법행위에 관한 것이라는 점이다 (Comparing 42 USC 1983 and Tort Claims Acts, biotech.law.lsu.edu/.../FTC_v_19).

254) David Rudovsky, Qualified Immunity Doctrine in the Supreme Court: Judicial Activism and the Restriction of Constitutional Rights, 138 U. Pa. L. Rev. 23 (1989-1990), pp. 26-27.

255) Daniel L. Pines, Are Even Tortures Immune From Suit?, pp. 123-131.

3. 형사책임

(1) 내용

법무장관에게 형사절차진행의 권한을 주고 있기 때문에, 법무장관으로부터 위임받은 권한을 행사하는 OLC 직원이 법무장관 의견으로 인하여 조사, 기소, 처벌되는 경우는 상상하기 어렵다. 비비메모와 같이 사후에 의견이 변경되는 경우 어떻게 할 것인지가 문제될 수 있다. 이 문제는 미국 헌법상 소급입법 금지 원칙256)에 따라 해결될 수도 있다. Carnel v. Texas 사건에서 연방대법원은 헌법상 소급금지 조항은 제정 법률을 입법 이전 사건에 적용하여 개인을 처벌하는 것을 금지하는 것이라고 판시하였다. 또한 법원은 사후 입법과 같은 소급적용을 억압적이고 불공정하고 전제적인 법으로 묘사하면서, 그렇기 때문에 일반 시민에 의해 비판을 받는다고 보았다.257) 그 외에도 법무장관 의견에 대한 면책근거로는 의도의 부정(Negation of intent)이 있다. 일반적으로 형사책임이 성립하기 위해서는 피고는 행위 시 악한 의미의 마음, 즉 의도 내지 고의(Mens rea)가 필요하다.258)

이러한 의도의 부재 역시 법무장관 의견을 따른 공무원에 대한 형사책임 면책사유가 될 수 있다. CIA 프로그램에 대해서 보면 법무장관 의견은 이 프로그램이 고문에 해당하지 않는다는 점을 분명히 하였기 때문에, 이 의견에 의존한 공무원은 그가 구체적으로 고문에 해당하는 고통을 주는 것을 의도하지 않았다고 할 수 있다. 따라서 고문금지법을 위반할 의도를 가지지 않았다고 말할 수 있을 것이다. 비비메모의 경우도 첫째 분석은 고문에 대한 개념정

---

256) U.S. Const. Article I, Section 9, Clause 1. 의회는 개인의 권리박탈법 또는 소급처벌법을 통과시키지 못한다(No bill of attainder or ex post facto Law shall be passed).

257) 529 U.S. 513, 521-25, 532 (2000). 법원에 따르면 4가지의 사후입법(ex-post facto)이 있다고 한다. 첫째, 법시행전 완성된 행위를 처벌하는 법, 둘째, 범죄행위시보다 형을 가중하는 법, 셋째, 처벌을 변경하거나 가중하는 법, 넷째, 증거 원리를 변경하거나 증언청취를 약화시키는 법이 그것이다.

258) Daniel L. Pines, Are Even Tortures Immune From Suit?, pp. 131-133.

의를 한 것이기 때문에, 고문금지법에 위반하는 심각한 육체적·정신적 피해를 줄 의도는 없었다고 말할 수 있다. 그러나 비비메모의 두 번째 분석인 군통수 권자로서 권한, 세 번째 분석인 필요성과 정당방위 논리는 고문을 하면서 그 고문을 허용하는 예외를 분석한 것이기 때문에 고문의 의도를 가졌다고 할 수 도 있다. 확실히 면책근거로서 의도의 부정은 사건별로 판단하여야 할 것이지 만, 그럼에도 불구하고 법무장관 의견에 대한 의존은 공무원이 범죄를 행할 의도를 가지지 않았다는 점을 설명할 수 있다고 본다.[259]

이하에서는 좀 더 구체적으로 형사책임의 면제 근거 및 이러한 근거들이 OLC 사건에 적용될 수 있는지에 대해 검토하고자 한다.

(2) 면제근거

1) 적법절차, 신뢰보호

적법절차는 피고인이 법의 공식적 해석[260]에 따라 범죄가 아니라는 합리 적 신뢰에 기초하여 행동한 경우 범죄성립을 막는다는 것이다. 신뢰보호 (entrapment by estoppel) 원칙은 4가지 요건이 필요하다. 첫째, 공무원이 그 행 위가 합법적이라는 점을 표시하였어야 한다. 둘째, 피고는 그러한 표시를 신 뢰하였어야 한다. 셋째, 그 신뢰는 합리적이어야 한다. 넷째, 처벌은 불공정하 여야 한다.[261]

이러한 신뢰보호는 OLC의 의견을 믿고 이에 따른 공무원의 면책에도 적용 될 수 있다. 먼저 OLC의 경우 공무원이 법률의견을 제공한다는 점은 명확하

---

[259] Daniel L. Pines, Are Even Tortures Immune From Suit?, pp. 135-136.

[260] The Model Penal Code에 따르면 법에 대한 공식적 설명(official statement of the law)은 법령, 판결, 판결이유, 행정명령, 공무원의 공식해석 속에 담긴 것을 의미한 다고 한다(Model Penal Code § 2.0 4 (3) (b) 1962).

[261] Notes, The Immunity-Conferring Power of the Office of Legal Counsel, 121 Harv. L. Rev. 2086 (2008), pp. 2092-2093. 이하 Notes, The Immunity-Conferring Power of the Office of Legal Counsel로 인용.

다고 할 수 있어 첫째 요건은 충족된다. 다만, OLC의 의견에 대한 존중에 신뢰보호를 적용하는 경우 몇 가지 난점이 있다. 첫째, 신뢰보호는 원칙적으로 공무원의 행위에 대해 사인이 이를 신뢰하는 것인데, OLC의 경우는 공무원이 공무원의 행위를 신뢰하는 것이라는 점이다. 공무원은 보통 충분한 정보를 가지고 있고 행위의 적법성에 대하여 심사할 의무를 가지고 있다고 할 수 있다. 따라서 합리적 신뢰라는 점을 입증하기가 어렵다고 볼 수 있다. 만약 이를 고려하지 않고 합리적 신뢰라는 점을 이유로 공무원에게 이러한 면책을 허용하는 경우 공무원의 정책적 결정을 뒷받침하기 위해 신뢰보호가 이용될 수도 있다. 둘째, 신뢰보호 원칙을 적용하기 위해서는 공무원의 잘못된 표시행가 직접적으로 피고에게 전달되어야 한다. 그러나 보통 OLC의 의견이 집행을 담당하는 공무원에게 직접적으로 전달되지 않는다. 실제로 OLC의 결론에 따라 행위 하는 공무원은 OLC의 역할에 대해 모를 수도 있다. 즉, 집행담당자는 실제로 표시행위에 대한 신뢰를 가지고 행동했다고 보기 어려울 수 있다는 것이다.[262]

2) 공무집행행위

보통법에서 법원은 공무원이 공익목적 달성을 위한 공무집행 과정에서 불법행위를 한 것에 대해서는 이를 묵인하였다. 이러한 공무집행행위(public authority defense) 이론에 따른 면책은 공무에 종사하는 공무원의 권위에 대한 합리적 신뢰(reasonable reliance)에 따라 행동하는 공무원에게 적용된다. 공무집행위 이론은 흔히 CIA에 의한 국가안보목적상 필요에 의한 행위의 면책이라는 측면에서 흔히 CIA 방어라고도 불린다. 신뢰보호와 공무집행 이론의 차이점은 전자는 공무원의 잘못된 표시에도 불구하고 행위자는 범죄가 아니라고 믿은 것이고, 후자는 행위자가 행위의 위법성은 알고 있었지만 정당화된다고

---

[262] Notes, The Immunity-Conferring Power of the Office of Legal Counsel, pp. 2095-2096.

본다는 점이 다르다. 공무집행 이론에서 피고의 신뢰는 객관적 합리성을 가져야 하는데, 이러한 객관적 합리성은 공무원의 법적 권위에 의존한다고 할 수 있다. 이 권위에는 명백한 권위(apparent authoriry)와 실질적 권위(actual authority)가 있다.263)

명백한 권위에 대해서는 United States v. Baker에서 윌키(Malcom Wilkey)법관이 견해를 표명했다. 그는 행위자가 그의 행위를 합리적으로 믿었다면 행위자는 공무원이 금지된 행위를 허용하는 실제 권위가 있었다는 점을 입증할 필요가 없다고 하면서 두 가지 요건을 제시하였다. 첫째가 공무원에 대한 합리적 신뢰를 정당화는 事實關係, 둘째, 공무원이 행위를 허용하는 권위를 가진다는 합리적 신뢰에 기초한 法律理論이다.264) 명백한 권위 이론을 OLC 의견에 적용해 보면, 사실관계는 오랜 기간 OLC의 의견을 구속력 있는 것으로 받아들이는 관행을 지적할 수 있고, 법률이론으로는 OLC의 법무장관과의 직접적 관련성을 제시할 수 있다. 법무장관은 법률이론 분야에서 최고 전문가 중한 명이라는 점이 인정된다.265)

다음 실질적 권위 이론은 공무원이 행위를 함에 있어서 실제 권위에 대한 합리적 신뢰가 있었느냐를 기준으로 한다. 다시 말해, 정부에 의해 적절하게 승인된 행위만이 불법이 아니라는 것이다. 실질적 권위 이론을 적용해 보면 대통령과 OLC가 법률을 해석할 권위가 있다는 점을 당연하다. 그러나 OLC가 불법행위를 정당화할 수 있는 실질적 권위가 있다고 볼 수는 없을 것이다. 행정부는 법에 대한 최종적 해석자가 아니기 때문이다.266)

---

263) Notes, The Immunity-Conferring Power of the Office of Legal Counsel, pp. 2096-2097.

264) 546 F. 2d 940, 943 (D. C. Gir. 1976). 명백한 권위가 입증되면 실질적 권위가 있었다는 입증은 필요 없다.

265) Notes, The Immunity-Conferring Power of the Office of Legal Counsel, pp. 2097-2198.

266) Notes, The Immunity-Conferring Power of the Office of Legal Counsel, pp. 2099-2100. 다만, 이미 전술한 바와 같이 행정부도 일정한 경우 자율적·최종적 법해석

3) 무죄 주장

무죄주장(innocent defense)은 전술한 신뢰보호나 공무집행 이론과 달리 독립적인 면책근거가 아니라, 증거가 없는 경우 범죄의 본질적 요소[267]가 없다는 점을 주장하는 것이다. 피고는 첫째, 그가 정부와의 협력 하에 행위 한다는 점을 성실하게 믿었다는 점과 둘째, 그가 의존했던 공무원이 실제 그러한 행위를 정당화할 권한(actual authority)이 있다는 점을 보여줌으로써 범죄혐의를 부정할 수 있다. 먼저 피고는 그의 무죄의 증거를 제출하여야 한다.[268] 증거가 제출되면 검사는 피고의 행위가 합리적 의심(reasonable doubt)을 넘어서는 요소가 있음을 입증하여야 한다. 배심원들은 피고가 그 자신의 행위가 범죄가 되지 않고 따라서 고의적으로 법률상 의무를 위반하지 않았다는 선한 믿음으로 행위 한 것인지 대하여 합리적 의심을 한 후 평결을 한다. 범죄의 본질적인 요소가 결여되는 경우 면책된다. 여기에서 면책을 위한 중심적인 요건은 정직한 믿음이지 객관적 합리성이 아니다. OLC의 경우 정부와의 협력 하에 행위 한다는 점을 성실하게 믿었다는 점이 보다 잘 적용될 수 있는데, 이는 OLC에서는 피고 자신이 공무원이기 때문이다. 일반 시민이 피고라면 그는 정부기관과의 관계를 추가로 입증하여야 하여야 한다. OLC의 의견은 공무원인 피고가

권을 가진다는 점에서 OLC가 실질적 권위가 없다는 결론은 논쟁적이라고 할 수 있다.

[267] Model Panel Code에 따르면 범죄는 행위요소와 행위자의 심적 상태(mental state)라는 두 가지 요소로 이루어진다. 행위 요소는 행위, 주위 환경, 결과를 포함한다. 심적 상태는 의도(purpose), 아는 것(knowledge), 무모함(recklessness), 과실(negligence)로 구성 된다(http://www.law.upenn.edu/fac/ phrobins/intromodpencode.pdf). innocent의 경우 보통 무죄주장이라고 할 수 있는데, 여기에서는 주로 심적 상태의 부재를 의미한다. 범죄구성요소에 대한 자세한 설명은 Paul H. Robinson, Jane A. Grall, Element Analysis in Defining Criminal Liability: The Model Penal Code and beyond, 35 Sta. L. Rev 681 (1983) 참조.

[268] U.S. Attorney's Manual, Title 9: Criminal Resources Manual § 2055 (http://www. justice.gov/usao/eousa/foia_reading_room/usam/title9/title9.htm).

그의 행위가 범죄가 아니라는 정직하고 선한 믿음을 가졌다는 점을 설명한다. 두 번째 요건인 행위를 정당화할 실질적 권위는 다소 문제가 있다. OLC는 불법행위를 정당화할 수 있는 실질적 권한을 가지고 있지 않기 때문이다.[269]

IV. 면책특권의 효용성

1. 행정부 업무수행과 면책특권

공무원은 자신의 행위가 면책된다는 사실을 알게 되면 업무를 대충 수행하려고 할 가능성이 있다. 이를 막기 위해서는 적절한 행위 및 부적절한 행위에 대한 가이드라인을 설정할 필요가 있다.[270] 그러나 공무원이 항상 민형사 제재의 부담 때문에 올바른 행위를 하는 것은 아니다. 그들도 자신의 승진과 존경을 위한 동기에서 업무를 수행하기도 한다. 오히려 문제가 되는 것은 두 가지이다. 첫째, 공무원이 OLC에 의견을 요청할 때 면책을 위해 중요한 사실에 대해 거짓말을 하거나 그 사실을 생략하는 경우이다. 그러나 OLC는 기본적으로 요청기관에서 제공한 사실관계 하에서 판단을 하게 되고, 따라서 의견을 따른 것에 대한 면책도 동일한 사실관계 하에서만 주어진다는 점에서 큰 문제가 아닐 수 있다.[271]

둘째, 더 큰 문제는 공무원이 OLC와 공모하여 불법적인 의견임에도 공무원을 면책시키는 경우이다. 즉, 공무원이 법무장관 또는 OLC와 공모하거나 아

---

[269] Notes, The Immunity-Conferring Power of the Office of Legal Counsel, pp. 2100-2102.

[270] 일반인이 아닌 특정인에게 주어지는 특권은 특정인의 업무수행에 그 특권이 필수 불가결 하기 때문이다. 따라서 원활하고 적극적인 법해석을 통하여 공익달성에 전념할 수 있도록 해주는 면책특권이 순기능적으로 사용되도록 적절한 통제 수단을 강구할 필요가 있다.

[271] Daniel L. Pines, Are Even Tortures Immune From Suit?, pp. 148-149.

니면 최소한 상당한 압력을 넣어 그가 원하는 행위를 할 수 있는 의견을 주도
록 하고, 동시에 한편으로는 그에게 면책을 제공하게 할 수 있다. 많은 사람들
은 비비메모와 CIA 프로그램에 이러한 공모가 있었다고 믿고 있다.[272]

그러나 공모가 발생하기 어려운 몇 가지 이유가 있다. 우선 OLC는 법무장
관 의견을 위하여 그들의 명성을 희생시키기를 원하지 않는다. 실제로 법무장
관 의견이 서면으로 작성되는 경우 더욱 공모의 가능성이 낮아진다. 이러한
서면의견이 나중에 분쟁 시 법원에 제출되게 되는 데, 이러한 경우를 생각하
면 공모의 유인은 없어진다고 할 수 있다. 다음 공모가 실제로 어려운 이유가
있다. 보통 변호사들에 의해 작성되는 의견과 달리 OLC의 의견은 상당히 오
랜 시간이 걸린다. 관련 사실의 확정, 필요한 연구, 의견서 작성 등의 절차를
진행함에 있어서 상당한 시간이 소요된다. 또한 작성된 초안은 다른 법무부내
부서의 검토를 받게 되어 있다. 타 부서 검토 후에는 상급자에 대한 보고가
이루어지고 이해관계 있는 다른 부처의 의견도 듣는다. 이렇듯 여러 단계의
여러 사람을 거치면서 공모의 가능성은 대폭 감소하게 되는 것이다.[273]

2. 기관 간 협조와 예우

OLC의 이전 의견에 의존하였던 공무원에 대한 면책은 시기적으로 다른 행

---

[272] Daniel L. Pines, Are Even Tortures Immune From Suit?, p. 150. 다만, 이러한 공모
로 인해 민사, 형사 분쟁이 일어나는 경우 의견을 제공한 OLC 변호사도 공모자로
서 책임을 지기 때문에, OLC 변호사에게 공모의 유인은 거의 없다고 할 수 있다.
일종의 자기보호(self-preservation) 본능을 의미한다.

[273] Daniel L. Pines, Are Even Tortures Immune From Suit?, pp. 151-152. 예컨대, 비영
리기관이 특정 문제에서 재정적 이해관계를 가질 수 있는지에 대한 법률자문에서,
OLC는 내무성, 농림성, 건강후생성, 환경청, 국립과학재단, 항공우주국, 상무성의
의견을 들었다(MEMORANDUM OPINION FOR THE GENERAL COUNSELOFFICE
OF GOVERNMENT ETHICS, FINANCIAL INTERESTS OF NONPROFIT
ORGANIZATIONS, January 11, 2006(http://www.justice.gov/olc/11106nonprofitboards.
pdf).

정부 간에도 OLC의 제도적 지속성을 강화시켜준다. 일반적으로 OLC는 이전의 OLC의 의견을 존중하고자 한다. OLC는 새로운 행정부가 비록 이전 행정부와 확실히 다른 정치철학을 대표한다고 할지라도, 행정부간 선례구속에 있어서 일정 수준을 유지하고자 하였다.274)

이러한 기관 간 협조는 법에 있어서 안정성과 예측가능성을 가져온다. 일부 OLC 의견이 변경된 경우가 있었지만, 논쟁을 피하고 허용되는 행위에 대한 명백한 가이드라인을 제공하기 위하여 OLC는 이전의 결정을 거의 변경하지 않았다. 이러한 양당 체제하에서 지속성은 OLC의 제도적 이해를 정치적 압력으로부터 벗어나도록 하기 위한 것이다. OLC의 의견의 잦은 변경은 정치적으로 이용될 수 있고 OLC의 신뢰를 훼손한다.275)

3. 면책특권의 긍정적 기능

면책특권이 있음으로 인해서 공무원은 OLC의 의견을 구속력이 있는 연방정부의 최종적 법률의견으로 받아들인다. 공무원들은 처벌되지 않으며, 그런 걱정을 할 필요도 없다. 따라서 면책특권은 공무원으로 하여금 법원에서 새로운 방어 이론을 만들거나 이를 만들 걱정을 할 필요를 없게 해준다. 그리고 면책특권은 공무원의 소위 비뚤어진 동기유발을 막아준다. 즉, 면책특권이 없는 경우 법무장관이 특정 행위가 불법이라고 하면 공무원의 행위 자체를 막게

---

274) Notes, The Immunity-Conferring Power of the Office of Legal Counsel, p. 2106 이러한 행정부 변화에도 불구하고 변경되지 않고 유지된 OLC의 의견 중 하나가 의회거부가 위헌이라는 연방대법원의 의견의 수용이라고 한다. 고홍주 교수에 따르면, OLC가 과거 선례를 따르는 이유는 OLC의 고객은 특정한 대통령이 아니라 제도로서 대통령제(institutional presidency)이기 때문이라고 한다. 이는 특별히 법령과 조약의 해석에서 그러하였는데, 이로 인해 법령상 언어는 계속 동일한 의미를 가지게 되었다는 것이다(Harold Hongju Koh, Protecting the Office of Legal Counsel, p. 516). 이는 앞서 살펴본 명성자본 모델의 설명과 일치한다.

275) Notes, The Immunity-Conferring Power of the Office of Legal Counsel, p. 2107.

되고, 법무장관이 특정 행위가 합법이라고 해서 그 행위를 하는 경우에도 나중에 위법으로 판단되면 법적 보호를 받지 못하게 된다. 이런 상황이라면 공무원은 법무장관의 의견청취를 거부하게 되며, 만약 특정 행위가 사후에 불법으로 간주되는 경우에는 불법 여부에 대해 전혀 몰랐다는 주장을 하게 된다. 이에 반해 면책특권이 허용되는 경우 공무원들은 더 많은 법률의견을 외부기관 특히 행정부 내 최고법률기관인 법무부로부터 듣게 된다. 외부의견 청취는 중요한 정책결정에 대한 공모를 막고 정책의 적법성을 제고하게 된다.276)

이렇게 OLC에 대한 신뢰성 제고는 OLC에게도 좋을 뿐 아니라, 국민들에게도 이득이 되고 정부기능의 원활화에도 기여한다. 결과적으로 OLC에 대한 신뢰는 행정부 법률해석의 가치를 높이고 법집행과 행정활동에 있어서 예측가능성과 법적 안정성을 증진시킨다.277)

V. 소결

OLC의 법률해석은 법적 구속력이 있기 때문에, 법령해석에 따라 법을 집행하는 공무원은 그러한 해석의 합헌성, 합법성에 대한 의심을 가지지 않는 것이 보통이라고 할 수 있다. 그리고 보통 OLC까지 가는 법령해석은 상당한 정도의 복잡성과 전문성을 가진 법률문제이므로 일반 공무원이 이를 다시 심사한다는 것이 현실적으로 어렵다고 보아야 한다. 따라서 특별한 사정이 없는 한 법령해석을 믿고 행동한 공무원에 대해 업무범위 내 면책, 상대적 면책 이론을 가지고 민사상 책임을 면제하고, 의도의 부재 등의 여러 이론을 가지고 형사상 면책을 허용함이 타당하다고 본다.

---

276) Daniel L. Pines, Are Even Tortures Immune From Suit?, pp. 152-153.

277) Notes, The Immunity-Conferring Power of the Office of Legal Counsel, pp. 2103-2104.

제5장

우리나라 행정부의
법령해석권

제1절 행정부의 법령해석권의 내용

Ⅰ. 행정부 법령해석의 의의와 법적 성격

법의 해석이란 일반적이고 추상적으로 규정되어 있는 법령의 의미와 내용을 명확하게 밝히는 것이고 포섭이란 사실관계를 법에 수용하는 것인데, 법에의 수용은 법에 대한 해석을 필수적으로 수반한다는 점에서, 포섭과 해석을 합쳐 광의의 법령해석이라고 한다는 점은 전술한 바 있다. 법령해석은 해석주체에 따라 有權解釋과 學理解釋으로 구분된다. 유권해석은 권한 있는 자의 해석을 의미하는데, 여기서 권한이라 함은 해석 권한을 의미하고, 권한 있는 자는 일반적으로 국가기관을 의미한다. 그리고 이러한 권한에 의한 해석은 국가기관의 법령 등의 집행과정에서 반영되고 집행될 수 있는 이른바 貫徹 可能性을 가지고 있다. 학리해석이란 학문적 차원에서 행해지는 법에 대한 해석이다.[1]

유권해석의 종류는 입법, 사법, 행정부가 각각 수행하는 입법해석·행정해석·사법해석으로 나누어진다. 이 중 행정해석은 법령소관 중앙행정기관이 일반적인 행정법령의 집행과정에서 행할 수 있는 법령에 대한 해석이다. 그러나 예외적으로 법령소관 행정기관이 아님에도 불구하고 특별한 목적을 위해서 다른 국가기관이 유권해석을 할 수 있는 경우도 있는 데, 이것이 政府有權解釋이다. 즉, 행정해석 중에 행정부 내에서 국법체계 전반에 대한 법령해석에 관하여 정부견해의 통일을 기하고 일관성 있는 행정운영을 도모하기 위하여 국무총리의 행정 각부에 대한 통할권에 기초하여 「법제업무운영규정」 등에

---

[1] 정영환, 『정부유권해석제도의 정착을 위한 바람직한 제도운영에 대한 연구』, 법제처, 2006, 84-86면. 이하 정영환, 정부유권해석제도의 정착을 위한 바람직한 제도운영에 대한 연구로 인용.

의하여 법무부, 법제처에 의해 수행되는 법령해석이 있는 데, 이를 정부유권
해석이라고 한다.[2]

결국 한국의 행정부 법령해석제도는 전술한 바와 같이 소관 중앙행정기관
이 소관 분야 법률에 대한 1차적 행정해석을 담당하며, 2차적으로 법제처와
법무부가 정부유권해석을 담당하고 있다. 다만, 법무부의 경우 법령소관 중앙
행정기관의 성격도 가지므로 법제업무운영규정에 의한 정부유권해석과 그
외의 절차에 의한 행정해석을 구분하여야 할 것이다. 그리고 정부유권해석
은 『정부조직법』과 『법제업무운영규정』 등의 법령에 따라 민사·상사·형사,
행정소송, 국가배상관계법령 및 법무부 소관 법령의 벌칙 조항에 대한 해석을
제외하고는 정부입법의 총괄기관인 법제처가 수행하고 있다. 행정해석은 각
행정기관이 소관 법령의 집행관청으로서 직접 하거나 또는 상급관청이 하급
관청에 대한 회답, 훈령형식으로 하는 법령해석을 말한다.[3]

II. 행정부의 법령해석의 수단과 형태

1. 규제개혁위원회의 법령해석

미국에서 OMB의 규제영향분석 업무와 관련된 법령해석 기능을 한국에서
는 규제개혁위원회가 수행하고 있다. 법령안 주관기관의 장은 규제를 신설 또
는 강화하는 내용의 법령을 제정하거나 개정하려는 경우에는 법제처에 법령
안 심사를 요청하기 전에 규제영향분석서, 자체심사의견, 행정기관·이해관계

---

2) 임종훈, "정부유권해석의 발전과 체계화를 위한 모색: 법제처의 역할 재정립과 관련
하여", 『법제처 법령해석관리단 세미나자료』, 2005, 4면. 다만, 정부유권해석도 행
정부에 의한 해석으로서 행정해석의 하나임은 분명하다. 소관 기관의 행정해석을
1차적 행정해석이라고 한다면 법령해석기관의 해석은 2차적 행정해석이라고 부를
수 있다는 점은 전술하였다.
3) 법제처, 『법령해석 매뉴얼』, 2009, 3-4면.

인 등의 제출의견 요지를 첨부하여 규제개혁위원회에 규제심사를 요청하여야
한다.4) 규제개혁위원회에 의한 규제심사는 미국과 같이 기존 법령 내지 신설·
강화되는 규제법령으로 인한 비용편익에 대한 가치분석을 시도한다는 점에서
법령해석이라고 일종이라고 할 수 있다.

2. 법무부의 법령해석

법무부 장관은 검찰·행형·인권옹호·출입국관리 그 밖에 법무에 관한 사무
를 관장하며, 검사에 관한 사무를 관장하기 위하여 법무부 장관 소속으로 검
찰청을 둔다.5) 이러한 업무 중 법령해석과 관련된 업무에는 대통령·국무총리
및 중앙행정기관의 법령에 관한 자문과 민사·상사·형사(다른 법령의 벌칙 조
항을 포함한다)·행정소송·국가배상 관계 법령 및 법무부 소관 법령의 해석이
있다. 이 업무는 법무부 법무실장이 수행하며 위 업무에 대해 법무심의관6)은
법무실장을 보좌하게 되어 있다. 그리고 법무실장과 법무심의관은 검사로 보
하게 되어 있다.7)

---

4) 행정규제기본법 제10조.
5) 정부조직법 제27조 제1항 및 제2항. 보다 구체적으로 보면, 법무부는 검찰, 보호처
분 및 보안관찰처분의 관리와 집행, 행형, 소년의 보호와 보호관찰, 갱생보호, 국가
보안사범의 보도, 사면, 인권옹호, 공증, 송무, 국적의 이탈과 회복, 귀화, 사법시험
및 군법무관임용시험, 법조인양성제도에 관한 연구·개선, 법무에 관한 자료조사, 大
統領·國務總理와 행정 各部處의 法令에 관한 諮問과 민사·상사·형사(다른 법령
의 벌칙 조항을 포함한다)·행정소송 및 국가배상관계법령의 해석에 관한 사항, 출
입국·외국인정책에 관한 사무 기타 일반 법무행정에 관한 사무를 관장한다(법무부
와 소속기관 직제 제3조).
6) 법무심의관은 아래 5가지 업무에 대해 법무실장을 보좌한다. 1) 법령안의 기초 및
심사, 2) 대통령·국무총리 및 중앙행정기관의 법령에 관한 자문과 민사·상사·형사
(다른 법령의 벌칙 조항을 포함한다)·행정소송·국가배상 관계 법령 및 법무부 소관
법령의 해석, 3) 법무에 관한 정보·자료(법률·학설·판례를 포함한다)의 조사·수집·
연구·간행 및 도서 관리, 4) 법무제도 및 그 운영에 관한 연구·개선, 5) 민사·상사
관계 법령의 연구 및 법무자문위원회의 운영(법무부와 소속기관 직제 제9조 제4항).

법무실장은 위 직접적인 법령자문 및 법령해석 업무 외에도 법령해석 관련하여 1) 조약 등 국제협약, 통상 협상 관련 법률자문, 2) 국제투자분쟁에 대한 법적 지원, 3) 국가를 당사자로 하는 소송, 행정소송 등의 지휘·감독, 4) 헌법재판의 수행, 헌법재판 관련 법률자문 업무를 수행한다. 1)과 2)의 업무는 법무실내 국제법무과장이 3)과 4)의 업무는 국가송무과장이 보좌한다.[8]

미국의 법무부의 법률자문국의 기능은 법무심의관이 담당하고 송무실의 기능은 법무실장 소속의 국가송무과장이 담당하고 있는데, 양자는 법무실장 소속으로 되어 있는 점이 특색이다. 미국의 경우 법무부 장관, 법무부 차관 하에 송무실장이 법무부 부차관과 동일한 서열이나 법률자문국의 장은 11명의 법무부 차관보 중 하나라는 점에서 송무실장의 서열이 높다고 할 수 있다. 한국 법무부의 경우 국가송무과장보다 법무심의관의 서열이 높다는 점에서 미국과는 반대로 되어 있다고 할 수 있다.

사면, 감형, 복권에 관한 사항은 법무부 검찰국장 소속 형사기획과장이 담당하며,[9] 미국의 경우에도 법무부에 별도의 사면국이 설치되어 있다는 점에서 양국이 유사하다고 할 수 있다.

3. 법제처의 법령해석

법제처는 국무회의에 상정될 법령안·조약안과 총리령안 및 부령안의 심사와 그 밖에 법제에 관한 사무를 전문적으로 관장하기 위하여 국무총리 소속으로 설치되어 있다.

법제처의 법령해석은 직접적인 법령해석과 간접적 법령해석으로 나눌 수 있다. 직접적 법령해석은 중앙행정기관의 장이 지방자치단체의 장 또는 민원인으로부터 법률적 판단이 필요한 질의를 받는 등 법령을 운영·집행하는 과

---

7) 법무부와 소속기관 직제 제9조.
8) 법무부와 소속기관 직제 제9조 및 법무부와 그 소속기관 직제 시행규칙 제5조.
9) 법무부와 소속기관 직제 제10조 및 법무부와 그 소속기관 직제 시행규칙 제6조 제4항.

정에서 해석상 의문이 있는 경우에는 행정운영의 적법성과 타당성을 보장하기 위하여 법제처에 법령해석을 요청하는 경우를 의미한다.[10]

다음 간접적인 법령해석 기능을 수행하는 법령안 심사가 있다. 즉, 법제처는 행정부가 국회에 제출하는 법률 외에도 대통령, 총리령, 부령에 대한 사전심사를 하고 있는데,[11] 이것도 일종의 법령해석이라고 할 수 있다. 정부의 입법 활동과 이에 대한 법제처의 법령안 심사 목적의 핵심은 적극적으로는 헌법이념을 실현하고, 소극적으로는 법률이나 명령이 헌법과 법률 또는 상위명령에 위반되지 않도록 함으로써, 전체 법령체계 간에 조화를 이루고 정부의 정책의지가 정확하게 반영되어 차질 없이 시행되도록 하는 데에 있다.[12] 따라서 법령안 심사과정에서 헌법과 상위법에 대한 해석이 이루어지고 있다고 볼 수 있다.

4. 대통령실과 국무총리실의 법령해석 등

대통령실은 대통령의 국정수행 보좌에 관한 사무를 관장하는데, 대통령실장은 대통령의 명을 받아 대통령실의 사무를 처리하고 소속 공무원을 지휘·감독한다. 대통령실에 정책실장 및 수석비서관을 두며 이들은 대통령실장을 보좌한다.[13] 수석비서관 중 민정수석비서관은 국민여론 및 민심동향 파악, 공직·사회기강 관련 업무 보좌, 法律問題 補佐 역할을 하고 있으며, 민정수석비서관 산하 법무비서관은 1) 주요 국정현안에 대한 법률보좌, 2) 부패근절을 위한 제도개선 및 권력기관의 제도개혁, 3) 사법정책기획 및 조정 업무를 맡고

---

10) 법제업무운영규정 제26조.
11) 법제업무운영규정 제21조.
12) 법제처, 법령입안 심사기준, 제1장 법령입안의 의의(http://edu.klaw.go.kr/ StdInfInfoR. do?astSeq=6&astClsCd=700101). 정부 입법 및 법제처 법령심사의 목적을 달성하기 위해 마련된 기준이 법령입안 심사기준이다. 이는 결국 헌법 및 법령해석 기준이 된다고 볼 수 있다.
13) 대통령실과 그 소속기관 직제 제3조-제5조.

있다.14) 그리고 미국과 동일하게 대통령의 헌법상 권한인 사면권과 거부권 행사도 법령해석 기능의 수행으로 볼 수 있다.

국무총리실의 경우 법률자문, 법령해석에 관한 업무를 명시적으로 수행하는 것은 아니지만 국무회의 운영, 행정자치·법무·통일·외교안보와 관련된 중앙행정기관 행정에 대한 지휘·감독, 주요 정책의 조정과 관련하여 국정운영1실장, 행정규제기본법에 따른 규제개혁과 관련하여 규제개혁실장이 법령해석 업무를 수행하고 있다고 할 수 있다.15)

III. 법제처 법령해석기구의 조직과 기능

우리나라의 경우에도 미국과 같이 각 행정기관에 의한 분권적·자율적 법령해석을 허용하면서도, 통일적·집중적 법령해석권 행사를 위해 별도의 법령해석 전문기관으로 법제처 법령해석정보국과 법무부 법무심의관실을 설치·운영하고 있다. 법령해석기관이 두 개의 기관으로 나누어져 있는 특이성이 있으나 법령해석에 관한 상급기관을 설치·운영하고 있는 점은 동일하며, 따라서 미국의 단일행정부 이론이 한국에도 적용된다고 할 수 있다. 이하에서는 법제처 법령해석기구의 조직과 기능에 대해 살펴보고자 한다.

1. 법령해석기구의 조직

법령해석 업무의 수행을 위해서 법령해석정보국과 법령해석심의위원회가 설치되어 있다.16) 법령해석정보국장은 법령해석과 관련하여 법령해석 업무의

---

14) 대통령실 내부훈령, 대통령실과 그 소속기관 직제 제9조는 대통령실에 두는 하부조직과 그 분장 사무는 대통령실장이 정한다고 규정하고 있는데, 이에 따라 각 수석비서관, 비서관 등의 사무분장은 대통령 훈령에 정하여져 있다.

15) 국무총리실과 그 소속기관 직제 제7조 및 제9조.

총괄·조정, 법령해석심의위원회의 운영, 법령해석심의위원회에 상정되는 안건의 검토, 법령해석에 관한 연구 및 제도의 개선 업무를 담당한다. 국장은 고위공무원단에 속하는 일반직 공무원으로 보한다. 법령해석정보국에 법령해석총괄과, 행정법령해석과, 경제법령해석과, 법제정보과, 법제교류협력과 및 생활법령과를 둔다. 법령해석총괄과, 행정법령해석과, 경제법령해석과는 각각 소관 부처를 구분하고 있다.17)

법령해석심의위원회는 위원장 1명과 법제처장이 지명하는 직위에 근무하는 지명위원 및 민간의 위촉위원 100여명으로 구성된다. 위원장은 법제처 차장이다.18) 민·관 전문가로 구성되고 법제처 차장이 위원장이 되는 법령해석심의위원회는 법령해석에 관한 법제처장의 자문기구의 성격을 갖는다. 위원회 제도를 도입함으로써 법해석의 전문성과 객관성을 확보할 수 있는 장점이 있으나, 동 위원회는 자문적 성격에 불과하다는 한계를 가진다. 따라서 위원회에 법령해석에 관한 심의·의결 기능이 있음에도 불구하고 법제처장이 최종적으로 법령해석에 관한 결정권을 보유하고 있다. 이에 따르면, 원칙적으로 법제처장은 법령해석심의위원회의 의결 내용과 다른 결정을 하는 것도 가능하다.

---

16) 정부조직법 제20조 및 법제처 직제 제2조.

17) 법령해석총괄과는 문화체육관광부·노동부·국가보훈처·문화재청 소관 법령, 행정법령해석과는 감사원, 국가인권위원회, 방송통신위원회, 교육과학기술부, 외교통상부, 통일부, 국방부, 행정안전부, 보건복지가족부, 여성부, 환경부, 대통령실, 국가정보원, 국무총리실, 법제처, 국민권익위원회, 병무청, 방위사업청, 경찰청, 소방방재청, 식품의약품안전청 및 기상청소관 법령, 경제법령해석과는 기획재정부, 농림수산식품부, 지식경제부, 국토해양부, 공정거래위원회, 금융위원회, 국세청, 관세청, 조달청, 통계청, 농촌진흥청, 해양경찰청, 중소기업청, 특허청, 산림청 및 행정중심복합도시건설청 소관 법령을 담당한다(법제처 직제 10조 및 직제시행규칙 제7조).

18) 법제업무운영규정 제27조의2 제4항, 제5항. 위촉위원의 임기는 2년이고, 2회에 한하여 연임할 수 있도록 정하고 있다. 법령해석심의위원회의 회의는 법제처 차장이 위원장이고, 위원장이 매회의시마다 지정하는 1명 또는 2명의 지명위원 및 6명 또는 7명의 위촉위원 등 총 9명으로 구성된다. 위원회는 거의 매주 소집되고 있다. 미국 OLC의 경우 이러한 법정위원회 제도는 없다.

특히 법령해석의 신청, 심사과정이 비공개로 진행되는 점도 법제처장의 임의적 결정권을 가능하도록 하고 있다.

2. 법령해석기구의 기능

미국 OLC와 유사하게 법제처의 법령해석기구도 첫째, 중앙행정기관 및 지방자치단체에 대한 법률의견 및 조언제공 기능을 수행하고, 둘째, 명시적인 규정은 없지만 행정부처 간, 중앙과 지방정부 간 법해석에 이견이 있는 경우 분쟁해결책으로서 법률의견제공 기능을 수행한다. 그리고 미국과 달리 민원인이 직접 법령해석을 요청할 수 있다는 점에서 국민의 권리구제 기능까지 수행하고 있다고 할 수 있다.

이와 관련 과연 행정부의 법령해석(정부유권해석·행정해석)은 어떠한 법적 성격을 갖는지에 대해서 논란이 있다. 이와 관련된 견해로는 첫째, 법령해석은 유권해석기관인 법제처 등에 의한 단순한 법령의 해석행위 그 자체로서 종결되는 것이 아니라, 동일한 해석의 일관성·지속성을 통한 행정의 안정성 확보라는 차원에서 행정부 내부에서는 行政立法으로서의 기능을 갖는다는 점이 그 특징이라는 견해가 있다.[19] 둘째, 행정해석이란 행정이 헌법상 보장된 행정권행사의 일환으로(헌법 제66조 제4항) 행하여지는 유권적 해석으로서 법규명령이나 처분의 형식으로 또는 처분 등을 위한 행정규칙의 형식으로 나타난다고 한다.[20]

그러나 법령해석이 법규명령, 행정규칙, 처분의 형식을 가지는 경우 법령해석은 이미 법규명령, 행정규칙, 처분의 실질을 가지는 것으로 이에 대해서는 법령해석의 법적 성격이라는 별도의 범주로 논할 실익이 없다. 이러한 구체적

---

[19] 신봉기, 『외국의 법령해석 운영시스템과 우리 해석기구의 발전 방안』, 법제처, 2010, 5-6면.

[20] 정준현, "행정의 법해석권한과 그 형식에 관한 소고", 『성균관법학』 제17권 제3호 2005.12, 169면.

형식을 가지지 않은 법령해석의 성격을 어떻게 볼 것인지가 문제이다. 법령소
관 중앙행정기관의 해석이 보다 구체적인 사실관계에 대한 법적용의 기준으
로서 법해석이라면, 법령해석기관의 법해석은 소관 행정기관의 법해석의 기준
을 설정하는 것이라는 점에서 보다 일반적이라고 할 수 있다. 결국 법령해석
기관의 법령해석의 법적 성격은 대국민적 효력을 가지는 법규명령보다는 원
칙적으로 행정내부적인 효력을 가지는 행정규칙 유사한 것으로 볼 수 있다.[21]

   그러나 법령해석은 행정법 해석을 둘러싼 국가와 사인 간 분쟁 및 갈등해
결을 통하여 국민의 권리구제 기능을 수행하는 동시에, 쟁점이 되고 있는 법
령의 적정한 해석이후 집행행위를 하도록 한다는 점에서 행정활동의 적법성
및 타당성을 보장하는 기능 즉 행정 내부통제 기능을 수행하고 있다는 점도
주목할 필요가 있다. 다만, 이에 대해서는 법령해석이 개인의 권리구제 수단
이 아니며 행정통제의 기능이 있다고 하더라도 그것은 추상적 행정통제에 불
과할 뿐 개별적 분쟁을 해결하거나 개인의 권리를 구제하는 제도는 아니라는
반대 견해가 있다.[22]

   생각건대, 법령해석이 직접적으로 권리구제 기능을 목표로 한다고 할 수는
없으나 현실적 측면에서 간접적으로나마 권리구제 기능이 있음을 부인할 수
없고, 민원인의 직접적인 법령해석 요청권이 신설된 현재는 더욱 권리구제 기
능을 과소평가하기 어렵다고 할 것이다. 민원인 입장에서도 처분행정청이 법
제처의 법령해석에 따라 행정권을 행사하는 경우 처분 등에 대한 항고소송 등
에 의존하지 않고 분쟁을 해결함으로써 시간과 비용을 대폭 절감할 수 있는
장점이 있게 되는 것이다. 결국 법제처 법해석제도는 사전적, 행정 내부적 권

---

[21] 다만, 법령해석기관의 법령해석이 소관 중앙행정기관의 처분의 직접적 근거 내지
기준이 되는 경우 그 해석의 성격은 명령이나 처분에 더욱 근접해 간다고 할 수 있
다. 또한 행정규칙이라고 하더라도 대국민적 효력, 즉 법규성을 가지는 경우에는 법
규명령의 성격을 가진다고 볼 수도 있다.

[22] 이성환 외,『법령해석 요청 주체 및 법령해석 대상 확대 가능성에 관한 연구』, 한국
입법학회, 2009, 31-32면. 이하 이성환 외, 법령해석 요청 주체 및 법령해석 대상
확대 가능성에 관한 연구로 인용.

리구제 및 내부통제 절차로서도 기능하고 있다고 볼 수 있다.[23)]

IV. 법제처 법령해석기구의 법령해석의
원칙과 절차

1. 법령해석의 원칙

법령해석을 함에 있어서 가장 유의해야 할 사항으로 법제업무운영규정[24)] 제27조 제1항은 법령해석에 관한 정부견해의 통일성과 법집행의 일관성을 확보할 것을 규정하고 있다. 한편 동 규정 시행규칙 제2조에서는 법령입안 시 유의사항으로 입법의 필요성, 입법내용의 정당성 및 법적합성, 입법내용의 통일성 및 조화성, 표현의 명료성 및 평이성을 들고 있으며, 특히 헌법이념의 구체화, 헌법과 상위법 위반금지 등의 내용을 명시하고 있다.[25)] 법제처가 수행

[23)] 미국 OLC의 경우 기관 간 분쟁해결 기능은 일종의 준사법적인 기능으로 볼 수 있으나, 개인의 직접적 법령해석 요청권은 없다는 점에서 우리와 다르다고 할 수 있다.

[24)] 이하 법령해석절차에 대한 설명은 대통령령인 법제업무운영규정을 중심으로 설명한다. 동 규정은 법무부, 법제처의 법령해석절차에 공통적으로 적용되나, 현실적으로 법제처 중심으로 운영 되고 있으며, 법무부는 외부에 공표된 별도의 절차를 가지고 있지 않다.

[25)] 동 규정의 내용은 다음과 같다. 1) 입법의 필요성: 가. 새로운 입법조치를 요하는 것으로서 그 내용이 명확히 구체화될 수 있는 것이어야 하며, 그 시행의 효과와 시행에 따른 문제점에 대한 면밀한 분석·검토를 기초로 할 것, 나. 입법내용이 그 적용 대상이 되는 일반 국민의 준수를 기대할 수 있는 강제적 규범으로서의 실효성을 가질 것, 2) 입법내용의 정당성 및 법적합성: 가. 헌법이념을 구체화하고, 정의와 공평을 실현하는 내용으로서 개인의 지위존중과 공공복리의 요청이 조화를 이루고, 권한 행사의 절차와 방법이 공정하여 부당하게 국민의 자유와 권리를 제한하는 일이 없어야 하며, 국민생활에 급격한 변화를 주지 아니하도록 하는 등 사회질서의 안정성과 예측가능성을 보장할 것, 나. 헌법과 상위법에 모순·저촉되지 아니하도록 하고, 하위법령과 관련하여 위임근거를 명확히 할 것, 3) 입법내용의 통일성 및 조화

하는 법령의 해석은 법령의 입안에 있어서 준수되어야 할 사항과 다를 수가 없다는 측면에서 법령입안 시 유의사항도 법령해석의 한 원칙이 된다고 할 수 있다. 미국 법무부의 규제법령 해석의 제일의 원칙도 위헌적 내지 위헌에의 의심을 피하는 해석이다.[26]

결론적으로 한국의 법령해석기관은 정부견해의 통일성과 법집행의 일관성이라는 법령해석의 목적과 취지에 대해서만 언급하고 있을 뿐, 미국 OLC와 같은 법령해석의 원칙을 공표하지 않고 있다. 오히려 법령입안 시 유의사항의 상당수가 법령해석의 원칙으로 삼을 수 있는 것들이나, 이렇게 보는 경우에도, OLC의 행정부의 전통, 권한 그리고 대통령의 견해 반영의 원칙, 의회와 법원 등의 견해 존중의 원칙, 최고의 법적 의견 제공을 위한 내부관리의 원칙은 제외되어 있다. 향후 법령해석 원칙에 대한 입법론적 보완이 필요하다고 본다.

2. 법령해석의 접수, 처리

법령 소관 중앙행정기관의 장인 각 부·처·청 및 위원회의 장은 지방자치단체의 장 또는 민원인으로부터 법률적 판단을 요하는 질의를 받거나 법령을 운영·집행하는 과정에서 '解釋 上 疑問'이 있는 경우에는 행정운영의 적법성 및 타당성을 보장하기 위하여 법령해석기관인 법제처에 해석을 요청하여야 한다(규정 제26조 제1항).[27]

성: 가. 다른 법령과의 조화와 균형이 유지되도록 하고 법령상호 간에 중복·상충되는 내용이 없을 것, 나. 입법내용이 당해법령의 소관사항에 적합한 것일 것, 4) 표현의 명료성 및 평이성: 가. 입법내용의 의미가 확실하게 이해될 수 있고 입법의도가 오해되지 아니하도록 정확히 표현할 것, 나. 적용대상이 되는 누구에게나 쉽게 이해될 수 있도록 알기 쉬운 용어를 사용하고, 전체 내용을 쉽게 파악할 수 있도록 조문을 배열할 것.

[26] Cass R. Sunstein, Interpreting Statutes in the Regulatory State; 103 Harv. L. Rev. 405 (1989-1990), pp. 468-469.

[27] 미국이 법령해석을 요청할 수 있다고 규정하고 있는 것과 다르다.

지방자치단체의 장이 법령해석을 요청하려면 먼저 그 법령소관 중앙행정기관의 장에게 법령해석을 요청하여 그 '회신'을 받아야 한다(동 규정 제26조 제3항). 지방자치단체의 장은 법령소관 중앙행정기관의 회신 내용이 '불명확'(회신은 있으나 사실상 의견이 없는 경우를 포함한다)하거나 '잘못되었다고 판단'되는 경우에 그 회신 내용을 첨부하여 법령해석기관에 법령해석을 요청할 수 있다(동 규정 제26조 제4항 본문).[28]

민원인[29]은 두 가지 방법으로 법령해석을 요청할 수 있다. 첫째, 간접적인 방법으로 소관 중앙행정기관의 장에게 법령의 해석을 먼저 요청하고 민원인이 그 해석이 법령에 위반된다고 판단되는 경우에는 해당 중앙행정기관의 장에게 법제처에 법령해석을 의뢰하도록 요청할 수 있다. 둘째, 2010년 10월 5일 규정신설로 가능해진 직접적인 방법으로 소관 중앙행정기관의 장이 1개월 이내에 법제처에 법령해석을 요청하지 않거나, 『법제업무운영규정』 제26조 제8항 각 호[30]에 해당하지 않음에도 불구하고 법령해석을 요청하지 않을 것을 통지한 경우에는 직접 법제처에 법령해석을 요청할 수 있다(규정 제26조 제9항).

법제처에 제출된 법령해석 요청안건은 법제처 내의 법령해석정보국에서 요건검토 등 사전검토를 전담하여 처리하고 있다. 법령해석정보국에서는 법령해석 사안에 대하여 해석요청 기관 및 소관부처의 의견을 수렴하고 필요

---

[28] 미국은 연방정부만이 법무부 OLC에 법령해석을 요청할 수 있다는 점에서 한국과 다르다.

[29] 민원인이란 민원사무처리에 관한 법률 제2조 제1호의 규정에 의한 행정기관에 처분 등 특정한 행위를 요구하는 개인·법인 또는 단체를 말한다.

[30] 1. 제7항에 따른 법령해석 요청 기준에 맞지 않는 경우, 2. 정립된 판례나 법령해석기관의 법령해석이 있는 경우, 3. 구체적 사실인정에 관한 사항인 경우, 4. 해당 민원인이 당사자인 행정심판 또는 행정소송이 계속 중이거나 그 절차가 끝난 경우, 5. 이미 행해진 구체적인 처분의 위법·부당 여부에 관한 사항인 경우, 6. 법령이 헌법 또는 상위 법령에 위반되는지에 관한 사항인 경우, 7. 그 밖에 제1호부터 제6호까지의 규정과 유사한 사유로서 명백히 법령해석이 필요하지 않다고 인정되는 경우.

시 구체적 사실관계를 조사한 후 기존 해석례, 판례, 이론 등을 참고하여 법리적인 검토를 거쳐 局 전체의 사전검토회의에서 법령해석정보국의 내부의견을 수렴한 후 검토의견서를 작성한다. 작성된 검토의견서는 법령해석심의위원회에 상정하고, 법령해석정보국장은 위원회의 간사 역할을 수행한다. 법제처가 법령을 해석함에 있어서 법령해석에 관한 정부견해의 통일을 기하고 일관성 있는 법집행을 위하여서 ① 당해 법령의 입법배경·취지 및 운영 실태를 명확하게 파악하고 ② 문제가 제기된 구체적 배경과 이유를 조사·확인하며 ③ 법령소관 중앙행정기관 등 관계기관의 의견을 충분히 듣고서 법령해석을 하여야 한다(동 규정 제27조 제1항). 이 점은 사전검토 작업시에나 법령해석심의위원회 심의시에나 다 같이 유의하여야 할 사항이다. 법제처는 법령소관 중앙행정기관 등 관계기관의 의견을 충분히 듣기 위하여 필요하면 법령소관 중앙행정기관 등 관계 행정기관에 불명확한 사항에 대하여 소명을 요청하거나 필요한 자료 제출을 요구할 수 있고, 이 경우 관계 행정기관의 장은 법제처의 요구 등에 대하여 성실하게 응하고 협조하여야 한다(동조 제2항). 법령해석정보국에서 작성된 검토의견서는 법령해석심의위원회에 상정된다.[31]

법령해석심의위원회는 원칙적으로 구성원 과반수의 출석으로 개의하고 출석위원 과반수의 찬성으로 의결한다. 다만, 법령소관 중앙행정기관의 장의 의견과 다른 해석을 하려는 경우에는 출석위원 6명 이상의 찬성으로 의결하도록 하고 있다(동 규정 제27조의3 제5항).[32] 이는 정부견해의 통일성과 법집행의 일관성이라는 법령해석의 취지에도 불구하고 현실적으로 법령의 집행을 담당하는 법령소관 중앙행정기관의 장의 의사를 존중하여 동 기관의 의견을 번복하는 데 보다 신중한 고려를 하도록 하는 것이다.

---

[31] 법제처, 『법제처 60년사』, 2008, 314면 참조.
[32] 법령소관 중앙행정기관의 1차적 해석관할권을 존중한다는 의미이나, 현실적으로 법제처의 법령해석이 문제되는 경우에는 대부분 민원인과 소관중앙행정기관의 법해석이 다른 경우가 대부분일 것이므로 2/3 특별다수결이 적용된다. 이는 민원인에게는 불리한 규정이다.

V. 한국과 미국의 행정부 법령해석권의 비교범주

미국과 한국의 법령해석은 법령해석의 주체, 법령해석의 대상, 법령해석의 효력 등에서 상당한 차이점을 보이고 있으며, 법령해석의 역할, 법령해석상 행정부와 다른 부와의 관계 등에서 있어서는 미국과 달리 한국은 아직 이 문제에 대한 본격적인 논의가 없는 실정이다.

우선 법령해석의 주체가 미국은 법무부로 단일화 되어있는 반면, 한국은 법무부와 법제처로 이원화되어 있다. 법령해석의 대상에 있어서도 미국이 헌법, 법률, 행정입법을 포함하고 있음에 반해, 한국은 헌법은 포함되지 않고 법률, 명령에 한정되어 있다.33) 그리고 법령해석의 효력에 있어서도 미국이 구속력이 있는 것으로 규정되어 있음에 반해, 한국은 사실상 구속력에 그친다고 보고 있다. 그리고 법령해석을 신뢰하고 이에 따라 행위 한 공무원의 면책에 대해서는 아직 뚜렷한 논의가 없다.

한편 법령해석의 기능과 행정부와 사법부간 법령해석간의 관계에 대해서도 아직 본격적인 논의가 없는 실정이다. 이하에서는 미국과는 다른 법령해석의 주체, 대상 등에 대해서는 법령해석 주체의 단일성과 대상의 확대라는 쟁점으로 살펴보고, 다음 법령해석의 역할, 행정부와 사법부간의 법령해석의 관계, 법령해석의 효력과 면책에 대해서 기존 논의를 바탕으로 한국에서의 바람직한 논의의 방향을 제시해 보고자 한다. 미국법상 내용과 동일하게 행정부 법령해석권의 역할, 행정부와 사법부와 법해석의 관계, 행정부 법령해석의 효력과 면책 순으로 한국에서의 논의를 살펴보되, 한국이 미국과 달리 법령해석기관이 이원화 되어 있고 해석대상도 헌법과 행정규칙이 제외되어 있는 점과 관련하여, 행정부 법령해석의 주체의 단일성과 대상의 확대라는 쟁점을 먼저 살펴보고자 한다. 미국에 대한 논의에 제시된 행징부와 사법부 법해석의 갈등과

---

33) 법제업무운영규정 제2조 (정의) 이 영에서 "법령"이란 법률·대통령령·총리령 및 부령을 말한다.

조화는 한국에서는 아직 사례가 없고 행정부와 사법부 법해석의 관계에 포함
될 수 있는 이슈이기 때문에 제외한다.

제2절 행정부 법령해석 주체의 단일성과 대상의 확대

I. 개설

　법령해석의 주체와 관련하여 법무부와 법제처로 이원화되어 있는 한국의 법령해석제도와 법무부로 단일화 되어있는 미국의 제도를 비교하여 그러한 차이의 원인을 밝혀보고 바람직한 개선방안에 대해 논의해 보고자 한다. 더불어 최근 신설된 개인정보보호법에 따른 개인정보보호위원회의 법령해석권과 법제처 및 입법부, 사법부의 법령해석권과의 관계에 대해 살펴보고자 한다.

　다음 미국 법무부는 행정부 운영과정에서 일어나는 다양한 법적 문제에 대해 법률의견을 제공한다. 모든 행정명령안, 특정한 대통령 포고, 대통령 내지 법무장관의 승인을 요하는 규칙들의 형식과 합법성에 대한 심사를 담당하고 있어, 헌법, 법률은 물론 행정입법도 법령해석 대상이 되고 있다.34) 그러나 한국의 법령해석대상은 법률, 명령으로 제한되어 있어, 헌법과 행정규칙의 포함 여부에 있어 양국 간에 차이를 보이고 있다. 이와 관련 한국의 경우에도 법령해석대상에 헌법과 행정규칙을 포함시킬 것인지가 논란이 되고 있다.

---

34) http://www.justice.gov/jmd/mps/manual/olc.htm. Review all proposed Executive Orders, certain Presidential proclamations, and regulations requiring approval by the President or the Attorney General as to form and legality.

II. 법령해석주체의 단일성

1. 법제처와 법무부의 이원적 법령해석권

(1) 의의 및 내용

한국의 경우 미국과 달리 법령해석기관이 법무부와 법제처로 이원화되어 있는 특별한 구조를 가지고 있다. 법령해석 업무의 관장기관이 법제처와 법무부로 나누어져 있는 이유에 대해서 보면, 기본적으로 정부유권해석 업무를 어떻게 분장하여 어느 기관으로 하여금 관장하게 할 것인가의 여부는 대통령의 정책결정 사항이라고 할 수 있다. 정부유권해석 업무는 정부수립 이후 법제처가 수행하다가 내각제 개헌 등 사정으로 법제처가 법무부에 통합됨에 따라 법무부에서 수행하는 등 일시적인 혼란이 있다가 1984년 12월 대통령 지시에 따라 양 부처 간 합의를 통하여 법무부와 법제처의 해석대상 소관 법령을 구분하고 각각 소관 직제에 반영하여 현재에 이른 것이다.[35]

각국의 입법례를 보면 이러한 법무부와 법제처의 법령해석기구의 이원화의 전통은 이례적이다. 미국은 살펴본 바와 같이 법령안 심사 기능은 대통령실 소속 OMB에서 수행하고, 법령해석 기능은 법무부 소속 OLC가 수행하고 있어 한국의 법제처의 기능인 법령심사와 법령해석의 기능이 나누어져 있으나, 법령해석은 법무부로 일원화되어 있다. 독일은 연방법무부, 프랑스는 정부의 입법 및 행정에 관한 최고자문기관이자 행정소송의 최고법원인 國參事院 (Coseil d'Etat)이 법령해석 업무를 담당하고 있다. 일본은 內閣法制局이 법령안 심사, 입안이나 법제조사를 담당하고 있다. 결국 각국의 행정부에서 법령해석을 이원적 기구로 운영하는 경우는 없다고 해도 과언이 아니다.[36]

법령해석의 대상법령이 양 기관 간 나누어져 있기 때문에, 기관 간 특별한

---

35) 법제처 민원답변, 2007.8.23.

36) 외국의 법령해석기구 사례는 정영환, 정부유권해석제도의 정착을 위한 바람직한 제도운영에 대한 연구, 128-179면 참조.

충돌이나 중복은 발생하지 않을 수 있으나, 행정 각부인 법무부와 국무총리
소속의 법제처가 모두 대통령에 의해 임명되는 행정부의 구성원이라는 점에
서 이원화된 구조를 유지할 명분이나 실익은 많지 않다. 또한 원칙적으로 법
무부 소관인 민법, 상법, 형법, 행정소송법 등은 基本法으로서 개별 행정규제
법의 근원이 되는 법인데, 기본법과 기타 법률을 다른 기관에서 해석한다는
것은 체계적으로 문제가 있다.

　　당초 법제처는 법령안 심사, 법령해석, 행정심판 총괄 기능을 수행하다가
행정심판 총괄 기능을 국민권익위원회로 이관하였고, 현재는 법령안 심사와
법령해석 기능을 수행하고 있다. 법령안 심사와 같은 필수적 절차인 신설·강
화 규제심사는 국무총리실 규제개혁위원회가 수행하고 있다.[37] 법무부는 법
령안 심사, 법령자문과 법령해석, 국가송무 기능, 헌법재판 기능을 수행하고
있다. 국민권익위원회는 행정심판 총괄 기능 외에 일종의 옴부즈만 기능인 고
충민원처리 기능과 부패방지 기능을 수행하고 있다.[38]

　　이렇게 행정심판, 고충민원, 규제심사, 법령해석 등 다양한 준사법적 분쟁
해결방식, 사전적 권리구제방식이 기관별로 혼재되어 있는데,[39] 법령해석마저
법무부와 법제처로 이원화되어 있어 혼란이 가중되고 있다. 국민의 권리구제
와 행정 업무 수행의 효율화라는 원칙 아래 적절한 조직 및 기능개편이 필요
하다고 본다. 즉, 법제·법무 업무의 중복을 방지하고 통일적인 법령해석을 통
하여 행정의 효율성을 증진하기 위하여 이원화된 법령해석기관의 통합이 필
요하다는 것이다.

---

37) 행정규제기본법 제2장 내지 제4장 참조.
38) 부패방지 및 국민권익위원회의 설치와 운영에 관한 법률 제12조 참조.
39) 행정소송 외에 행정부 내부 분쟁해결 수단에서 대해서는 박정훈, 행정소송 60년의
　　제도적 분석, 사법부의 어제와 오늘 그리고 내일(上), 대한민국 사법 60주년 기념
　　학술 심포지엄, 사법발전재단, 2008.12, 박정훈, 최계영, 김중권, 홍기원, 이두령,
　　"규제기관과 규제절차, 올바른 규제개혁의 법이론과 구체적 방안-규제법 일반이론
　　의 모색", 『재단법인 행복세상 제8회 행복포럼자료집』, 2011.5.20. 참조.

(2) 소결

法制處는 당초 법령안 심사, 법령해석, 행정심판의 3가지 업무를 주축으로 하고 있었다. 법령안 심사는 일종의 立法作用에 속하는 것이고 행정심판은 일종의 司法作用에 속하는 것이고, 법령해석은 행정부 내 단일한 법령해석을 통해 행정작용의 통일성을 기한다는 측면에서 行政作用이지만 법해석을 통해 간접적으로 분쟁을 해결한다는 측면에서 司法作用으로서 의미가 있다.

이러한 3가지 업무는 법령에 대한 해석·적용을 본질로 한다는 점에서 일맥 상통하는 측면이 있다. 법령제정을 위한 법안심사 시 입법내용의 적합성 차원에서 헌법과 상위법에 모순·저촉되지 아니하도록 하고, 입법내용의 통일성 및 조화성 차원에서 다른 법령과의 조화와 균형이 유지되도록 하고, 법령 상호간에 중복·상충되는 내용이 없도록 하는 등 사실상의 법령해석을 하고 있다.[40] 또한 법령해석은 기본적으로 추상적 법령해석작용이고 행정심판이 구체적 사건에 법령을 해석·적용하는 작용임은 당연하다. 3가지 업무를 수행하는 공무원은 상호순환 근무를 하는 경우에서 건설적 자극을 받을 수 있다. 법령해석을 담당하던 공무원은 법규정의 해석곤란을 실감하고 다음에 법령심사 업무 시 보다 명확하고 체계적인 법제정을 할 수 있게 되는 것이다. 비록 행정심판 업무가 국민권익위원회로 분리되어 있지만 법령안에 대한 심사와 해석이 유기적으로 결합될 수 있는 점이 법제처가 가지고 있는 장점이라고 할 수 있다.

法務部는 법률전문가인 검사들이 다수를 차지하고 있다는 것과 민법, 상법, 형법, 행정소송법 등은 基本法에 대한 해석에 있어서 전문성을 지니고 있다는 특색이 있다. 또한 국가소송에서 국가를 대표하면서 이미 개별 행정법규의 해석을 행하고 있다는 점도 고려될 필요가 있다. 즉, 법무부로 법령해석권이 집중되는 경우 이미 수행 중인 국가소송 업무와의 연관성을 살려 법령해석을 보다 전문화·효율화 할 수 있는 장점이 있다. 그리고 기왕에 사면권에 관한 주무부서 역할을 이미 수행하고 있고, 헌법재판에서 의견제시 기능 등을 수행

---

40) 법제업무운영규정 시행규칙 제2조「법령입안시 유의사항」.

하고 있어 헌법적 문제에 관한 전문성을 보유하고 있다고 할 수 있다.

결국 법무부, 법제처의 법령해석 기능을 일원화하는 경우 행정업무의 효율화 즉 내부통제의 강화 측면에서 보면 2가지 대안이 가능하다.

첫째, 법령해석 기능을 법령안 심사 기능과 결합시켜, 법령해석에 관한 입법, 행정, 사법작용을 한 기관으로 하여금 수행하게 하는 방안이다. 둘째, 미국과 같이 입법작용인 법령심사 기능과 법령해석 기능을 분리시키되, 법령해석 기능은 국가소송 업무와 결합시키는 방안이다.

첫째 안은 전술한 바와 같이 법령안 심사에 있어서 전문성을 법령해석과 유기적으로 결합시키는 경우 법령해석의 전문화, 효율화가 가능하다는 장점이 있고, 행정심판 업무까지 통합하는 경우 법령해석의 총괄기관으로서 법령해석에 관한 입법, 행정, 사법작용을 종합적으로 수행하게 되는 장점이 있다. 둘째 안은 행정부 내에서 입법적 작용과 행정적, 준사법적 작용을 분리하여 상호 견제와 균형이 가능해 지도록 하는 장점이 있고, 사법적 작용인 국가송무 기능과의 유기적 결합도 가능한 장점이 있다고 할 수 있다. 그 외에 헌법재판 의견제시 권한, 사면 권한과의 시너지 효과도 기대할 수 있는 장점이 있다.

결국 행정부의 법령해석 관련 기능의 경우에도 권력균형과 견제 역할을 중시하는 것이 타당할지 아니면, 권한의 집중이 필요하다고 보아야 할지가 관건이라고 하겠다. 만약 권력균형과 견제가 필요하다고 보는 경우에는, 法制處는 법령심사, 규제개혁위원회의 규제심사,[41] 국민권익위원회의 행정심판 업무를 수행하도록 하여 법령해석에 관한 立法的, 司法的 작용을 수행하도록 하고, 法務部는 行政的, 司法的 작용으로서 헌법을 포함하는 법령해석 업무, 국가 송무 업무, 헌법재판 의견제시 업무, 사면 관련 업무를 수행하도록 하는 방안

---

41) 규제심사는 규제개혁을 통한 생산성 향상, 민간활력 고취 등 특별한 어젠다를 수행하기 위해 도입된 것이므로 이러한 특수한 목표의 달성이 여전히 필요하다고 판단되는 경우에는 현재와 같이 별도의 규제개혁위원회 조직이 타당할 수 있지만, 그렇지 않은 경우에는 법령입안을 위한 필수적 전심절차로서의 성격이 동일한 법제처의 법령심사와 통합 운영하여도 무방하다고 본다. 미국도 OMB가 이 양자의 업무를 같이 수행한다.

이 타당할 것이다.[42] 반대로 권한의 집중이 필요하다고 보면, 법제처는 입법 작용으로서 법령심사, 규제심사, 행정 및 사법작용으로서 헌법을 포함하는 법령해석, 행정심판 업무, 국가송무 업무, 헌법재판 의견제시 업무를 수행하고, 법무부는 형사사법 기능만을 수행하는 방안을 검토할 수 있다.

이 문제는 미국과 비교하면, 현재 한국의 상황이 법무부 외에 별도의 법제 처라는 법령심사·해석 기구가 반드시 필요한 것인가라는 질문과 관련이 있 다. 한국은 미국과 달리 행정부가 법률안 제출권을 가지고 있다는 점과[43] 성 문법 국가로서 분야별로 수많은 행정법규가 존재하고 있다는 점이 특이하다. 이에 따라 행정 각부의 국회 제출 법률안에 대해서는 행정부 차원에서의 사 전 검토·조정이 필요하게 되었고, 다양한 법규의 적용상 의문에 대해 법령심 사 시 이미 해당 법규에 대한 내용을 잘 알고 있는 기관의 해석이 필요하게 되었던 것이다. 결국 이러한 이유가 바로 미국과 달리 법제처라는 조직이 필 요한 이유가 됨과 동시에 행정부의 개별 법규에 대한 해석권의 집중이 필요 하다는 증거가 된다.

법무부는 기본적으로 첫째, 대통령에 대한 최고의 법률자문가로서의 역할, 둘째, 검사와 변호사, 예비법조인 등 법률가들을 총괄적으로 지휘·감독하는 최고의 법률직위로서의 역할, 검찰권 행사를 통한 형사사법 기능 수행의 최고 책임자로서의 역할을 하고 있기 때문에 헌법과 법률의 해석에 있어서도 중요 한 역할을 하지 않을 수 없다. 다만, 법무부는 형사사법 기능이 가장 주된 업무 이기 때문에, 각 행정 기관에 대한 전문적인 법률의견 제공 기능은 부수적일 수밖에 없다. 검사의 법률가로서 전문성도 일선 검찰청과의 순환보직의 현실을 고려하면, 법무부로의 법령해석 기능의 통합의 강력한 근거가 되지 않는다.

이러한 측면에서 법령해석 기능은 법령심사, 행정심판 업무와 함께 법제처 로의 일원화의 방향이 타당할 것으로 본다. 다만, 현재에도 양자가 기본법과

---

42) 이 방안은 결국 법령해석에 관한 입법적 작용과 행정적·사법적 작용을 분리할 것인 가에 대한 문제이다.

43) 헌법 제52조 국회의원과 정부는 법률안을 제출할 수 있다.

개별 행정법으로 법령해석 대상이 분리되어 있기 때문에 기본법에 대한 법해석 권한을 법제처로 이관하면 법령해석 업무는 일원화 될 수 있다. 그러나 이 경우에도 전술한 3가지 법무부의 기본적 역할을 수행하기 위해서 형법, 형사소송법 등 형사사법 관련 법률, 법무부 소관 법률에 관한 해석 권한, 국가송무 기능, 헌법재판 의견제시 권한, 사면 등의 권한은 법무부에 존치하는 것이 타당하다. 결론적으로 실무적이고 구체적인 행정법규에 대한 해석과 개별 행정법규의 근거가 되는 기본법으로서 민법, 상법 등에 대한 해석권을 법제처로 일원화하는 것을 검토할 필요가 있다는 것이다.

그리고 법제처는 법률전문가의 채용·훈련,[44] 법제처의 위상 강화, 법령해석절차의 정비를 통하여 명실상부한 최고 법령해석기관으로의 변화가 필요하다고 판단된다. 특히 법령해석 절차와 관련 민원인과 중앙행정기관은 법령해석에 있어 대립적인 위치에 있는 당사자인데, 중앙행정기관에 의해서 법령해석절차가 주도되는 문제점이 있다. 민원인도 공식적으로 절차에 參與할 기회를 보장하는 것이 필요하다고 본다. 구체적으로 보면 심사절차에서 이해관계인의 의견제출, 심사 시 대심구조의 도입 등을 검토해 볼 수 있다.[45]

---

[44] 법률전문가 채용과 관련 공직에서 특정 분야의 전문성을 확보하기 위하여 오랜 기간 근무할 수 있는 인력을 채용하는 것이 중요하다. 특히 공직이 다른 법률 직위로 가기 위한 일시적인 경력 쌓기의 장이 되지 않도록 하는 것이 중요하다. 이에 대해서는 Bradley Lipton, A Call for Institutional Reform of the Office of Legal Counsel, pp. 256-258 참조.

[45] 방송통신위원회를 포함하여 행정절차에 대심주의의 접목을 목적으로 APA와 미국 연방통신위원회(Federal Communications Commission)의 절차를 자세히 소개하고 있는 논문은 이희정, "방송통신위원회의 법집행절차 개선방향에 관한 연구: 행정절차에 대한 대심주의접목의 의의와 방식을 중심으로", 『경제규제와 법연구』 제3권 제1호, 2010.5, 184-227면 참조. 한편 연방법원은 편면적 의사소통금지를 APA 상의 요구사항이 아닌 비공식적 규칙제정(informal rule-making) 및 재정(adjudication)과정에도 요구하고 있는데, 이는 미국 법원이 성문법 외에 common law도 따르는 전통 때문이라고 할 수 있다(Jack M Beermann, Common and Statute Law in US Federal Administrative Law, Linda Pearson, Carol Harlow and Michael Taggart, eds, Administrative Law in a Changing State(Oxford, UK: Hart Publishing, 2008), p. 51).

2. 개인정보보호위원회의 법령해석권

행정부 법령해석의 주체와 관련 특이점으로 개인정보보호위원회의 법령해석권에 대해 살펴보고자 한다. 개인정보보호위원회는 2011년 9월 30일 시행된 개인정보보호법에 따라 신설된 대통령 직속의 합의제 행정기관으로 개인정보에 관한 사항을 심의·의결한다. 개인정보보호위원회는 위원장 1명, 상임위원 1명을 포함한 15명 이내의 위원으로 구성하되, 상임위원은 정무직 공무원으로 임명한다. 위원 중 5명은 국회가 선출하는 자를, 5명은 대법원장이 지명하는 자를 각각 임명하거나 위촉한다.[46]

동 위원회의 심의·의결사항 중 하나가 個人情報 保護에 관한 法令의 解釋·運用에 관한 사항이다.[47] 이러한 위원회의 법령해석권과 법제처의 법령해석권과의 관계를 어떻게 볼 것인지와 위원회가 입법부, 사법부의 법령에 대해서도 해석권을 가지는지가 쟁점이 될 수 있다.

법령소관 중앙행정기관의 장이 제1차적인 행정해석기관이고 법제처 등이 제2차적 행정해석 기관으로서 정부유권해석기관이라는 점은 전술한 바 있다. 그렇다면 개인정보보호법의 소관 중앙행정기관은 행정안전부이므로 행정안전부는 법제처에 법령해석요청을 할 수 있지만, 개인정보보호법에 따라 개인정보보호위원회에도 법령해석요청을 할 수 있다. 개인정보보호에 관한 법령의 개념을 방송통신위원회 소관의 정보통신망 이용촉진 및 정보보호 등에 관한 법률, 금융위원회 소관의 신용정보의 이용 및 제공에 관한 법률도 포함되는 것으로 보는 경우에도 같은 이슈가 생길 수 있다.

법제처의 법령해석권과 개인정보보호위원회의 법령해석권과의 관계를 어떻게 설정할 것인지가 문제가 될 수 있다. 생각건대, 법령해석에 관한 개인정보보호법의 규정은 법제처나 법무부의 정부유권해석 권한을 규정하고 있는

---

46) 개인정보보호법 제7조.
47) 개인정보보호법 제8조 제1항 제4호.

법제업무운영규정의 특별법으로 이해하는 것이 타당하다고 본다. 따라서 개인
정보보호에 관한 법령의 제2차적 행정해석권 즉 정부유권해석권은 개인정보
보호위원회에 있다고 할 수 있다.[48]

다음 개인정보보호법은 민간부문 외에 공공기관에도 적용되고 공공기관의
개념에는 국회, 법원, 헌법재판소, 중앙선거관리위원회의 행정사무를 처리하
는 기관도 포함된다.[49] 이와 관련 개인정보보호위원회의 법령해석권이 입법
부, 사법부의 개인정보보호에 관한 법령에도 미치는지가 문제될 수 있다.

입법부, 사법부의 개인정보보호에 관한 의무도 개인정보보호법에 근거를
두고 있기 때문에, 이러한 의무와 관련된 법령해석의 이슈도 개인정보보호위
원회의 관할에 속한다고 볼 수 있다. 입법부는 이미 개인정보보호법의 수범자
로 입법부 자신을 포함하는 결단을 내린바 있고, 사법부 역시 개인정보보호에
관해서는 행정부, 사법부와 다른 기준을 가질 필요는 없다고 할 수 있다. 따라
서 권력분립 원칙에 위배됨이 없이 개인정보보호위원회는 입법부, 사법부의
개인정보보호 의무와 관련해서도 법령해석을 할 수 있다고 본다.[50]

다만, 국회, 대법원 등이 개인정보보호와 관련하여 별도로 자체적으로 수
립·시행하는 개인정보보호에 관한 법령에 대한 해석권은 각 기관에서 행사
하는 것이 타당하다고 본다. 개인정보보호법 제64조에 따르면, 개인정보보호
위원회는 중앙행정기관, 지방자치단체, 국회, 법원, 헌법재판소, 중앙선거관
리위원회의 법위반에 대해 시정권고를 할 수 있고, 행정안전부는 이들 기관
을 제외하고 시정명령을 할 수 있게 되어 있다. 그리고 국회, 법원 등은 소속
기관의 법위반에 대해 시정명령을 할 수 있다.[51] 결국 이 조항은 권력분립

---

48) 법제업무운영규정이 대통령령임에 반해 개인정보보호법은 법률이기 때문에, 상위법
   우선의 원칙에 따라 개인정보보호법이 우선 적용된다고 볼 수도 있다.

49) 개인정보보호법 제2조 제6호 가목.

50) 이 법 시행으로 폐지된 공공기관의 개인정보보호에 관한 법률도 입법부, 사법부를
   포함한 공공기관을 수범자로 하고 있었으며, 위원회의 구성도 3부에서 추천하는 인
   사라는 점에서도 위원회의 3부를 망라한 법령해석권의 근거를 찾을 수 있다.

원칙과 개인정보보호 정책의 효율적 수립·시행이라는 입장을 적절히 조정한 것으로 판단되며, 상기 법령해석권 배분의 원칙과도 일치한다고 할 수 있다.

III. 법령해석대상의 확대

전술한 바와 같이 미국의 법무부 OLC는 다른 행정부서에 대한 憲法的 問題와 계류 중인 법안의 합헌성에 대한 법률적 조언을 제공한다. 그러나 한국의 경우 법제처의 법령해석대상인 법령은 법률, 대통령령, 총리령, 부령으로 한정되어 있고 헌법은 해석대상에서 제외되어 있다. 그리고 법무부의 법령해석권도 대통령·국무총리와 행정 각 부처의 법령에 관한 자문에 한정되어 있고 헌법은 해석대상에서 제외되어 있다. 과연 이러한 헌법해석을 행정부 법해석의 대상에서 제외하는 것이 타당한지가 의문이다.

---

51) 제64조(시정조치 등) ① 행정안전부장관은 개인정보가 침해되었다고 판단할 상당한 근거가 있고 이를 방치할 경우 회복하기 어려운 피해가 발생할 우려가 있다고 인정되면 이 법을 위반한 자(중앙행정기관, 지방자치단체, 국회, 법원, 헌법재판소, 중앙선거관리위원회는 제외한다)에 대하여 다음 각 호에 해당하는 조치를 명할 수 있다.
　　　1. 개인정보 침해행위의 중지, 2. 개인정보 처리의 일시적인 정지, 3. 그 밖에 개인정보의 보호 및 침해 방지를 위하여 필요한 조치
② 관계 중앙행정기관의 장은 개인정보가 침해되었다고 판단할 상당한 근거가 있고 이를 방치할 경우 회복하기 어려운 피해가 발생할 우려가 있다고 인정되면 소관 법률에 따라 개인정보처리자에 대하여 제1항 각 호에 해당하는 조치를 명할 수 있다.
③ 지방자치단체, 국회, 법원, 헌법재판소, 중앙선거관리위원회는 그 소속 기관 및 소관 공공기관이 이 법을 위반하였을 때에는 제1항 각 호에 해당하는 조치를 명할 수 있다.
④ 보호위원회는 중앙행정기관, 지방자치단체, 국회, 법원, 헌법재판소, 중앙선거관리위원회가 이 법을 위반하였을 때에는 해당 기관의 장에게 제1항 각 호에 해당하는 조치를 하도록 권고할 수 있다. 이 경우 권고를 받은 기관은 특별한 사유가 없으면 이를 존중하여야 한다.

1. 헌법 해석의 도입

헌법해석에 반대하는 입장에서는 헌법이 가지는 정치적 성격으로 인하여 이를 해석대상으로 할 경우 해석기관인 법제처가 정치적 논쟁에 휘말릴 수가 있다는 점을 반대이유로 들고 있다. 다만, 이러한 견해에서도 법령해석자는 법령을 해석함에 있어서 헌법합치적으로 해석할 의무가 있을 뿐 아니라 법령 해석의 전제로서 헌법해석이 요구되는 경우가 있으므로 간접적으로는 당연히 헌법을 해석하게 된다고 한다.[52] 법제처는 국회에서의 증언·감정 등에 관한 법률 등에 따른 공무원의 서류제출 등의 의무와 자본시장과 금융투자업에 관한 법률, 부정경쟁방지 및 영업비밀보호에 관한 법률, 국가공무원법 등 개별 법상 비밀 준수 의무와의 관계에 대해서 헌법합치적 해석을 하였는데, 충돌되는 법률간 조화로운 법령해석의 사례라고 할 수 있다.

> 공무원이 안건심의, 국정감사 또는 국정조사와 관련하여 「국회법」 및 「국회에서의 증언·감정 등에 관한 법률」에 따라 증언이나 서류제출을 요구받은 경우 개별 법에 따른 비밀보호 의무 등을 이유로 원칙적으로 이를 거부할 수는 없으나, 「국회법」 및 「국회에서의 증언·감정 등에 관한 법률」에 따른 서류제출 행위 등은 「헌법」이 보장하고 있는 기본권의 본질적 내용의 침해금지 취지, 각 개별법에서 보호하고자 하는 정보보호의 취지 및 「국정감사 및 조사에 관한 법률」 제8조에 따른 개인의 사생활 침해나 재판 중 사건에 관여할 목적을 배제하는 등의 취지에 따른 한계가 있다고 할 것입니다.[53]

---

[52] 이원, "법령해석제도의 현황과 전망", 『정책&지식』 제301호, 2006.11, 7면.

[53] 「국회에서의 증언·감정 등에 관한 법률」 등에 따른 공무원의 서류제출 등의 의무(「자본시장과 금융투자업에 관한 법률」 제435조 및 「국회에서의 증언·감정 등에 관한 법률」 제4조 등 관련) 안건번호 10-0236, 회신일자 2010.08.23. 「국회에서의 증언·감정 등에 관한 법률」 등에 따른 공무원의 서류제출 등의 의무(「부정경쟁방지 및 영업비밀보호에 관한 법률」 제2조 및 「국회에서의 증언·감정 등에 관한 법률」 제4조 등 관련) 안건번호 10-0197, 회신일자 2010.08.23, 국회에서의 증언·감정 등에 관한 법률」 등에 따른 공무원의 서류제출 등의 의무(「국가공무원법」 제60조 및 「국회에서의 증언·감정 등에 관한 법률」 제4조 등 관련) 안건번호 10-0202, 회신일

헌법해석의 찬성론 중 하나는 헌법규범의 추상성과 개방성으로 말미암아 그 해석의 여지가 다른 법령에 비해 훨씬 넓고 따라서 거기에는 해석자의 가치관이나 선이해가 작용할 여지가 넓다고 하면서도, 법규범의 해석이라는 점에서는 본질적으로 동일하므로 헌법에 대한 해석기능도 법제처가 당연히 수행하여야 한다고 한다.[54] 다른 찬성견해는 장기적으로 헌법재판소의 헌법해석에 배치되지 않는 한도 내에서 헌법해석의 가능성을 열어두되, 법령해석의 선결문제로서 헌법해석이 불가결한 경우로서, 헌법재판소나 대법원의 헌법해석이 존재하지 않아야 하고, 합헌적인 법령의 집행방향을 제시하는 기능을 수행하기 위해 필요가 있는 경우에 제한적으로 이를 인정할 수 있다고 한다.[55]

법제처는 국가인권위원회에의 진정 대상에 「대한민국 헌법」 제26조의 청원권의 침해가 포함되는지 여부에 대해 부수적으로 헌법해석을 한 바가 있다.

> 위원회에 그 침해에 대하여 진정할 수 있는 인권에 「헌법」 제26조에 따른 청원권이 포함되는지 여부가 문제되는바, 「국가인권위원회법」 제30조 제1항 제1호에서 위원회에 그 침해에 대하여 진정할 수 있는 인권으로 「헌법」 제10조부터 제22조까지의 인권을 명시적으로 규정하고 있으므로, 「헌법」 제26조에 규정된 청원권에 대한 침해는 위원회에의 진정대상이 되지 아니하다고 보는 것이 명백하다. 한편, 「헌법」 제10조에 「헌법」 제26조에 따른 청원권이 포함된다는 주장이 있을 수 있으나 「헌법」 제10조는 인간의 존엄과 가치, 그리고 행복의 추구에 관한 권리에 관한 규정으로서 이 규정은 국민의 자유와 권리의 보장은 1차적으로 헌법상 개별적 기본권 규정을 매개로 보장되지만, 기본권 제한에 있어서 인간의 존엄과 가치를 침해하거나 기본권 형성에 있어서 최소한의 필요한 보장조차 규정하지 않음으로써 결과적으로 인간으로서의 존엄과 가치를 훼손한다면, 「헌법」 제10조에서 규정한 인간의 존엄과 가치에 위반되는 것(헌법재판소 2000. 6. 1. 선고 98헌마216 결정례)으로 봄으로써 「헌법」 제37조 제1항에 따라 「헌법」에 열거되지 아니한 국

자 2010.08.23.

[54] 이병훈, "헌법해석의 본질과 한계-정부유권해석의 대상과 그 한계'에 대한 토론문", 『정부유권해석의 대상과 그 한계』, 법제처, 2005.10, 24-25면.

[55] 정영환, "정부유권해석제도의 바람직한 제도운영 방안", 『정책&지식』 제301호, 2006.11, 16-17면.

민의 자유와 권리가 경시되도록 하지 않기 위한 취지라고 보아야 한다. 그런데 만일 「헌법」 제26조에 따른 청원권이 「헌법」 제10조에 따른 행복추구권에 포함되는 것으로 해석한다면, 헌법에서 보장하고 있는 모든 기본권이 「헌법」 제10조에 포함되게 되어 「헌법」 제10조 외에 명시적으로 다른 기본권 보장규정을 별도로 둔 취지에 맞지 않게 될 것이고, 한편 「헌법」 제10조부터 제22조까지의 인권에 대한 침해에 대하여서만 명시적으로 위원회에 대한 진정 대상으로 규정한 「국가인권위원회법」 제30조 제1항제1호도 그 의미를 상실하게 되어 「헌법」 규정과 「국가인권위원회법」의 취지에 어긋나게 될 것이므로 이와 같은 해석은 적절하지 않다고 할 것이다.[56]

한편 헌법해석의 권한을 행사하는 헌법재판소법 제25조는 각종 심판절차에서 정부가 당사자 내지 참가인인 경우 법무부 장관이 이를 대표한다고 규정하고 있다. 또 제44조는 당해 소송사건의 당사자 및 법무부 장관은 헌법재판소에 법률의 위헌 여부에 대한 의견서를 제출할 수 있다고 규정하고 있어 헌법해석에 관한 권한은 법무부 장관에게 부여하는 것으로 해석될 여지가 있다.

이와 관련 법체처는 법무부의 헌법재판수행규정 훈령제정 작업을 반대하면서 갈등을 빚고 있다. 법무부는 헌법재판수행규정을 훈령으로 만드는 작업을 추진하고 있는데, 이는 정부 각 부처가 위헌심판과 관련해 헌법재판소에 의견서를 내기 전에 법무부에서 먼저 이를 검토하고 조율해 큰 틀에서의 통일된 정부 의견을 제출하도록 하는 내용이다. 지난 2009년 혼인빙자간음죄에 대한 헌법소원이 제기되자 법무부는 합헌 의견을 낸 반면, 여성가족부는 위헌이라는 서로 다른 의견을 내 논란이 일었던 것이 훈령 제정의 배경이 되었다.[57]

---

[56] 국가인권위원회 - 국가인권위원회에의 진정 대상에 「헌법」 제26조의 청원권의 침해가 포함되는지 여부(「국가인권위원회법」 제30조 제1항 제1호 관련) 안건번호 09-0086 회신일자 2009.04.28.

[57] 2009년 11월 헌법재판소는 혼인빙자간음죄에 대해 위헌 결정을 하였다. 재판부는 형법 제 304조 혼인빙자간음죄에 대한 위헌소원 사건에서 헌법 제10조에서 보장하는 개인의 인격권·행복추구권에는 개인의 자기운명결정권이 전제되고 자기운명결정권에는 성적자기결정권이 포함되어 있다. 이 사건 법률조항이 혼인빙자간음행위를 형사 처벌함으로써 남성의 성적자기결정권을 제한하는 것이 틀림없고 남성의 성

하지만 법제처는 이 같은 법무부 입장이 정부의 각 기관이 헌법재판을 수행할 수 있는 자유를 침해한다며 반대하고 있다. 법제처 입장은 국가가 당사자가 되는 소송에서는 법무부가 국가를 대표한다고 되어 있지만 違憲審判에는 국가가 아닌 해당 국가기관이 대표가 되는 것이라고 하면서, 헌법재판은 소수의 견도 중요하고 통일적 견해에 목적이 있는 것이 아니기 때문에, 법무부가 준비 중인 훈령은 이러한 법취지에 부합하지 않는다고 보고 있다.58)

헌법상 대통령은 취임에 즈음하여 헌법을 준수한다는 선서를 하여야 한다.59) 그리고 대통령은 국가의 독립·영토의 보전·국가의 계속성과 헌법을 수호할 책무를 지며 행정권은 대통령을 수반으로 하는 정부에 속한다.60) 이러한 헌법 조항에 따르면 대통령은 헌법을 수호하고 헌법에 충실하게 행정권을 행사하기 위해서는 필연적으로 헌법을 해석할 수밖에 없다고 보아야 한다.61)

그리고 대통령은 내우·외환·천재·지변 또는 중대한 재정·경제상의 위기에 있어서 국가의 안전보장 또는 공공의 안녕질서를 유지하기 위하여 긴급한 조치가 필요하고 국회의 집회를 기다릴 여유가 없을 때에 한하여 최소한으로 필요한 재정·경제상의 처분을 하거나 이에 관하여 법률의 효력을 가지는 명령

생활이라는 내밀한 사적영역에서의 행위를 제한하므로 헌법 제17조가 보장하는 사생활의 비밀과 자유 역시 제한한다고 보았다(헌법재판소 2009.11.26. 선고 2008헌바58, 2009헌바191(병합) 결정).

58) 법무부의 헌법재판수행규정 훈령제정 작업은 법제처서 반대, 법률신문, 2011.10.1.

59) 헌법 제69조는 "나는 헌법을 준수하고 국가를 보위하며 조국의 평화적 통일과 국민의 자유와 복리의 증진 및 민족문화의 창달에 노력하여 대통령으로서의 직책을 성실히 수행할 것을 국민 앞에 엄숙히 선서합니다."라고 규정하고 있다.

60) 헌법 제66조.

61) 미국 헌법과 같은 "충실한 법집행 의무" 조항은 없으나 한국 헌법에도 다음과 같이 대통령의 법률해석권을 전제로 조항들이 다수 있다. 제74조 대통령은 헌법과 법률이 정하는 바에 의하여 국군을 통수한다. 제75조 대통령은 법률에서 구체적으로 범위를 정하여 위임받은 사항과 법률을 집행하기 위하여 필요한 사항에 관하여 대통령령을 발할 수 있다. 제78조 대통령은 헌법과 법률이 정하는 바에 의하여 공무원을 임면한다. 제80조 대통령은 법률이 정하는 바에 의하여 훈장 기타의 영전을 수여한다 등이 예이다.

을 발할 수 있다. 또한 국가의 안위에 관계되는 중대한 교전상태에 있어서 국가를 보위하기 위하여 긴급한 조치가 필요하고 국회의 집회가 불가능한 때에 한하여 법률의 효력을 가지는 명령을 발할 수 있다.[62] 이러한 법률대위명령의 경우 동 법률이 헌법에 위배되는지에 대한 사전 심사해석 즉 현재의 상황이 헌법상 요건을 충족시키는지에 대한 해석을 수반하게 된다.

또한 대통령은 법률안에 이의가 있을 때에는 대통령은 이의서를 붙여 국회로 환부하고, 그 재의를 요구할 수 있다.[63] 거부권의 행사는 법률의 위헌 여부에 대한 대통령의 사전심사권을 인정하는 것을 전제로 가능한 것이다.

결국 이러한 헌법 조항은 헌법에 대한 해석을 행정부 즉 대통령이 수행하는 것을 전제로 하고 있다. 다만, 사면권의 행사, 헌법재판에서 정부소송대행자로서 의견 제출권이 법무부 장관에게 부여되어 있으므로 헌법해석의 권한은 법무부에 집중되어 있는 것으로 판단된다. 실제 법무부 직제는 헌법재판 수행 및 헌법제도 연구, 헌법자료의 조사, 수집 및 간행 업무를 명시하고 있기 때문에, 법무부는 헌법해석의 간접적 근거 조항을 가지고 있다고 할 수 있다.[64]

그러나 법제처의 경우에도 대통령의 행정권 행사를 보좌하는 기관으로서 이론적으로 법령해석의 전제 내지 조건으로서 헌법해석을 하는 것에 어떠한 장애가 있다고 할 수는 없다. 헌법해석의 간접적 근거로서 법제처 직제 시행규칙은 헌법 등 주요 법제의 조사, 연구를 규정하고 있고 이에 근거하여 2010년부터 헌법주석서를 발간하고 있다.[65] 따라서 헌법해석에 대한 명시적 근거

---

[62] 헌법 제76조.

[63] 헌법 제53조 제2항.

[64] 법무부와 소속기관 직제 제9조.

[65] 법제처직제 시행규칙 제4조. 다만, 법제처장이 국무위원이 아니라서 법률의견에 대한 책임성 확보가 어려우므로 법제처장을 국무위원으로 하거나 아니면 국무총리 명의의 법률의견을 제출하게 함으로써 탄핵 등의 정치적 책임성을 확보하여야 한다는 견해가 있다(이성환 외, 법령해석 요청 주체 및 법령해석 대상 확대 가능성에 관한 연구, 180-182면).

규정을 법제운영규정 등에 두는 방안도 고려해 볼 만하다. 다만, 이 경우에도 행정부 내 헌법에 대한 최종적인 해석권을 양 기관에 이원화하는 것이 타당한 지는 의문이나, 전술한 바와 같은 법령해석기관 일원화 방향을 고려할 필요가 있다고 본다. 그러나 헌법에 대한 해석은 법제처도 수행할 수 있다고 보아야 하지만, 헌법재판, 국가송무 업무 등에서 법무부의 권한을 고려하여 재판 관련 헌법의 해석권에 대해서는 법무부의 우위를 인정하는 방향으로 검토가 필요하다고 본다. 그리고 헌법재판에 대한 법률해석권을 법무부에서 조정 내지 집중할 것인지 아니면 현재와 같이 부처별 독립성을 둘 것인지에 대해서 보면, 헌법재판소법의 취지를 존중하여 현행대로 부처별 해석권을 인정하되, 대통령의 행정권의 일관되고 통일적 행사를 위해 최소한의 조정역할을 법무부에 부여할 필요는 있다고 본다.66)

2. 행정규칙 해석의 도입

행정규칙이란 '행정조직 내부 또는 특별권력관계 내부와 같은 행정내부 관계에서 제정되는 일반·추상적 규정'을 말한다.67) 원칙적으로 행정규칙은 행정권 내부에서의 조직과 작용만을 규율하기 위해 발령되는 것(일면적 구속력)이므로 국민에 대해서는 법적 효력이 없고, 법원을 구속하거나 재판의 기준이 되지 않는다.68). 즉, 판례는 원칙적으로 행정규칙의 법규성을 부정하며, 따라

---

66) 법제처가 2차적 행정해석, 즉 법령해석기관으로서 행정부의 단일한 통일적 법률의 견을 제공함에 있음에 반해, 헌법에 대한 해석의 경우 각 부처의 자율성을 인정하고 있는 것은 미국과는 다른 특이한 점이다. 미국에서 법해석에 있어서 단일성과 분리 성의 논쟁은 주로 헌법에 관련된 논의이고 사법부와의 관계에서는 몰라도 적어도 행정부 내에서 법무부 OLC의 단일한 헌법해석권이 지지를 받고 있는 것으로 판단된다.

67) 김동희, 『행정법 I』 제10판, 박영사, 2004, 145면.

68) 훈령이란 행정조직내부에 있어서 그 권한의 행사를 지휘감독하기 위하여 발하는 행정명령으로서 훈령, 예규, 통첩, 지시, 고시, 각서 등 그 사용명칭 여하에 불구하고 공법상의 법률관계내부에서 준거할 준칙 등을 정하는 데 그치고 대외적으로는 아무

서 행정규칙의 대외적 구속력도 인정하지 않으나, 법령의 수권에 의해 행정규칙의 형식으로 명령을 보충하는 사항을 정한 裁量準則,[69] 法令補充的 行政規則,[70] 法令解釋的 行政規則[71]에 대해서는 법규적 성질을 인정하고 있다.

행정규칙을 일괄적으로 유권해석의 대상으로 하게 되면 중앙행정기관의 自律性과 責任性, 정부조직법에 기한 행정조직간 업무분담 원칙에 반할 우려가 있으므로 이는 신중을 기할 필요가 있다고 본다. 다만, 위에서 언급한 바와 같이 법규적 성질을 가지는 것으로 인정되고 있는 '법령해석적 행정규칙'이나 '법령보충적 행정규칙', '재량준칙'의 경우에는 그 해석의 효력이 국민들에게도 미치므로 이러한 행정규칙의 경우에는 법령해석의 대상이 되도록 하는 것이 타당하다.[72]

런 구속력도 가지는 것이 아니다(대법원 1983.6.14. 선고 83누54 판결). 원칙적으로 행정규칙의 경우에는 행정조직내부에서 관계행정기관이나 직원을 구속함에 그치고 대외적으로 국민이나 법원에 대한 구속력이 없다(대법원 1995.3.28. 선고 94누6925 판결).

[69] "裁量準則"이라 함은 일정한 한도에서의 독자적 판단권이 부여되어 있는 재량처분에 있어 행정권이 스스로 그 처분의 일반적 기준을 설정하여 내용적으로는 재량권을 제한하는 의미를 가지는 것으로 국민이나 법원에 대하여 평등 원칙을 매개로 간접적으로 법적 효력을 갖게 된다고 한다(김동희, 전게서, 162-163면).

[70] '法令補充的 行政規則'이라 함은 법률 또는 상위명령을 구체화하는 내용의 행정규칙으로 상위법령과 결합하여 대외적 효력을 갖는 것을 의미한다(김동희, 전게서, 158-159면, 대법원 1987.9.29. 선고 86누484 판결).

[71] 法令解釋的 行政規則이라 함은 법령의 내용이 불분명한 경우 훈령 등의 형식으로 규정된 법령을 해석하는 행정규칙을 의미한다. 다만, 그 본질은 행정규칙이므로 국민이나 법원에 대한 구속력이 없으며 행정기관 내부에서만 그 효력이 인정되는 것이 원칙이나 당해 해석규칙이 불확정개념에 관한 것이고, 그에 관하여 행정청에 판단여지가 인정되는 때에는, 예외적으로 당해 해석규칙에 고유한 법적의미 또는 효력을 인정할 수 있게 되므로 법적 효력은 재량준칙과 동일하다고 할 것이다(김동희, 전게서, 161면).

[72] 정영환, 정부유권해석제도의 정착을 위한 바람직한 제도운영에 대한 연구, 205-206면, 이성환 외, 법령해석 요청 주체 및 법령해석 대상 확대 가능성에 관한 연구, 211-212면.

한편 조례나 규칙과 같은 자치법규의 경우에 대하여 중앙행정기관이나 법제업무운영규정상의 법령해석기관이 유권해석을 할 수 있는 지에 대해하여 찬반 논란이 있다.[73] 생각건대, 국가적 통일을 요하는 국가사무로서 법령의 위임에 의한 위임조례와 위임규칙의 범위와 한계는 법령의 해석이 되도록 함으로써 자치행정의 적법성과 타당성을 제고하고, 지방자치단체 공무원의 業務效率性을 보장하는 것이 타당하다고 본다. 법제처도 위임조례의 경우 법령의 위임범위 등에 대한 내용으로 법령의 해석으로 볼 수 있는 경우는 해석 가능하다고 한다. 한편 이러한 논의의 결과 법제처는 條例와 規則에 대한 法令解釋支援制度를 모든 지방자치단체를 대상으로 2011년 3월 2일부터 전면 시행하였다. 자치행정의 합법성과 타당성을 제고하기 위해 도입된 자치법규 해석 지원제도는 자치법규가 상위 법령에 위반되는지에 대하여 의문이 있는 경우는 물론이고, 자치법규 자체의 해석에 의문이 있는 경우에도 법제처가 전문적인 의견을 제시할 수 있도록 하였다. 법제처에 따르면 지방자치단체가 자신이 입안·운용하고 있는 자치법규에 관해 자발적으로 의뢰하는 데 대해 해석 지원을 해 주는 것이 반드시 자치권의 침해라고 할 수 없고, 지방공무원의 입장에서는 고문 변호사에게 자문을 얻는 것보다는 해석전문기관을 이용하는 것이 시간 및 비용 면에서 훨씬 유용하고 공적인 권위도 인정받을 수 있다는 장점이 있어 이번에 이 제도를 도입하게 되었다고 한다.[74] 다만, 동 제도는 아직 법제업무운영규정에 반영된 것이 아니어서 임의적 지원제도로 시행되고 있다. 동 규정상 제2조상 법령의 개념은 여전히 법률, 대통령, 총리령, 부령으로 한정되어 있기 때문이다.

---

[73] 반대견해는 지방자치의 본질을 이유로 들고(정영환, 정부유권해석제도의 정착을 위한 바람직한 제도운영에 대한 연구, 206면), 찬성견해는 지방자치법 제156조~제159조의 주무부 장관이나 행정자치부 장관의 지방자치단체에 대한 지도·감독권을 근거로 든다(김성수, "조례 등 자치법규의 해석: 정부유권해석의 대상과 그 한계"에 대한 토론문,『정부유권해석의 대상과 그 한계』, 법제처, 2005.10, 28면).

[74] 법제처, 지방자치단체에 대한 자치법규(조례·규칙) 해석 지원제도 전면 시행, 법제처 보도자료, 2011.3.4.

제3절 행정부 법령해석권의 역할

I. 서론

미국의 경우 앞서 본 바와 같이 법령해석기관이라고 할 수 있는 법무부 및 소속 OLC의 의견제공 기능 관련 의견서가 대통령의 정치적 선호를 반영하여야 하는지 아니면 법의 지배 원칙에 충실하게 객관적, 중립적이어야 하는지에 대한 논란이 있어 왔다. 현재 OLC의 공식입장은 OLC는 행정기관의 입장이나 행위에 대한 변호를 위한 것이 아닌 법률이 요구하는 가장 적합한 해석에 기초한 의견을 제공하여야 한다는 것이다.[75]

그러나 법제처와 법무부의 경우 이러한 논의자체가 이루어지지 않고 있는 상황이며, 그러한 필요성도 제기되지 않고 있다. 이와 관련 현재 한국의 법제처와 법무부 등 법령해석기관의 입장은 어떠하며 어떤 방향으로 진행되는 것이 바람직한지 논의해보고자 한다.

II. 법률과 정책의 관계

행정영역이 단순했던 근대초기 행정은 단순히 의회의 법률을 집행하는 기능에 머물렀으나, 행정국가적 상황에서 행정은 단순한 법의 집행이라고 하기보다는 법이 행정의 手段이 되는 상황이 발생하고 있다. 이러한 현상이 나타난 이유는 의회가 아닌 행정부 주도로 사회문제 해결을 위한 정책을 수립하고 이를 法制化하고 있기 때문이다. 과연 법률과 정책을 어떤 관계로 보는 것이

---

[75] U.S. DOJ, Best Practices for OLC Legal Advice and Written Opinions, p. 1.

바람직할 것인지 살펴보고자 한다. 이러한 검토의 결과는 행정부 법령해석의 기능의 바람직한 방향을 모색하는 데 도움을 줄 수 있다.

政策[76]이 무엇인가에 대해서는 학자들 간에 의견의 통일을 볼 수 없으나 정책은 "바람직한 사회 상태를 이룩하려는 정책목표와 이를 달성하기 위해 필요한 정책수단에 대하여 권위 있는 정부기관이 공식적으로 결정한 기본방침" 이라는 견해가 설득력이 있다.[77] 이러한 정책 개념의 법률과의 대비점은 정책은 미래의 바람직한 상태를 구현하기 위한 정부 당국의 목표 지향적 활동이라는 점, 정책은 주로 복잡하고 동태적인 정치행정적 과정을 통해서 이루어진다는 점에 있다.[78] 종래 법률은 정태적인 권리의무 획정이나 이에 따른 국가권력의 구속 또는 통제에 우선적인 관심을 가지고 있었으며, 본질적으로 법률은 정의와 형평의 기술로서 의미를 가졌다.[79]

법률이 정책의 형성·집행과정에서 기준을 제시해 주는 것이라면, 정책은 법률이라는 형식을 통해 표현된다는 점에서 양자는 밀접한 관련이 있다. 법의 지배 내지 법치주의의 요구를 수용하지 않는 정책도 없거니와 정책을 포함하지 않는 법도 생각하기 어렵다. 정책에 대한 통제 수단으로서 법의 역할 뿐 아니라 정책을 실현하는 수단으로서 법의 역할에 주목하여야 한다.[80]

---

[76] 정책의 영어인 policy는 특히 정치, 경제, 비즈니스에서 의사결정의 기초로서 사용되는 아이디어나 계획들의 집합이라고 정의된다(a set of ideas or plans that is used as a basis for making decisions, especially in politics, economics, or business) Collins Cobuild Advanced Learner's English Dictionary. 6th edition, Harper Collins publishers, 2009 참조). 다만, 정책이라고 할 경우 정부기관의 결정이라는 측면이 강조된다는 점은 부인하기 어렵다고 할 것이다.

[77] 정정길, 『정책학원론』, 대명출판사, 1989, 37-38면.

[78] 최봉기, 『정책의제형성론』, 일신사, 1988, 15-17면.

[79] 최송화, "법과 정책에 관한 연구", 『서울대학교 법학』 제26권 제4호, 1985, 82-85면.

[80] 경제정책에 대한 법적통제에 대해서는 이원우, "거시경제정책에 대한 법적통제와 그 한계에 관한 연구", 『행정법연구』 제7호, 행정법이론실무학회, 2001, 255-276면; 양천수, "경제정책에 대한 사법심사 가능성, 기준 및 한계: 헌법재판을 예로 본 법 이론적 분석", 『공법학연구』 제11권 제1호, 한국비교공법학회, 2010, 107-137면 참조.

법학과 정책학의 경우에도 전통적 법학이 사법적 분쟁을 예상한 행위형식의 확정에 중점이 있다면, 정책학은 시장실패를 치유하려는 적극적인 조정과 해결, 나아가 적극적인 질서의 형성, 국가경영에의 개입이라는 측면에서 정책과정 자체를 중시한다. 이러한 양자의 차이는 법해석론이나 입법론에 있어서 정책적 관점을 도입함으로써 해결되어야 하며, 이의 도입을 위해서는 법 현상에 대한 법정책학적 연구, 법경제학적 연구, 법사회적 연구 등 학제적인 접근방법이 요구된다.81)

특히 공법으로서 행정법은 본질적으로 정부정책이 어떻게 만들어져야 하는지에 대한 이론의 탐색이라거나,82) 행정법의 임무는 사적자치의 보호에 머무는 것이 아니라 행정의사결정과정에서 다양한 이해관계를 공정하게 표출하는 대리적 정치과정(surrogate political process)을 제공하는 것이라는 견해나,83) 행정법학은 대표적인 공법학으로서 국가와 공동체의 공법적 제도를 이해하기 위한 학문으로 이러한 제도를 이해하는 목표가 단지 소송이 가능한 제도를 전제로 그 제도를 소송으로 통제하는 것에 한정될 필요는 없고 오히려 소송가능성과 상대적으로 독립해서 각 제도들을 이해하고 또 각 제도들을 설계할 수 있는 기초를 마련하는 것이 행정법학의 주된 임무여야 한다는 견해84)도 이러한 법률과 정책의 융화의 필요성을 강조하고 있다.

이러한 논지에서 보면, 법령해석의 경우에도 법령이 가지고 있는 정책적 목표를 달성할 수 있는 방향으로의 접근이 필요하다. 사법부도 이러한 정책적 입장을 충분히 고려한 법해석이 필요하지만, 행정부는 직접적인 정책의 수립·시행자로서 더욱 정책목표 달성을 위한 법해석을 강조할 필요가 있다는 것이

---

81) 최송화, 전게논문, 88면.
82) Colin S. Diver, Policymaking Paradigms in Administrative Law, 95 Harv. L. Rev. 393 (1981-1982), p. 393.
83) Richard B. Stewart, The Reformation of American Administrative Law, p. 1670.
84) 김종보, "행정법학의 개념과 그 외연", 『행정법연구』제21호, 행정법이론실무학회, 2008, 17-18면.

다. 이것이 바로 사법부와 달리 국민에게 직접적인 정치적 책임을 지는 대통령과 행정부에게 주어진 의무인 것이다.

III. 공무원의 정치적 중립과 법령해석

헌법 제7조 제2항은 공무원의 신분과 정치적 중립성은 법률이 정하는 바에 의하여 보장된다고 규정하고 있다. 즉, 공무원의 신분과 정치적 중립성은 객관적 법질서에 의하여 보장되고 있다. 이러한 공무원의 정치적 중립성과 신분보장은 직업공무원제도[85])의 핵심이 된다.

공무원에 대한 정치적 중립성의 필요성에 관하여, 1) 공무원은 국민전체에 대한 봉사자이므로 중립적 위치에서 공익을 추구하고(국민 전체의 봉사자설), 2) 행정에 대한 정치의 개입을 방지함으로써 행정의 전문성과 민주성을 제고하고, 정책적 계속성과 안정성을 유지하며(정치와 행정의 분리설), 3) 정권의 변동에도 불구하고 공무원의 신분적 안정을 기하고, 엽관제로 인한 부패·비능률 등의 폐해를 방지하며(공무원의 이익보호설), 4) 자본주의의 발달에 따르는 사회경제적 대립의 중재자·조정자로서의 기능을 적극적으로 담당하기 위하여 요구되는 것(공적 중재자설)이라는 견해가 있다.[86])

결국 공무원의 정치적 중립은 직무수행에 있어서 정치성, 당파성을 배제하고 공공성, 공정성, 중립성을 확보하여 공무원의 국민전체의 봉사자로서의 역할을 하도록 하기 위한 것이라고 할 수 있다. 국가공무원법, 지방공무원법은 구체적으로 중립의무의 내용을 열거하고 있다.[87])

---

85) 직업공무원제도는 공무원이 집권세력의 논공행상의 제물이 되는 엽관제도를 지양하며 정권교체에 따른 국가작용의 중단과 혼란을 예방하고 일관성 있는 공무수행의 독자성을 유지하기 위하여 헌법과 법률에 의하여 공무원의 신분이 보장되도록 하는 공직구조에 관한 제도이다(헌법재판소 2004.11.25. 선고 2002헌바8 결정).

86) 헌법재판소 1995.05.25. 선고 1991헌마67 결정.

87) 공무원은 정당이나 그 밖의 정치단체의 결성에 관여하거나 이에 가입할 수 없다. 또

다만, 공무원의 경우 정치활동이 허용되는 공무원으로서 신분보장이 되지 않는 政務職 公務員이 있다. 정무직 공무원은 1) 선거로 취임하거나 임명할 때 국회의 동의가 필요한 공무원, 2) 고도의 정책결정 업무를 담당하거나 이러한 업무를 보조하는 공무원으로서 법률이나 대통령령에서 정무직으로 지정하는 공무원을 말한다.[88]

이러한 정무직 공무원은 국가공무원법 제65조상 일정한 정치활동을 할 수 있게 되어 있다. 다만, 공직선거법 제60조 제1항 제4호는 국회의원과 지방의회의원을 제외한 정무직 공무원은 동법상의 선거운동을 금지하고 있다. 정무직 공무원의 경우에도 공무원법상 정치활동이 공직선거법상의 선거운동에 해당할 경우에는 금지되는 것이다.[89]

법령해석도 공무원의 직무수행인 이상 국민전체에 대한 봉사자로서 정치적 중립의무를 준수하면서 이루어져야 한다. 다만, 위에서 살펴본 바와 같이 법무부 장관이나 법제처장은 정무직 공무원으로서 고도의 정책결정 업무를 담

한 공무원은 선거에서 특정 정당 또는 특정인을 지지 또는 반대하기 위한 다음의 행위를 하여서는 아니 된다. 1) 투표를 하거나 하지 아니하도록 권유 운동을 하는 것, 2) 서명 운동을 企圖·主宰하거나 권유하는 것, 3) 문서나 도서를 공공시설 등에 게시하거나 게시하게 하는 것, 4) 기부금을 모집 또는 모집하게 하거나, 공공자금을 이용 또는 이용하게 하는 것, 5) 타인에게 정당이나 그 밖의 정치단체에 가입하게 하거나 가입하지 아니하도록 권유 운동을 하는 것 또한 공무원은 다른 공무원에게 위의 위배되는 행위를 하도록 요구하거나, 정치적 행위에 대한 보상 또는 보복으로서 이익 또는 불이익을 약속하여서는 아니 된다(국가공무원법 제65조, 지방공무원법 제57조).

[88] 국가공무원법 제2조. 구체적으로는 1) 대통령, 2) 국무총리, 3) 국무위원, 4) 국회의원, 5) 처의 장, 6) 각 원·부·처의 차관, 7) 정무차관, 8) 제1호 내지 제3호·제5호 및 제6호에 규정된 공무원의 비서실장 및 비서관과 전직대통령의 비서관, 9) 국회의장·국회부의장 및 국회의원의 비서실장·보좌관·비서관 및 비서와 교섭단체의 정책연구위원이 있다(국가공무원법 제3조 제3항의 공무원의 범위에 관한 규정 제2조).

[89] 따라서 일정한 정무직 공무원의 선거운동을 금지한 공직선거법은 정무직 공무원에게 정치운동을 허용한 공무원법에 대해 특별법의 지위에 있다고 할 수 있다(유시조, "대통령의 정치활동의 범위와 한계", 『공법학연구』 제10권 제1호, 2009, 88-89면).

당하는 공무원에 해당하므로 이들에 대해서 정치활동을 금지하는 차원의 엄격한 의미에서 정치적 중립의무를 요구할 수는 없다. 다만, 법무부 장관은 직무집행에 있어서 헌법이나 법률을 위배한 때에는 탄핵의 대상이 되며,90) 모든 공무원은 법령을 준수할 의무가 있다.91) 이러한 헌법과 법률준수 의무와 정무직 공무원의 정치성을 어떻게 해석할 수 있을지가 문제이다.

IV. 소결

우리 헌법상 민주주의의 요구는 정강정책을 두고 국민들의 선거를 통해 집권한 정당과 대통령이 임기동안 그 정책을 실행한 후 다음 선거에서 그 정책의 성패에 따라 다시 평가받는 선순환구조를 의미하는 것으로, 결국 다수 국민의 의사를 정치체제에 반영하는 것이라고 할 수 있다. 법치주의의 요구는 사람이나 폭력이 지배하는 국가가 아니라 법이 지배하는 국가로서, 모든 국가적 활동과 국가적 생활은 국민의 대표기관인 의회가 제정한 법률에 근거를 두고 법률에 따라 이루어지는 국가를 의미한다.92)

다만, 민주주의를 다수의 통치형태로 이해하고 법치국가를 국가권력에 대한 자유보장 수단 또는 권력의 통제 수단으로만 파악하는 경우에는 민주주의와 법치국가는 대립, 갈등관계에 있게 된다. 왜냐하면 다수통치론의 입장에서 권력의 통제를 요구하는 형식적 법치국가는 결국 다수의사에 대한 불법적인 제한 또는 다수의사에 대한 반항을 의미하기 때문이다. 반면에, 민주주의의

---

90) 헌법 제65조 ① 대통령·국무총리·국무위원·행정 각부의 장·헌법재판소 재판관·법관·중앙선거관리위원회 위원·감사원장·감사위원 기타 법률이 정한 공무원이 그 직무집행에 있어서 헌법이나 법률을 위배한 때에는 국회는 탄핵의 소추를 의결할 수 있다.

91) 국가공무원법 제56조(성실 의무) 모든 공무원은 법령을 준수하며 성실히 직무를 수행하여야 한다.

92) 권영성, 『헌법학 원론』, 박영사, 2004, 146면.

실질적 내용에 속하는 국민주권, 자유, 평등, 정의는 그것을 실질적으로 보장하는 법치국가의 법질서에 의해서 비로소 실효성이 있게 되고, 반대로 법치국가의 실질적 내용에 속하는 자유, 평등, 정의는 자유롭게 평등한 참여의 기회가 보장되는 자유로운 정치질서, 즉 민주주의에서만 그 실현을 기대할 수 있다고 보면 양자는 조화된다.93)

　법령해석에 있어서도 고도의 정책결정을 담당하는 입장에서 민주주의의 요구와 법에 따른 행정을 하여야 한다는 법치주의의 요구를 조화시킬 필요가 있다.94) 정무직 공무원의 직무집행은 대통령의 직무행위를 보조하는 것으로서 고도의 정치성 있는 행위를 수행할 수밖에 없게 되어 있으므로 엄격한 정치적 중립은 가능하지도 않을 뿐 아니라 정치행정에 대한 민주적 통제의 관점에서는 바람직하지도 않다. 따라서 법치주의 필수요소인 국가작용에 대한 헌법과 법률에의 기속, 행정의 組織과 作用의 正當性의 확보95)라는 형식적 원칙과 법치국가의 실질적 내용에 속하는 자유, 평등, 정의를 실현하는 범위 내에서 대통령의 고도의 정책결정을 보좌하는 법령해석방향이 모색될 필요가 있다.

　아래는 노무현 전 대통령의 대통령 기록물 유출사례에 대한 법제처의 법령해석인데, 문리해석상으로 타당할 뿐 아니라 당시 정치적 상황에서도 바람직한 방향이었다는 점에서, 정책을 고려한 법적 해석 내지 법치주의 범위 내에서 합목적적인 해석인 것으로 평가된다.

---

93) 허영, 『헌법이론과 헌법』 신정9판, 박영사, 2004, 272-273면.

94) 최근 소위 이 양자를 포괄하는 정치, 행정의 이념으로 民主主義的 法治國家라는 용어를 사용하는 경우를 볼 수 있다. 예컨대, 이원우, "현대적 민주법치국가에 있어서 행정통제의 특징과 쟁점"이라는 논문에서 제목으로 민주법치국가를 사용하고 있고, 선정원, "법치주의와 행정개혁" 논문(『공법연구』 제32집 제2호, 2003년12월)에서도 민주적 법치사회를 위한 법 시스템의 형성이라는 개념을 사용하고 있다. 박정훈 교수는 민주주의와 법치주의를 행정법의 양대 기둥이라고 서술하고 있다(행정법의 체계와 방법론, 243-254면).

95) 백윤기, "금융행정에서 법치주의 구현방안", 『저스티스』 통권 제33권 제4호, 2000, 6면.

1. 전직대통령이 기록열람권이 있는지 여부: 전직 대통령의 재임 시 생산한 대통령기록물은 전직 대통령의 직무수행에 관하여 전직 대통령 자신 또는 보좌기관 등이 생산한 정보로서, 해당 정보의 생산자로서의 전직 대통령에게는 해당 정보에 접근할 수 있는 권리를 보호할 필요가 있다. 따라서 대통령기록물법 제18조에 따르면 전직 대통령은 재임 시 생산한 대통령기록물을 열람할 수 있는 법적인 권리가 있다고 할 것이다.

2. 열람에 사본제작이 포함되는지: 대통령기록물법 제17조 제4항에서는 대통령지정기록물에 대하여 국회, 고등법원장, 대통령기록관의 직원의 경우에 한하여 일정한 요건 하에서 제한적으로 열람, 사본제작 및 자료제출을 허용하고 있는바, 이 경우 그 정보의 제공 방법에 있어 "열람"과 "사본제작" 및 "자료제출"의 개념을 구분하여 사용하고 있다. 같은 법령에서는 특별한 사정이 없는 한 같은 용어는 같은 의미로 해석된다고 할 것이며, 대통령기록물법 제18조에서 그 "열람"의 범위에 관하여 별도의 규정을 두고 있지 않고 있으므로 대통령기록물법 제18조에서의 "열람"의 개념 또한 대통령기록물법 제17조에서의 "열람" 즉 사본제작 및 자료제출과 구분되는 개념으로서의 의미를 갖는다고 보아야 할 것이다.

3. "시설이나 그 밖의 편의제공 등의 방법"에 전직 대통령 사저에 온라인(전용선 등 포함) 열람서비스를 제공하는 것은 포함되는지: 일반적으로 "열람"은 정보 제공의 방법 중 가장 제한적인 방법으로, 일회적으로 한정된 장소에서 해당 정보를 볼 수 있도록 하는 것으로서, 전직 대통령의 사저에 전용선 등을 설치하여 대통령기록관의 전산시스템에 접근할 수 있도록 하는 등의 온라인 열람의 경우에는 원하는 때에는 언제든지 해당 시스템에 접속하여 원하는 정보에 접근할 수 있어 사본제작 등의 정보제공 방법과 실질적으로 다를 바가 없다고 할 것이다. 또한 온라인을 통해 제공되는 전자적 형태의 정보의 특성상 기술적으로 항상 해킹 등으로 인한 정보 유출의 위험에 노출되어 있는 바, 대통령지정기록물이 갖는 정보의 비밀성과 그 보호의 필요성을 고려할 때, 전직 대통령 사저에서의 온라인 열람은 대통령기록물법 제18조에서 예정하고 있는 정보제공 방법으로서의 "열람"의 범위를 넘어서는 것이다.[96]

---

[96] 행정안전부 - 「대통령기록물 관리에 관한 법률」 제18조 등(전직 대통령의 열람의 편의 제공 방법에 전직 대통령 사저에 온라인 열람서비스를 제공하는 것이 포함되는지 여부 등) 관련, 안건번호 08-0234, 회신일자 2008.09.16.

제4절 법령해석권에 관한 행정부와 사법부의 관계

Ⅰ. 서론

미국에서는 행정해석이 사법해석과는 별도의 자율성을 인정받을 수 있다는 논의와 사법부보다 우위에 있을 수 있다는 논의가 있어 왔으나, 한국의 경우 이와 관한 뚜렷한 논의가 없는 것으로 파악된다. 다만, 대체로 사법부가 법령에 대한 최종적 해석기관으로서 지위를 갖는 것으로 이해되고 있다.[97]

헌법해석에 대해서는 현행 헌법은 제5장 법원 편과는 별도로 제6장에서 독립된 헌법재판기관으로서 헌법재판소를 규정하고 있다. 헌법 제107조 제1항은 "법률이 헌법에 위반되는 여부가 재판의 전제가 된 경우에 법원은 헌법재판소에 제청하여 그 심판에 의하여 재판한다"고 규정하고, 제2항은 "명령, 규칙 또는 처분이 헌법이나 법률에 위반되는 여부가 재판의 전제가 된 경우에는 대법원은 이를 최종적으로 심사할 권한을 가진다"고 규정하고 있다. 구체적 규범통제절차에서의 법률에 대한 위헌심판권과 명령, 규칙, 처분에 대한 위헌심사권을 분리하여 각각 헌법재판소와 대법원에 귀속시키고 있다. 한국에서 법원과 헌법재판소의 헌법, 법령해석권에 대하여 행정부 해석권의 자율성을 어느 범위에서 인정할 수 있을 것인지 검토해 보고자 한다.

---

[97] 헌법 제101조 ① 사법권은 법관으로 구성된 법원에 속한다.

II. 사법해석에 대한 행정해석의 구속

1. 의의

　사법해석인 판례의 법원성 내지 구속성에 대해서는 다음과 같은 견해가 존재한다. 첫째 견해는 영미법국가의 경우에는 법원의 판례가 곧 法源이 되지만 한국과 같은 대륙법체계의 국가에서는 영미와 달리 판례의 구속력은 사실상 인정되는 것이므로 사법적 해석이 법령과 동일한 권위를 가진다고 볼 수 없다. 따라서 법원의 사법적 해석에 대해 행정기관이 반드시 구속될 필요는 없다. 다만, 행정기관이 사법해석을 따르지 않을 경우 행정기관의 법해석에 대한 관철력은 사법부의 재판을 통해 무효화 될 수 있으며, 결국에는 사법해석만이 관철된다는 측면에서 사법부의 법해석에 대한 사실상 구속력은 행정해석의 관철력보다 우월한 것이라고 할 수 있다고 한다.[98]

　둘째 견해는 판례법주의를 취하고 있는 영·미 법계 국가와 달리 성문법주의를 취하는 우리나라에서는 판례의 法源性을 인정하기는 곤란하기는 하지만, ① 상급법원의 법률적·사실적 판단은 당해 사건에 한하여 하급심을 구속하는 효력을 가지는 점(법원조직법 제8조), ② 원심판결이 법률·명령·규칙 또는 처분에 대하여 대법원판례와 상반되게 해석한 때가 아닌 경우에는 상고기각사유가 되는 점(「상고심절차에 관한 특례법」 제4조 제1항 제3호) ③ 우리 헌법상 법령의 최고 유권적 해석기관은 법원이라는 점(헌법 제101조) 및 ④ 판례를 통하여 법문이 가지는 불완전성의 극복이 가능하게 된다는 점(법관에 의한 법 창조 기능) 등을 고려할 때 판례가 갖는 현실적 구속력 내지 법원성을 부인하기는 어렵다고 한다.[99] 결국 한국의 통설적 입장에 따르면 사법해석이 행정해석에 대해 사실상 구속력을 갖는 것은 인정하지만 법적인 구속력을 가

---

98) 정영환, 정부유권해석제도의 정착을 위한 바람직한 제도운영에 대한 연구, 86-91면.
99) 정준현, "법령해석제도의 개편방향에 관한 소고", 『월간법제』, 2006.9, 23면. 이하 정준현, "법령해석제도의 개편방향에 관한 소고"로 인용.

지는 것은 아니라고 볼 수 있다.

2. 관련 사례 연구

(1) 사안의 개요

청구인은 2002.3.10. 부동산의 일부 지분을 상속을 원인으로 취득하여 2006.12.29. 양수인에게 양도하고, 2007.6.1. 基準時價에 의하여 양도차익을 산정하고 양도소득세 과세표준 및 세액을 확정 신고하였다. 處分廳인 세무서는 양수인의 사업시행인가일이 쟁점부동산의 양도일 이후인 2007.4.5.인 사실을 확인하고 쟁점부동산 양도에 대하여 「조세특례제한법」 제85조[100])의 규정

---

100) 조세특례제한법(2006.12.30.법률 제8146호로 삭제되기 전의 것) 제85조 【지정지역 내 공익사업용 부동산에 대한 양도소득세 과세특례】 거주자가 「소득세법」 제104 조의2 제1항의 규정에 의한 지정지역내의 부동산을 다음 각호의 1에서 규정하고 있는 날(관계 행정기관의 장이 관보 또는 공보에 고시한 날을 말하며, 그 고시한 날이 사업인정고시일부터 소급하여 2년 이내인 경우에는 사업인정고시일부터 소급 하여 2년이 되는 날, 그 고시한 날이 「소득세법」 제104조의2 제1항의 규정에 의한 지정지역 지정 후 도래하는 경우에는 지정지역을 지정한 날을 말한다) 전에 취득하 여 2006년 12월 31일 이전에 「공익사업을 위한 토지 등의 취득 및 보상에 관한 법률」또는 그 밖의 법률에 의하여 당해 사업시행자에게 양도(수용되는 경우를 포 함한다. 이하 이 조에서 같다)하는 경우에는 「소득세법」 제104조의2 제1항 및 동 법 제97조 제1항 제1호 가목 본문의 규정에 불구하고 동법의 규정에 의한 양도가 액 및 취득가액을 기준시가에 의할 수 있다. 다만, 「소득세법」 제96조 제2항 제6호 및 동법 제97조 제1항 제1호 가목 본문의 규정에 의하여 양도가액 및 취득가액을 실지거래가액으로 신고하는 경우에는 그러하지 아니하다.
  1. 「택지개발촉진법」 제3조의 규정에 의하여 택지개발예정지구를 지정한 날
  2. 「산업입지 및 개발에 관한 법」률 제7조의3의 규정에 의하여 산업단지 등을 지정한 날
  3. 「지역균형개발 및 지방중소기업육성에 관한 법률」 제4조의 규정에 의하여 광역개발권역을 지정한 날
  4. 주한미군(대한민국과미합중국간의상호방위조약에 의하여 대한민국에 주둔 하는 미합중국 군대를 말한다)의 기지이전과 관련하여 「공익사업을 위한 토

에 의한 양도소득세 과세특례를 적용할 수 없다고 보아 실지거래가액에 의하여 양도차익을 산정하여 2008.6.5. 청구인에게 2006년 귀속 양도소득세를 경정·고지하였다. 청구인은 이에 불복하여 2008.8.5. 국세심판원에 심판을 청구하였다.

(2) 관련 법령

도시 및 주거환경정비법(이하 도시정비법)에 의해 규율되고 있는 도시환경정비사업은 과거의 도시재개발법에서 도심재개발 또는 공장재개발로 불리던 사업이었다. 도시의 물리적 공간을 만들어내기 위한 법적 근거인 개발사업법들은 개발사업을 책임지고 진행해야 할 사업의 주체를 예정하고 있는데, 이것이 바로 事業施行者이다. 사업시행자는 사업의 시작부터 완료까지 전 과정을 지배하고 사업과정에서 발생하는 권리와 의무의 주체가 된다는 점에서 물리적 공사만을 담당하는 시공자와 관념상 구분된다. 도시정비법은 공공기관만이 사업시행자가 될 수 있는 주거환경개선사업101)을 제외하면, 대체로 정비사업의 전형이라 할 수 있는 재개발사업, 재건축사업의 경우 조합,102) 도시환경정비사업의 경우 '조합 또는 토지 등 소유자'를 사업시행자로 규정함으로써, 조합 외에 토지 등 소유자라는 또 하나의 사업시행자를 두고 있다.103)

지 등의 취득 및 보상에 관한 법률」 제15조의 규정에 의하여 보상계획을 공고한 날
　5. 제1호 내지 제4호 외의 법률에 의하여 양도하는 부동산의 경우에는 당해 법률에 의하여 부동산이 속한 사업지역에 대한 예정지구·지역, 개발권역 지정, 보상계획공고 그밖에 이와 유사한 것으로서 대통령령이 정하는 날.
101) 도시정비법 제7조.
102) 도시정비법 제8조.
103) 도시정비법 제8조 제3항, 제13조 제1항 단서. 이상 설명은 김종보, "도시환경정비사업에서 시행자와 사업절차의 특수성", 중앙대학교『법학논문집』제31집 제1호, 2007(http://jus.snu.ac.kr/~jb1260/) 참조.

(3) 쟁점

도시정비법 제40조에 의하여 준용되는 공익사업을 위한 토지 등의 보상에 관한 법률 제2조 및 제4조 등에 의하면, 공익사업을 국가·지방자치단체·정부투자기관·지방공기업 또는 국가나 지방자치단체가 지정한 자가 주택의 건설 또는 택지의 조성에 관한 사업을 시행하는 사업으로 정의하고 있으며, 조세특례제한법 제85조는 공익사업을 위한 토지 등의 취득 및 보상에 관한 법률 또는 그 밖의 법률에 의하여 지정지역내 공익사업용 부동산을 "當該 事業施行者에게 讓渡"하는 경우에는 소득세법상 실거래가격 기준 과세 규정에도 불구하고 양도가액 및 취득가액을 기준시가에 의할 수 있다고 규정하고 있다.[104]

지정지역내 공익사업용 부동산에 대한 양도소득세 과세특례 조항과 관련 事業施行認可[105] 以前에 부동산을 양도한 경우가 조세특례제한법상 "當該 事業施行者에게 讓渡"에 해당하느냐 것이 쟁점이 되었다. 여기에 대해 처분청, 국세심판원, 서울고등법원, 대법원의 판단이 있었고, 대법원의 판결 이후 다시 국민권익위원회에서 동종 사건에 대한 판단이 있었다.

(4) 사안의 경과

1) 국세심판원 의견

첫째, 도시정비법 제2조 제8호에서 정비사업을 시행하는 자를 "사업시행

---

[104] 「조세특례제한법」 제85조에서 투기지정지역 내의 공익사업용 부동산에 대하여 양도소득세 과세특례를 규정하고 있는 입법취지는 투기지정지역 내의 부동산이라도 공익목적을 위하여 양도 또는 수용되는 부동산의 경우에는 양도가액 및 취득가액을 실지거래가액이 아니라 기준시가에 의할 수 있도록 함으로써 납세자의 조세부담을 완화함과 동시에 공익사업의 원활한 시행을 도모하기 위함에 있다(대법원 2007.12.27. 선고 2006두16779 판결).

[105] 도시정비법상 인가 개념의 재해석에 대해서는 김종보, 강학(講學)상 인가와 정비조합 설립인가-대법원 2002. 3. 11 자 2002그12 결정을 계기로, 행정법이론실무학회, 『행정법연구』 제9호 2003.5. 참조.

자"로 규정하는 한편, 같은 법 제28조 제1항과 제4항에서 사업시행자는 정비사업을 시행하고자 하는 경우 사업시행계획서를 지방자치단체장에게 제출하고 사업시행인가를 받아야 하고 사업시행인가를 신청하기 전에 토지 등 소유자의 동의를 얻어야 한다고 규정하고 있을 뿐이며 사업시행자로 인정되기 위한 요건으로 사업시행인가를 반드시 얻어야 한다고 규정하고 있지는 아니한 점, 둘째, 과세형평상 사업시행인가 이전에 사업시행에 협조하여 미리 토지를 양도한 자가 그 이후에 양도한 자와 비교하여 불이익을 받아야 할 합리적 이유가 없는 점 등에 비추어 볼 때, 이 건은 쟁점 부동산을 조세특례제한법 제85조에서 규정하는 '당해 사업시행자에게 양도한 경우'에 해당한다고 해석하였다.106)

2) 대법원의 입장

서울고등법원은 국세심판원의 결정과 같은 입장을 취하였으나, 대법원은 첫째, 도시정비법 제28조의 규정에 의한 사업시행인가를 받지 아니하고는 정비사업을 시행할 수 없는 것이 원칙인 점, 둘째, 토지 등 소유자가 사업시행자가 되고자 하는 경우 도시정비법 제8조 제4항에 의하여 사업시행자로 지정받는 등의 특별한 사정이 없는 한 사업시행자를 토지 등 소유자로 하는 사업시행인가를 받은 때에 비로소 구체적으로 사업시행자로 확정되는 것인 점, 셋째, 사업시행인가를 받기 전의 토지 등 소유자에게 부동산을 양도한 경우에도 이 사건 과세특례 규정을 적용하게 되면 그 기준시점이 불분명하여 이 사건 과세특례규정의 감면요건 자체가 불명확해질 수 있는 점, 넷째, 도시정비법 제28조는 일반적으로 사업시행인가를 신청하는 절차를 규정하고 있는 것으로 해석될 뿐이고, 토지 등 소유자가 사업시행을 하는 경우에까지도 반드시 사업시

---

106) 조심2008서2840, 2010.06.21. 이러한 사업시행인가일 이전이라도 사업시행자로 보아 양도세 특례를 인정하는 국세심판원결정은 이후에도 조심2010서1355(2010.06.24), 조심2010서2537(2010.10.14), 조심2010중3298(2011.05.19)에서도 일관되게 유지되었다.

행인가를 받기 전의 사업시행의 개념을 인정하고 있는 것으로 단정하기는 어려운 점 등을 고려하면, 토지 등 소유자가 시행하는 도시환경정비사업에 있어서는 사전에 사업시행자로 지정받는 등의 특별한 사정이 없는 한 그 사업시행인가를 받은 토지 등 소유자에게 부동산을 양도한 경우에만 이 사건 과세특례 규정이 적용될 수 있다고 보았다.[107)

3) 국민권익위원회의 입장

국민권익위원회는 위 2011년 5월 대법원 판결 이전에는 국세심판원, 서울고등법원의 입장과 거의 동일한 이유를 들어 과세경정을 허용하는 권고를 하였으나, 대법원 판결이후에는 대법원의 입장에 따라 경정청구 고충민원을 기각하였다.[108)

우선 대법원 판결 이전인 2011년 3월 권익위는 첫째, 도시정비법상 '사업시행자'는 정비사업을 시행하고자 하는 자로서 사업시행계획서를 자치단체장에게 제출하고 사업시행인가를 받아야 한다고 규정하고 있을 뿐이며 사업시행인가를 반드시 받아야 한다고 규정하고 있지 않는 점, 둘째, 조세특례제한법 제85조는 사업시행자로 인정되기 위한 요건으로 사업시행인가를 반드시 얻어야 한다고 규정하고 있지 않은 점, 셋째, 사업시행인가 전에 사업시행에 협조하여 미리 토지를 양도한 자가 그 이후에 양도한 자와 비교하여 불이익을 받아야 한다면 이는 과세형평에 맞지 않아 불합리한 점 등에 비추어 볼 때, 이 민원 부동산의 양도일 현재 양수인이 사업시행인가를 득하지 않았다는 이유를 들어 이 처분을 한 것은 위법·부당하다고 판단하였다.[109)

---

107) 대법원 2011.5.26. 선고 2009두14088 판결. 양도소득세 과세표준과세액의 경정, 대법원 2011.5.26. 2010두13517 판결 양도소득세경정거부처분취소 사건에서도 같은 취지의 판결을 내리고 있다.

108) 국민권익위 권고사건은 법률적 쟁점만 동일할 뿐 사실관계와 당사자는 다른 사건이다.

109) 국민권익위원회 의결(2011.3.28), 2CA-1011-096345, 양도소득세경정. 위 국세심판

2011년 6월 권익의 고충민원 기각결정은 대법원 2011. 5. 26. 선고 2010두 13517 판결, 대법원 2011. 5. 26. 선고 2009두14088 판결을 인용하였다. 즉, 국토의 계획 및 이용에 관한 법률 제86조의 규정에 의거 이 민원 부동산의 양수자가 도시계획시설 사업시행자로 지정되었는바, 이 민원 부동산 양도일 당시에는 사업시행인가를 받지 않은 경우에 해당되어 양도소득세 과세특례 적용대상이 될 수 없다고 판단하였다.[110]

(5) 검토

본건에서 처분청 및 대법원은 사업시행인가를 받기 전에는 사업시행자로서 법적 지위를 인정할 수 없으므로 사업시행자에게 인정되는 양도세 과세특례를 인정할 수 없다는 입장이다. 반면, 국세심판원과 대법원 2011년 6월 판결 이전 국민권익위원회는 사업시행자로 인정되기 위한 요건으로 사업시행인가를 강제하는 규정이 없는 점과 과세형평 등을 이유로 사업시행인가 이전 시점이라도 양도세 과세특례가 적용되어야 한다는 입장을 취하고 있다. 2011년 6월 권익위는 대법원 판결인 나오자 바로 종전 자신의 견해를 변경하여, 사업시행인가를 받지 않은 경우 사업시행자로 볼 수 없어 과세특례가 적용되지 않는다고 밝혔다.

대법원 판결과 국민권익위원회 권고사건은 당사자와 사실관계가 다른 사건이기 때문에 취소판결의 기속력[111]이 처음부터 문제되지 않았다. 따라서 권익

원의 입장과 거의 동일하다.

[110] 국민권익위원회 조사민원 결과보고, 2BA-1103-102219, 양도소득세 부과처분 취소, 2011.6.

[111] 행정소송에서 취소판결은 행정기관에 대하여 羈束力을 가진다(행정소송법 제30조: 처분 등을 취소하는 확정판결은 그 사건에 관하여 당사자인 행정청과 그 밖의 관계행정청을 기속한다). 기속력이란 소송당사자인 행정청과 그 밖의 관계행정청이 판결의 취지에 따라 행동해야 할 실체법상 의무를 발생시키는 판결의 효력을 말한다. 기속력의 구체적 내용으로 취소판결 인용시 행정청의 동일 내용의 처분금지 의무, 거부처분 취소판결의 경우 재처분 의무, 재처분 의무 미이행 시 간접강제

위는 법원판결에 구속됨이 없이 독자적 판단을 할 수 있었음에도 대법원 판결 이후 바로 종전의 견해를 변경하였던 것이다. 이는 판례의 *法源性*과 관련한 쟁점을 제기한다.

전술한 바와 같이 우리나라에서 판례는 법적 구속력이 인정되지 않고 있다. 다만, 법의 경험적 인식근거로서 사실적·사회학적 법개념이나 법의 규범적 인식근거로서 규범적 의미의 법개념에 따르면 판례법을 긍정할 수 있다는 견해가 있다. 또한 이 견해에 따르면, 법의 효력근거 즉 일반적 구속력을 갖는 입법권과 같은 근거로서 실제적·법도그마틱적 법개념으로는 판례법을 인정할 수 없다고 한다. 판례가 향후 동종 사건에서도 법적 구속력을 가지는 것은 당해 판례를 만든 법관의 힘이 아니라 그 판례의 "*實質的 合理性*"때문이라고 한다. 구체적으로 말해 판례에 나타난 사실관계에 비추어 그 가치형량, 이익형량을 하여 실질적 합리성이 있는지를 밝혀야 한다는 것이다. 만약 법관이 이전 판례와 다른 판단을 하기 위해서는 판례의 타당성을 정면으로 논박하거나, 아니면 그 판례의 사안유형과 당해 사건은 형량관점을 달리한다는 것을 규명하여야 한다고 한다.[112]

본건은 행정부가 법원의 판례를 수용한 것이었으나, 이 경우에도 실질적 합리성 기준을 적용하지 못할 이유가 없다고 볼 수 있다.

우선 사실관계에서 보면 권익위 사건은 국토의 계획 및 이용에 관한 법률 제86조의 규정에 의거 이 민원 부동산의 양수자가 도시계획시설 사업시행자로 지정된 건이고, 본건은 도시정비법상 사업시행자가 정비사업을 시행하고자 하는 건으로 서로 다른 사안이다.

그리고 *事業施行者*라는 개념과 관련해서 보면, 문리해석상 사업시행자를

가 있다(류지태/박종수, 전게서, 706-708면). 다만, 기속력은 소송당사자인 행정청과 관계행정청에게만 발생한다. 여기서 관계행정청은 취소된 처분 등을 기초로 하여 그와 관련된 처분이나 부수되는 행위를 할 수 있는 행정청을 총칭하는 것이다 (김동희, 전게서, 715면).

112) 박정훈, 행정법의 체계와 방법론, 126-130면 참조.

정비사업을 시행하는 자라고 규정하고 있고, 정비사업을 시행하고자 하는 경우 사업시행인가를 받아야 한다고 규정하고 있을 뿐,[113] 사업시행자 지위를 가지기 위해 행정청의 인가, 승인 등을 요구하지 않고 있다. 또한 만약 조합이 도시환경정비사업을 시행하는 경우라면 도시정비법 제16조에 따라 조합설립인가를 통해 사업시행자의 지위를 획득하지만, 사업시행자인 토지 등 소유자에 대해서는 설립되는 시기가 정해져 있지 않다. 다만, 도시정비법상 사업시행인가 신청 시에 토지 등 소유자가 작성한 규약을 제출하도록 하고 있으므로 사업시행인가를 통해 사업시행자로서 토지 등 소유자의 법적인 실체가 비로소 드러나게 될 뿐이다.[114] 이와 같이 문리해석상으로도 사업시행인가와 관련 없는 사업시행자 개념을 인정할 수 있다.

그리고 과세형평상 사업시행인가 이전에 사업시행에 협조하여 미리 토지를 양도한 자가 그 이후에 양도한 자와 비교하여 불이익을 받아야 할 합리적 이유가 없다. 이미 사업을 시행하고 있음에도 시행인가일이라는 행정청이 임의로 정하는 불확실한 시기를 기준으로 법적용을 달리한다는 것은 가치, 이익형량 차원에서도 문제가 있다.

결국 실질적 합리성 기준에서 보면, 행정부가 법해석을 달리 할 수 있었던 사안이었다고 본다. 만약 권익위원회가 판결과 달리 판단하여 처분청에 대해 시정권고를 하였으나 당해 처분청이 이를 수용하지 않는 경우,[115] 민원인은 다시 당초의 처분청의 양도세 경정청구 거부처분에 대하여 행정법원에 취소소송을 제기할 수 있다. 행정법원은 취소소송에 대해 유사 사건에서의 대법원 판례에 따라 기각판결을 하게 될 가능성이 높으며, 결국 대법원의 선례 즉 법률의견은 고착화된다. 만약 권익위원회의 시정권고를 받아들여 처분청이 경정

---

113) 도시정비법 제2조 제8호, 제28조.

114) 도시정비법 제2조, 도시정비법 시행규칙 제9조. 김종보, "도시환경정비사업에서 시행자와 사업절차의 특수성"(http://jus.snu.ac.kr/~jb1260/).

115) 실제 미수용은 거의 발생하지 않는다. 행정청이 고충민원에 대해 권고를 수용하는 비율이 90%를 상회하는 것으로 조사되는 바, 사실상의 구속력을 갖는다고 할 수 있다(국민권익위원회, 『운영상황 보고서: 2007년도 고충민원분야』, 2008 참조).

청구를 받아들이는 경우 사실상 동일한 쟁점에 대한 행정부와 사법원의 법률 의견이 달라지는 문제가 생기게 된다.

그러나 법적용을 위한 사실관계, 제반 사정, 행정부의 정책적 입장 등에서 달리 판단할 實質的 合理性이 있는 경우 대법원 판례상 의견에 구애됨이 없이 행정부가 자율적 법령해석을 하는 것이 가능하다고 보아야 한다. 특히 국민권익위원회와 같이 독립적·전문적으로 행정기관의 법해석에 대한 심사 업무를 수행하는 기관은 전문성으로 보나 국민에 대한 책임성으로 보더라도 법원과는 다른 자율적 법해석권을 행사하는 것이 타당하였을 것이다.116)

III. 행정해석의 사법해석에의 영향

1. 의의

행정해석에 대해 어느 정도 효력을 인정할 것인가에 대한 문제와 관련해 다음과 같은 견해가 있다. 먼저 일종의 행정자율에 입각한 견해가 있다. 이에 따르면, 법제처에 의한 법령해석은 첫째, 정부 내 최종유권해석으로서 사법상 법률심에 가깝다는 점에 비추어 볼 때 법령해석심의위원회의 위원은 행정부 내에서는 대법관의 역할을 하는 위치에 있다고 할 수 있다는 사실, 둘째, 행정절차법 제4조에 의한 신뢰보호의 대상으로서 법령해석에 해당하는 것으로 볼 수 있는 사실 및 이러한 고도의 신뢰가 부여되는 법령해석은 최종유권적인 사법해석에 의해 부인되기 전까지는 사실상 국민과 소속 행정기관을 구속하는 힘을 갖는 것으로 보아야 할 것이라는 점에 비추어 보면 법령해석심의위원회

---

116) 만약 이러한 행정부의 자율적 법해석권 행사가 없는 경우 민원인이 제1심, 제2심을 거쳐 대법원까지 가서, 대법원이 종전 의견을 변경하여야만 권리구제가 가능한데, 이는 민원인에게 가혹할 뿐만 아니라 행정부의 독자적 법해석권을 스스로 포기하는 것이라는 비판을 받을 수 있다.

에 대하여는 법률상의 지위가 부여되어야 한다. 아울러 권력분립 원칙의 하나
로서 국가기관 상호간 존중이라는 점에서 법령해석심의위원회의 법령해석에
대한 오류를 논증하지 못하는 한 법원도 그 해석을 존중하여야 한다는 내용의
효력 규정을 신설할 필요가 있다는 견해가 있다.[117]

　이에 반해, 사법적 분쟁에서 법령해석에 문제가 있어 행정청이 패소하는 경
우에 당해 행정청이 법제처의 해석을 따랐다고 하더라도 그 책임은 스스로 져
야 한다. 이에 법령해석책임은 일차적으로 처분행정청에 있다고 할 것이다.
이점에서 법제처의 법령해석에 구속력을 부여하는 데 한계가 된다. 만약 법제
처의 해석에 최종적인 구속력을 부여한다면 실무 부처의 공무원들이 법령해
석책임을 회피하기 위하여 법제처에 법령해석을 의뢰하는 경우가 늘어날 것
이고 그로 인한 해석 업무의 폭주, 민원사무처리의 지연 등의 폐단이 우려된
다. 따라서 법제처의 해석에 법률적인 구속력을 인정하는 것은 상당히 신중을
기할 필요가 있다. 대신에 법제처의 전문성과 객관성, 공정성의 신뢰에 바탕
을 둔 법령해석의 품질에 의한 사실상의 수용력을 높이는 방향을 찾는 것이
바람직하다는 견해가 있다.[118]

　또 다른 견해에 따르면, 법률의 집행은 행정의 본질인 동시에, 행정은 처분
등 공권력의 행사를 통한 법률관계의 일방적 형성을 내용으로 하는 점에서,
사법부에 의한 최종적 유권적 판단을 유보로 행정에 대해서는 1차적인 법령
해석과 이를 집행할 권한이 부여되어 있다. 따라서 사법부는 행정법령의 해석
에 있어 행정에 의한 해석에 법적 구속을 받는 것은 아니라고 하더라도, 적어
도 권력분립의 원칙상 규범적으로 허용된 행정해석에 대해서는 이를 존중할
필요성은 존재한다. 따라서 행정해석에 대한 적극적 위법성의 판단보다는 소
극적 위법성의 판단이 적절하다고 한다. 더불어 행정법 이론상으로 정립되어
있는 판단여지의 문제 역시 행정법규의 해석에 있어 행정해석이 존중되는 구

---

117) 정준현, "법령해석제도의 개편방향에 관한 소고", 31-32면.
118) 이기우, 법제처의 법령해석제도 개편 1년의 평가와 과제,『월간법제』, 2006.9, 11-
　　12면.

체적 예라고 한다.119)

현실적으로 법원이 행정부 해석상 사실관계 내지 위법성 판단에 어느 정도 영향을 받는 것은 사실이지만, 권력분립의 원리에 따라 법률적용에 대한 최종적 심사권은 원칙적으로 사법부에 있다는 점에서 사법부에 대한 구속력을 인정하는 효력 규정을 신설하려는 견해는 이론적, 현실적으로 수용되기는 어렵다고 할 것이다. 다만, 이와 별개로 행정해석에 대해 사법부가 어느 정도 존중할 것인지 문제는 남아있다고 할 수 있으나 원칙적으로 행정해석에 대한 존중원칙은 준수되어야 할 것이다.

2. 불확정개념과 판단여지, 재량 등과 사법심사의 한계의 문제

(1) 의의

사법부가 행정부의 법해석 및 적용을 어느 범위에서 어느 정도로 인정할 것인지에 대한 문제는 재량행위 내지 불확정개념에 대한 사법심사의 한계문제와 밀접한 관련이 있다.

먼저 사법심사의 한계에 대해 개관하면 다음과 같다. 우선 사법의 본질상 구체적 권리, 의무관계에 관한 쟁송이어야 하고 법률의 적용에 의하여 해결가능 한 분쟁이어야 한다. 권력분립 상 한계로는 통치행위, 의무이행소송, 적극적 형성판결의 인정문제가 있다. 이 중 재량행위는 관계법상 행위를 할 것인지 여부 또는 법적으로 허용된 행위 중에서 어느 행위를 할 것인가에 대해 행정청에게 독자적 판단권이 부여된 행위로 재량한계 내에서 이루어진 행위는 사법심사 대상에서 제외된다.120)

법규의 해석과 적용에 있어 행정청의 판단의 자유는 법률요건의 인정 여부에 있어서, 그리고 법률효과의 선택 및 결정에 있어서 존재할 수 있다. 그런데

---

119) 조성규, "행정법령 해석과 지방자치"『행정법이론실무학회 세미나 발표문』, 2011.
    11. 8면. 이하 조성규, "행정법령 해석과 지방자치"로 인용.
120) 김동희, 전게서, 622-626면.

문제는 이처럼 법률요건의 인정에 있어서, 그리고 법률효과의 선택 및 결정에 있어서 판단의 자유를 동일한 법적 취급대상으로 할 것인지, 아니면 상이한 법적취급대상으로 할 것인가이다. 이는 재량의 본질이 법률효과의 결정, 선택에 있다고 보는 효과재량설과 법률요건의 인정에 있다고 보는 요건재량설의 대립과 관련되어 있다.121)

독일의 통설인 효과재량설의 입장에서는 법률요건의 인정문제에 불확정개념을 사용하고 있는 경우 이를 판단여지가 있다고 하여 재량과 구별하는 이원론을 취하고 있다. 다시 말해, 불확정개념에 관해서는 재량이 인정될 수 없고 단지 판단여지만이 가능하다는 것이다. 가장 주된 논거는 불확정개념의 해석·적용은 법률이 의도하는 하나의 올바른 결정을 발견하기 위한 법인식의 문제인 반면, 재량은 요건이 충족된 이후에 그 요건에 결부된 법률효과를 결정 내지 선택하는 문제라는 것이다. 이에 반해 일원론은 요건부분의 불확정개념에 관한 판단여지와 효과부분의 재량은 구별할 필요가 없고, 양자 모두 "재량"이라는 동일한 범주에 속하는 것으로 보는 견해이다. 그 주된 논거는 한편으로 판단의 여지와 재량은 현대국가의 행정이 갖는 적극적 기능과 자율성 및 책임에 의거한 사법심사의 한계로부터 비롯되고, 다른 한편으로는 양자 모두 입법자의 의사에 의해 부여된다는 점에서 양자를 구별할 실익이 없다는 것이다.122)

우리 판례는 일원론의 입장에 있다. 즉, 요건부분의 판단에 관해 행정청의 전문성을 인정하여 전면적인 사법심사를 회피하고자 하는 경우, 그 판단이 행정청의 재량에 속한다고 하거나, 아니면 사법심사가 미치는 범위가 "재량권의 일탈 또는 남용"에 그친다고 판시하고 있다.123)

---

121) 백윤기, "재량행위에 대한 통제", 김동희 편 『행정작용법』, 박영사, 2005, 228면. 이하 백윤기, "재량행위에 대한 통제"로 인용.

122) 이원론과 일원론의 설명은 박정훈, "불확정개념과 판단여지", 김동희 편 『행정작용법』, 박영사, 2005, 263-265면 참조. 이하 박정훈, "불확정개념과 판단여지"로 인용.

123) 대법원 1992.4.24. 선고 91누6634 판결, 대법원 2000.10.27. 선고 99두264 판결.

(2) 관련 학설 및 판례의 평가

이원론과 같이 법률요건의 인정문제와 법률효과의 결정·선택의 문제를 구별하게 되면, 전자는 법해석의 문제로서 법문제가 되고 궁극적으로 법원의 판단대상이 되나 후자는 재량문제로서 법원은 행정청의 판단이 합리적인 범위를 벗어나는 것인지 여부에 대해서만 심사하게 된다. 결국 전자는 행정청의 판단권을 부인하여 행정통제를 강화하는 면이 있다.[124]

일원론은 불확정개념에 대해 재량을 인정함으로써, 원칙적으로 최소한의 심사강도를 전제한 다음 사안에 따라 법규의 불확정성의 정도, 당해 문제영역의 특수성 등에 비추어 심사강도를 단계적으로 강화한다. 사실인정과 불확정개념의 추상적 규범 내용에 대해서는 법원의 전면적·주도적 사법심사를 허용하되, 불확정개념의 포섭에 관해서는 그것이 행정의 재량에 속하는 것으로 인정하여 법원이 행정청의 일차적 판단을 전제로 그것의 합리성 여부를 사후적으로 검토하는 것이 적절하다고 본다.[125]

우리 판례는 행정작용이 재량행위인가, 기속행위인가에 따라 사법심사 방식이 달라진다는 점을 분명히 하고 있다. 기속행위 내지 기속재량행위의 경우 그 법규에 대한 원칙적인 기속성으로 인하여 법원이 사실인정과 관련 법규의 해석·적용을 통하여 일정한 결론을 도출한 후 그 결론에 비추어 행정청이 한 판단의 적법 여부를 독자의 입장에서 판정하는 방식에 의하게 된다. 그러나 재량행위 내지 자유재량행위 경우 행정청의 재량에 기한 공익판단의 여지를 감안하여 법원은 독자의 결론을 도출함이 없이 당해 행위에 재량권의 일탈·남용이 있는지 여부만을 심사한다. 재량권의 일탈·남용 여부에 대한 심사의 기준은 사실오인, 비례·평등의 원칙 위배, 당해 행위의 목적 위반이나 동기의 부정 유무 등이다.[126]

이에 따르면, 재량행위에 대한 사법심사에 있어서는 법원이 독자의 결론을

---

124) 백윤기, "재량행위에 대한 통제", 229면.
125) 박정훈, "불확정개념과 판단여지", 266-270면.
126) 대법원 2001.2.9. 선고 98두17593 판결.

도출해서는 안 되고 행정이 한 판단에 재량권의 일탈·남용이 있는지 여부만
이 심사되어야 한다는 것이나, 법원이 독자적인 결론을 도출하여 행정이 내린
판단의 적부를 심사하고 있음에도 불구하고 다만 그 논증의 부담을 덜고자 재
량권의 일탈·남용의 여부만을 판단하는 것처럼 위장하고 있는 사례가 적지
않은 것이 문제이다.127) 또한 요건 부분에 재량이 인정된다는 입장에도 불구
하고 법규의 요건부분에 대해 전면적 사법심사를 행하고 있는 것도 자기모순
이라고 할 수 있다.128)

(3) 소결

결론적으로 행정작용에 대한 사법심사의 한계로서 통치행위, 특별권력관계
내부의 행위, 반사적 이익에 관한 분쟁, 부당한 재량에 그치는 행위, 판단여지
가 인정되는 행위 등에 대해서 행정부의 법령해석권이 전면적이고 최종적으
로 인정된다고 할 수 있다. 그리고 불확정개념에 관한 판단여지를 인정하는
이원론의 경우 법률요건의 판단에 전문적, 과학적, 정책적 문제가 있어서 이
에 대한 행정청의 판단여지가 인정되면 행정부의 법해석권은 최종적인 것이
된다. 일원론의 경우에도 불확정의 개념의 포섭129)은 행정부의 일차적 판단이
허용된다는 점에서 행정부의 법해석권이 인정될 수 있다. 재량행위의 경우 행
정부의 1차적 법해석, 포섭, 법적용에 대해 법원이 2차적 심사로서 재량권의
일탈·남용의 여부만 판단하여야 함에도 불구하고 기속행위와 같이 전면적 심
사를 행하는 것은 권력분립의 원칙에 위배되는 것은 물론, 행정부의 민주적
정당성도 무시하는 것으로서 민주주의 원칙에도 위배될 수 있으므로, 법원은

---

127) 송시강, "행정재량과 법원리-재량을 가능하게 하는 법원리의 기능과 한계를 중심으
로", 3면.
128) 박정훈, "불확정개념과 판단여지", 269면.
129) 구체적 규범내용 확정은 포섭으로 간주하고 있으므로 구체적 규범해석과 포섭에
대해서 행정부의 제1차적 판단권을 존중한다는 의미이다(박정훈, "불확정개념과
판단여지", 269면).

보다 신중하게 재량심사를 할 필요가 있다고 본다.[130)]

IV. 소결

살펴본 바와 같이 우리 법원과 행정부의 관계는 미국법상 사법우위의 이론으로 설명할 수 있다. 법해석의 최종적 권한은 법원에 있다는 전제하에서, 법원의 판결을 이행하여야 할 의무뿐 아니라 장래의 분쟁에서 다른 당사자에게도 법원의 의견에 포함된 법에 대한 이해에 따라야 한다는 것이다. 즉, 법원의 의견에 대해서도 사실상 구속력이 있는 것으로 이해하는 입장에 서 있다.

위의 사례에서 본 바와 같이 행정부인 국민권익위원회는 사업시행자를 어느 범위까지로 볼 것인가에 대한 법해석문제에 있어서 대법원의 다른 사건에서 판결이 선고되자 바로 종전의 자신의 견해를 변경하였다. 그러나 행정부가 법률문언, 행정부의 법률제안 및 입법부의 법률제정의 취지, 과세형평상 정책적 고려의 필요성 때문에 대법원의 견해를 받아들일 수 없다면, 그 범위 내에서 독자적 해석권을 행사할 수 있었다. 만약 행정부 특히 중립적인 제3자로서 위원회 기구가 대법원 판결 상 의견을 수용하기만 하여야 한다면 당사자가 소송을 제기하지 않는 한 동법에 대한 해석은 대법원이 스스로 변경하지 않는 한 영구적인 것이 될 수 있다는 점에서도 적극적 법해석권을 행사하는 것을 검토할 필요도 있었다는 것이다.

그렇다면 한국의 경우 전혀 행정부의 자율적 해석권은 존재하지 않는다고 할 것인가? 한국의 대통령이 제헌국회 이후 2008년말 까지 법률안에 거부권을 행사한 사례는 모두 71건에 이르고 있다. 제헌국회에서 양곡매입법안을 시작으로 14건이 거부된 것을 비롯해 여소야대 시절인 13대 국회 때 당시 노태우 대통령은 국정감사 및 조사에 관한 법, 1980년 해직공직자의 복직 및 보

---

130) 송시강, "행정재량과 법원리-재량을 가능하게 하는 법원리의 기능과 한계를 중심으로", 3면.

상에 관한 특별조치법, 지방자치법 개정안, 노동쟁의 조정법 개정안, 노동조합법 개정안, 국민의료보험법안 등 야당이 입법한 법률들에 대해 거부권을 행사했다.[131]

한편 사면제도도 널리 활용되고 있다. 이명박 정부 이전의 우리나라 역대 사면의 실태를 보면 1948년 9월 건국대사면이 실시된 이래 2009년 12월까지 총 93차례의 사면이 실시되었으며, 이 중 7차례는 일반사면이고 나머지는 특별사면이었다. 2009년 12월 국익차원에서 헌정사상 처음으로 이건희 회장 1인을 위한 사면을 단행할 정도로 사면권은 적극적으로 활용되고 있다.[132]

결론적으로 한국의 경우에도 사면과 거부권 중심으로 헌법과 법률에 대해 행정부의 독자적 해석권이 행사되고 있다. 그리고 中央行政審判委員會는 처분, 부작위의 근거가 되는 명령 등이 법령에 근거가 없거나 상위 법령에 위배되거나 국민에게 과도한 부담을 주는 등 크게 불합리하면 관계 행정기관에 그 명령 등의 개정·폐지 등 시정조치를 요청할 수 있다.[133] 규제개혁위원회도 기존 규제에 대한 심사권을 행사할 수 있는데, 규제의 개념은 법률, 명령 등이

---

131) 이용재, "미국 연방헌법과 한국 헌법상의 법률안거부권제도 비교", 『전북대학교 법학연구』 제30집, 2010. 6, 364면, 연합뉴스, 대통령 거부권행사 사례·절차, 2001. 11.22.

132) 고문현, "사면권 행사의 실태분석을 통한 사면권 통제방안", 『공법학연구』 제11권 제2호, 2010. 5, 6면, 17면.

133) 행정심판법 제59조(불합리한 법령 등의 개선) ① 중앙행정심판위원회는 심판청구를 심리·재결할 때에 처분 또는 부작위의 근거가 되는 명령 등(대통령령·총리령·부령·훈령·예규·고시·조례·규칙 등을 말한다. 이하 같다)이 법령에 근거가 없거나 상위 법령에 위배되거나 국민에게 과도한 부담을 주는 등 크게 불합리하면 관계 행정기관에 그 명령 등의 개정·폐지 등 적절한 시정조치를 요청할 수 있다. 다만, 이 중앙행정심판위원회의 하위 명령 등에 대한 시정조치 요청권은 헌법 제107조 제2항(위헌·위법 명령 등에 대한 대법원의 최종심사권)에 위반되며, 법규명령으로 간주되는 헌법기관의 사무규칙에는 시정조치 요청권이 배제된다는 견해가 있다(강기홍, "행정의 규범심사권과 적용배제권-독일법제와 비교하여", 공법학회, 『공법연구』 제39집 제1호, 2010.10, 272-275면. 이하 강기홍, "행정의 규범심사권과 적용배제권"으로 인용).

포함되기 때문에 사실상 행정부의 법령해석권을 명문으로 인정하고 있다고
할 수 있다.134)

그리고 현실적으로 법무부의 '최근 5년 간 무죄 등 평정 현황' 자료에 따르
면, 검찰이 과오를 인정한 것은 2009년 17.9%(633건)에서 2010년 15.0%(769
건)으로 오히려 낮아졌다. 검찰의 과오 인정은 2006년 16.0%(546건), 2007년
14.9%(513건), 2008년 20.1%(657건)였고 과오를 불인정하면서 법원과의 견해
차이를 무죄 이유로 제시한 것이 80-85%의 비율을 차지하고 있다.135) 결국
이를 그대로 해석하면 검찰이 법원의 판례에 나타난 법원의견에 따르지 않고
있다는 추정이 가능하다.136)

이러한 행정부의 독자적 법해석권과 관련하여 행정의 규범심사권과 적용배
제권에 관한 논의가 있다. 이에 따르면, 행정에게는 법규의 집행이 주된 과제
인데, 법규는 일반적, 추상적으로 기술되어 있기 때문에 그 적용을 위해서는
법에 대한 해석을 필요로 함과 동시에 자신이 적용하는 법규가 타 법규에 위
반되는 지 여부를 심사할 권한이 있는지, 만약 위반되는 경우 적용배제가 가
능한지가 문제가 된다고 한다.137)

이에 대해서는 행정은 권력분립의 원리에 따라 법집행을 임무로 한다는 행
정의 본질적인 과제와 자기통제 원리에서 행정의 규범심사권은 인정된다고
본다. 또한 행정의 규범심사권은 헌법재판소의 적용배제권에 반하지 않기 때

---

134) 행정규제기본법 제18조(기존규제의 심사) ①위원회는 다음 각 호의 어느 하나에
해당하는 경우 기존규제의 정비에 관하여 심사할 수 있다. 1. 제17조에 따라 제출
된 의견을 위원회에서 심사할 필요가 있다고 인정한 경우, 2. 삭제 3. 그 밖에 위원
회가 이해관계인·전문가 등의 의견을 수렴한 결과 특정한 기존규제에 대한 심사가
필요하다고 인정한 경우.

135) 김학재 의원 보도자료, 검사 수사 잘못 "법원과 견해차"로 돌리는 검찰-2010년 무
죄평정 건수 전년대비 1560건 증가 … 형사보상금도 급증.

136) 다만, 김의원은 "법원의 최종적인 법령해석 권한과 법원 판례가 이후 검찰수사의 기
준이 된다고 볼 때 법원의 판례를 배제한 검찰 독자의 법령해석 권한이 있는지 의
문"이라고 하면서, "이는 결국 '검찰의 제 식구 감싸기'가 아니겠느냐"고 평가했다.

137) 강기홍, "행정의 규범심사권과 적용배제권", 256-263면.

문에 하위법률에서 헌법규정까지 그 효력이 미친다고 할 수 있다. 이에 따라 위헌으로 간주되는 법률을 대하는 공무원은 국가공무원법 제57조[138])에 따라 이를 심사하여 위헌이라고 판단하면 상관에게 의뢰하되, 계층구조에 따라 각 부 장관, 총리에게까지 의견을 들을 수 있는 延期權은 인정된다고 한다. 우리 헌법은 추상적 규범 통제절차를 알지 못하기 때문에, 최고 행정은 해당 법률 을 헌법재판소에 제출할 수 없다. 그리고 긴급을 요하는 경우와 독립적인 합의제 행정기관의 경우 위헌성에 대한 확신이 있다고 하더라도 법률을 적용하여야 하는데, 이는 현행 헌법상 의회법률 및 법규명령에 대한 적 용배제는 행정부에는 인정되지 않고 헌법재판소와 법원에만 인정되기 때문이다. 다만, 법규명령이 수권법에 근거하지 않았거나, 동시에 그의 적용배제로 기본권을 침해하지 않으며, 그의 유효기간이 도래되었거나, 그의 목적이 이미 완성된 경우에는 적용배제가 가능하다고 한다.[139])

이러한 행정규범에 대한 심사권은 행정규범에 대한 행정부의 해석권을 전 제로 한다는 점에서 의미가 있으나, 독일과 달리 추상적 규범통제가 인정되지 않는 한국의 법제상 행정부의 유의미한 심사권 내지 적용배제권 논의 자체의 의미가 크지 않다고 할 수 있다.

결론적으로 한국의 경우 행정부의 법해석권이 보다 적극적으로 인정되고 활용될 필요가 있다. 미국의 대통령은 노예해방, 뉴딜정책과 같은 국가적 비 상상황에서는 법원의 판결의 집행도 거부하였다. 다만, 평상시라고 하더라도 행정부가 법원의 최종적 법해석권을 인정하는 범위 내에서 보다 적극적으로 법해석권을 행사함으로써 행정이 가지고 있는 전문성과 국민에 대한 책임성 을 십분 발휘하여 사회변화의 주도자로서 역할을 할 필요가 있다고 본다.

---

138) 제57조(복종의 의무) 공무원은 직무를 수행할 때 소속 상관의 직무상 명령에 복종 하여야 한다.
139) 강기홍, "행정의 규범심사권과 적용배제권", 276-277면.

제5절 행정부 법령해석의 효력과 면책

I. 서론

미국의 경우 법무부의 법령해석은 공무원들에게 구속력이 있는 것으로 인정되고 있으나, 한국의 경우 법령해석은 법령해석요청기관에 사실상 구속력일 뿐 이라는 점은 전술한 바와 같다. 다만, 한국의 경우에도 법령해석의 경우 법령해석요청기관이 법령해석과 다르게 관련 업무를 처리하였을 경우 그 이유를 제출하도록 함으로써 사실상 해석의 수용을 강력히 권고하고 있다. 결국 미국이든 한국이든 법령해석을 믿고 이에 따라 행위 한 공무원에 대한 민형사상 면책을 허용해 줄 것인가의 문제가 제기될 수 있다. 한국의 국가배상제도와 형사상 책임을 중심으로 미국에서의 논의를 확대시켜보고자 한다.

덧붙여 한국의 경우 경쟁법집행당국인 공정거래위원회와 전문규제기관인 금융위원회, 방송통신위원회와의 법해석에 대한 충돌이 빈번하다.140) 사업자가 전문규제기관의 법해석을 믿고 행위 하였는데 공정거래위원회가 다시 제재하는 것이 타당한 것인지 아니면, 사업자는 공정거래위원회 제재로부터 면책되는 것이 타당한 것인지에 대해 검토하고자 한다.

II. 법령해석의 효력에 관한 검토

앞서 본 바와 같이 법령해석의 효력과 관련해 1918년 미국의 행정명령제

---

140) 다만, 이러한 법해석의 충돌은 동일한 법에 대한 해석이 다른 것이 아니라 각자 소관법률이 행위대상을 중첩적으로 규율하고 있기 때문에 발생한다.

2,877호는 법무장관 의견의 모든 행정기관, 공무원에 대한 구속력을 선언하였다. 한국의 경우 민원인의 질의에 대한 행정기관의 법령해석이나 하급 행정기관의 질의에 대한 상급 행정기관의 법령해석은 그와 다른 법원의 사법해석이 나올 경우 그 효력이 부인된다. 따라서 행정기관인 법제처의 정부유권해석은 법원의 사법해석과 달리 관계 행정기관을 법적으로 구속하는 효력은 없다. 그러나 법제처의 정부유권해석은 정부 견해의 통일성과 행정 운영의 일관성을 위한 기준을 제시한다는 점에서 관계 행정기관이 정부유권해석과 달리 집행할 경우 부적절한 집행으로 인한 징계나 감사원의 감사 등을 통한 책임문제가 제기될 수 있으므로 법제처의 정부유권해석은 관계 행정기관에 대한 事實上의 拘束力은 가진다는 것이 법제처의 공식입장이다.[141]

법제처는 2009년 12월 31일 법령해석 결과의 실효성 확보를 위하여 관계 행정기관장 등에게 그 처리결과 등에 대한 '자료제출 요청권'을 신설하였다 (동 규정 제27조 제6항). 즉, 법령해석기관인 법제처가 법령해석 결과를 회신한 경우에는 관계 중앙행정기관장 또는 지방자치단체장에게 ① 법령해석에 따라 관련 업무를 처리하였는지 여부 ② 법령해석에 따른 업무처리로 인하여 문제가 발생한 경우 그 내용 ③ 법령해석에 따른 업무처리와 관련된 쟁송이 제기되었는지 여부 및 그 결과 ④ 법령해석과 다르게 관련 업무를 처리하였을 경우 그 이유 등에 관한 자료의 제출을 요청할 수 있도록 하고 있다. 이러한 이유 등의 제출의무로 인하여 소관 행정기관은 법령해석결과와 달리 처리할 수도 있음을 긍정하고 있다고 할 수 있어 법령해석의 구속력을 부인하는 논거로 활용될 수 있다.[142] 그러나 한편으로는 합리적 이유가 아닌 한 법제처의 해석을 따르도록 하는 효과도 있다고 할 수 있다.

이러한 법령해석 효력의 차이는 어디에서 연유하는 것인지 검토해 보면, 우선 미국은 순수한 의미의 대통령 중심제 국가로서 앞서 살펴본 단일행정부 이론이 강력하게 작용하는 데 반해, 한국은 국무총리를 두는 등 내각제적 요소

---

141) http://www.moleg.go.kr/lawinfo/lawAnalysis/lawAnalysisInfo/lawAnalysisInfo.

142) 조성규, "행정법령 해석과 지방자치", 7면.

가 가미된 대통령제 국가라는 차이가 중요하다. 미국 헌법은 행정권을 바로 대통령으로 귀속시키지만 한국 헌법은 행정권은 대통령을 수반으로 하는 정부에 속한다고 규정하여 행정권의 직접적인 대통령 귀속이 아닌 정부를 통한 간접적 귀속을 선언하고 있다.[143]

다음으로 미국의 경우 법령해석기관이 법무부로 단일화 되어있지만, 한국은 법무부와 법제처로 이원화되어 있고, 더욱이 법제처의 경우 차관급 공무원으로서 국무회의 구성원으로서 국무위원도 아닌 점도 법령해석의 효력 약화의 원인이 되고 있다고 할 수 있다. 그리고 미국의 경우 노예해방, 뉴딜정책 등에서 법원의 보수적 결정에 대한 행정부의 반대가 역사적인 명분을 갖고 일반적으로 승인되어온 전통이 있었다. 반면, 한국은 행정권의 비민주적 전통으로 인해 이에 대한 사법통제가 중요한 것으로 인식되어 왔기 때문에, 행정부의 법령해석의 효력을 강하게 하는 것에 적극적이지 않았던 것이다.

끝으로 법제처, 법무부 등 행정부 스스로도 자신의 법령해석에 구속력을 인정하는 경우 사후 법원에서 그 해석이 번복되는 경우 책임문제를 염려하였던 측면도 있었던 것으로 추측되며, 구속력을 인정하는 경우 각 부처로부터의 법령해석의 폭주 가능성도 염두에 두었던 것으로 판단된다.

그러나 법령해석의 사실상 구속력이라는 것을 법적 구속력과 전혀 다른 것으로 볼 것인지 대해서는 의문이 있다. 감사원의 심사청구와 행정협의조정위원회의 조정결정과 관련 당해 법률에서는 행정기관에게 결정의 인용의무를 부과하고 있어 법적 구속력이 있다고 볼 수 있다.[144] 그러나 감사원의 審查請

---

[143] 미국 헌법(US Const. Article II, Section 1)은 행정권은 대통령에 속한다고 규정하고 있으나(The executive power shall be vested in a President of the United States of America), 한국 헌법 제66조 제4항은 행정권은 대통령을 수반으로 하는 政府에 속한다고 규정하고 있다.

[144] 감사원법 제47조(관계기관의 조치) 관계기관의 장은 제46조에 따른 시정이나 그 밖에 필요한 조치를 요구하는 결정의 통지를 받으면 그 결정에 따른 조치를 하여야 한다.
지방자치법 시행령 제105조(행정협의조정위원회의 기능 및 협의조정 절차) 행정협

求와 行政協議調停 決定의 경우에도 인용의무 불이행시 법적 제재 규정이 존재하지 않는 점에서는 법령해석, 고충민원 등 다른 제도와 본질적 차이는 없다고 할 수 있다. 심사청구와 행정협의조정의 경우 각각의 제도운영 기관인 감사원 및 국무총리실의 일상적 감사 및 감독 권한으로 인하여 다른 제도에 비해 행정기관이 의식하는 구속력이 강도가 높다는 점은 부인할 수 없다. 그러나 행정기관의 법제처 법령해석의 수용 여부에 정당성이 있는지에 대해서도 감사원의 감사대상이 될 수 있다는 점에서, 이러한 차이는 미미하다고 할 수 있다.

결론적으로 법적 구속력이든 사실상 구속력이든 위반에 대한 법적 제재가 존재하지 않는 점, 구속력의 대상은 행정기관이라는 점에서 양자를 구별할 실익은 크지 않다고 할 수 있다. 따라서 법제처의 법령해석의 효력을 단순히 사실상 구속력이라는 것으로 단언하기는 어려우며 오히려 법적 구속력에 근접한 것으로 이해하는 것이 타당하다고 본다.

한편 법령해석의 효력으로 법적 구속력을 입법화하는 것에 대해서 보면, 법령해석은 전술한 바와 같이 법의 집행을 위한 해석기준으로서 일종의 행정입법 유사한 성격을 가지고 있다는 점을 고려하면, 행정입법에 대한 행정부 구속력과 같은 취지에서 구속력을 인정하지 못할 바가 아니다.[145]

그러나 구속력을 명문화 하자는 의견에 대한 반대의견이 있다. 이 의견에 따르면 구속력 명문화는 해석의 통일성이라는 관점에서 일면 타당성이 있을 수 있으나, 법령에 대한 궁극적이고 최종적인 해석권은 법원에 있는 것이며, 행정에 의한 법해석은 누구에 의한 것이든 제1차적 해석으로서 권한과 책임은 집행기관에게 있다. 따라서 법령해석기관의 해석은 집행기관의 해석에 대

의조정위원회의 위원장은 제1항에 따른 협의·조정사항에 관한 결정을 하면 지체 없이 서면으로 국무총리에게 보고하고 행정안전부장관·관계 중앙행정기관의 장 및 해당 지방자치단체의 장에게 통보하여야 하며, 통보를 받은 관계 중앙행정기관의 장과 그 지방자치단체의 장은 그 협의·조정 결정사항을 이행하여야 한다.

145) 같은 견해로 신봉기, "우리나라 법령해석제도의 최신동향", 『경북대학교 법학논고』 제35집, 2011.2, 241면 이하 참조.

한 지원기능 내지 행정지도적 의미로 보아야 할 것이며, 유권해석의 구속력에 따른 만약의 위법성의 법적 책임을 법령해석기관이 지는 것도 아니라는 점에서 법적 구속력을 인정하는 것은 타당하지 않다고 한다.146)

그러나 위법한 해석에 대한 법적 책임을 법령해석기관이 부담하는 것과 법령해석에 대한 효력을 법적구속력으로 인정하는 것은 별개의 문제라고 보아야 한다는 점에서 찬성하기 어려운 견해이다. 전술한 바와 같이 미국의 경우 법령해석의 구속력을 인정하고 있지만 고문메모 관련 위법한 법령해석을 한 유(John Yoo)에 대한 법적책임에 대한 논의가 진행되어 왔다.

III. 국가배상제도와 면책

1. 개요

한국 헌법 제29조 제1항은 공무원의 직무상 불법행위로 손해를 받은 국민은 법률이 정하는 바에 의하여 국가 또는 공공단체에 정당한 배상을 청구할 수 있다. 이 경우 공무원 자신의 책임은 면제되지 아니한다고 규정하고 있으며, 국가배상법 제2조는 보다 상세한 국가배상책임 및 공무원에 대한 구상권을 규정하고 있다.147)

---

146) 조성규, "행정법령 해석과 지방자치", 8면.

147) 국가배상법 제2조(배상책임) ① 국가나 지방자치단체는 공무원 또는 공무를 위탁받은 사인(이하 "공무원"이라 한다)이 직무를 집행하면서 고의 또는 과실로 법령을 위반하여 타인에게 손해를 입히거나, 「자동차손해배상 보장법」에 따라 손해배상의 책임이 있을 때에는 이 법에 따라 그 손해를 배상하여야 한다. 다만, 군인·군무원·경찰공무원 또는 향토예비군대원이 전투·훈련 등 직무 집행과 관련하여 전사(戰死)·순직(殉職)하거나 공상(公傷)을 입은 경우에 본인이나 그 유족이 다른 법령에 따라 재해보상금·유족연금·상이연금 등의 보상을 지급받을 수 있을 때에는 이 법 및 「민법」에 따른 손해배상을 청구할 수 없다. ② 제1항 본문의 경우에 공무원에게 고의 또는 중대한 과실이 있으면 국가나 지방자치단체는 그 공무원에게 구상

즉, 공무원이 직무집행과 관련하여 일반 국민에게 손해를 가한 경우 국가가 국민에 대해 민사책임을 지는 경우가 있는 데 이를 국가배상책임이라고 한다.[148] 다만, 이러한 국가배상책임의 성격을 대위책임으로 볼 것인지 아니면 자기책임으로 볼 것인지에 따라 피해자가 공무원 개인에게 손해배상청구권을 행사할 수 있는지가 달라진다.

대위책임설은 공무원의 불법행위로 인한 손해배상책임은 가해공무원이 부담하여야 할 배상책임을 국가 등이 가해공무원에 갈음하여 지는 대위책임이며, 국가 등의 자기책임은 아니라고 한다. 대위책임설은 國家無責任 사상을 그 배경으로 하고 있다. 자기책임설은 국가 등은 그 기관의 지위에 있는 공무원을 통하여 행위 하기 때문에 그의 기관인 공무원의 행위의 효과는 적법한 경우는 물론, 위법한 경우에도 직접 그 국가 등에게 귀속되는 것이므로 국가 등이 직접 책임을 져야 한다고 한다. 절충설은 공무원의 가해행위가 고의 또는 중과실로 인한 경우에는 원칙적으로 대위책임이며, 경과실로 인한 경우에는 자기책임이라고 한다.[149]

판례는 공무원에게 경과실이 있는 경우에는 공무원 개인에게 배상청구가 불가능하지만, 공무원에게 고의나 중대한 과실이 있는 경우에는 공무원 개인에게도 배상청구가 가능하다는 입장이다.[150] 고의, 중과실인 경우에는 일종의 대위책임과 자기책임의 양면성을 갖지만, 경과실의 경우에는 국가의 구상권이 배제된다는 의미에서 자기책임의 성격을 갖는다고 보는 것이다.[151]

공무원의 개인의 책임과 관련하여 한국과 미국의 법제를 비교하면 한국은 공무원의 고의, 중과실 경우에는 구상권을 통해 결국은 공무원 자신이 배상책

(求償)할 수 있다.
[148] 김동희, 전게시, 477-480면.
[149] 김강운, 국가배상책임제도의 비교법적 고찰,『원광대학교 법학연구』제25집, 2007, 93면.
[150] 대판 1996.2.15. 95다38677 판결.
[151] 김동희, 전게서, 504면.

임을 지고, 경과실의 경우에는 공무원 개인의 책임은 면제시키고 있다. 이에 반해 미국은 연방불법행위법상 민사책임에 대해서는 업무범위 내인 경우 공무원 개인은 면책이 인정되며, 헌법 내지 법률위반에 대한 민사책임의 경우에도 일정한 요건이 충족되면 공무원 개인의 면책이 인정된다는 점에서, 미국이 한국보다 공무원 개인에 대한 면책이 넓게 인정된다고 볼 여지가 있다.

2. 법령해석 잘못으로 인한 국가배상책임

國家賠償法 제2조에 의한 국가배상책임의 요건사실은 ① 공무원이 직무를 집행함에 당하여 加害하였을 것, ② 고의 또는 과실로 법령에 위반하여 가해하였을 것, ③ 가해행위로 인하여 손해가 발생하였을 것 등이다. 법령해석의 잘못으로 위법한 처분을 한 경우 보통 ①과 ③의 요건은 보통 이론 없이 충족되나 ②의 위법성과 고의, 과실을 어떻게 볼 것인가가 쟁점이 된다.

위법성에 대해서는 이를 엄격한 의미의 법률, 명령 위반 외에도 인권 존중, 권력남용 금지, 신의성실 위반도 포함하여 널리 그 행위가 객관적인 정당성을 결여하고 있음을 의미한다고 보는 것이 통설, 판례의 입장이다.152) 고의, 과실에 대해서 대위책임설은 담당 공무원의 주관적 인식유무를 기준으로 판단한 주관적 책임요건이라고 하며, 自己責任說은 국가의 배상책임이 본질적으로는 무과실책임이지만 입법정책적으로 책임범위를 한정하는 것은 가능하다고 보므로 고의, 과실을 국가의 違法責任을 입법정책적으로 제한하는 것으로 이해한다.153)

한편 대위책임설의 주관적 과실 개념을 비판하면서, 國家賠償法 제2조 소

---

152) 김동희, 전게서, 492면. 다만, 일본에서는 위법성의 본질을 결과위법설, 행위위법설, 상대적 위법설로 나누어 논의하고 있다. 이에 대한 내용은 박균성, 국가배상법의 위법과 과실, 『단국대 법학논총』, 1992 참조.

153) 박효관, "법령해석의 잘못에 기한 행정처분과 국가배상책임", 『판례연구』 제7집, 부산판례연구회, 1997, 335면.

정의 과실에 대하여는 민법상의 과실과 同一視할 것이 아니라 공무원의 위법행위로 인한 국가작용의 欠이라는 정도로 완화하거나,154) 국가 등의 행정주체의 작용이 정상적 수준에 미달한 상태로서 국가작용의 欠을 지칭하는 것으로 보는 견해155) 등이 있다.

　판례는 법령해석에 다툼이 있어 그 중 어느 한 견해를 따라 내린 해석 및 처리결과가 후에 위법·부당집행으로 판명된 경우 공무원의 과실이 인정될 수 있는지에 대해 부정적 입장을 보이고 있다.156) 판례는 공무원 개인에게 성실

---

154) 김도창, 『일반행정법론』(상), 청운사, 1993, 628면.

155) 김동희, 전게서, 495면.

156) 일반적으로 공무원이 직무를 집행함에 있어서 關係 法規를 알지 못하거나 필요한 지식을 갖추지 못하여 法規의 解釋을 그르쳐 違法한 행정처분을 하였다면 그가 법률 전문가가 아닌 행정직 공무원이라고 하여 과실이 아니라고 할 수 없겠으나 법령에 대한 해석이 그 문언 자체만으로는 명백하지 아니하여 여러 견해가 있을 수 있는데다가 이에 대한 선례나 학설, 판례 등도 귀일된 바 없어 의의(疑義)가 없을 수 없는 경우에 관계 공무원이 그 나름대로 신중을 다하여 합리적인 근거를 찾아 그 중 어느 한 견해에 따라 내린 해석이 후에 대법원이 내린 입장과 같지 않아 결과적으로 잘못된 해석에 돌아가고 이에 따른 처리가 역시 결과적으로 違法하게 되어 그 법령의 부당집행이라는 결과를 가져오게 되었다고 하더라도 그와 같은 처리방법 이상의 것을 성실한 평균적 공무원에게 기대하기란 어려운 일이고 따라서 이러한 경우에까지 국가배상법상 공무원의 과실을 인정할 수는 없다(대법원 1995.10.13. 선고 95다 32747 판결).

　일반적으로 행정입법에 관여하는 공무원이 시행령이나 시행규칙을 제정함에 있어서 관계 법규를 알지 못하거나 필요한 지식을 갖추지 못하여 법률 등 상위법규의 해석을 그르치는 바람에 상위법규에 위반된 시행령 등을 제정하게 되었다면 그가 법률전문가가 아닌 행정공무원이라고 하여 과실이 없다고 할 수는 없으나, 상위법규에 대한 해석이 그 문언 자체만으로는 명백하지 아니하여 여러 견해가 있을 수 있는데다가 이에 대한 선례나 학설·판례 등도 하나로 통일된 바 없어 해석상 다툼의 여지가 있는 경우, 그 공무원이 나름대로 합리적인 근거를 찾아 어느 하나의 견해에 따라 상위법규를 해석한 다음 그에 따라 시행령 등을 제정하게 되었다면, 그와 같은 상위법규의 해석이 나중에 대법원이 내린 해석과 같지 아니하여 결과적으로 당해 시행령 등의 규정이 위법한 것으로 되고 그에 따른 행정처분 역시 결과적으로 위법하게 되어 위법한 법령의 제정 및 법령의 부당집행이라는 결과를 가져오

한 평균적 공무원에게 기대되는 주의의무를 위반하지 않는 것으로 보아 국가배상책임을 부정하고 있다. 위법성 여부가 사후 대법원 판례에 의해서 비로소 결정되었다는 점에서도 공무원의 법해석의 과실을 인정하기는 어려운 사유가 되었다. 이 경우 국가배상책임이 인정되지 않으므로 공무원 개인의 면책이슈도 생기지 않는다.

3. 소결

법령해석을 잘못하여 위법한 처분을 하게 된 경우 및 법령해석의 정당성을 신뢰하고 동 법령해석에 따라 직무집행을 한 공무원의 행위가 실제로는 법령위반에 해당하는 경우 공무원 개인의 면책이 허용될 것인지가 문제이다. 평균적 공무원으로서 주의의무를 다한 경우에는 법령해석의 위법 여부에 대해서는 일반 공무원이 이를 의심하기 어렵기 때문에 과실을 인정하기 어렵다. 이 경우에는 국가배상책임 자체가 부정되어 공무원 개인의 면책을 논할 실익이 없으나, 고의, 중과실에 이르지 않는 주의의무 위반에 대해서는 국가배상책임이 인정되나 공무원 개인은 면책된다.

다만, 특별한 사정이 있어 공무원이 법령해석에 법위반이 있음에도 이를 고의로 무시하거나 중대한 과실로 알지 못한 경우에는 구상권을 통해 개인적인 책임을 지게 될 수 있다. 전술한 바와 같이 법령해석 결과에 대한 자료요청권을 보면, 일면 행정기관에게 법령해석의 正當性에 대한 審査義務가 있다고 볼 여지도 있다. 이러한 해석에 따르면, 법령해석의 정당성에 대한 검토에 중대한 과실이 있어 위법한 법령해석을 집행한 경우 개인의 배상책임이 인정될 여지가 있다고 볼 수 있다.

게 되었다고 하더라도, 그와 같은 직무처리 이상의 것을 당해 업무를 담당하는 성실한 평균적 공무원에게 기대하기 어려운 것이므로, 이러한 경우에까지 국가배상법상 공무원의 과실이 있다고 할 수는 없다."(대법원 1997. 5. 28. 선고 95다15735 판결).

한편 법제처 등의 법령해석 자체가 위법한 경우 해석담당 공무원의 책임 역시 문제될 수 있는데, 이 경우도 위 일반론, 즉 고의, 중과실 여부에 따라 자기책임을 인정할 것인지 정하면 될 것이다. 다만, 계층구조상 여러 상급자의 결재과정을 거치는 점, 법령해석심의위원회의 의결을 거치는 점을 고려해보면 해석 담당자의 과실을 인정하기는 어려울 것으로 판단된다.

결론적으로 법령해석을 믿고 행위 한 공무원의 면책의 범위는 고의, 과실 등의 요건을 고려하지 않는 미국이 고의, 중과실의 경우 공무원 개인의 면책을 인정하지 않는 한국보다 그 범위가 넓다고 볼 수 있다. 이는 법령해석의 효력에 대해 법적구속력을 인정하는 미국과 사실상 구속력만 인정하는 한국과 비교해서 논리적으로도 일관성 있는 결과라고 볼 수 있다.

IV. 형사책임과 면책

법령해석의 정당성을 신뢰하고 행위 한 공무원의 행위가 형사책임이 수반되는 범죄에 해당하는 경우 이에 대한 면책을 주장할 수 있는 근거가 한국법상 어떠한 것이 있는지 검토해보고자 한다.

미국법과 유사하게 크게 고의의 부정과 정당행위 방어가 가능하다. 형법 제13조는 죄의 성립요소인 事實을 認識하지 못한 행위는 벌하지 아니한다. 단, 법률에 특별한 규정이 있는 경우에는 예외로 한다고 규정하고 있는데, 법령해석에 따른 직무집행행위에 이러한 고의가 인정되기는 어렵다.

다음 형법 제20조는 법령에 의한 행위 또는 업무로 인한 행위 기타 사회상규에 위배되지 아니하는 행위는 벌하지 아니한다고 규정하고 있다. 이 중 법령에 의한 행위라고 함은 법령에 근거하여 권리 또는 의무로서 행해지는 행위로 위법성이 조각되는데, 법령에 의한 행위의 유형 중 하나가 공무원의 직무집행행위이다. 공무원이 법령에 의해 요구된 직무를 수행하기 위해 법익침해적인 강제력을 행사하는 행위는 정당행위로서 위법성이 조각된다. 구체적인 요건은 1) 직무집행이 직무관할권의 범위 내일 것, 2) 법령의 형식적 요건 및 적절한 절차를 준수했을 것, 3) 필요성, 비례성의 원칙을 충족할 것, 4) 공무원으로서 직무집행의 의사가 있을 것을 요한다.157) 법령해석 자체 내지 법령해석에 따른 직무집행행위가 이 4가지 요건을 갖춘 경우 정당행위로서 위법성이 조각된다.

V. 규제기관 간 법해석의 충돌과 면책

경쟁규제란 경쟁을 보호하기 위하여 시장에 개입하는 것을 말하는 것으로서 경쟁규제를 수행하기 위한 개별적인 수단으로는 시장지배적 지위의 남용금지, 부당한 공동행위규제, 기업결합규제 등이 있다. 다만, 이러한 경쟁규제는 유효경쟁이 존재하는 시장을 전제로 하는 경우에만 의미가 있다. 유효경쟁이 존재하지 않는 시장에서 경쟁규제를 한다는 것은 불공정한 경쟁질서 내지 독과점적 시장구조를 고착화시켜 종국적으로 시장경쟁질서에 반하는 결과를 초래하게 될 것이라는 한계가 있다. 다음 산업별 전문규제의 필요성은 다음과 같다. 첫째, 독점, 공공재, 외부효과, 정보의 비대칭성 등 시장실패가 나타나는 영역에서는 시장실패를 교정하기 위한 규제가 요구되며, 이러한 한도 내에서 경쟁규제의 예외가 인정될 필요가 있다. 둘째, 헌법상 기본권 보장의 요구에 부응하기 위해 통신, 에너지, 수도 등의 생존배려적 급부영역에서는 모든 국민에게 최소한의 급부가 제공되어야 하는데, 이는 특별한 사회정책적 재분배 목적을 위한 특별한 규제에 의해서 가능하다.158)

대표적인 전문규제분야가 금융과 방송통신 분야이다. 공정위와 전문규제기관은 상당히 많은 사건에서 법해석 및 행정 제재를 둘러싸고 대립하고 있다.

---

157) 김일수/서보학, 『새로 쓴 형법총론』, 박영사, 2005, 336면.
158) 이원우, "경제규제와 공익", 『서울대 법학』 제47권 제3호, 서울대 법학연구소, 2006, 108-113면 참조.

예컨대, 시티은행이 변동금리부 대출에 고정금리를 적용한 사건에 대해 금감원은 2006년 6월 기관경고 조치하였으나 같은 시기 공정위는 과징금을 부과하였다. 그 외에도 부당공동행위, 기업결합, 불공정거래행위, 약관심사 등 거의 모든 분야에서 금융위와 공정위는 대립해 오다 2007년 11월 양 부처는 양해각서를 체결하여 중복조사 자제, 조사 효율화를 기하고 있다.[159]

한편 2005년 KT와 하나로통신 간 시내전화 담합건과 관련 정보통신부는 동 담합이 행정지도에 의한 것이므로 공정거래법에 제58조에 따라 면책된다고 주장했으나, 공정위는 공정거래법 제58조상 법률의 명령에 의한 행위로 적용제외를 하기 위해서는 행정지도가 구체적 법적 근거를 가지고 있어야 한다고 보았다. 따라서 구체적 법적 근거 없는 본건 행정지도는 위법이어서 면책되지 않는다고 보고 과징금을 부과하였다.[160]

그러나 행정지도에 대해서는 법률유보의 원칙이 적용되지 않기 때문에, 조직법상 근거만을 가지고도 행정지도가 가능하다고 본다는 견해가 다수이다.[161] 생각건대, 법령상 행정지도의 작용법상 직접 근거 규정이 없다고 해서 당해 행정지도의 법적 근거가 없는 것으로 보아서는 안 되며, 법령상 행정지도에 관한 규정이 있는 것은 오히려 예외로서 단지 선언적 의미가 있는 것이 원칙이라고 보아야 한다. 통신법상 행정지도는 실질적으로 동등한 경쟁조건을 유지하기 위한 것으로 정당성이 있고, 규제기관의 행정지도는 사업자에게 법률의 명령에 따른 행위와 동일한 효과가 있다는 점에서, 본건은 명령에 따른 정당한 행위로 보는 것이 타당하다.[162]

그러나 이러한 입장에 대해 대법원은 본건에서는 행정지도에 의하여 담합

---

159) 공정거래위원회/금융감독위원회, 금융회사에 대한 규제효율화 방안, 2007.11.28. 보도자료.

160) 공정거래위원회, 행정지도가 개입된 카르텔(공정거래법 제19조 제1항 위반행위)에 대한 심사지침, 2006.12.27.

161) 김동희, 전게서, 197-198면.

162) 이원우, 『경제규제법론』, 홍문사, 2009, 74-85면 참조.

이 이루어진 것도 아니고, 설령 그렇다고 하더라도 전기통신사업법은 공정거래법 제58조상 법률에 해당한지 않는다고 보았다.[163] 본건 담합이 행정지도에 의하여 이루어진 것인지에 대한 사실관계 판단은 별론으로 하더라도 전기통신사업법을 고도의 공적규제가 필요한 사업에서 자유경쟁의 예외를 구체적으로 인정하고 있는 법률이 아니라고 본 점은 수긍하기 힘들다. 통신, 금융, 에너지 등에 대한 규제법이 바로 이러한 자유경쟁의 예외로서 동등한 경쟁조건을 유지하기 위한 것이기 때문이다.

결론적으로 동일한 행위가 여러 법률에 의한 규제의 대상이 되는 경우 각 소관기관이 동 법률에 따라 처분을 하는 것은 원칙적으로 타당하고 보아야 한다. 다만, 법률의 수범자들이 사실상 동일하거나 유사한 행정제재의 위험에 노출되는 것은 일종의 이중위험 금지[164]위반에 해당할 수 있다. 따라서 법률

---

[163] 대법원 2011. 5.26. 선고 2008두20376 판결. 독점규제 및 공정거래에 관한 법률(이하 '공정거래법'이라 한다) 제58조는 '이 법의 규정은 사업자 또는 사업자단체가 다른 법률 또는 그 법률에 의한 명령에 따라 행하는 정당한 행위에 대하여는 이를 적용하지 아니한다'고 규정하고 있다. 그런데 여기서 말하는 정당한 행위라 함은 당해 사업의 특수성으로 경쟁제한이 합리적이라고 인정되는 사업 또는 인가제 등에 의하여 사업자의 독점적 지위가 보장되는 반면, 공공성의 관점에서 고도의 공적 규제가 필요한 사업 등에서 자유경쟁의 예외를 구체적으로 인정하고 있는 법률 또는 그 법률에 의한 명령의 범위 내에서 행하는 필요·최소한의 행위를 말하는 것이다(대법원 1997. 5. 16. 선고 96누150 판결, 대법원 2008. 12. 24. 선고 2007두19584 판결 등 참조). 원고가 행정지도의 근거로 들고 있는 구 전기통신사업법(2007. 1. 3. 법률 제8198호로 개정되기 전의 것) 제33조의4는 당해 사업의 특수성으로 경쟁제한이 합리적이라고 인정되는 사업 또는 인가제 등에 의하여 사업자의 독점적 지위가 보장되는 반면, 공공성의 관점에서 고도의 공적규제가 필요한 사업 등에서 자유경쟁의 예외를 구체적으로 인정하고 있는 법률이라고 볼 수 없는데다가, 이 사건 합의는 정통부의 행정지도에 따른 것이라고 볼 수도 없는 점 등에 비추어 보면, 이 사건 합의는 공정거래법 제58조 소정의 법령에 따른 정당행위라고 할 수 없다.

[164] 이중위험금지(double jeopardy) 원칙은 같은 죄로 두 번 기소당하는 것을 금지하는 법리이다. 미국 연방 수정헌법 5조는 "No person… shall be subject for the same offence to be twice put in jeopardy of life of limb."이라고 규정하고 있다. 이러한

의 개정을 통하여 이중제재의 가능성을 방지하거나 부처 간 양해각서 등을 통해 집행에 있어서 효율을 기하는 것이 바람직하다고 본다.

예컨대, 통신법과 경쟁법은 기관 간 협의절차로서 기업결합관련 규정과 대외적 단일성의 원리로서 이중제재금지 규정을 두고 있다. 즉, 전기통신사업법 제18조에 따르면 기간통신사업의 양수, 합병 등 일정한 경우 방송통신위원회의 인가를 받아야 한다, 즉 1. 기간통신사업자의 사업의 전부 또는 일부를 양수(양수)하고자 하는 자, 2. 기간통신사업자인 법인을 합병하고자 하는 자, 3. 허가받은 기간통신역무의 제공에 필요한 전기통신회선설비를 매각하고자 하는 기간통신사업자, 4. 특수관계인과 합하여 기간통신사업자의 발행주식 총수의 100분의 15 이상을 소유하고자 하는 자 또는 기간통신사업자의 최대주주가 되고자 하는 자는 방송통신위원회의 인가를 받아야 하고, 기간통신사업자가 허가받은 복수의 기간통신역무 중 일부의 기간통신역무를 제공하기 위하여 법인을 설립하고자 하는 경우에는 방송통신위원회의 승인을 얻어야 한다고 하면서, 이 경우 방송통신위원회는 인가를 하려면 공정거래위원회와의 협의를 거쳐야 한다고 규정하고 있다. 한편, 독점규제법 제12조 제4항은 기업결합신고의무의 예외로서 관계 중앙행정기관의 장이 다른 법률의 규정에 의하여 미리 당해 기업결합에 관하여 공정거래위원회와 협의한 경우를 규정하고 있는 바 이에 따라 기간통신사업자의 경우 합병 등의 경우 기업결합신고 대상

이중위험금지를 인정하는 이유는 첫째, 정부가 우월한 공권력을 바탕으로 무고한 시민을 유죄로 만드는 것을 방지하는 것, 둘째 중복적인 기소로 피고인에게 발생하는 경제적, 정신적, 사회적 고통을 줄이는 것, 셋째, 검사가 판결 결과에 불만을 가질 때마다 재기소를 하는 것을 방지함으로써 형사판결의 종국성과 고결성을 증진시키는 것, 넷째, 검사의 기소독점권을 제한하는 것, 다섯째 사법부로 하여금 중복적인 처벌을 하지 못하게 하는 것 등이 그것이다(홍탁균, "이중위험 금지, 사건의 병합 및 재판의 내용적 구속력과 관련된 미국 판례분석", 『해외연수검사 연구논문』, 검찰청, 2006, 6면). 이러한 형사소송법상 원리가 행정제재에도 적용되는 것으로 이해된다. 행정상 이중위험금지에 대해서는 홍준형, "불가변력, 신뢰보호, 그리고 행정상 이중위험의 금지", 『행정판례연구』제5집, 서울대학교 출판부, 2000, 33-67면 참조.

인 경우에도 별도 공정거래위원회에 기업결합신고를 할 필요가 없다고 할 것
이다.165) 한편 이중제재 금지 규정으로서 전기통신사업법 제54조에 따르면,
금지행위 규정을 위반한 전기통신사업자의 행위에 대하여 시정조치를 명하거
나 과징금을 부과한 경우에는 그 사업자의 동일한 행위에 대하여 동일한 사유
로 「독점규제 및 공정거래에 관한 법률」에 따른 시정조치 또는 과징금의 부과
를 할 수 없다고 규정하고 있다.

---

165) 김태호, "방송통신시장 경쟁규제에서 일반경쟁기관과 전문규제기관 간의 권한배
분", 『경제규제와 법』 제1권 제2호, 2008, 138-139면.

제6장

요약 및 결어

제1절 요 약

전술한 바와 같이 한국 행정 현실의 큰 문제 중 하나가 행정의 사법의존 경향 내지 責任의 移轉 및 回避를 통한 타율적·소극적·면책적 행정 경향이다. 이는 흔히 행정관료들이 이해관계가 걸린 예민한 사항에 대해서는 자신의 결정에 대한 책임회피를 위하여 적극적인 법령해석권을 행사하지 않고 최대한 보수적 해석을 하고, 불합리성에 대해서는 법원, 검찰 등 사법기관에서 다투도록 하는 경향을 말한다. 이러한 경향으로 인해 사법부의 업무 부담이 가중되고 있다. 그러나 정책문제에 관한 전문성이 부족한 법관에 의한 비현실적, 비합리적인 판결은 사법부에 대한 국민의 신뢰를 저하 시키고 있다. 행정은 감사책임을 의식해 경직적, 보수적인 법해석만을 함으로써 법령에 대한 기계적 집행으로 일관하고 있다. 이로 인해 국민들의 권리구제에 많은 시간과 비용이 들고 있다. 따라서 이러한 최근 한국의 행정의 사법의존 경향, 소극적·면책적 행정의 문제점을 극복하기 위한 전제로서 행정부의 자율적이고 적극적인 법령해석권 행사가 필요하다.

한국에서 행정부의 적극적 법령해석권 행사의 모델로서 우선 미국에서 행정부의 법령해석권에 대한 논의를 정리해보고자 한다. 행정부 법령해석권 행사의 이론적 근거는 권력분립과 행정통제 이론이다. 즉, 행정부의 법령해석권 행사는 다른 기관에 대해서는 권력분립 상 견제기능으로서 성격을 가지고 행정부 자신에 대해서는 내부통제 기능으로서 의미를 가진다. 권력분립은 초기 3권의 엄격한 분립이라는 형식주의적인 권력분립 단계를 지나 행정기관이 입법, 사법, 행정의 3가지 기능을 동시에 수행하는 측면에 주목하는 기능주의적 권력분립이 현실적인 타당성을 인정받고 있다. 기능주의적 권력분립은 결국 행정부가 입법·행정·사법 중에서 행정기능의 확대와 행정권의 강화로 인하여 상대적으로 행정권이 우월한 지위에 있는 국가를 의미하는 행정국가화 현상을 지칭한다. 오늘날 행정국가는 복지국가, 발전국가에서 규제국가로의 변화를 보이고 있으나, 행정 주도의 의사결정에는 변화가 없다. 행정통제의 이론도 입법통제우위, 사법통제 우위 시대를 거쳐 이제는 大統領 中心 行政의 시대로 접어들고 있다고 볼 수 있다.

미국의 대통령은 공무원 임면권, 법령집행권, 의견요청권을 통해 행정 각부를 통제하고 있는데, 이러한 강력한 대통령의 권한을 뒷받침하는 이론이 단일행정부 이론이다. 단일행정부 이론에 따르면 행정권은 대통령 1인에게 전속되어 있으므로 대통령은 최고의 지위에서 행정기관의 의사결정을 통제하여야 한다고 한다. 법해석에 있어서도 단일행정부 이론은 행정기관들에 의한 분권적인 법령해석이 아닌 법무장관에 의한 통일적·집중적 법령해석이 타당하다는 근거가 된다.

이렇게 미국 대통령이 법령해석권을 통일적, 집중적으로 행사하는 수단 내지 형태로는 OMB의 행정입법심사, 법무부 OLC 및 SG의 법률자문, 대통령의 부기의견, 사면 및 거부권이 있다. 이 중 가장 중요한 것이 법령해석 전담기관인 OLC가 수행하는 법령해석 기능이다. OLC는 대통령과 행정 각부의 요청에 따른 법률의견 및 조언제공 기능, OMB 의뢰에 따른 행정명령, 입법안에 대한 심사 기능, 행정기관 간 분쟁해결 기능 등을 수행한다.

최근에는 미국 법무부 OLC의 법령해석권이 대통령의 정치적 책임성과 관련해 어떠한 방향으로 행사되어야 하는 것인지에 대해서 辯護士 모델과 準司法的 모델 간 논쟁이 있었다. 변호사 모델은 OLC는 고객으로서 대통령의 정치적 선호와 상황을 고려하는 법해석을 하여야 한다고 주장하고, 준사법적 모델은 OLC는 법원리에 입각한 객관적 법률의견을 대통령에 제공하여야 한다고 주장하였다. 두 모델 외에도 OLC는 자신의 名聲을 보호하기 위해 준사법 모델 유사한 역할을 수행하려고 한다는 이론도 있다. 이러한 논란 끝에, OLC

는 공식적으로 대통령의 정치적 선호가 아닌 법의 지배 원칙에 따른 객관적·중립적 법률의견을 제공하는 것으로 자신의 입장을 정리하였다. 다만, 양자의 입장을 절충한 대안으로서 정책에 기반을 둔 법적판단을 주장하는 견해가 보다 현실적인 설득력을 가진다.

한편 미국에서 행정부와 사법부와의 법해석의 관계를 살펴보면, 행정부 법령해석에 대한 사법부 입장은 행정부 해석을 존중하는 이론으로 Chevron이 있고 행정부 해석과 독립되어 판단한다는 독립적 판단 모델로 Skidmore 원리와 엄격심사 원칙이 있다. 이외에도 보다 현실적 입장에서 사법부의 행정부 해석에 대한 존중을 동급의 다른 법원의 의견을 법적 구속이 아닌 合理的 理由가 있는 경우에 따르는 것으로 보는 行政先例 理論이 있다. 다음으로 사법부 해석에 대한 행정부 입장에는 이를 구속력 있는 것으로 보는 견해와 단순히 설명으로 이해하는 견해가 있다. 구속력을 인정하는 입장은 선례에 대한 이해가 결국 제정법으로 編入된다는 이론과 정부 간에 水平的으로도 先例拘束이 인정된다는 이론으로 나누어진다. 단순한 설명으로 보는 견해에는 사법부의 법해석을 단순히 미래 법원의 행동을 예측하는 것으로 보는 豫測理論이 있다. 그러나 결과적으로 보면, 행정부가 사법부의 最終 判決을 이행할 의무가 있다는 점과 사법부도 행정부의 자율적 법해석 영역이 있다는 점을 인정하기 때문에, 양자 간 큰 충돌은 없다고 할 수 있다.

미국에서는 이미 헌법입안 초기부터 행정부의 법령해석권이 사법부의 법령해석권으로부터 독립적으로 인정될 수 있을 것인지에 대해 논의가 진행되어 왔다. 헌법상 대통령의 선서 조항, 충실한 법집행 의무 조항은 대통령의 자율적 법해석권의 근거가 되는 조항이다. 이에 따라 링컨 대통령은 노예해방과 남북전쟁 시 이미 행정부의 독자적 법해석권을 근거로 법원의 판결과 판결이유에 대하여 집행을 거부하였다. 이후에도 많은 대통령은 사면권을 적극적으로 행사해 왔고, 대통령의 헌법상 권한을 제한하는 의회의 입법에 대해 집행을 거부하는 등 실질적으로 자율적·독립적 법해석권을 행사하여 왔다. 대통령은 법률의 미집행, 선례의 부동의, 판결의 불이행, 사면과 거부권을 통해 타

기관의 법령해석에 이의를 제기해 왔던 것이다.

그리고 헌법입안 초기 해밀턴과 매디슨이 각각 司法優位와 行政自律의 견해를 대표하면서 이후 많은 학자들이 법해석에 있어서 사법우위와 행정자율을 두고 대립적인 의견을 제시해왔다. 대다수 학자들이 사법우위를 지지하지만 행정의 전문성, 정치적 책임성, 정치적 압력 등을 근거로 행정자율을 주장하는 견해도 설득력을 얻고 있다. 또한 양 이론의 중간적 입장인 相互尊重 理論에 따르면, 사법부는 행정부의 자율적 법해석영역을 인정하고 행정부의 법해석을 존중하며, 행정부는 사법부 법해석의 최종적 성격을 인정하고, 사법선례도 존중하여야 한다고 한다. 또 다른 중립적 이론으로서 機能的 分立 理論에 따르면 대통령은 다른 기관의 견해와 권위를 적절히 존중하면서 원리에 입각한 신중하고 투명한 과정을 통해 자신의 헌법적 견해를 형성해 나가야 한다고 한다. 그리고 행정부의 막강한 권한 행사에 따른 위험성을 줄이기 위해서, 행정해석에도 自制 理論의 도입을 주장하는 견해는 첫째, 사법부 해석에 대한 존중으로서 逆Chevron, 둘째, 타 기관 결정의 수용으로서 조정, 셋째, 법해석 방법에서 문언, 의도, 선례라는 전통적 해석 방법의 채택을 주장한다.

끝으로 미국 법무부 OLC의 법령해석의 효력을 구속력이 있는 것으로 보는 것과 관련해, 이를 믿고 행위 한 공무원에게 민형사상 책임을 부과할 수 있을지에 대한 논의가 있었다. 불법행위에 대한 민사책임에 대해서는 해당 공무원이 업무범위 내에서 행위 하는 경우 면책이 인정된다. 헌법과 법률위반에 대한 민사책임의 경우 법관, 대통령, 의원, 검사, 경찰에게는 絶對的 免責이 인정되고 그 외의 공무원들에게는 일정한 요건을 충족하는 경우 相對的 免責이 인정된다. 형사책임과 관련해서는 적법절차, 신뢰보호, 공무집행행위, 무죄주장이 면책을 위한 방어논리가 될 수 있다. 이러한 면책은 공무원과 법령해석기관 사이에 공모의 문제를 일으킬 수 있으나, 실제로 엄격한 절차에 의해 이런 문제가 일어나지 않는다. 오히려 공무원은 외부의 법률의견을 정책에 반영함으로써 정책의 적법성을 제고할 수 있게 되고, 법령해석기관은 의견의 신뢰성을 제고하여 조직의 명성을 유지하는 장점이 있다.

한국의 경우에도 행정부의 법령해석권 행사의 자율성·독자성을 확대하는 방향으로 개선이 이루어져야 한다.

우선 현재 법무부와 법제처로 이원화되어 있는 법령해석의 주체를 법령해석의 효율성과 국민의 권리구제의 편의 차원에서 일원화 하는 방향으로의 검토가 필요한 시점에 와 있다고 본다. 법제처가 수행하고 있는 법령안 심사 기능과 법령해석 기능을 유기적으로 결합시키는 것이 법무부의 국가송무 기능과 법령해석 기능을 결합시키는 것보다, 법령해석의 전문성, 효율성, 국민권리구제의 편의차원에서 우월하다고 본다. 다만, 법무부의 대통령의 최고의 법률자문가로서 역할, 최고 법률 직위로서의 역할, 형사사법 수행자로의 역할을 감안하여, 형법, 형사소송법 등 형사사법 관련 법률, 법무부 소관 법률에 관한 해석 권한, 국가송무 기능, 헌법재판 의견제시 권한, 사면 등의 권한은 법무부에 존치하는 것이 타당하다. 결국 실무적이고 구체적인 행정법규에 대한 해석과 개별 행정법규의 근거가 되는 기본법으로서 민법, 상법 등에 대한 해석권을 법제처로 일원화하는 것을 검토할 필요가 있다는 것이다.

다만, 법제처는 법령해석의 권위와 품질을 제고하기 위해서 조직의 위상 강화, 법령해석절차 정비, 법률전문가 충원[1] 등을 검토할 필요가 있다. 최근 제정·시행되고 있는 개인정보보호법상 개인정보보호위원회의 법령해석권과 법제처의 법령해석권의 관계를 어떻게 설정할 것인지가 문제가 될 수 있다. 생각건대, 법령해석에 관한 개인정보보호법의 규정은 법제처나 법무부의 정부유권해석 권한을 규정하고 있는 법제업무운영규정의 특별법으로 이해하는 것이 타당하다고 본다. 따라서 개인정보보호에 관한 법령의 제2차적 행정해석권 즉 정부유권해석권은 개인정보보호위원회에 있다고 보는 것이 타당하다.

법령해석의 대상도 헌법과 법규적 효력이 있는 행정규칙을 추가하는 것을

---

[1] 행정부의 법해석권 강화를 위하여 제일 중요한 것이 법률전문 인력을 확보하는 것이다. 2012년부터 로스쿨을 통해 배출되는 다수의 법률가들을 행정부가 대폭적으로 수용하고, 정부의 각종 합의제 행정기관이나 자문기구에 다수의 법률전문가들이 활동할 수 있도록 하여야 할 것이다.

고려할 필요가 있다. 헌법상 법률안 거부권이나 사면권, 긴급명령 등 법률대위명령은 헌법에 대한 해석을 행정부 즉 대통령이 수행하는 것을 전제로 하고 있으므로, 헌법을 해석대상에서 제외할 이유가 없다. 사면 및 거부권의 행사, 헌법재판에서 정부소송대행자로서 의견 제출권이 법무부 장관에게 부여되어 있으므로 헌법해석의 권한은 법무부로 집중되어 있는 것으로 볼 수 있으나, 앞선 논의와 같이 법령해석 기관의 일원화의 방향에서 검토가 필요할 것으로 본다. 행정규칙의 경우에도 법규적 효력이 인정될 수 있는 행정규칙의 경우 법령해석의 대상으로 하는 것이 타당하다.

법령해석의 효력에 대해서도 보다 적극적으로 법적 구속력을 명문화 하거나 법해석을 통해 이를 인정하는 방향으로 가야 할 필요가 있다. 법령해석에 법적 구속력을 인정함으로써 법령해석의 권위와 품질을 높이고, 행정기관은 정책수행 시 법령해석을 적극 활용하여 정책의 적법성을 제고할 수 있도록 하여야 한다.

법령해석의 바람직한 역할과 관련해서는 대통령의 정치적 책임성 확보차원에서 정책에 기반을 둔 법적 판단이 되도록 하여야 한다.[2] 특히 정무직 공무원의 직무집행은 대통령의 직무행위를 보조하는 것으로서 고도의 정치성 있는 행위가 될 수밖에 없다. 따라서 엄격한 정치적 중립보다는 정치행정에 대한 민주적 통제에 관점에서 정책적 입장을 반영하는 것이 타당하다고 본다.

행정부와 사법부의 법해석권의 관계에 대해서 보면, 원칙적으로 법원은 최종적 법해석권을 가질 수 있으나, 행정부의 법해석을 존중하면서 그것을 제한적으로 행사하여야 한다. 그리고 행정부는 독립적·자율적 법해석 권한을 가지고 있으나, 실제로는 사법부의 해석을 존중하면서 그것을 신중하게 사용하여야 한다.

법해석을 믿고 행위 한 공무원의 행위가 사후에 위법행위가 된 경우 판례

---

[2] 미국 OLC 업무수행 가이드라인도 OLC는 모든 관련 행정기관 특히 백악관과 우호 협조관계를 하여야 하고, 행정부의 정책목표들을 고려하여 법의 테두리 안에서 이들이 실현될 수 있도록 지원해야 한다는 점은 제3장 제3절에서 전술한 바 있다.

와 같이 평균적 공무원으로서 주의의무를 다한 경우에는 법령해석의 위법 여부에 대해서는 일반 공무원이 이를 의심하기 어렵기 때문에 과실을 인정하기 어렵다. 따라서 국가배상책임 자체가 부정되어 공무원 개인의 면책을 논할 실익이 없다. 다만, 고의, 중과실에 이르지 않는 주의의무 위반에 대해서는 국가배상책임이 인정되나 공무원 개인은 면책된다고 보아야 할 것이다. 그리고 동일한 행위가 여러 법률에 의한 규제의 대상이 되어 법률의 수범자들이 어느 하나의 법률을 준수하였음에도 다른 법률에 의해 처벌대상이 되는 경우 면책문제와 관련해서 보면, 법률의 개정을 통하여 이중제재의 가능성을 미연에 방지하는 것이 타당하다고 보나,3) 이것이 가능하지 않은 경우 부처 간 양해각서 등을 통해 집행에 있어서 효율을 기하는 것이 바람직하다고 본다.

---

3) 이러한 경우를 생각하면 법령안에 대한 사전심사, 신설·강화 규제에 대한 사전심사 기능이 중요하다고 할 수 있다.

제2절 결 어

적극행정 즉 공무원 등이 국가 또는 공공의 이익을 증진하기 위해 성실하고 능동적으로 업무를 처리하는 행위를 하기 위해서는 종래 행정에 대한 감사원 등의 과도한 중복적 공식통제, 국회·언론 등의 과도한 정치적 통제, 언론·시민 단체 등의 사회로부터의 비합리적인 통제, 사법부의 과도한 행정결정에의 개입을 극복하고 행정부가 자율적이고 책임성 있게 행정을 수행해 나가야 한다.

적극행정을 실현하기 위한 전제로서 행정의 적극적이고 자율적인 법령해석 권을 정립하기 위해서는 먼저 사법부의 법해석으로부터 행정부 법해석의 자율성·독자성이 확보되어야 한다.

구체적으로 보면, 첫째, 행정의 사법의존 현상과 둘째, 행정의 법령해석권 행사에 대한 사법부의 輕視現象이 극복되어야 한다.

앞선 事例에서 구청의 영업정지와 관련된 행정의 사법의존 행태는 조속히 시정되어야 한다. 행정의 법해석권은 일선 행정기관의 공무원부터 대통령까지 모두 공유하는 권한이며, 특히 본건의 경우 법률에 의하여 처분권이 위임되어 있기 때문에, 구청은 자기책임 하에 법령을 해석하고 처분 여부를 결정하는 것이 당연하다고 할 수 있다. 사후 감사책임을 의식한 이러한 행정의 사법의존 현상을 극복하기 위해서는 감사원, 언론 등에 대한 통제 등 한국의 통제시스템을 획기적으로 개선하는 것이 필요하다고 본다. 우선 중복적인 외부 및 내부통제 시스템을 최소화하고 통제기준의 경우에도 합법성, 합리성, 합목적성을 채택하고, 기준시점도 사후적 결과가 아닌 정책입안 시점을 기준으로 하여야 할 것이다. 결과를 통제의 기준으로 하지 않는다는 점은 달리 말하면, 다

수인의 參與를 포함한 적법하고 타당한 節次를 거쳤는지는 지를 기준으로 한
다는 것이다. 다수 이해관계인의 참여를 통하여 이성적이고 합리적인 토론을
반복하는 과정에서 참여자 모두가 수긍하는 대안을 만들었는지가 민주주의, 법
치주의 원리를 토대로 한 행정통제의 가장 중요한 잣대가 되어야 할 것이다.

행정의 법령해석권 행사에 대한 사법부의 輕視現象과 관련된 다른 事例인
법원의 방통위 승인처분에 대한 집행정지건은 법원이 정책문제에 관한 법의
해석에 있어서는 행정부 해석을 존중해주는 것이 타당하였다고 본다. 특히 專
門性과 政治的 代表性을 지닌 위원으로 구성된 독립규제기관이 신중한 검토
를 거쳐 내린 결정에 대해서는, 법원이 존중의 원리를 보다 적극적으로 활용
할 필요가 있다고 본다. 행정부가 사법부에 과도하게 의존하거나 눈치를 볼
필요도 없지만, 그렇다고 해서 사법부가 행정부의 법해석에 있어서의 전문성
을 무시해서도 안 된다고 본다.

행정부는 헌법상 권력분립의 원칙에 따라 집행권자로서 입법, 사법부와 대
등한 권한을 가지고 있으며, 행정입법, 처분, 준사법적 분쟁해결 과정에서 현
실적으로 광범위하게 법령해석권을 행사하고 있다. 따라서 법령해석권이 사법
부의 전유물이라거나 사법부만이 최종적인 법령해석권을 갖는다고 보는 것은
타당하지 않다. 법원의 사법심사의 대상이 되지 않는 상당수의 법률문제에 대
해서는 행정부가 최종적인 법해석권을 행사한다. 대통령의 사면권과 거부권은
법원의 최종적 법해석권을 배제하기도 한다. 또한 행정부의 법령해석권이 항
상 사법부의 법해석에 구속되어야 하는 것도 아니다. 법원의 법률의견은 동일
사안이 아닌 한 법적 구속력을 가지지 않으며, 행정부는 동종 사건에 판례를
적용하는 것이 실질적 합리성이 있는지에 대한 심사를 할 수 있다.

행정부의 자율적 법해석권의 확립과 더불어 행정부의 법해석은 전문성과
정치적 책임성을 기반으로 하고 있다는 점에서 사법부와는 다른 방향성을 가
져야 할 것이다. 즉, 법원과 같은 객관적, 중립적 의견을 제공하는 데 그칠 것
이 아니라, 국민과 대통령의 정치적 의사를 고려한 합리적·합목적적 법령해석
이 되어야 한다. 그리고 행정부의 법령해석의 권위와 신뢰를 제고하기 위해서

는 법령해석에 대한 구속력을 인정하고 법령해석을 믿고 행위 한 공무원에 대한 면책도 인정할 필요가 있다.

　오늘날 행정은 사회문제 해결에 있어서 專門性을 보유하고 있다는 現實的 側面과 대통령이 국민에 대한 직접적 책임을 실현하는 政治的 責任性을 지닌다는 理念的 側面에서, 입법부, 사법부가 가지고 있지 아니한 특성을 가지고 있다. 이러한 특성이 바로 대통령 내지 행정부 우위 국가로의 변화를 필연적으로 초래한 요인이었다. 앞으로 행정은 다양한 가치갈등의 사회에서 각 부분의 참여와 토론을 통해 공익목표를 설정하고 이를 추진함과 동시에 미래의 비전을 제시함 물론, 시장에서 경쟁 원리와 수단에 대한 정교한 설계와 시행을 통한 규제국가로서 역할, 후진적이거나 소외된 분야에 대한 성장 및 복지국가로서의 역할을 수행해 나가야 한다. 적극행정을 실현하기 위한 기초이자 중요한 수단 중 하나가 바로 행정부의 자율적·적극적인 법해석권의 정립과 이의 강화라고 할 수 있다.[4]

---

4) 다만, 행정부의 법해석권 행사에 대해서 입법부, 사법부로부터의 적절한 통제와 행정내부의 자기통제도 이루어지는 것이 견제와 균형 원리상 타당하다고 본다. 그러나 한국의 경우 그동안 행정부 법해석권이 정립되지 못하였고 또한 행정부 법해석이 지나치게 사법부 법해석에 종속되어 왔기 때문에 보다 행정부 법해석권을 강화하는 방향으로의 개선이 필요하다고 본다.

참고문헌

I. 국내문헌

1. 단행본

권영성, 『헌법학 원론』, 박영사, 2004.

김도창, 『일반행정법론』(상), 청운사, 1993.

김동희, 『행정법 I』 제10판, 박영사, 2004.

김일수/서보학, 『새로 쓴 형법총론』, 박영사, 2005.

라인홀트 치펠리우스/김형배, 『법학방법론』, 삼영사, 1993.

류지태/박종수, 『행정법신론』 제14판, 박영사, 2010.

박정훈, 『행정법의 체계와 방법론』, 박영사, 2005.

법제처, 『법제처 60년사』, 2008.

_____, 『법령해석 매뉴얼』, 2009.

신봉기, 『외국의 법령해석 운영시스템과 우리 해석기구의 발전 방안』, 법제처, 2010.

이성환 외, 『법령해석 요청 주체 및 법령해석 대상 확대 가능성에 관한 연구』, 한국입법학회, 2009.

이원우, 『경제규제법론』, 홍문사, 2009.

W.C. 새먼/곽강제, 『논리학』 제2전정판, 박영사, 2004.

정영환, 『정부유권해석제도의 정착을 위한 바람직한 제도운영에 대한 연구』, 법제처, 2006.

정정길, 『정책학원론』, 대명출판사, 1989.

최봉기, 『정책의제형성론』, 일신사, 1988.

허영, 『헌법이론과 헌법』 신정9판, 박영사, 2004.

2. 논문

강기홍, 행정의 규범심사권과 적용배제권-독일법제와 비교하여, 공법학회, 『공법연구』제39집 제1호, 2010.10, pp. 255-282.

권영설, 인간의 존엄과 가치-유전공학과 관련하여-, 고시계사,『고시계』제31권 제 12호 (통권 제358호) 1986.11, pp. 24-37.

고문현, 사면권 행사의 실태분석을 통한 사면권 통제방안,『공법학연구』제11권 제2호, 2010. 5, pp. 3-31.

김강운, 국가배상책임제도의 비교법적 고찰,『원광대학교 법학연구』제25집, 2007, pp. 77-98.

김성수, "조례 등 자치법규의 해석: '정부유권해석의 대상과 그 한계'에 대한 토론 문",『정부유권해석의 대상과 그 한계』, 법제처, 2005. 10.

김영호, "국가의 상대적 자율성과 정책변동에 관한 연구: 토지공개념정책을 중 심 으로",『서울대학교 행정대학원 석사학위논문』, 2001.

김종보, "행정법학의 개념과 그 외연",『행정법연구』제21호, 행정법이론실무학 회, 2008, pp. 1-22.

_____, 강학(講學)상 인가와 정비조합 설립인가-대법원 2002. 3. 11 자 2002 그12 결정을 계기로, 행정법이론실무학회,『행정법연구』제9호 2003.5, pp. 325-344.

_____, 도시환경정비사업에서 시행자와 사업절차의 특수성, 중앙대학교『법학 논 문집』제31집 제1호, 2007, pp. 665-694.

김태호, "방송통신시장 경쟁규제에서 일반경쟁기관과 전문규제기관 간의 권한배 분",『경제규제와 법』제1권 제2호, 2008, pp. 136-161.

박정훈, "불확정개념과 판단여지", 김동희 편『행정작용법』, 박영사, 2005, pp. 266-286.

_____, "적극행정 실현의 법적 과제",『공법연구』제38집 제1호 제1권, 한국 공법 학회, 2009, pp. 329-353.

_____, 행정소송 60년의 제도적 분석, 사법부의 어제와 오늘 그리고 내일(上), 『대한민국 사법 60주년 기념 학술 심포지엄』, 사법발전재단, 2008.12.

박정훈, 최계영, 김중권, 홍기원, 이두령, 규제기관과 규제절차, 올바른 규제개혁 의 법이론과 구체적 방안-규제법 일반이론의 모색,『재단법인 행복세상 제8회 행복포럼자료집』, 2011.5.20.

박효관, 법령해석의 잘못에 기한 행정처분과 국가배상책임,『판례연구』제7집, 부 산판례연구회, 1997, pp. 309-345.

박재옥, "법제업무운영규정 해설",『법제』제453호, 법제처 50년사, 1995, pp. 72-108.

백윤기, 미국 행정소송상의 嚴格審査原理(The hard look doctrine)에 관한 연구 : 한국판례와의 비교분석을 중심으로, 『서울대학교 박사학위 논문』, 1995.

_____, 금융행정에서 법치주의 구현방안, 『저스티스』통권 제33권 제4호, 2000, pp. 5-42.

_____, 재량행위에 대한 통제, 김동희 편『행정작용법』, 박영사, 2005, pp. 241-265.

선정원, "법치주의와 행정개혁", 『공법연구』제32집 제2호, 2003.12, pp. 229-286.

송시강, "행정재량과 법원리-재량을 가능하게 하는 법원리의 기능과 한계를 중심으로", 『행정법이론실무학회, 2011.11월 세미나』.

신봉기, 우리나라 법령해석제도의 최신동향, 『경북대학교 법학논고』제35집 2011.2, pp. 221-254.

유시조, 대통령의 정치활동의 범위와 한계, 『공법학연구』제10권 제1호, 2009, pp. 83-103.

이기우, 법제처의 법령해석제도 개편 1년의 평가와 과제, 『월간법제』, 2006.9, pp. 6-17.

이병훈, 헌법해석의 본질과 한계-정부유권해석의 대상과 그 한계'에 대한 토론문", 『정부유권해석의 대상과 그 한계』, 법제처, 2005.10.

이상수, 새로운 정부유권해석제도 해설: 법제업무운영규정 및 동시행규칙 개정내용 설명, 『월간법제』, 2005.8, pp. 73-96.

이용재, 미국연방헌법과 한국헌법상의 법률안거부권제도 비교, 『전북대학교 법학연구』제30집, 2010.6, pp. 337-374.

이 원, 법령해석제도의 현황과 전망, 『정책&지식』제301호, 2006.11, pp. 1-15.

이원우, "거시경제정책에 대한 법적통제와 그 한계에 관한 연구", 『행정법연구』제7호, 행정법이론실무학회, 2001, pp. 255-276.

_____, "경제규제와 공익", 『서울대 법학』제47권 제3호, 서울대 법학연구소, 2006, pp. 89-120.

_____, "현대적 민주법치국가에 있어서 행정통제의 특징과 쟁점", 『동아시아 행정법학회 제9회 학술총회 발표논문집』, 2010.

이희정, "방송통신위원회의 법집행절차 개선방향에 관한 연구: 행정절차에 대한 대심주의접목의 의의와 방식을 중심으로", 『경제규제와 법연구』제3권 제1호, 2010.5, pp. 184-227.

임종훈, "정부유권해석의 발전과 체계화를 위한 모색: 법제처의 역할 재정립과 관련하여", 『법제처 법령해석관리단 세미나자료』, 2005.

정영환, "정부유권해석제도의 바람직한 제도운영 방안", 『정책&지식』 제301호, 2006.11, pp. 16-20.

정준현, "법령해석요청주체 및 법령해석 대상 확대가능성에 관한 검토", 『법학 논총』 제33권 제1호, 단국대학교 법학연구소, 2009, pp. 273-303.

_____, 법령해석제도의 개편방향에 관한 소고, 『월간법제』, 2006.9, pp. 18-33.

_____, 행정의 법해석권한과 그 형식에 관한 소고, 『성균관법학』 제17권 제3호 2005.12, pp. 167-186.

조성규, "행정법령 해석과 지방자치", 『행정법이론실무학회 세미나 발표문』, 2011. 11.

최송화, 법과 정책에 관한 연구, 『서울대학교 법학』 제26권 제4호, 1985, pp. 81- 95.

홍준형, "불가변력, 신뢰보호, 그리고 행정상 이중위험의 금지", 『행정판례연 구』 제5집, 서울대학교 출판부, 2000, pp. 33-67.

홍탁균, "이중위험 금지, 사건의 병합 및 재판의 내용적 구속력과 관련된 미국 판례분석", 『해외연수검사 연구논문』, 검찰청, 2006.

II. 외국문헌

1. 단행본

A. V. Dicey, INTRODUCTION TO THE STUDY OF THE LAW OF THE CONSTITUTION, 8th edition, All Souls College, Oxford, 1885.

Beermann, Jack M., Common and Statute Law in US Federal Administrative Law, Pearson, Linda, Carol Harlow and Michael Taggart, eds, Administrative Law in a Changing State, (Oxford, UK: Hart Publishing, 2008).

Breyer, Stephen G., Stewart, Richard B., Sustein, Cass R. and Spitzer, Matthew L., Administrative Law and Regulatory Policy, Fifth Edition, (Alphen aan den Rijn, Netherlands: Aspen Publishers, 2002).

Burnham, William, Introduction to the Law and Legal System of the United States, Third Edition West Group, A Thomson Company, 2002.

Charles de Secondat Montesquieu (baron de), The Sprit of laws 1748, translated by Thomas Nugent, 1752, Batoche Books, Kitchener 2001.

Funk, William F., Shapiro, Sidney A. and Weaver, Russell L. Administrative

Procedure and Practice, (St. Paul, Minnesota, US: West Group, 2006).

Gamble, Andrew, Economic governance, in Jon Pierre(ed), Debating governance, Oxford University Press, 2000.

Locke, John, Two treatises of government, 1821.

Lubbers, Jeffrey S., A guide to federal agency rulemaking Fourth Edition, Section of Administrative Law and Regulatory Practice and Government and Public Sector Lawyers Division, American Bar Association, 2006.

Kelly, Christoper, The Unitary Executive and the Presidential Signing Statement Dissertation of Doctor of Philosophy, Miami University, Political Science, 2003.

Künnecke, Martina, Tradition and Change in Administrative law(UK, Springer, 2006).

Pettit, Philip, The power of a democratic public, against injustice The New Economics of Amartya Sen, By Reiko GotohRitsumeikan University, Kyoto, 2009.

Strauss, Peter L., Administrative Justice in the United States, Second Edition, (Durham, US: Carolina Academic Press, 2002).

Tomkin, Shelley Lynne, Inside OMB: politics and process in the President's Budget Office, American Political Institution and Public Policy, 1988.

Vogel, Steven Kent, Freer markets, more rules: regulatory reform in advanced industrial countries, 1996, Ithacha; Cornell.

2. 논문

Ackerman, Bruce, New Separation of powers, 113 Harv. L. Rev. 633 (2005), pp. 633-725.

Alexander, Larry; Schauer, Frederick, On Extrajudicial Constitutional Interpretation, 110 Harv. L. Rev 1359 (1996), pp. 1359-1387.

Alito, Samuel A Jr., Change in Continuity at the Office of Legal Counsel, 15 Cardozo L. Rev. 507 (1993-1994), pp. 507-512.

Aman, Alfred C. Jr., Administrative Law in a Global Era: Progress of Deregulatory Change and the Rise of the Administrative Presidency, 73 Cornell L. Rev. 1101 (1987-1988), pp. 1101-1247.

Baker, Warren E., Policy by Rule or Ad Hoc Approach--Which Should It Be, 22 Law & Contemp. Probs. 658 (1957), pp. 651-671.

Balkin, Jack, Is the Office of Legal Counsel Constitutional? Some notes on the American Conseil Constitutionnel.

Barksdale, Yvette M., Presidency and Administrative Value Selection, 42 Am. U. L. Rev. 273 (1992-1993), pp. 273-336.

Barr, William P., Attorney General's Remarks. Benjamin N. Cardozo School of Law. November 15, 1992, 15 Cardozo L. Rev. 31 (1993), pp. 31-42.

Bell, Griffin B., The Attorney General: The Federal Government's Chief Lawyer and Chief Litigator, or One Among Many?, 46 Fordham L. Rev. 1049 (1978), pp. 1049-1070.

_____, Office of Attorney general's Client Relationship, 36 Bus. Law. 791 (1981), pp. 791-798.

Beermann, Jack M., Congressional Administration, 43 San Diego L. Rev. 61 (2006), pp. 61-158.

Bradley, Curtis A., Posner, Eric A., Presidential Signing Statements and Executive Power, 23 U of Chicago, Public Law Working Paper No. 133 307 (2006), pp. 307-364.

Breyer, Stephen G., "Judicial Review of Questions of Law and Policy", 38 Admin. L. Rev. 363 (1986), pp. 363-398.

Bressman, Lisa Schultz; Vandenbergh, Michael P., Inside the Administrative State: A Critical Look at the Practice of Presidential Control, 105 Mich. L. Rev. 47 (2006), pp. 47-100.

Bruff, Harold H., Gellhorn, Ernest, Congressional Control of Administrative Regulation: A Study of Legislative Vetoes; 90 Harv. L. Rev. 1369 (1976-1977), pp. 1369-1440.

_____, Presidential Power meets Bureaucratic Expertise, 12 U. Pa. J. Const. L 461 (2010), pp. 461-490.

_____, Presidential Power and Administrative Rulemaking, 88 Yale L.J. 451 (1978-1979), pp. 451-508.

Buzbee, William Wade, Administrative Agency Intracircuit Nonacquiescence, 85 Colum. L. Rev. 582 (1985), pp. 582-610.

Bybee, J. (2002). Memorandum for A. Gonzales ··· [Re:] Standards for Conduct for

Interrogation under 18 U.S.C. 2340-2340A.

Callahan, Maureen B., Must Federal Courts Defer to Agency Interpretations of Statutes?: A New Doctrinal Basis for Chevron U.S.A. v. Natural Resources Defense Council, 1991 Wis. L. Rev. 1275 (1991), pp. 1275-1299.

Chen, Alan K., The Facts about Qualified Immunity, 55 Emory L. J. 229 (2006), pp. 229-277.

Calabresi, Steven G. & Rhodes, Kevin H., The Structural Constitution: Unitary Executive, Plural Judiciary, 105 Harv. L. Rev. 1153 (1992), pp. 1153-1216.

Calabresi, Steven G., Some Normative Agruments for the Unitary Executive, 48 Ark. L. Rev. 23 (1995), pp. 23-104.

Calabresi, Steven G.; Bady, Kyle, Is the Separation of Powers Exportable, 33 Harv. J. L. & Pub. Pol'y, 5 (2010), pp. 5-16.

Caust-Ellenbogen, Sanford N., Blank Checks: Restoring the Balance of Powers in the Post-Chevron Era, 32 B. C. L. Rev. 757 (1991), pp. 757-814.

Chemerinsky, Erwin, Against Sovereign Immunity, 53 Stan. L. Rev. 1201 (2000-2001), pp. 1201-1224.

Cleary, Edward W., Res Judicata Reexamined, 57 Yale L. J. 339 (1947-1948), pp. 339-350.

Coenen, Dan T., The Constitutional Case Against Intracicuit Nonacquiescence, 75 Minn. L. Rev. 1339, (1991), pp. 1339-1444.

Croley, Steven P., White House Review of Agency Rulemaking: An Empirical Investigation, 70 U. Chi. L. Rev. 821 (2003), pp. 821-885.

_____, "Theories of Regulation: Incorporating the administrative process", 98 Colum. L. Rev. 1 (1998), pp. 1-168.

_____, Administrative Procedure Act and Regulatory Reform: Reconciliation, The Symposium on the 50th Anniversary of the APA, 10 Admin. L. J. Am. U. 35 (1996), pp. 35-50.

Cross, Frank B., Shattering the Fragile Case for Judicial Review of Rulemaking, 85 Va. L. Rev. 1243 (1999), pp. 1243-1334.

_____, The Constitutional Legitimacy and Significance of Presidential Signing Statements, 40 Admin. L. Rev. 209 (1988), pp. 209-238.

Dangel, Stephanie A. J., Is Prosecution a Core Executive Function — Morrison

v. Olson and the Framers' Intent, 99 Yale L. J. 1069 (1989-1990), pp. 1069-1088.

Robert; Kramer, Raymond; Rabin, Richard J. Attorney-Client Privilege, 29 Am. Crim. L. Rev. 623 (1991-1992), pp. 623-638.

Dean, John W.(January 14, 2005). "The Torture Memo By Judge Jay S. Bybee That Haunted Alberto Gonzales's Confirmation Hearings". (FindLaw. http://writ.news.findlaw.com/dean/20050114.html).

Devins, Neal, Political Will and the Unitary Executive: What Makes an Independent Agency Independent; 15 Cardozo L. Rev. 273 (1993- 1994), pp. 273-312.

Diver, Colin S., Policymaking Paradigms in Administrative Law, 95 Harv. L. Rev. 393 (1981-1982), pp. 393-434.

Drachsler, David, Freedom of Information Act and the Right of Non-Disclosure, 28 Admin. L. Rev. 1 (1976), pp. 1-12.

Easterbrook, Frank H., Presidential Review; 40 Case W. Res. L. Rev. 905 (1989-1990), pp. 905-929.

Eisgruber, Christopher L., The Most Competent Branches: A Response to Professor Paulsen, 83 Geo L. J. 347 (1994), pp. 347-371.

Evans, Robin J., The Administrative Dispute Resolution Act of 1996: Improving Federal Agency Use of Alternative Dispute Resolution Processes, 50 Admin. L. Rev. 217 (1998), pp. 217-234.

Fallon, Richard H. Jr., Legitimacy and the Constitution, 118 Harv. L. Rev. 1787 (2005), pp. 1787-1853.

Farina, Cynthia R., Statutory Interpretation and the Balance of Power in the Administrative State, 89 Colum. L. Rev. 452 (1989), pp. 452-528.

Fisher, Bruce D, Controlling Government Regulation: Cost-Benefit Analysis before and after the Cotton-Dust Case, 36 Admin. L. Rev. 179 (1984), pp. 179-208.

Fitts, Michael, Ways to Think about the Unitary Executive: A Comment on Approaches to Government Structure; 15 Cardozo L. Rev. 323 (1993-1994), pp. 323-336.

Frank, John P., Edward Bates, Lincoln's Attorney General, 10 Am. J. Legal Hist. 34 (1966), pp. 34-50.

Frug, Gerald E., The Ideology of Bureaucracy in American Law, 97 Harv. L. Rev. 1276 (1984), pp. 1276-1388.

Gerhardt, Michael J., Bottom Line on the Line-Item Veto Act of 1996, 6 Cornell J. L. and Pub. Pol'y. 233 (1996-1997), pp. 233-246.

Giballa, Steven, Saving the Law from the Office of Legal Counsel, 22 Geo. J. Legal Ethics 845 (2009), pp. 845-861.

Gail, Johnson, GAO: the government's watchdog under fire. (General Accounting Office), The Public Manager: The New Bureaucrat(June 22, 1996).

Garber, Marc N., Wimmer, Kurt A., Presidential Signing Statements as Interpretation of Legislative Intent: An Executive Aggrandizement of Power, 24 Harv. L. on Legis. 363 (1987), pp. 363-395.

Clabo, Paul, 42 U.S.C. § 1983, A Jailhouse Lawyer's Manual, 9 Colum. Hum. Rts. L. Rev. 65 (1977), pp. 65-101.

Glazier, Stephen, Reagan Already Has Line-Item Veto, Wall St. J., Dec. 4, 1987.

Harrison, John, The Role of the Legislative and Executive Branches in interpreting the Constitution, 73 Cornell L. Rev. 371 (1987-1988), pp. 371-374.

Hamiliton, Alexander, The Federalist No. 78.

Harold Hongju Koh, Protecting the Office of Legal Counsel from Itself, 15 Cardozo L. Rev. 513 (1993), pp. 513-524.

_____, Statement of Harold Hongju Koh, Dean and Gerard C. and Bernice Latrobe Smith Professor of International Law, Yale Law School, before the Senate Judiciary Committee regarding The Nomination of the Honorable Alberto R. Gonzalesas Attorney General of the United States, (January 7, 2005).

Hasen, David M., "The Ambiguous Basis of Judicial Deference to Administrative Rules", 17 Yale J. on Reg. 327 (2000), pp. 327-366.

Herz, Michael, Imposing Unified Executive Branch Statutory Interpretation;, 15 Cardozo L. Rev. 219 (1993), pp. 219-272.

Hickman, Kristin E., Krueger Matthew D., In search of the modern skidmore standard, 107 Colum. L. Rev. 1235 (2007), pp. 1235-1310.

Horwitz, Morton J., "Republicanism and Liberalism in American Constitutional Thought, 29 Wm & Mary L, Rev. 57, (1987), pp. 57-74.

Hunt, Alexander T., 장철준 역, Centralized Regulatory Review in the United States:

Past Practice and New Developments, 『Public Law』 Vol. 38, No. 1-1, Korea Public Law Association, (Oct. 2009), pp. 173-180.

Holmes, Oliver Wendell, Path of the Law, 10 Harv. L. Rev. 457 (1896), pp. 458-478.

Jackson, Vicki C., Suing the Federal Government: Sovereignty, Immunity, and Judicial Independence, 35 Geo. Wash. Int'l L. Rev. 521 (2003), pp. 521-609.

Johnson, Dawn. E., Guidelines for the President's Legal Advisors-principles to guide the office of legal counsel, 81 Ind. L. J. 1345 (2006), pp. 1345-1354.

_____, Functional Departmentalism and Nonjudicial Interpretation: Who Determines Constitutional Meaning; 67 Law & Contemp. Probs. 105 (2004), pp. 105-147.

Kagan, Elena, Presidential Administration, 114 Harv. L. Rev. 2245 (2000-2001), pp. 2245-2385.

Kmeic, Douglas W., OLC's opinion writing function: the legal adhesive for a unitary executive, 15 Cardozo L. Rev. 337 (1993), pp. 337-374.

Kristien G. Knapp, Resolving the Presidential Signing Statement Controversy: New York State as a Separation of Powers Laboratory; 6 Cardozo Pub. L. Pol'y & Ethics J. 737 (2008), pp. 737-771.

Landes William M. & Posner Richard A., The Independent Judiciary in an Interest-Group Perspective, 18 J. L. & Econ. 875 (1975), pp. 875-902.

_____, Legal precedent: A Theoretical and Empirical Analysis, 19 J. L. & Econ. 249 (1976), pp. 249-308.

Lawson, Gary, "The Rise and Rise of the Administrative State," 107 Harv. L. Rev. 1231 (1994), pp. 1231-1254.

_____, Burying the Constitution under a TARP, 33 Harv. J. L. & Pub Pol'y, 55 (2010), pp. 55-72.

_____, Stare Decisis and Constitutional Meaning: Panel II - The Constitutional Case against Precedent; 17 Harv. J. L. & Pub. Pol'y 23 (1994), pp. 23-33.

LeBoeuf, Jacques B., Limitations on the Use of Appropriations Riders by Congress to Effectuate Substantive Policy Changes, 19 Hastings Const. L.Q. 457 (1991-1992), pp. 457-494.

Lessig, Lawrence, Readings by Our Unitary Executive; 5 Cardozo L. Rev. 175

(1993), pp. 175-200.

Lessig, Lawrence, Sunstein, Cass R., The President and The Administration, 94 Colum. L. Rev. 1 (1994), pp. 1-120.

Levin, Daniel(30 December 2004). "Legal Standards Applicable under 18 U.S.C. §§ 2340-2340A". United States Department of Justice.

Lieberman, Jethro K., Henry, James F., Lessons from the Alternative Dispute Resolution Movement, 53 U. Chi. L. Rev. 424 (1986), pp. 424-439.

Lipton, Bradley, A., Call for Institutional Reform of the Office of Legal Counsel, 4 Harvard Law & Policy Review 249 (2010), pp. 249-261.

Locklar, Michael G., Is the 1996 Line Item Veto Constitutional?, 34 Hous. L. Rev. 1161 (1997), pp. 1161-1194.

Lubbers, Jeffrey S., Federal Administrative Law Judges: A Focus on Our Invisible Judiciary, 33 Admin. L. Rev. 109 (1981), pp. 109-131.

Lund, Nelson, Rational Choice at the Office of Legal Counsel, 15 Cardozo L. Rev. 437 (1993), pp. 437-506.

Madison, James, The Federalist No. 51. No. 49.

Marchant, Gary E., "Regulatory Analysis in the United States: Underlying Tensions and Contested Legitimacy", 『Public Law』 Vol. 38, No.11, Korean Public Law Association (2009), pp. 91-105.

Mariano-Florentino, Cuellar, Rethinking Regulatory Democracy, 57 Admin. L. Rev. 411 (2005), pp. 411-500.

McGarity, Thomas O., Presidential Control of Regulatory Agency Decision making; 36 Am. U. L. Rev. 443 (1986-1987), pp. 443-489.

McGinnis, John O. and Rappaport, Michael B., "Our Supermajoritarian Constitution", 80 Tex. L. Rev. 703 (2002), pp. 703-806.

McGinnis, John O., Models of the Opinion Function of the Attorney General: A Normative, Descriptive, and Historical Prolegomenon, 15 Cardozo L. Rev. 375 (1993), pp. 375-436.

_____, Constitutional Review by the Executive in Foreign Affairs and War Powers; A Consequence of Rational Choice in the Separation of Powers, 56 L. & Contemp. Probs. 293 (1993), pp. 293-325.

Messe III, Edwin, The Law of the Constitution, 61 Tul. L. Rev. 979 (1987), pp. 979-990.

Merrill, Thomas W., Judicial Opinions as Binding Law and as Explanations or Judgments;15 Cardozo L. Rev. 43 (1993), pp. 43-80.

_____, Judicial Deference to Executive Precedent, 101 Yale L. J. 969 (1992), pp. 969-1041.

_____, Delegation and Judicial Review, 33 Harv. J. L. & Pub. Pol'y 73 (2010), pp. 73-85.

Miles, Thomas J., Sustein, Cass R., Real World of Arbitrariness Review, 75 U. Chi. L. Rev. 761 (2008), pp. 761-814.

Miller, Arthur S., Constitutional Decisions as De Facto Class Action; A Comment on the Implication of Cooper v. Aaron, 58 U. Det. L, 573 (1981), pp. 573-586.

_____, Separation of Powers: An Ancient Doctrine under Modern Challenge, 28 Admin. L. Rev. 299 (1976), pp. 299-326.

Miller, Geoffrey P., Unitary Executive in a Unified Theory of Constitutional Law: The Problem of Interpretation, 15 Cardozo L. Rev. 201 (1993), pp. 201-218.

Notes, Immunity-Conferring Power of the Office of Legal Counsel, 121 Harv. L. Rev. 2086 (2008), pp. 2086-2109.

Molot, Jonathan T., Reexamining Marbury in the Administrative state: A Structural and Institutional Defense of Judicial Power over Statutory Interpretation, 96 Nw. U. L. Tev. 1239 (2002), pp. 1239-1337.

_____, The Judicial Perspective in the Administrative State: Reconciling Modern Doctrines of Deference with the Judiciary's Structural Role, 53 Stan. L. Rev. 1 (2000-2001), pp. 1-110.

Monaghan, Henry P., Stare Decisis and Constitutional Adjudication, 88 Colum. L. Rev. 723 (1988), pp. 723-773.

Morrison, Alan B., OMB Interference with Agency Rulemaking: The Wrong Way to Write a Regulation, 99 Harv. L. Rev. 1059 (1985-1986), pp. 1059-1074.

Morrison, Trevor W. Stare Decisis in the Office of Legal Counsel, 110 Colum. L. Rev. 1448 (2010), pp. 1448-1525.

Moreno, Angel Manuel, Presidential Coordination of the Independent Regulatory Process, 8 Admin. L. J. Am. U. 461 (1994-1995), pp. 461-516.

Moss, Randolph D, Executive Branch Legal Interpretation: A Perspective from the

Office of Legal Counsel, 52 Admin. L. Rev. 1303 (2000), pp. 1303-1330.

Murray, Edward R., Beyond Bowsher: The Comptroller General's Account Settlement Authority and Separation of Powers;. 68 Geo. Wash. L. Rev. 161 (1999-2000), pp. 161-182.

Parks, Julie A. Lessons in Politics: Initial Use of the Congressional Review Act, 55 Admin. L. Rev. 187 (2003), pp. 187-210.

Paulsen, Michael Stokes, Most Dangerous Branch: Executive Power to Say What the Law Is, 83 Geo L. J. 217 (1994), pp. 217-345.

_____, Merryman Power and the Dilemma of Autonomous Executive Branch Interpretation, 15. Cardozo L. Rev. 81 (1993), pp. 81-112.

_____, The Many Faces of "Judicial Restraint", 1993 Pub. Int. L. Rev. 3 (1993).

Pestritto, Ronald, The Birth of the Administrative State: Where It Came From and What It Means for Limited Government, First Principles Series Report #16, November 20, 2007.

Pierce, Richard J. Jr., Role of Constitutional and Political Theory in Administrative Law, 64 Tex. L. Rev. 469 (1985), pp. 469-525.

Pillard, Cornelia T. L., The unfulfilled promise of constitution in executive hands, 103 Mich. L. Rev 676 (2005), pp. 676-758.

Pines, Daniel L., Are Even Tortures Immune From Suit? How Attorney General Opinion Shield Government Employees From Civil Litigation and Criminal Prosecution, 43 Wake Forest L. Rev. 93 (2008), pp. 93-154.

Posner, Richard A., The Theories of Economic Regulation, 5 Bell J. Econ & Management Sci. 335 (1974), pp. 1-36.

Prakash, Saikrishna B., Yoo, John C., The Origins of Judicial Review, 70 U. Chi. L. Rev. 887 (2003), pp. 887-982.

Rabkin, Jeremy, At the President's Side: The Role of the White House Counsel in Constitutional Policy, 56 Law & Contemp. Probs., 63 (1993), pp. 63-98.

Rachlinski, Jeffery J., Rulemaking versus Adjudication: A Psychological Perspective, 32 Fla. St. UL Rev. 529 (2004), pp. 529-554.

Rappaport, Michael B., The President's Veto and the Constitution, 87 Nw. U. L. Rev. 735 (1993), pp. 735-786.

Robinson, Paul H., Grall, Jane A., Element Analysis in Defining Criminal Liability:

The Model Penal Code and beyond, 35 Sta. L. Rev. 681 (1983), pp. 681-762.

Rosenfeld, Michel, Executive Autonomy, Judicial Authority and the Rule of Law: Reflections on Constitutional Interpretation and the Separation of Powers, 15 Cardozo L. Rev. 137 (1993), pp. 137-174.

Rouillard Louis-Philippe F., Misinterpreting the Prohibition of Torture Under International Law: The Office of Legal Counsel Memorandum, 21 Am. U. Int'l L. Rev 9 (2005), pp. 9-41.

Rubenstein, David S., Relative Checks: Toward optimal control of administrative power, 51 Wm. & Mary L. Rev. 2169 (2010), pp. 2169-2241.

Ruckman, P. S. Jr. 1997., "Executive Clemency in the United States: Origins, Development, and Analysis (1900-1993)," 27 Presidential Studies Quarterly 251 (1997), pp. 251-271.

Rudovsky, David, Qualified Immunity Doctrine in the Supreme Court: Judicial Activism and the Restriction of Constitutional Rights, 138 U. Pa. L. Rev. 23 (1989-1990), pp. 23-81.

Sachs, Richard C., Hearings in the U.S. Senate: A Guide for Preparation and Procedure, CRS Report for Congress, (2004.7).

Saltzman, Rachel Ward, Executive Power and the Office of Legal Counsel, 28 Yale L. & Pli'y Rev. 439 (2010), pp. 439-480.

Schagemann, Michael D., The Implicitly Constitutional Item Veto, 19 Okla. City U. L. Rev. 161 (1994), pp. 161-192.

Scott, Colin, "Accountability in the Regulatory State", 27 Journal of Law and Society 1, (2000), pp. 38-60.

Shapiro David L., The Choice of Rulemaking or Adjudication in the Development of Administrative Policy, 78 Harv. L. Rev. 921 (1964-1965), pp. 921-972.

_____, Courts, Legislatures, and Paternalism; 74 Va. L. Rev. 519 (1988), pp. 519-575.

Shep, Melnick R., Administrative Law and Bureaucratic Reality, 44 Admin. L. Rev. 245 (1992), pp. 245-259.

Shuren, Jeffrey E., Modern Regulatory Administrative State: A Response to Changing Circumstances, 38 Harv. J. on Legis. 291 (2001), pp. 291-329.

Solum, Lawrence B., Procedural Justice, 78 S. Cal. L. Rev. 181 (2004), pp. 181-322.

Starr, Kenneth W., Judicial Review in the Post-Chevron Era, 3 Yale J. on Reg. 283 (1986), pp. 283-312.

Stewart, Richard B, The Reformation of American Administrative Law, 88 Harv. L. Rev. 1667 (1974-1975), pp. 1667-1813.

Sunstein, Cass R., Constitutionalism after the New Deal, 101 Harv. L. Rev. 421 (1987-1988), pp. 421-510.

_____, Law and Administration After Chevron, 90 Colum. L. Rev. 2071 (1990), pp. 2071-2120.

_____, On the costs and benefits of aggressive judicial control, 1989 Duke L. J. 522 (1989), pp. 522-537.

_____, Interpreting Statutes in the Regulatory State, 103 Harv. L. Rev. 405 (1989-1990), pp. 405-508.

_____, Justice Breyer's democratic programatism, The law school of the University of Chicago, November 2005, pp. 1-31.

Strauss, David A., Presidential Interpretation of the Constitution, 15 Cardozo L. Rev. 113 (1993), pp. 113-136.

Strauss, Peter L., "Formal and Functional Approaches to Separation-of-Powers Questions: A Foolish Inconsistency?" 72 Cornell L. Rev. 488 (1987), pp. 488-526.

_____, Government: Separation of Powers and the Fourth Branch, 84 Colum. L. Rev. 573 (1984), pp. 573-669.

_____, Sunstein, Cass R., Role of the President and OMB in Informal Rulemaking, 38 Admin. L. Rev. 181 (1986), pp. 181-208.

_____, Presidential Rulemaking, 72 Chi-Kent L. Rev 965 (1997), pp. 965-986.

Travis, Jeremy, Rethinking Sovereign Immunity after Bivens, 57 N.Y.U.L. Rev. 597 (1982), pp. 597-668.

Tushnet, Mark, Legislative and Executive Stare Decisis, 83 Notre Dame L. Rev. 1339 (2007), pp. 1339-1355.

U.S. Attorney's Manual, Title 9: Criminal Resources Manual § 2055.

U.S Department of Justice, Office of Legal Counsel, Memorandum for Attorney of the Office, re Best Practices for OLC Legal Advice and Written Opinions, July 16. 2010.

Weaver, Russell L., A Foolish Consistency Is the Hobgoblin of Little Minds, 44 Baylor L. Rev. 529 (1992), pp. 529-567.

Weiner, Ross L., Office of Legal Counsel and Torture: The Law as Both a Sword and Shield, 77 Geo. Wash. L. Rev. 524 (2008), pp. 524-560.

Wiely, John Shepard, "A capture theory of antitrust federalism", 99 Harv. L. Rev. 713 (1986), pp. 713-789.

Zeigler, Donald H. Gazing into the Crystal Ball: Reflections on the Standards State Judges Should Use to Ascertain Federal Law, 40 Wm. & Mary L. Rev. 1143 (1999), pp. 1143-1222.

색 인

이 성 엽(李性燁)

학 력

고려대학교 법과대학 (법학사, 1990)
서울대학교 행정대학원 (행정학 석사, 1996)
University of Minnesota Law School (법학석사, 2003)
서울대학교 대학원 법학과 (법학박사, 2012)

경 력

제35회 행정고시 합격 (1991)
정보통신부 행정사무관, 서기관 (1993-2000)
국무총리 국무조정실 서기관 (2001-2002)
김·장 법률사무소 미국 변호사(2004-현재)
국무총리 국무조정실 규제개혁 자문위원 (2004-2007)
정보통신부/행정안전부 개인정보분쟁조정위원회 위원 (2007-2011)
방송통신위원회 규제개혁 및 법제선진화 특별위원회 위원 (2008-2011)
대통령 직속 미래기획위원회 IT 산업 TF 위원 (2009-2010)
방송통신위원회 고문변호사 (2010-현재)
고려대학교 법학원구원 혁신, 경쟁과 규제법센터 연구위원 (2010-현재)
방송통신심의위원회 광고특별위원회 위원 (2010-2011)
대통령 직속 지식재산위원회 전문위원 (2011-현재)
동국대학교 법과대학 겸임교수 (2012-현재)
법제처 법령해석심의위원회 위원 및 국민법제관 (2012-현재)
지식경제부 규제심사위원회 위원 (2012-현재)

논문 및 저서

전기통신사업법상 금지행위 유형의 법령상 체계성 및 정합성에 관한 연구 (2007)

방송광고판매제도 법제화 방안연구 (2009)

개인정보법제의 쟁점과 개선방안, 서울대 기술과법센터 저널 7월호 (2009)

방송통신 관련법상 행정제재 합리화 방안 연구 (2009)

방송광고시장의 금지행위유형 및 과징금 부과체계에 관한 연구 (2010)

이메일 열람과 관련된 프라이버시보호 이슈, 서울대 기술과법센터 저널 11월호 (2010)

통신법과 경쟁법상 계열사간 기업결합에 관한 소고, 경제규제와 법,
   서울대 공익산업법센터 저널 (2011)

항공사업법 등 9개 법안에 대한 법적 지원 위탁사업 (2011)

현행법상 주파수재할당의 법적 쟁점, 경제규제와 법, 서울대 공익산업법센터 저널 (2012)

글로벌 경쟁시대 적극행정 실현을 위한

행정부 법해석권의 재조명

초판 인쇄 | 2012년 6월 5일
초판 발행 | 2012년 6월 10일

저　　자 | 이성엽
발 행 인 | 한정희
발 행 처 | 경인문화사
등록번호 | 제10-18호(1973년 11월 8일)
편　　집 | 신학태 김지선 문영주 안상준 맹수지 김우리
영　　업 | 이화표
관　　리 | 하재일 고은정 이동은
주　　소 | 서울특별시 마포구 마포동 324-3
전　　화 | 718-4831~2
팩　　스 | 703-9711
홈페이지 | www.kyunginp.co.kr
이 메 일 | kyunginp@chol.com

ISBN 978-89-499-0856-4 93360
값 23,000원